SPANNENDES AUS WISSENSCHAFT UND TECHNIK

Eine Lösung herstellen

Geschicklichkeitsspiel mit einfachem Stromkreis

Actio ist gleich reactio

Die Kraft des
Luftdrucks

EXPERIMENTIEREN UND KAPIEREN

SPANNENDES AUS WISSENSCHAFT UND TECHNIK

Judith Hann

Einen Heißluftballon bauen

Wasserhärte testen

Geschwindigkeit und Beschleunigung

Kaleidoskop Buch

HINWEIS

Alle Experimente, die ins Buch aufgenommen wurden, sind ungefährlich und wurden von Fachleuten sorgfältig ausgewählt und überprüft. Wenn erhöhte Vorsicht oder die Aufsicht von Erwachsenen vonnöten ist, wird jeweils darauf hingewiesen. Es ist selbstverständlich, daß nicht alle Versuche für Kinder aller Altersklassen gleichermaßen geeignet sind. Der Verlag kann keine Haftung übernehmen, falls bei der Durchführung der im Buch beschriebenen Experimente Schäden entstehen.

Aus dem Englischen übersetzt von Michael Schmidt
Redaktion: Hans-Jürgen Voss
Korrektur: Silvia Rehder
Register: Michael Schmidt
Einbandgestaltung: Sascha Wuillemet, München
Herstellung: Dieter Lidl
Satz: DTP Josef Fink

Die Originalausgabe mit dem Titel *How Science Works*
wurde erstmals 1991 im Verlag Dorling Kindersley
Limited, London, veröffentlicht

DK Ein Dorling Kindersley Buch

Druck und Bindung: Eurolitho S.p.A., Cesano Boscone (MI)
Printed in Italy

ISBN 3-88472-402-9

Inhalt

Die Welt der Materie

Energie, Kraft und Bewegung

LICHT UND SCHALL

LUFT UND WASSER

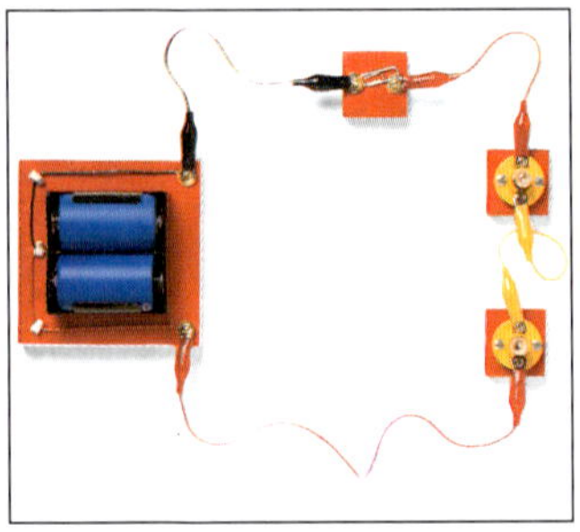

ELEKTRIZITÄT UND MAGNETISMUS

ELEKTRONIK UND COMPUTER

Einführung

Noch nie war es so wichtig wie heute, die Welt der Wissenschaft zu verstehen. Die Presse und das Fernsehen bringen ständig Beiträge, die sich mit dem Treibhauseffekt, mit modernen Verkehrs- und Transporttechniken, den ethischen Problemen der Gentechnologie, den Leihmüttern und anderen wichtigen Themen befassen. Wenn wir sie begreifen wollen, brauchen wir wissenschaftliche Grundkenntnisse. Und darum geht es in diesem Buch. Es führt auf einfache und anschauliche Weise in die Grundprinzipien der Chemie und der Physik ein. Dies ist ein praktisches Hausbuch, weil es anhand von Experimenten die wichtigen Grundlagen der Naturwissenschaften illustriert und dazu Alltagsgegenstände in einem Heimlabor verwendet. Damit soll der ganzen Familie ein Zugang zur Wissenschaft eröffnet werden. Viele Experimente können von Kindern im Grundschulalter sicher durchgeführt werden, und wo die Aufsicht der Eltern vonnöten ist, wird darauf eigens hingewiesen.

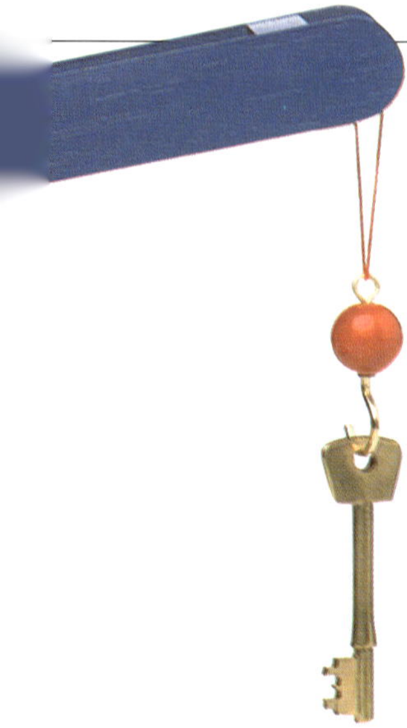

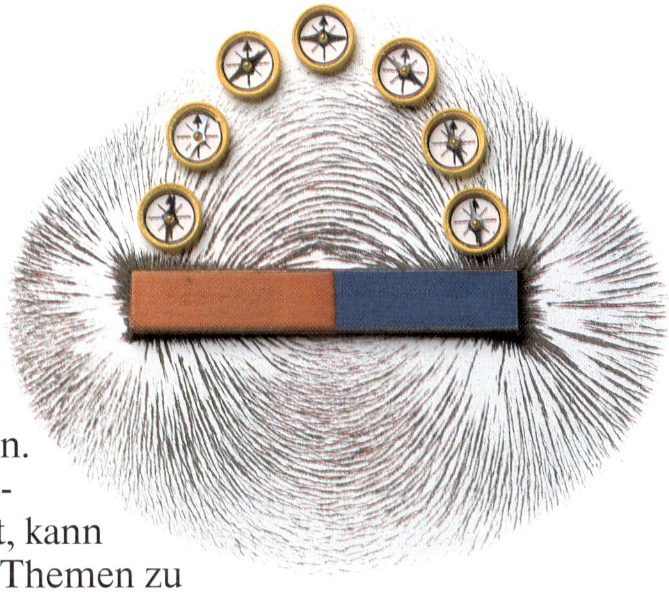

Ihr könnt dieses Buch vom Anfang bis zum Ende durchlesen und seine Experimente nacheinander ausführen. Da es aber in sich abgeschlossene Abschnitte enthält, kann man sich auch mit einzelnen Themen zu unterschiedlichen Zeiten beschäftigen. Ich hoffe, dieses Buch kann vermitteln, daß die Naturwissenschaften nicht so unzugänglich und langweilig sind, wie sie es manchmal in der Schule zu sein scheinen. Die Wissenschaft lehrt uns, die Welt, in der wir leben, zu verstehen, und am besten lernt man durch Experimentieren und Beobachten.

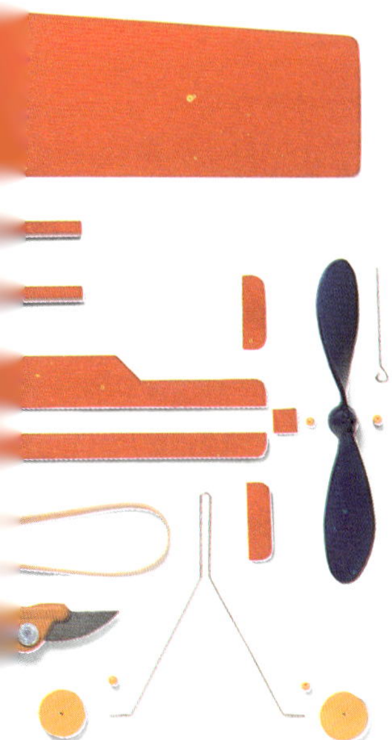

Ich würde mich freuen, wenn die Experimente in diesem Buch ein tieferes Interesse und Verständnis für wissenschaftliche Themen wecken sollten und wenn dadurch mehr junge Menschen angeregt würden, später einmal Wissenschaftler werden zu wollen. Aber auch Erwachsene lernen wissenschaftliche Prinzipien verstehen, die so alltäglichen Phänomenen und Vorgängen wie einem Regenbogen, dem Fahrradfahren oder sogar dem Kaffeekochen zugrunde liegen.

Judith Hann

Das Heimlabor

Für wissenschaftliche Experimente braucht man weder ein eigens eingerichtetes Labor noch eine teure Spezialausrüstung. Die meisten Experimente in diesem Buch kann man mit einfachen, alltäglichen Materialien ausführen, die zu Hause, besonders in der Küche verwendet werden, oder die man sich leicht besorgen kann. Hier zeigen wir euch einige Gegenstände, die ihr in eurem Heimlabor brauchen könnt, wobei sie nicht unbedingt genauso aussehen müssen.

Nützliche Gegenstände

In einem normalen Haushalt gibt es alle möglichen Dinge, die man bei den verschiedensten wissenschaftlichen Experimenten gebrauchen kann. Besonders nützlich sind Korken, Luftballons und Trinkhalme, aber auch alte Metallgegenstände oder Lupen. Am besten sammelt ihr all diese Dinge in einem großen Karton.

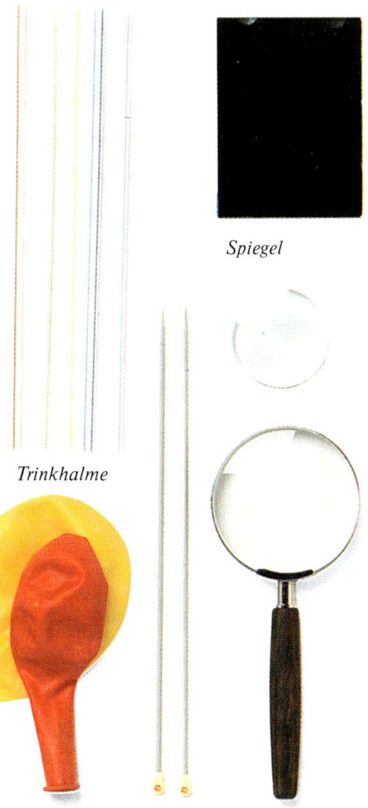

Spiegel

Trinkhalme

Korken

Magnete

Sicherungsdraht

Alte Schlüssel

Muttern, Bolzen und Schrauben

Große Luftballons

Nadeln und Nägel

Lupen und Linsen

Meßgeräte

Nicht nur Wissenschaftler, sondern wir alle brauchen immer wieder genaue Maßangaben. In jeder Küche findet man zum Beispiel Meßgeräte für Rauminhalte (Meßbecher), Gewichte (Waagen) und Temperaturen (Kochthermometer). Bevor ihr aber irgendein Thermometer verwendet, achtet darauf, daß es den für das Experiment erforderlichen Temperaturbereich auch wirklich noch erfaßt. Ein Außenthermometer z. B. wird platzen, wenn ihr damit kochende Flüssigkeiten messen wollt.

Küchengewichte

Federwaage

Plastikmeßzylinder

Thermometer

Küchenwaage

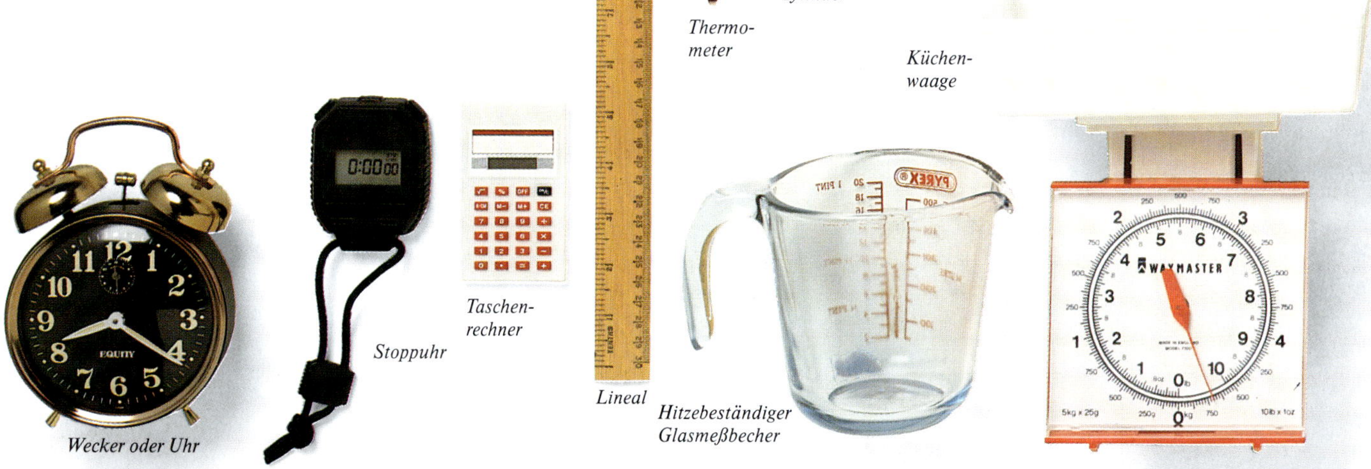

Wecker oder Uhr

Stoppuhr

Taschenrechner

Lineal

Hitzebeständiger Glasmeßbecher

Küchengeräte

In der Küche findet ihr alle möglichen nützlichen Gegenstände. Achtet aber darauf, daß ihr Geräte, die mit Lebensmitteln in Berührung kommen, nicht mit giftigen Stoffen verunreinigt. Kennzeichnet alle Gegenstände und Geräte, die ihr für chemische Experimente benötigt, und bewahrt sie außerhalb der Küche auf.

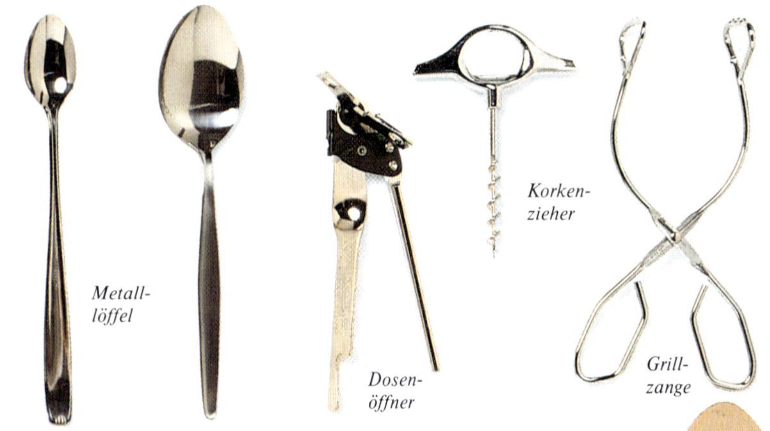

Materialien

Für einige Experimente und Aufgaben solltet ihr ein paar Grundmaterialien kaufen wie Pinsel, Kleber, Papier (auch Seidenpapier), Pappe, Balsaholz, Holz, Draht, Plastikrohre und Farben für eine gefällige Verarbeitung.

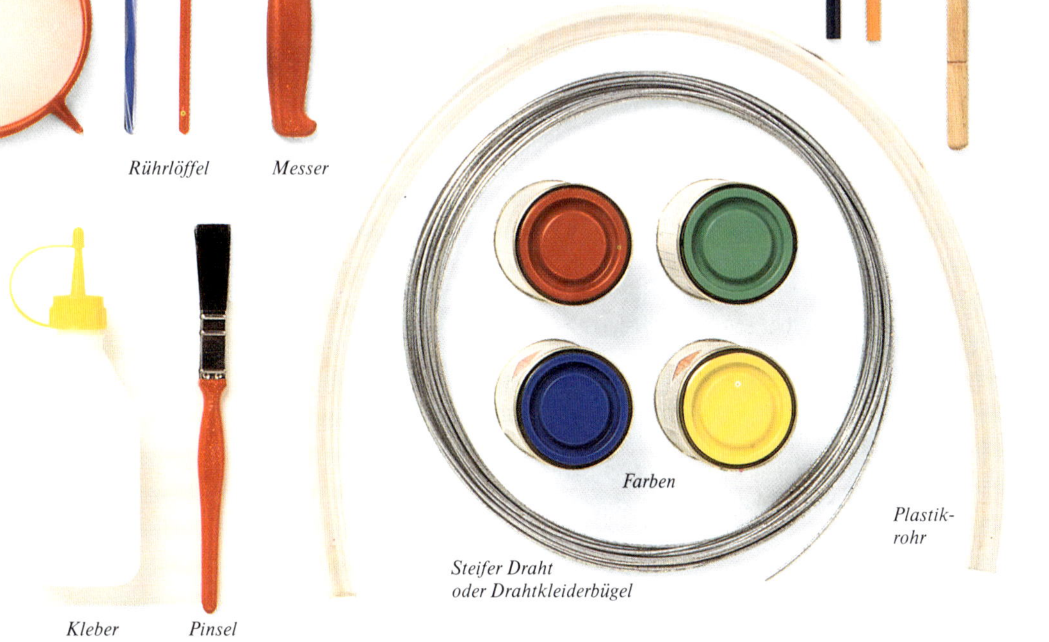

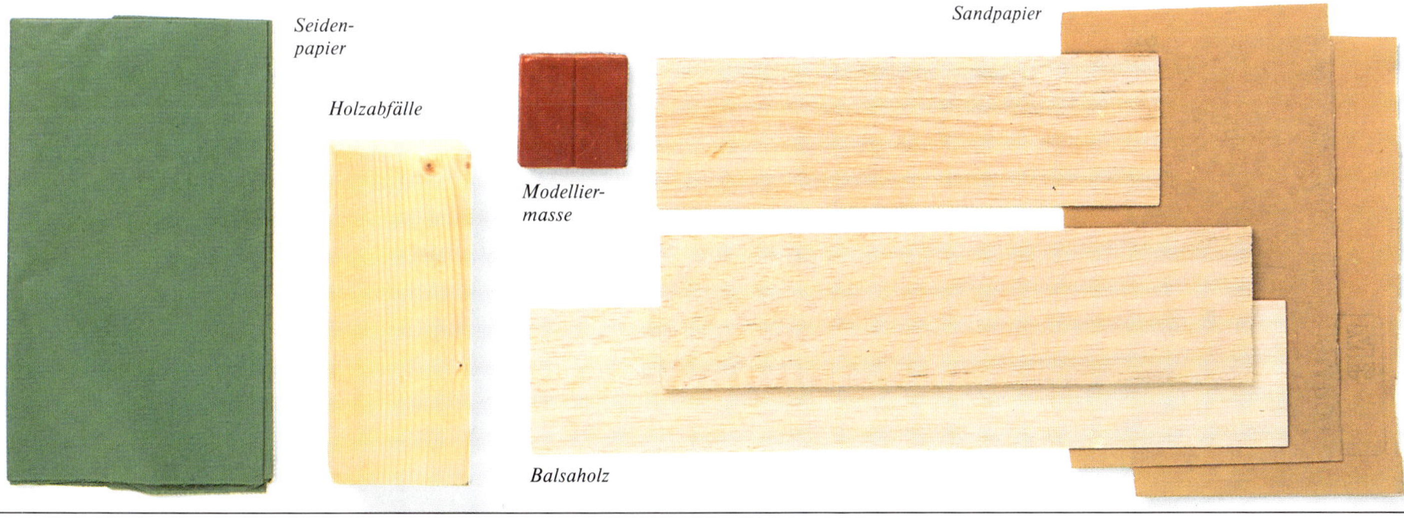

Befestigungsmittel

Für die verschiedenen Experimente und Aufgaben braucht man alle möglichen Befestigungsmittel, vom Klebeband bis zu Wäscheklammern. Am besten legt man einen kleinen Vorrat für das Heimlabor an, und wenn einmal das bei einem bestimmten Experiment Angegebene nicht zur Hand ist, tut es etwas Ähnliches auch.

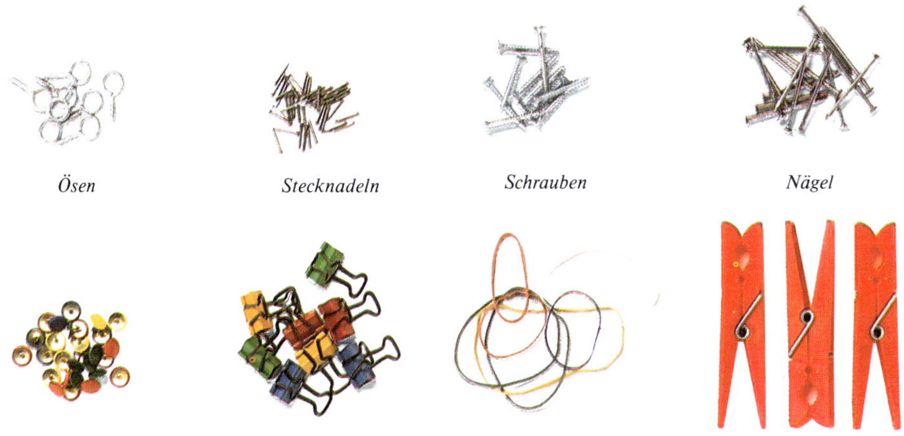

Ösen · *Stecknadeln* · *Schrauben* · *Nägel*

Reißnägel · *Federclips* · *Gummibänder* · *Wäscheklammern*

Klebeband · *Schnellkleber* · *Zwirn* · *Kleber für Papier und Pappe* · *Schnur* · *Modelliermasse* · *Draht*

Wärmequellen

Für eine Reihe von Experimenten in den Kapiteln über Materie und Energie ist eine kleine, geregelte Wärmequelle vonnöten. Baut einen Spiritusbrenner (rechts) und stellt die Stützen so auf, wie wir es auf S. 20 zeigen. Wo stärkere Hitze benötigt wird, kann man den Küchenherd benutzen. Bei all diesen Experimenten sollte ein Erwachsener dabeisein.

Kuchengitter · *Kasserolle*

Zündhölzer

Spiritusbrenner

Gitterstützen aus Holz

Kerzen

Spiritusbrenner
Macht ein Loch in den Deckel eines kleinen Schraubdeckelglases. Steckt einen kurzen Docht durchs Loch – er sollte etwa 1 cm herausschauen und den Boden des Glases gerade berühren. Wickelt eine Mullbinde um den Docht. Füllt das Glas zur Hälfte mit Brennspiritus. Steckt die Binde mit dem Docht ins Glas und schraubt es zu. Stellt den Brenner unter den Rost und zündet den Docht mit einem Zündholz an.

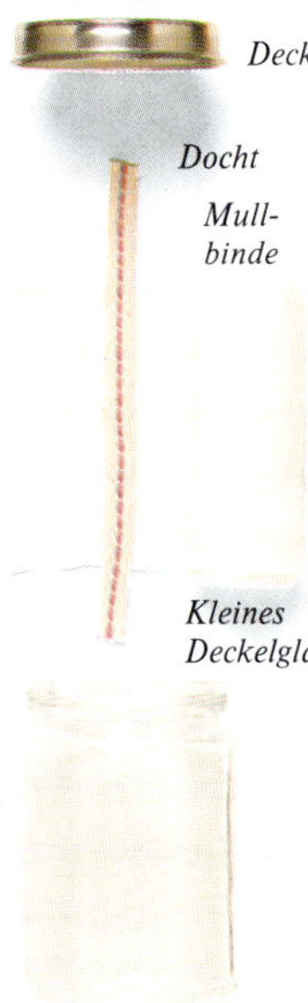

Deckel · *Docht* · *Mullbinde* · *Kleines Deckelglas*

Werkzeuge

Für viele Experimente ist ein scharfes Teppichmesser fast unerläßlich. Für eine Reihe von aufwendigeren Arbeiten benötigt man auch Schraubenzieher, Handbohrer, Zange, Hammer und Säge.

Zange · *Teppichmesser* · *Schraubenzieher* · *Handbohrer* · *Hammer* · *Säge*

Elektrogeräte

Für elektrische Experimente legt man sich eine Sammlung von Drähten, Steckern, Klemmen, Fassungen und Batterien zu.

Kompaß · *Kneif-/Abisolierzange* · *Drähte mit Steckern* · *Fassungen* · *Kupferlackdraht* · *Batterien*

Behälter

Ihr braucht eine reichhaltige Sammlung verschiedener Behälter. Sehr nützlich sind alte Marmeladengläser, leere Joghurtbecher und andere Lebensmittelbehälter. Der Inhalt muß deutlich gekennzeichnet werden, damit keine Verwechslungen mit Lebensmitteln passieren können. Es lohnt sich, ein kleines Reagenzglas zu kaufen, um darin kleinere Mengen über schwacher Hitze zu erwärmen.

Deckelgläser · *Plastikbecher* · *Tassen und Becher –* ***NIEMALS*** *für Chemikalien verwenden* · *Reagenzglas* · *Alte Büchsen* · *Gebrauchte Lebensmittelbehälter* · *Alte Marmeladengläser* · *Plastikflaschen* · *Vorratsgläser* · *Gewürzschälchen* · *Hitzebeständige Bechergläser* · *Große Schüsseln* · *Alte Untertassen*

DIE WELT DER MATERIE

Woraus bestehen Dinge wirklich? Warum sind Stoffe so und nicht anders? Können sie verändert werden? Derartige Fragen werden in der Chemie gestellt, die alle Stoffe erforscht, aus denen die lebenden und toten Dinge in unserer Welt zusammengesetzt sind.

Unter einem Elektronenmikroskop sehen die Kristalle reinen Koffeins, das in Kaffee enthalten ist, bei vielfacher Vergrößerung wie Nadeln aus.

WAS IST MATERIE?

Wenn Wissenschaftler von Materie sprechen, meinen sie damit jeden Stoff im Universum – vom winzigsten Staubkorn bis zum größten Stern. Materie ist alles, was nicht einfach leerer Raum ist beziehungsweise was Raum einnimmt. Oft denkt man dabei an etwas Festes, aber Materie kann auch eine Flüssigkeit oder ein Gas sein.

Dieses Atommodell mit seinen Schalen von kreisenden Elektronen (S. 26 - 27) beruht auf der Atomtheorie des dänischen Physikers Niels Bohr aus dem Jahre 1913 und ist für die heutige Chemie immer noch gültig.

Seit Jahrtausenden machen sich die Menschen Gedanken über die wahre Natur der Materie. Für über 2000 Jahre haben viele Wissenschaftler oder »Naturphilosophen« geglaubt, alle Materie könne in vier Grundtypen oder Elemente eingeteilt werden: Erde, Wasser, Luft und Feuer. Das mag seltsam klingen, unterscheidet sich aber gar nicht so sehr von unserer modernen Einteilung der Materie in Feststoffe, Flüssigkeiten und Gase. Jedes Element, so dachte man einst, nehme einen bestimmten Platz in der Natur ein: die Erde auf oder unter dem Boden, Wasser und Luft darüber, und über allem umgebe das Feuer die Atmosphäre der Erde. Jeder Stoff versuche an seinen natürlichen Ort zurückzukehren – daher fielen Steine, wenn man sie losließ, zu Boden, und Flammen würden nach oben springen.

Denker wie der berühmte Aristoteles (384 - 322 v. Chr.) glaubten auch, daß die Materie aus einem einheitlichen Stoff bestehe, wie eine Flüssigkeit oder ein Gas. Daher könne man ein Stück Materie in immer kleinere Stückchen teilen.

Bei diesem Experiment (S. 35) testen wir die physikalischen und chemischen Eigenschaften verschiedener Flüssigkeiten.

Es gab allerdings auch andere griechische Denker, die wie Demokrit (ca. 460 - 371 v. Chr.) behaupteten, daß Materie aus Klumpen winziger Partikel mit Leerräumen dazwischen bestehe – genau wie es die Wissenschaftler heute annehmen. Diese Partikel seien die kleinstmöglichen Materieteilchen und könnten nicht mehr geteilt werden, und daher wurden sie auch Atome genannt, was im Griechischen »unteilbar« bedeutet. Aber damals setzte sich die Anschauung von Aristoteles durch, und so geriet die Atomtheorie über 2000 Jahre lang in Vergessenheit.

Die Alchimisten

Währenddessen studierten viele griechische und arabische Philosophen den Mond und die Sterne und behaupteten, es müsse noch ein fünftes natürliches Element geben, den »Äther«, der den Himmelsraum ausfülle. Andere widmeten sich einem besonderen Zweig der Chemie, der Alchimie, die auch in Europa während des Mittelalters viele Anhänger fand. Die Alchimisten experimentierten mit der Materie, weil sie sie verändern wollten. Es begann eine lange und fruchtlose Suche nach dem »Stein der Weisen«, einem Stoff, der gewöhnliches Metall in Gold verwandeln würde.

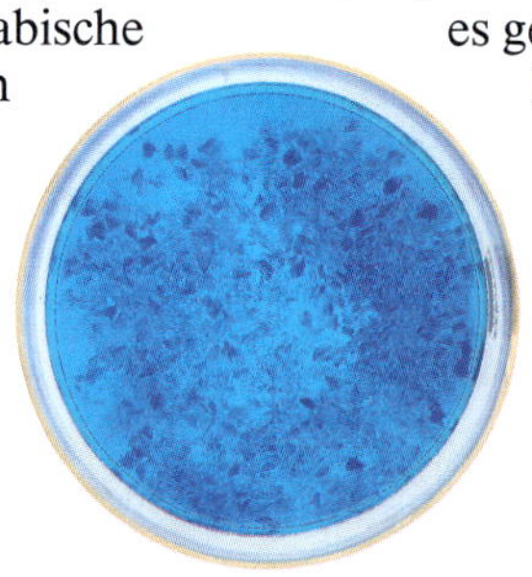

Echte Feststoffe – die meisten außer Glas – bestehen aus Kristallen, und viele kann man in Lösungen züchten (S. 34).

Die Alchimisten interessierten sich nicht nur für die Wissenschaft, sondern auch für Magie und Aberglauben, und darum werden sie manchmal weniger für Wissenschaftler als für obskure Hexenmeister gehalten, die in seltsamen Zaubertränken herumrühren. Doch darunter waren auch einige große Geister, die wichtige Entdeckungen gemacht haben, wie die Herstellung von Salpeter- und Schwefelsäure oder von Heilmitteln aus Kräutern. Immerhin stammt unser Wort Chemie vom arabischen *al quemia* oder Alchimie ab.

Elemente und Verbindungen

Erst im 17. Jahrhundert wurden die Weltanschauung der Alchimisten und die vier Elemente von Aristoteles (Erde, Wasser, Luft und Feuer) wirklich in Frage gestellt. Damals kam der irische Wissenschaftler Robert Boyle (1627 - 1691) auf die Idee, es gebe reine Chemikalien oder Grundelemente, die besondere Verbindungen eingehen würden. Jedes dieser Elemente, behauptete Boyle, habe besondere Eigenschaften und könne als Feststoff, Flüssigkeit oder Gas existieren. Boyle beschwor auch die Wissenschaftler, die alte Theorie der Atome wiederaufzugreifen, und bald bewiesen Experimente, daß er recht hatte. Joseph Priestley (1733 - 1804) und der geniale französische Wissenschaftler Antoine de Lavoisier (1743 - 1794) wiesen nach, daß Luft

Wie viele physikalische Eigenschaften beruht auch die Viskosität (Zähigkeit) einer Flüssigkeit auf ihrer Molekülstruktur. Öl z. B. hat sehr große, miteinander verflochtene Moleküle und ist sehr dickflüssig. Dieser Viskositäts-Test wird auf S. 22 - 23 erläutert.

Diese Stoffe sind normale Flüssigkeiten, aber wenn sie heiß genug sind, werden sie zu Gas (S. 23).

– eines von Aristoteles' Grundelementen – tatsächlich ein Gemisch aus verschiedenen Gasen ist, unter anderem Sauerstoff und Stickstoff (S. 118 – 119). Lavoisier zeigte auch, daß das Grundelement Wasser ein Gemisch aus Wasserstoff und Sauerstoff ist (S. 28).

1808 trug der englische Chemiker John Dalton (1766 – 1844) seine Atomtheorie vor. Er erklärte, daß alle Atome eines Elements identisch seien, sich aber von den Atomen aller anderen Elemente unterschieden. Außerdem behauptete er, Verbindungen kämen dadurch zustande, daß sich ein Atom eines Elements mit einem Atom eines anderen Elements verknüpfe. Wasser, dachte er, entstehe, wenn sich ein Wasserstoffatom mit einem Sauerstoffatom verbinde.

Die Form von Kristallen wie diesem aus Kupfersulfat (S. 34) spiegelt ihre regelmäßige Molekularstruktur wider.

Moleküle

Doch drei Jahre später bewies der italienische Physiker Amadeo Avogadro (1776 – 1856), daß sich nicht ein, sondern zwei Wasserstoffatome mit jedem Sauerstoffatom zu Wasser verbinden. Er erkannte darüber hinaus, daß weder Wasserstoff- noch Sauerstoffatome für sich existieren, sondern stets Paare bilden. Diese Atompaare nennt man Moleküle (S. 28).

Während Dalton noch an seinen Theorien arbeitete, entdeckten die Chemiker immer rascher neue Elemente und Verbindungen. 1803 notierte Dalton erst 20 verschiedene Elemente, 1830 kannten die Chemiker schon 55, und am Ende des 19. Jahrhunderts waren es 80 Elemente und zahlreiche Verbindungen.

Lange Zeit glaubte man, Atome könnten weder gespalten noch zerstört oder geschaffen werden. Allmählich aber fragten sich die Chemiker, ob das wirklich zutraf.

Elektronen

1897 entdeckte der englische Physiker Joseph John Thomson (1856 – 1940) bei seinen Versuchen mit Kathodenstrahlröhren (ähnlich unseren Fernsehröhren) winzige Partikel, die 1800mal kleiner waren als die kleinsten Atome. Er nannte sie Elektronen, weil sie elektrisch geladen waren (S. 148). Thomson glaubte noch, Elektronen säßen auf einem Atom wie Rosinen im Pudding. Aber 1911 kam der englische Physiker Ernest Rutherford (1871 – 1937) dahinter, daß sich im Innern jedes Atoms ein kleiner, aber sehr dichter Kern befinde, und er glaubte, daß um diesen Kern die Elektronen in einer relativ ausgedehnten Wolke, also in einem weithin leeren Raum herumwirbelten. Zwei Jahre später erklärte der dänische Physiker Niels Bohr (1885 – 1962), Elektronen kreisten auf Bahnen um den Kern, wie die Planeten um die Sonne, und diese Bahnen seien in Schichten oder »Schalen« wie bei einer Zwiebel angeordnet (S. 26 – 27).

1919 spaltete Rutherford zum erstenmal das Atom – es war also durchaus nicht unzerstörbar. Er zertrümmerte, genauer gesagt, den Kern eines Stickstoffatoms mit Alphateilchen (Heliumkernen) und behielt die Atomkerne von Wasserstoff zurück, den kleinsten Atomen überhaupt. Man erkannte bald, daß die Atomkerne von jedem Element Wasserstoffatomkerne oder Protonen enthielten, wie Rutherford sie nannte. Wie Elektronen sind auch Protonen elektrisch geladen, nur entgegengesetzt, und da jedes Atom gleich viele Protonen wie Elektronen besitzt, gleichen sich deren Ladungen gegenseitig aus.

Einige Feststoffe sind eindeutig kristallin, wie dieser Bergkristall. Aber sogar Metalle und Steine sind es – allerdings sind diese Kristalle gewöhnlich nicht sichtbar.

Neutronen und andere Teilchen

1932 entdeckte der englische Physiker James Chadwick (1891 – 1974) ein weiteres Kernteilchen: das Neutron. Für ein normales Verständnis der Chemie genügt es, wenn ihr euch Atome einfach als Elektronen vorstellt, die in Schalen um einen Kern aus Protonen und Neutronen kreisen.

Aber die Physiker haben längst herausgefunden, daß die Geschichte der Materie komplizierter ist. Bei zahlreichen Atomspaltungen wurden nämlich eine ganze Reihe von verschiedenen Partikeln nachgewiesen, die nichts weiter als gespenstische Bündel von Energie sind: die Quanten. Doch noch immer sind die Wissenschaftler weit davon entfernt, die wahre Natur der Materie vollständig entschlüsseln zu können.

Infolge ihrer Molekularstruktur sind einige Stoffe wie Eisen, Stahl und Kobalt magnetisch (S. 158 – 163), die meisten aber nicht. Daher können einige Gemische auch mit Hilfe eines Magneten getrennt werden (S. 32).

Werden Stoffe physikalisch vermischt – wobei ihre Atome und Moleküle sich nicht verbinden – können sie oft durch einfache Verfahren wie die Chromatographie (S. 33) getrennt werden.

Was sind Chemikalien? (1)

Mit dem Wort Chemikalien verbindet man oft Bilder von Säuren, rauchenden Flüssigkeiten in Reagenzgläsern und von Substanzen mit sehr langen Namen. Dabei besteht jeder Stoff auf der Welt aus Chemikalien. Meer und Land, Pflanzen, Gebäude, Autos, Radios, Stühle, Lebensmittel und sogar euer Körper setzen sich aus Chemikalien zusammen, und zwar so gewöhnlichen wie zum Beispiel Salz und Wasser.

Jede Chemikalie hat bestimmte Eigenschaften, zum Beispiel physikalische wie Farbe, Härte, Struktur und Formbarkeit. In der Liste unten sind einige der wichtigsten physikalischen Eigenschaften aufgeführt, die wir auf den nächsten zehn Seiten experimentell genauer untersuchen. Ein Blick auf diese Eigenschaften vermittelt uns ein Verständnis dafür, warum verschiedene Stoffe sich so und nicht anders verhalten. Chemische Eigenschaften (S. 26 - 41) bezeichnen die Art, wie Chemikalien miteinander reagieren, und sind nicht so leicht zu erkennen. Puderzucker und Kreidestaub zum Beispiel sind physikalisch ähnlich: es sind feine weiße Puder. Aber chemisch sind sie verschieden: Zucker löst sich in Wasser, Kreide nicht.

Physikalische Eigenschaften

Hier sind einige wichtige physikalische Eigenschaften von Chemikalien aufgelistet. Untersucht einige Stoffe in eurer Umgebung auf diese Eigenschaften hin. Dabei solltet ihr so genau wie möglich sein und nicht einfach sagen, etwas sei hart, sondern etwas sei härter als dieser Stoff und weicher als jener. Versucht Gruppen von Stoffen mit ähnlichen physikalischen Eigenschaften herauszufinden.

Festigkeit (Zustand)	Ist es fest, flüssig oder gasförmig? (S. 20-25)
Aussehen	Welche Farbe hat es? Ist es glänzend oder matt? (S. 82) Ist es klar oder undurchsichtig? (S. 80) Ist es dunkel oder hell?
Struktur	Ist es rauh oder glatt? Ist es ein Puder oder ein Kristall?
Formbarkeit	Kann man es dehnen oder biegen? Kann man es zusammendrücken? (S. 74) Biegt es sich oder bricht es? (S. 17)
Elastizität	Nimmt es nach dem Dehnen seine ursprüngliche Form wieder an? (S. 74)
Härte	Wie hart ist es? (S. 17)
Dichte	Wie schwer ist es? (S. 19)
Auftrieb	Schwimmt es? (S. 140)
Magnetismus	Ist es magnetisch? (S. 160)
Leitfähigkeit	Leitet es elektrischen Strom? (S. 151)

Professor Frankensteins Laboratorium
In diesem Bild drückt sich die volkstümliche Vorstellung von einem chemischen Labor aus: geheimnisvoll rauchende Flüssigkeiten in seltsam geformten Kolben, die sofort zu explodieren drohen. Aber so sieht es kaum bei chemischen Experimenten aus – das Bild ist auch gestellt: Alle Flüssigkeiten sind mit Lebensmittelfarben gefärbtes Wasser, und der Rauch ist Trockeneis – eine sehr kalte Form von Kohlendioxidgas, wie es oft für Nebeleffekte benutzt wird –, das am Kolben nach unten strömt, einfach weil es schwerer als Luft ist.

EXPERIMENT

Die Sprödigkeit testen

Einige Stoffe sind hart, brechen aber leicht. Man kann sie nur schwer biegen oder zusammendrücken, aber anknacksen. Solche Stoffe nennt man spröde.

IHR BRAUCHT

- Haushaltsgegenstände zum Testen
- Hammer • Brett • Schutzbrille

Hammertest
Legt jeden Teststoff auf ein Hackbrett. Schützt eure Augen mit einer Brille oder legt ein Tuch über den Stoff. Haut kurz und fest mit dem Hammer darauf. Achtet darauf, was danach passiert: Verbiegt sich das Ding, bekommt es Sprünge, zerbricht es oder hält es den Schlag aus?

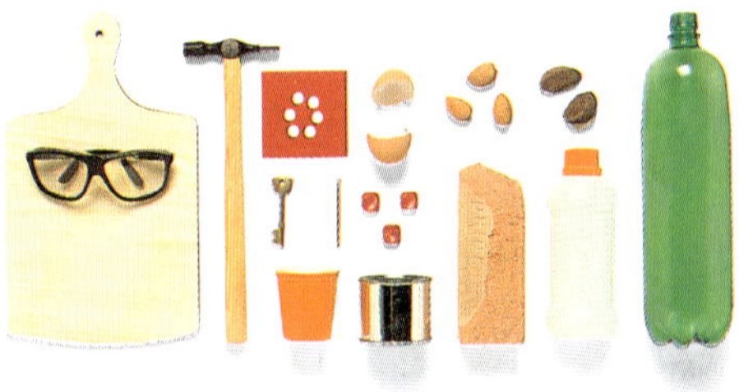

EXPERIMENT

Die Härte testen

IHR BRAUCHT

- Haushaltsgegenstände zum Testen: Holzlöffel, Plastikflasche, Steine, Schlüssel, Modelliermasse • Kugelschreiberkappe aus Plastik

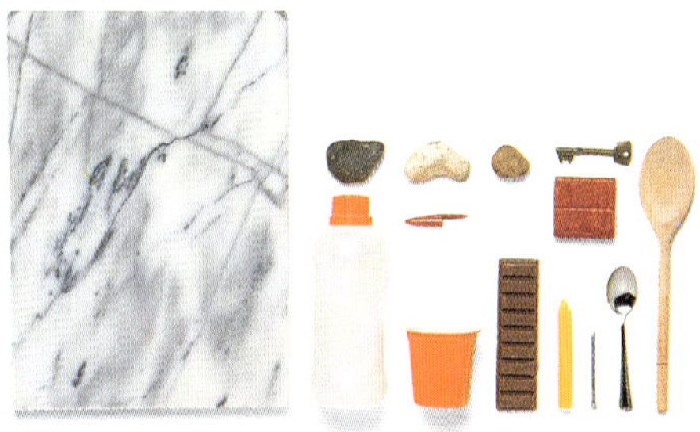

Die Härte eines Stoffes kann man ganz einfach testen, indem man darauf mit der Plastikkappe eines Kugelschreibers herumkratzt. Beachtet, wie stark ihr aufdrücken müßt, um jeden Stoff zu ritzen.

Weich und hart
Für Härte gibt es keine Maßeinheit wie für Gewicht oder Länge. Der deutsche Mineraloge Friedrich Mohs (1773 – 1839) hat aber eine Härteskala eingeführt, mit der man verschiedene Stoffe testen kann. Jedes Standardmaterial auf dieser Skala kann das unter ihm stehende ritzen und von dem über ihm stehenden geritzt werden.

Die absolute Härte
Der Diamant ist der härteste Stoff und wird darum in der Industrie für Schneidegeräte verwendet. Er kann nur von einem anderen Diamanten zerschnitten werden.

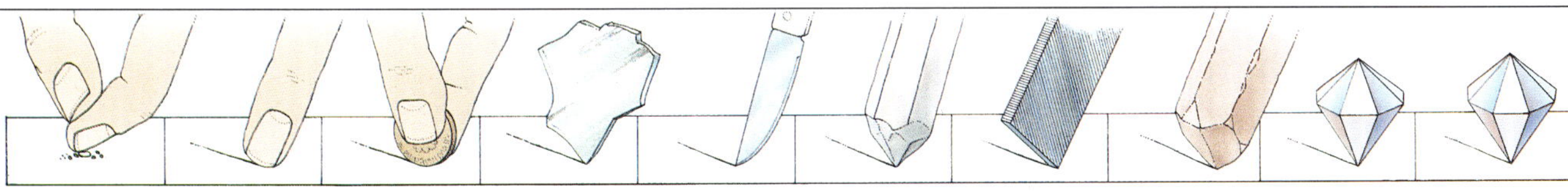

1 *Talk: mit Fingernagel zerdrückbar*
2 *Gips: mit Fingernagel ritzbar*
3 *Kalkspat: mit Münze ritzbar*
4 *Flußspat: mit Glas ritzbar*
5 *Apatit: mit Taschenmesser ritzbar*
6 *Feldspat: mit Quarz ritzbar*
7 *Quarz: mit harter Stahlfeile ritzbar*
8 *Topas: mit Korund ritzbar*
9 *Korund: mit Diamant ritzbar*
10 *Diamant: nur mit sich selbst ritzbar*

Was sind Chemikalien? (2)

Stoffe, die man normalerweise leicht identifizieren kann, sind Metalle, die insgesamt eine der wichtigsten Gruppen von Stoffen bilden. Alle Grundstoffe kann man nämlich in Metalle und Nichtmetalle einteilen (S. 186). Natürlich gibt es viele verschiedene Arten von Metallen, aber alle haben im Prinzip ähnliche physikalische Eigenschaften.
Außer Quecksilber, das bei Zimmertemperatur eine silbrige Flüssigkeit ist, sind die meisten Metalle stabil und glänzend und geben einen Ton von sich, wenn man dagegenschlägt. Sie sind fest und können gewöhnlich in fast jede Form gehämmert oder gegossen werden, weshalb lange Zeit von Messern bis Flugzeugen so gut wie alles aus Metall hergestellt wurde. Außerdem leiten sie Wärme und Elektrizität gut (S. 52 u. 151). Alle Metalle bestehen aus winzigen Kristallen, die im allgemeinen nicht sichtbar sind und chemisch durch sehr zähe metallische Bindungen zusammengehalten werden – daher sind Metalle auch so stabil.

Im Hochofen
Es gibt verschiedene Arten von Stahl, aber meist entsteht er im Windblasverfahren. In einem Hochofen wird Roheisen geschmolzen, Verunreinigungen werden mit Sauerstoff herausgeblasen, und dann werden andere Metalle hinzugefügt, so daß der gewünschte Stahl entsteht. Beim Elektrostahlverfahren wird gewöhnlich Alteisen benutzt. Der neue Stahl kommt aus dem Hochofen als sehr heiße Flüssigkeit und wird oft in Formen gegossen, wo er abkühlt und zu Barren erstarrt, die weiterbearbeitet werden.

Metalle

In eurer Umgebung könnt ihr viele verschiedene Metalle finden.

1. Kupfer *Weiches, rötliches Metall; dient wegen seiner guten Leitfähigkeit meist als Elektrodraht.*
2. Messing *Beständige, leuchtendgelbe Legierung (Mischung) aus ⅔ Kupfer und ⅓ Zink.*
3. Nichtrostender Stahl *Rost- und fleckenfreier Stahl, der Chrom und etwas Kohlenstoff enthält.*
4. Bronze *Schwere, matte Legierung aus Kupfer und Zinn.*
5. Nickel *Magnetisches Metall, das für billigen »Silber«schmuck oft mit Kupfer und Zink legiert wird.*
6. Gold *Weiches, gelbes Metall, das nie rostet und für Schmuck, Zähne und elektronische Teile verwendet wird.*
7. Eisen *Stabiles, weiches, leicht zu verarbeitendes Metall, das bei Berührung mit Luft und Wasser rostet.*
8. Chrom *Hartes, silbriges Metall, das zum Schutz oft elektrisch auf andere Metalle aufgetragen wird.*
9. Stahl *Sehr widerstandsfähige Legierung, meist aus Eisen und Kohlenstoff, sehr vielseitig einsetzbar (z. B. Autos).*
10. Zinn *Leicht formbares, nichtrostendes silbriges Metall, aus dem mit anderen Metallen Blechbüchsen gemacht werden.*
11. Aluminium *Weißliches Leichtmetall, für Flugzeuge und Fensterrahmen verwendet.*
12. Silber *Glänzendes Metall, für Schmuck, aber auch in der Fotografie verwendet.*

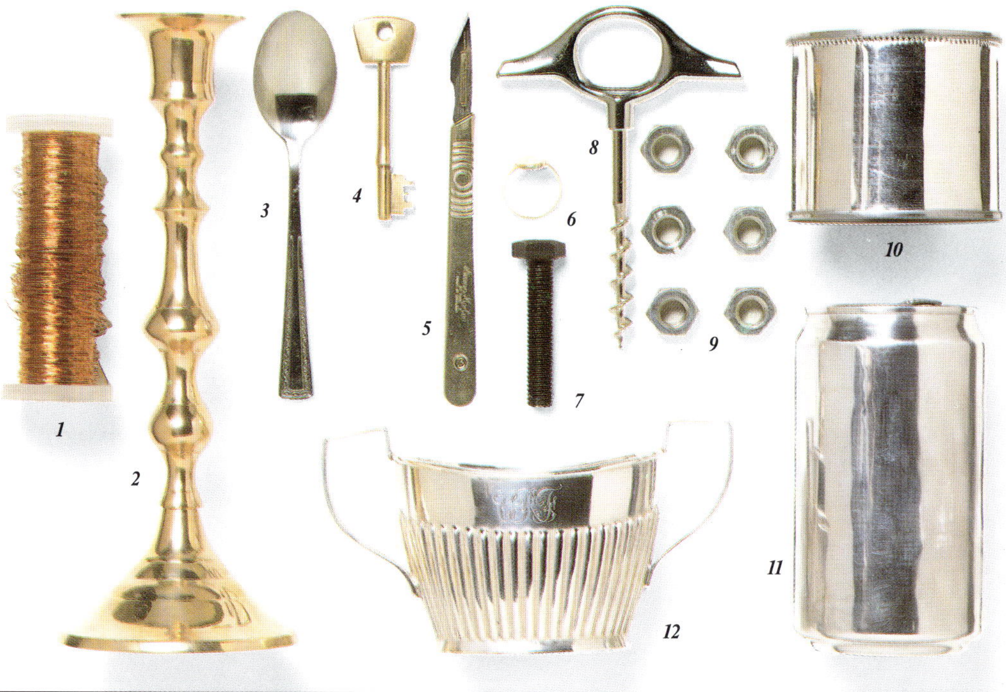

EXPERIMENT

Die Dichte messen

Weil ein Eisenklotz mehr wiegt als ein gleichgroßer Holzklotz, sagt man, Eisen sei dichter als Holz. Jeder Stoff hat seine eigene Dichte, die sich einfach aus dem Verhältnis von Gewicht und Mengeninhalt (Volumen) ergibt. Bei diesem Experiment kann man die Dichte verschiedener Feststoffe bestimmen.

IHR BRAUCHT

• Plastikflasche • Meßbecher • Messer • Waage • Millimeterpapier • Plastikrohr

1 Schneidet das Oberteil einer Plastikflasche ab, bohrt ein wenig unterhalb des Randes ein Loch hinein und befestigt darin das Rohr mit Modelliermasse möglichst wasserdicht.

2 Stellt einen Behälter unter das Rohrende und füllt die Flasche mit Wasser, bis es durchs Rohr abläuft. Nun sucht euch den Gegenstand aus, den ihr messen wollt.

3 Stellt einen leeren Meßbecher unters Rohr und gebt den Gegenstand in die Flasche. Notiert euch die Menge, die in den Meßbecher überläuft.

4 Nehmt den Gegenstand aus dem Wasser, trocknet ihn ab und wiegt ihn. Wenn ihr das Gewicht durch die Wassermenge im Meßbecher teilt, bekommt ihr die Dichte.

Dichte

Wissenschaftler sprechen normalerweise von der Masse eines Stoffes, wenn sie sein Gewicht meinen. Wissenschaftlich sollte man daher den Begriff Gewicht nur gebrauchen, wenn man die Wirkung der Schwerkraft auf ein bestimmtes Objekt meint. Dichte ist demnach nicht das Gewicht, sondern die Masse eines Kubikzentimeters eines Stoffes. Wasser hat zum Beispiel eine Dichte von 1 g pro cm^3. Gase sind sehr leicht und haben geringe Dichten: Wasser ist fast 1000mal dichter als Luft. Dagegen sind die meisten Feststoffe viel dichter als Wasser. Gold ist zum Beispiel fast 20mal dichter als Wasser.

Feststoffe

Ein Stein ist fest, Wasser flüssig und Luft gasförmig. Aber das muß nicht immer so sein. Jeder Stoff auf der Welt ist entweder fest, flüssig oder gasförmig, doch unter entsprechenden Bedingungen kann er alle drei Aggregatzustände annehmen. In der Hitze eines Vulkans schmilzt sogar Stein zu flüssiger Lava, und Wasser gefriert zu Eis bei Temperaturen unter 0 °C.

Das hängt alles mit den winzigen Partikeln – Atomen und Molekülen – zusammen, aus denen jeder Stoff besteht (S. 26). Bei einem Feststoff sind die Partikel fest zusammengefügt, wie Ziegel in einer Mauer. Daher sind Feststoffe sehr starr und bewahren gewöhnlich ihre Form. Viele Feststoffe kann man mit bloßer Hand hochheben, aber Wasser nicht. Doch wenn der Feststoff erhitzt wird, zerbrechen die Bindungen zwischen den Partikeln, und er schmilzt zu einer Flüssigkeit.

Unter Druck
Neben Hitze bringt auch Druck Wasser zum Schmelzen, wie dieses Experiment zeigt. Hängt einen Draht mit Gewichten über einen Eisblock, der dann schmilzt.

EXPERIMENT

Schmelzpunkt

Jeder Feststoff wird bei einer bestimmten Temperatur flüssig. Man nennt dies seinen Schmelzpunkt. Versucht ihn bei verschiedenen Haushaltsgegenständen zu bestimmen.

IHR BRAUCHT
• Brenner (S. 10) • Thermometer (S. 8) • Reagenzglas • hitzefester Becher oder Kasserolle • Teststoffe: Ei, Butter, Schokolade, Gelee, Wachs

Und so funktioniert es
Ein wenig von dem Teststoff ins Reagenzglas geben. Das Wasser im Becherglas (oder in der Kasserolle) langsam erhitzen. Das Reagenzglas hineinhalten und es sacht schütteln. Sobald der Stoff zu schmelzen beginnt, es aus dem Wasser ziehen und die Temperatur messen. Den Vorgang zweimal bei jedem Feststoff wiederholen. Achtung: Das Röhrchen kann sehr heiß werden. Am besten hält man es mit einem Topflappen oder einer Grillzange.

EXPERIMENT

Feststoffe sind kleiner

Wenn sich Flüssigkeiten abkühlen, werden sie fest. Da Feststoffe im allgemeinen dichter sind und ihre Atome und Moleküle enger zusammenliegen, nehmen sie weniger Raum ein als eine Flüssigkeit. Bei diesem Experiment kann man sehen, wie Butter schrumpft, wenn sie fester wird, da die Moleküle enger zusammenrücken.

IHR BRAUCHT

• Brenner (S. 10) • kleines, schmales Glas • hitzefeste Schüssel oder Kasserolle • Butter • Messer

1 Bringt ein wenig Butter in einer Kasserolle über dem Spiritusbrenner gerade zum Schmelzen und rührt sie um, bis sie vollständig geschmolzen ist. Sobald sie flüssig geworden ist, blast ihr den Brenner aus.

2 Gießt die geschmolzene Butter ins Glas bis zum Rand und stellt es zum Abkühlen in den Kühlschrank.

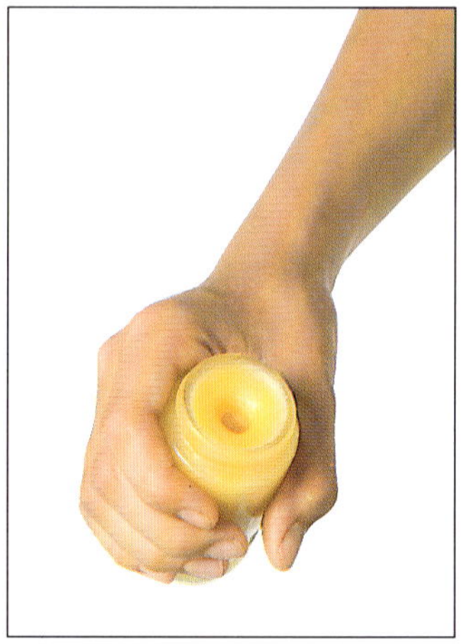

3 Wenn ihr das Glas wieder herausnehmt, seht ihr ein Loch in der Butter: Feste Butter braucht weniger Platz.

Wasser ist anders

Wasser ist der einzige Stoff, der sich ausdehnt und weniger dicht wird, wenn er fest wird: Wenn Wasser Eis wird, sind die Bindungen zwischen den Molekülen weniger eng, als wenn es flüssig ist. Und da Eis nicht so dicht wie Wasser ist, schwimmt es darauf. Wenn also Flüsse und Seen im Winter gefrieren, bildet das Eis nur eine Schicht an der Oberfläche. Diese Schicht schützt das Wasser darunter und verhindert, daß es gefriert. Würde Eis sinken, dann würden Flüsse und Seen völlig gefrieren und Wasserpflanzen und -tiere getötet.

Hier zeigt sich, wie sich gefrierendes Wasser ausdehnt. Man füllt eine Plastikflasche mit Wasser und stellt sie in den Gefrierschrank. Beim Frieren dehnt sich das Wasser so sehr aus, daß es die Flasche zersprengt. Daher platzen Wasserrohre oft im Winter.

Flüssigkeiten

Wenn ein Feststoff schmilzt und flüssig wird, verändert er sich drastisch. Das Netz der Bindungen, die seine Moleküle zusammenhielten, zerreißt, und die Moleküle laufen in alle Richtungen auseinander – daher können Flüssigkeiten jede Form annehmen. Während die Moleküle in einem Feststoff wie ein Trupp Soldaten sind, die immer im Gleichschritt marschieren, gleichen die Moleküle in einer Flüssigkeit eher Tänzern auf einem vollen Tanzboden. Gruppen von Molekülen bewegen sich in allen Richtungen herum, kommen aber nicht weit, weil sie ständig mit anderen Gruppen zusammenstoßen. Wird eine Flüssigkeit erhitzt, bewegen sich die Gruppen immer schneller, bis schließlich einige ausbrechen und zu Gas werden. Das nennt man Verdunstung oder Verdampfung.
Wasser ist die mit Abstand am häufigsten vorkommende Flüssigkeit, und bei normalen Temperaturen gibt es nur wenige andere Flüssigkeiten außer Wasser, Öl und Spiritus – obwohl sich viele andere Stoffe in Wasser lösen lassen (S. 34).

EXPERIMENT

Löcher im Wasser entdecken

Die Moleküle einer Flüssigkeit sind zwar eng beisammen, aber dennoch gibt es – anders als in einem Feststoff – jede Menge Platz zwischen ihnen. Man kann dies nachweisen, indem man Zucker in einer randvollen Tasser auflöst: Der Zucker paßt in die Lücken zwischen den Molekülen. Noch besser funktioniert es, wenn man das Wasser erwärmt.

IHR BRAUCHT
- Schale mit Zucker
- Tasse mit warmem Wasser
- Teelöffel

1 Füllt eine Tasse bis zum Rand mit warmem Wasser. Ihr braucht schon eine ruhige Hand, um die letzten Tropfen hinzuzufügen, so daß sich das Wasser wölbt, aber nicht überfließt.

2 Laßt ganz behutsam einen Löffel voll Zucker ins Wasser rieseln und wartet, bis er sich gelöst hat. Fügt nun einen weiteren Löffel Zucker hinzu, ohne Wasser zu verspritzen.

3 Ihr könnt zwei bis drei Löffel Zucker ins Wasser geben. Sind die Räume zwischen den Molekülen ausgefüllt, bringt noch mehr Zucker die Tasse zum Überlaufen.

EXPERIMENT

Viskosität

Alle Flüssigkeiten fließen, um den Raum auszufüllen, in dem sie enthalten sind – aber einige fließen leichter als andere. Öl z.B. fließt langsamer als Wasser, Sirup noch langsamer. Den Widerstand einer Flüssigkeit gegen das Fließen – ihre Zähigkeit – nennt man Viskosität. Eine hochviskose Flüssigkeit fließt nur langsam. Es erfordert viel mehr Kraft, Dinge durch eine solche Flüssigkeit zu bewegen. Auf diese Weise kann man die Viskosität messen. Interessanterweise leistet die Flüssigkeit mehr Widerstand, je mehr Kraft man aufwendet, denn Druck erhöht die Viskosität – er quetscht nämlich die Löcher in der Flüssigkeit zusammen und erschwert es dadurch den Molekülen, sich zu bewegen. Erhitzt man aber die Flüssigkeit, wird sie weniger viskos, weil die Löcher größer werden.

IHR BRAUCHT
- Glasmurmeln
- Marmeladengläser
- Testflüssigkeiten wie Milch, Öl, Glyzerin, Wein, Wasser

EXPERIMENT

Siedepunkt

Bei diesem Experiment sollte ein Erwachsener dabeisein: Kochende Flüssigkeiten können sehr gefährlich sein.

Genau wie jeder Feststoff bei einer gewissen Temperatur schmilzt, so hat auch jede Flüssigkeit ihren eigenen Siedepunkt. Allerdings schmelzen Feststoffe nur bei einer bestimmten Temperatur, während Flüssigkeiten eigentlich bei fast jeder Temperatur zu Gas werden können, also nicht erst beim Siedepunkt - das ist nur die höchste Temperatur, die eine Flüssigkeit erreichen kann: Sie kann nicht heißer werden als bis zum Siedepunkt. Bei Wasser beträgt er 100 ° - wobei der Siedepunkt vom Luftdruck abhängt und bei weniger Druck (Gebirge!) sinkt.

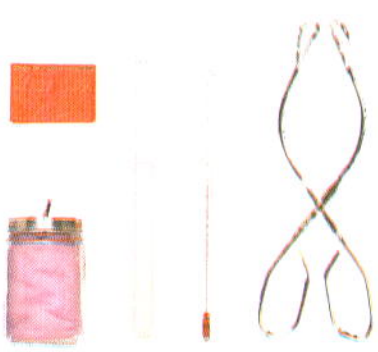

IHR BRAUCHT
- Spiritusbrenner (S. 10)
- Reagenzglas
- Grillzange
- Thermometer (S. 8)
- Testflüssigkeiten

Vorsicht: Kochende Flüssigkeiten sind gefährlich, wenn man damit sorglos ist. Testet nur trinkbare Flüssigkeiten und kocht nur kleine Mengen Öl, da es sehr hohe Temperaturen erreichen kann. Euer Thermometer muß bis 360 ° gehen.

Den Siedepunkt messen
Ein wenig Flüssigkeit in ein Reagenzglas gießen - gerade soviel, daß der Kolben des Thermometers eintaucht. Das Röhrchen mit der Zange über dem Brenner halten und beobachten, wie die Temperatur auf dem Thermometer steigt. Sobald die Flüssigkeiten zu kochen beginnen, bleibt die Temperatur gleich. Das ist der Siedepunkt.

1 Für den Viskositätstest füllt ihr saubere Marmeladengläser mit gleichgroßen Mengen Flüssigkeit und stellt sie vor einen weißen Hintergrund, damit man gut erkennen kann, was passiert. Stellt zwei Gläser nebeneinander und haltet in jeder Hand eine Murmel darüber. Laßt sie genau im selben Moment los oder bittet einen Freund darum, während ihr beobachtet.

2 Paßt genau auf, welche Murmel als erste unten ist. Die Murmel, die am längsten dazu braucht, befindet sich in der Flüssigkeit mit der höchsten Viskosität. Wiederholt den Test, wobei ihr jedesmal eine Flüssigkeit austauscht, bis ihr die Gläser nach der Viskositätsstärke anordnen könnt. Achtet darauf, daß die Murmeln exakt im selben Moment losgelassen werden!

Gase

Im Unterschied zu festen und flüssigen Stoffen können Gase nur selten gesehen oder berührt werden, aber dafür haben manche – wie Ammoniak – einen starken Geruch. Und dennoch bestehen auch Gase aus Molekülen und Atomen. Nur sind die Moleküle eines Gases sehr weit auseinander und schwirren mit hohem Tempo in allen Richtungen herum. Werden Gase genügend abgekühlt, verlangsamen sich die Moleküle, und das Gas kondensiert zu einer Flüssigkeit – wie sich Dampf aus einem Kessel auf kalten Oberflächen als Wassertröpfchen niederschlägt. Allerdings kondensieren die meisten Gase nur bei sehr niedrigen Temperaturen: Sauerstoff zum Beispiel bei – 183 °C.

Wenn man Perlen in einem Glas heftig schüttelt, kann man sich vorstellen, wie Moleküle in einem Gas herumschießen.

Diffusion

Selbst mit dem stärksten Mikroskop können wir die Moleküle in einem Gas nicht sehen. Vom Verhalten des Gases her aber wissen wir, daß sie da sind. Gase mischen sich zum Beispiel sehr leicht: Wenn man eine Flasche Parfüm in einer Zimmerecke öffnet, wird man den Duft bald im ganzen Raum wahrnehmen. Am besten kann man das damit erklären, daß der Duft wie die Luft im Zimmer aus Molekülen besteht, die sich sehr schnell bewegen. So breiten sich die Duftmoleküle schnell in der Luft aus, und weil einige eure Nase erreichen, könnt ihr das Parfüm riechen. Diese schnelle Mischung nennt man Diffusion. Flüssigkeiten diffundieren ebenfalls, aber langsamer als Gase – Feststoffe brauchen viele Jahre dazu. Gase können auch durch eine offenkundig feste Haut diffundieren, besonders wenn sich darin winzige Löcher befinden. Auf diese Weise kann unser Körper Sauerstoff aus der Luft durch die Lungen ins Blut aufnehmen. Und irgendwann sinkt jeder Luftballon, weil die Luft darin langsam durch die Gummihaut durch Diffusion entweicht.

EXPERIMENT

Das Volumen von Gasen

Weil die Moleküle in einem Gas weiter auseinander sind, nehmen Gase mehr Raum ein als gleichgroße Mengen fester oder flüssiger Stoffe, wie dieses Experiment zeigt. Vermischt man Speisenatron mit Essig, wird durch eine chemische Reaktion das Gas Kohlendioxid freigesetzt.

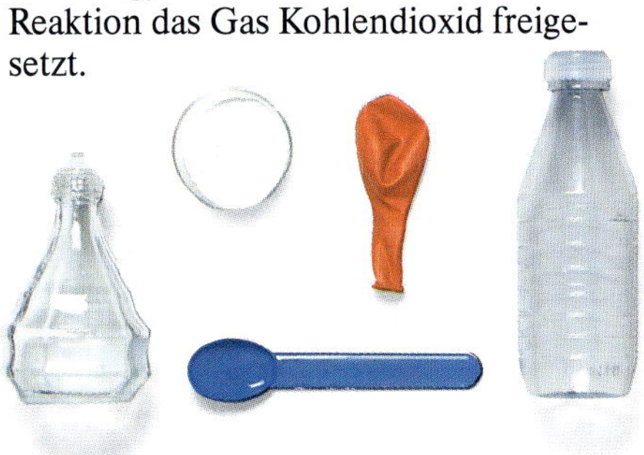

IHR BRAUCHT

• Essig • Speisenatron • Luftballon • Löffel • Flasche mit engem Hals

1 Schüttet in eine Flasche mit engem Hals vorsichtig soviel Essig, bis sie zu einem Viertel gefüllt ist. Mit erwärmtem Essig verläuft die Reaktion ein wenig schneller.

2 Füllt mit Hilfe eines Trichters den Luftballon mit Natron und klopft gelegentlich gegen den Trichter, damit er nicht verstopft; der Ballon – ohne das Mundstück – sollte voll sein.

So funktioniert Diffusion
Diese beiden Fotos zeigen ein berühmtes Experient über die Diffusion von Gasen. Zwei Bechergläser stehen mit ihren nur durch eine Glasscheibe verschlossenen Öffnungen aufeinander. Das eine enthält Luft, das andere dunkelbraunen Bromdampf (links). Sobald die Glasscheibe entfernt wird, dehnt sich das Brom langsam nach oben aus – obwohl es schwerer als Luft ist. Inzwischen dehnt sich die Luft nach unten aus, bis der ganze Raum von einem gleichmäßigen Brom-Luft-Gemisch erfüllt ist. Das dauert etwa eine Stunde, obwohl sich jedes Molekül so schnell bewegt, daß es die Strecke im Becher etwa 400mal in der Sekunde zurücklegt. Das Mischen braucht nur deshalb so viel Zeit, weil die Moleküle ständig aneinanderstoßen und in verschiedenen Richtungen auseinanderstieben.

GROSSE ENTDECKER

Robert Boyle

Robert Boyle (1627–1691) war ein irischer Wissenschaftler, der Gase untersuchte. Sein berühmtestes Werk befaßte sich mit dem Druck von Gas: der geballten Kraft, die all seine bewegten Moleküle entwickeln, wenn sie auf irgend etwas treffen, das ihnen im Weg ist. Boyle bewies, daß sich der Druck proportional erhöht, wenn man ein Gas bei gleichbleibender Temperatur zusammendrückt, weil mehr Moleküle auf engerem Raum zusammengepreßt werden.

3 Laßt den Ballon an der Flasche herunterhängen, während ihr seine Öffnung über den Hals streift. Dann hebt ihr schnell den Ballon an, so daß das Natron direkt in die Flasche fällt.

Aufgeblasen
Sobald das Natron in den Essig gelangt, beginnt es zu sprudeln, da Kohlendioxid freigesetzt wird, das langsam den Ballon aufbläst.

Im Innern des Atoms

Im Universum besteht jeder Stoff – von Erbsen bis zu fernen Planeten – ganz und gar aus winzigen Teilchen, die man Atome nennt. Sie sind so klein, daß man sie nur mit extrem starken Raster-Tunnelmikroskopen fotografieren kann. Der Punkt am Ende dieses Satzes könnte allein schon weit über zwei Milliarden Atome enthalten. Doch trotz ihrer geringen Größe bestehen Atome fast ausschließlich aus leerem Raum, denn im Innern jedes Atoms befinden sich eine Reihe noch kleinerer Teilchen, wie winzige Planeten im Weltall. Allerdings existieren diese subatomaren Teilchen nicht für sich, sondern nur die Atome selbst. Zertrümmert man ein Atom, gibt es den Stoff nicht mehr – so wie man aus zertrümmerten Ziegeln keine Wand mehr bauen kann.

Atomzertrümmerung
Einst hielten die Wissenschaftler Atome für die kleinsten Teile. Doch 1919 gelang es Rutherford, ein Atom mit dieser Radiumkanone zu spalten.

Der Teilchen-Zoo

1920 glaubte man noch, Atome enthielten nur drei verschiedene Teilchen: Protonen und Neutronen im Kern, Elektronen drum herum. Doch seitdem haben Wissenschaftler durch Atomzertrümmerung Hunderte weiterer Partikel entdeckt. Sie existieren zwar nur für einen Moment, doch zeigt sich daran, daß Protonen und Neutronen nicht die letzten Bausteine des Universums sind, wie man einst glaubte. Inzwischen geht man davon aus, daß es nur zwei Grundtypen von Teilchen gibt: Quarks und Leptonen. Protonen und Neutronen bestehen aus Quarks, Elektronen und ähnliche Partikel bestehen aus Leptonen. Schließlich gibt es noch eine dritte Teilchenart, die als schwache Kraft die Quarks und Leptonen zusammenhält: die Bosonen.

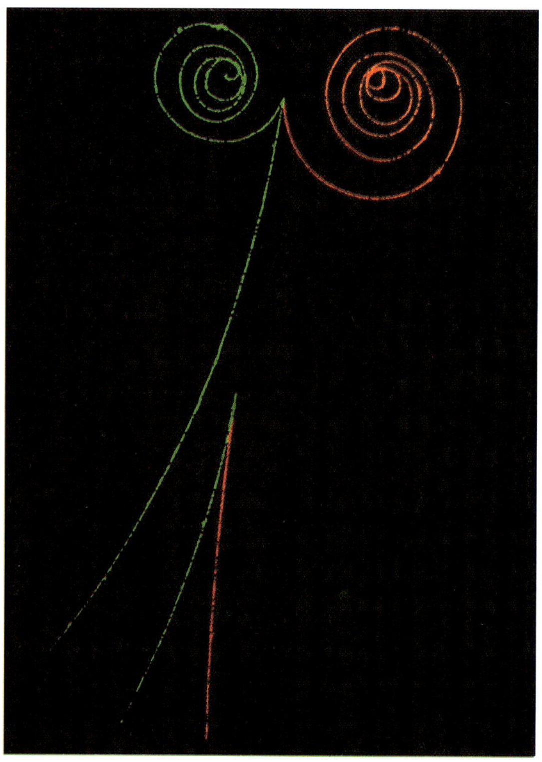

Jedes subatomare Teilchen hat ein spiegelbildliches Anti-Teilchen. Hier sind die Spuren eines Elektrons (grün) und seines Anti-Teilchens, eines Positrons (rot), in einem Teilchenbeschleuniger zu sehen.

EXPERIMENT

Ein Atommodell bauen

Mit diesem Modell eines Atoms und seiner Elektronenschalen wird deutlich, wie die Atome verschiedener Stoffe angeordnet sind. Durch Hinzufügen oder Wegnehmen von Elektronen in Form von Perlen können die verschiedenen Elemente nachgebildet werden (S.28 u. 186). Natürlich sehen Atome im Innern anders aus – dieses Modell dient nur der Veranschaulichung.

IHR BRAUCHT
• farbige Pappe • quadratisches Brett • Bleistift und Zirkel • Schere • Teppichmesser • Perlen • kurzes Plastikrohr

1 Schneidet vom Plastikrohr insgesamt 37 dünne Abschnitte möglichst gerade ab. Damit könnt ihr die Perlen auf dem Brett fixieren.

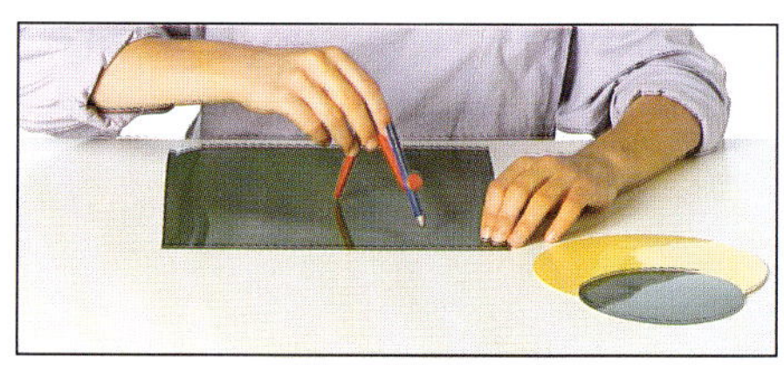

2 Zeichnet mit einem Zirkel vier Kreise wie in der Abbildung bei der Zubehörliste auf die Pappe und schneidet sie sorgfältig aus. Das sind die verschiedenen Elektronenschalen. Wechselt bei jeder Schale die Farbe.

3 Klebt die Kreise aufs Brett, wobei ihr mit dem größten beginnt. Am einfachsten klebt man sie übereinander, aber schöner sieht es aus, wenn ihr einzelne Ringe ausschneidet und bündig ineinander verklebt.

4 Klebt die Ringe aus dem Plastikrohr auf die Ränder der Pappringe wie in der Abbildung unten: 1 Ring im Mittelpunkt, 2 auf Ring 2, 8 auf Ring 3, 18 auf Ring 4 und 8 auf den Außenring.

Wie das Modell benutzt wird
Eine große rote Perle in den Mittelpunkt als Atomkern legen. Die blauen Perlen stellen die Elektronen dar. Um mit diesem Modell irgendein Element darzustellen, füllt man die Plastikringe auf dem Brett stets lückenlos von innen nach außen, bis die richtige Anzahl von Elektronen erreicht ist, wie sie die Atomzahl des Elements angibt.

Elektronenschalen
Atome haben höchstens sieben Elektronenschalen, wobei die Anzahl der Elektronen in jeder dieser Schalen begrenzt ist. So gibt es in der ersten nur Platz für zwei, in der zweiten und dritten für acht. Danach wird es sehr kompliziert: Gibt es vier oder mehr Schalen, kann die dritte bis zu 18 Elektronen enthalten – in der äußeren aber gibt es nie mehr als acht.

Teile eines Atoms

Im Mittelpunkt jedes Atoms ist ein winziger, aber sehr dichter Kern, der zwei Arten von Teilchen enthält: Protonen und Neutronen. Protonen haben eine positive elektrische Ladung, Neutronen keine. Jedes Atom eines chemischen Elements hat eine bestimmte Anzahl von Protonen, die man seine Atomzahl nennt. Um den Kern wirbeln viel kleinere, negativ geladene Teilchen, sogenannte Elektronen, wie Planeten, die um die Sonne kreisen: Energiebündel, die sich mit Lichtgeschwindigkeit bewegen. In jedem Atom gibt es immer so viele Elektronen wie Protonen, so daß sich ihre elektrischen Ladungen aufheben, wodurch das Atom selbst neutral ist. Doch gerade die elektrische Anziehungskraft zwischen der negativen Ladung der Elektronen und der positiven Ladung der Protonen hält das Atom zusammen (S. 148).

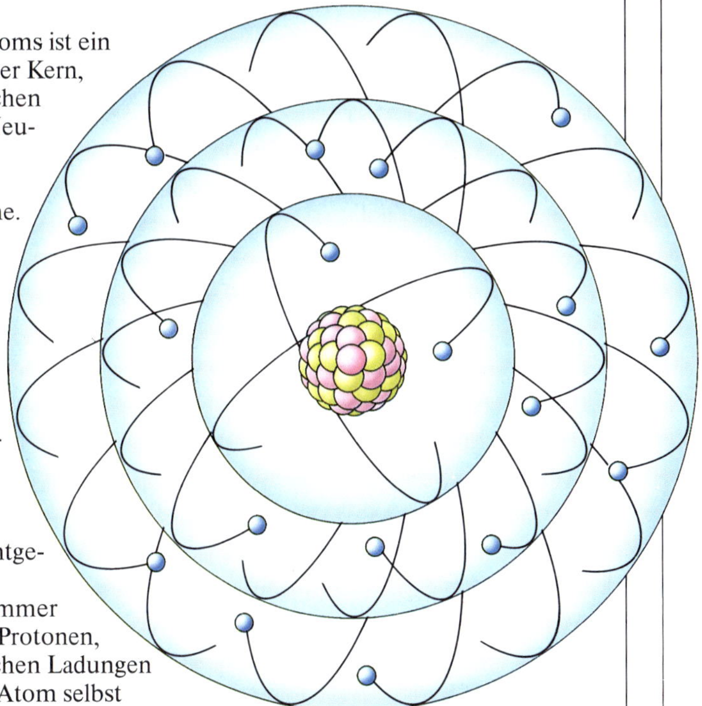

Elektronen
Elektronen wirbeln um den Kern in verschiedenen Schalen – normalerweise paarweise in entgegengesetzter Richtung. In ihrer Schale können sie sich überall hinbewegen, und manchmal können sie sogar von einer Schale auf die andere springen. Springen sie nach innen, geben sie Energie ab und umgekehrt.

Elemente und Verbindungen

Bei der unüberschaubaren Fülle von Stoffen auf der Welt möchte man kaum glauben, daß sie viele Gemeinsamkeiten haben. Und doch besteht alles im Universum aus gut hundert Grundstoffen, sogenannten Elementen, von denen jedes seinen eigenen Atomtypus und eine eigene Beschaffenheit hat. Die Atome unterscheiden sich zwar nur nach der Anzahl der Protonen und Elektronen, aber das wirkt sich doch entscheidend auf ihre Beschaffenheit aus.
Einige Stoffe wie Gold sind ein Element. Andere enthalten zwei oder mehr miteinander verbundene Elemente, und man nennt sie Verbindungen. Tafelsalz zum Beispiel ist eine Verbindung der Elemente Natrium und Chlor. Die Eigenschaften der Verbindungen unterscheiden sich von denen der Elemente, aus denen sie bestehen: Natrium brennt und zischt, wenn es in Wasser gerät – Chlor ist ein dickes, grünes Gas!

Moleküle

Atome können allein existieren, doch die meisten verbinden sich mit anderen zu Molekülen, den kleinsten Teilchen eines Stoffes. Verbindungen bestehen aus Molekülen mit jeweils der gleichen Atomkombination: Ein Salzmolekül setzt sich aus einem Natrium- und einem Chloratom zusammen. Einige Moleküle bestehen aus Hunderten von Atomen. Wir zeigen hier einfachere Moleküle – die Perlen stellen die Atome dar.

Wasser
Alle Wassermoleküle bestehen aus zwei Wasserstoffatomen, die an ein Sauerstoffatom gebunden sind.

Wasserstoff ist das leichteste Atom: ein Elektron und ein Proton. Da es in seiner Außenschale einen freien Platz hat, reagiert es leicht mit anderen Elementen.

Helium ist wie Wasserstoff normalerweise ein Gas. Mit je zwei Protonen und Neutronen im Kern und zwei Elektronen ist es auch sehr leicht.

Elemente

Bis jetzt sind 105 verschiedene Elemente entdeckt worden. Ihre Eigenschaften hängen bis zu einem gewissen Grad vom Aufbau ihrer Elektronenschalen ab. Diejenigen Elemente, die zum Beispiel in ihrer Außenschale nur ein Elektron aufweisen, haben viele gemeinsame chemische Eigenschaften. Diese Elemente, unter anderem Lithium, Natrium und Kalium, verbinden sich leicht mit anderen Elementen. Auch Elemente, die nur noch ein Elektron brauchen, um ihre äußere Schale zu vervollständigen – wie Fluor, Chlor und Brom – ähneln sich im Charakter. Man nennt sie Halogene. Einige Elemente wie Helium, Neon, Argon und Krypton haben eine komplette äußere Elektronenschale. Dadurch sind sie sehr stabil und reagieren nur selten mit anderen Elementen. Es sind sogenannte Edelgase, die hell aufleuchten, wenn ein elektrischer Strom durch sie geleitet wird. Neonröhren zum Beispiel leuchten hellrot.
Alle Elemente wurden wie die genannten in Gruppen eingeteilt und in der Reihenfolge ihrer Atomzahl (der Anzahl der Protonen im Kern, S.26) ins sogenannte Periodensystem (S.186) eingetragen. Dem Wissenschaftler verrät ein Blick auf die Position eines Elements im Periodensystem eine ganze Menge über sein Verhalten – ja er kann sogar vorhersagen, wie sich noch zu entdeckende Elemente verhalten werden.

Kohlenstoff kommt in allen Lebewesen vor. Neben vier Elektronen in der Außenschale hat er vier Leerstellen und kann darum komplexe Verbindungen mit anderen Elementen eingehen.

Sauerstoff brauchen wir zum Leben. Er ist eines der am häufigsten vorkommenden Elemente und verbindet sich mit Wasserstoff zu Wasser.

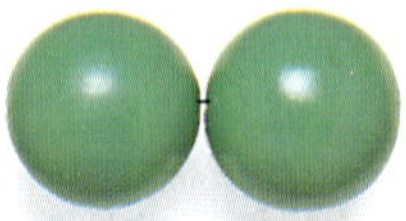

Chlor
Bei Chlormolekülen sind zwei Chloratome kovalent verbunden, d. h., sie teilen sich Elektronen in ihren Außenschalen.

Kohlenstoffdioxid (»Kohlendioxid«)
In diesem Molekül sind zwei Sauerstoffatome mit einem Kohlenstoffatom verbunden.

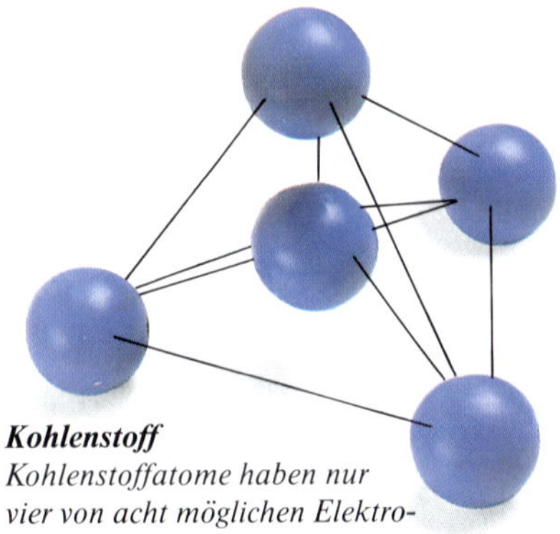

Kohlenstoff
Kohlenstoffatome haben nur vier von acht möglichen Elektronen in ihrer Außenschale. Dank dieser Lücken können sie sich mit anderen Atomen auf vielfache Weise verbinden. Beim Diamanten – einer Form des Kohlenstoffs – verbindet sich ein Kohlenstoffatom mit vier anderen zu einem Tetraeder, einer dreiseitigen Pyramide.

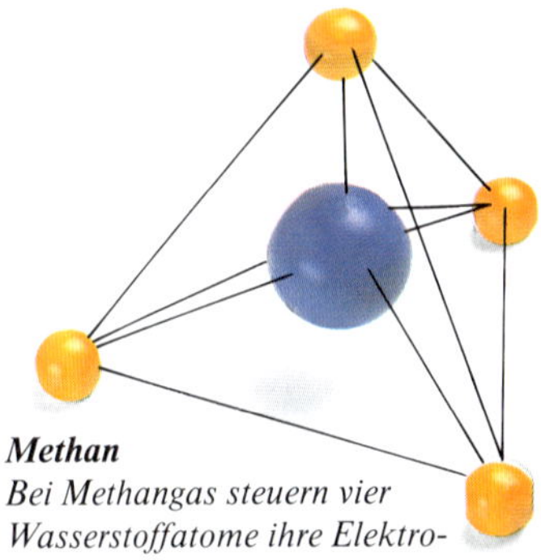

Methan
Bei Methangas steuern vier Wasserstoffatome ihre Elektronen bei, um die Außenschale des Kohlenstoffatoms zu vervollständigen. Daher lautet die chemische Formel von Methan CH_4 – C für Kohlenstoff, H für Wasserstoff und die $_4$ für die vier Wasserstoffatome in jedem Molekül. An allen chemischen Formeln kann man die Zahl der Atome in jedem Molekül ablesen.

EXPERIMENT

Ein Molekül messen

Mit diesem Experiment kann die Größe eines Ölmoleküls sehr grob geschätzt werden. Es gibt viele verschiedene Arten von Öl, aber alle haben große und komplizierte Moleküle, die aus Wasserstoff-, Sauerstoff- und Kohlenstoffmolekülen bestehen. Salatölmoleküle gehören normalerweise einer Gruppe an, die man Triglyceride nennt.

IHR BRAUCHT
• Schere • dünnen Draht • Karton • Salatöl • Talkumpuder • Klebeband • Schälchen • flachen Teller oder breites Glas • Taschenrechner • Lineal • Lupe

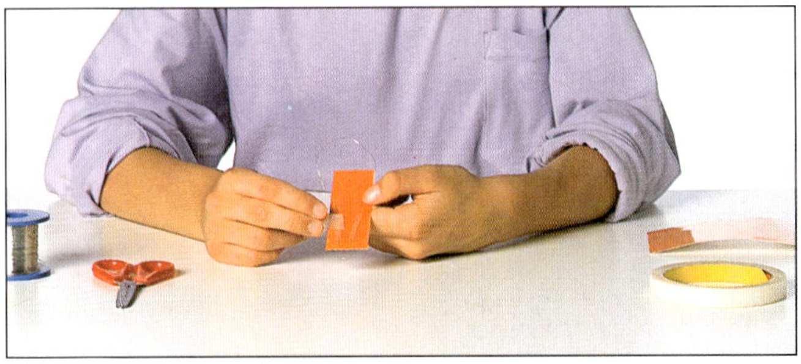

1 Formt aus einem Stückchen Draht eine Schlinge und klebt sie auf ein Stück Karton. Drückt die Schlinge zusammen, bis die beiden Bahnen nur noch etwa einen halben Millimeter voneinander entfernt sind.

2 Füllt das Glas mit Wasser und streut eine dünne Schicht Talkumpuder darauf. Blast überschüssigen Puder behutsam weg.

3 Nehmt mit der Schlinge einen Öltropfen von 0,5 mm Durchmesser auf. Achtet darauf, daß die Größe stimmt; überprüft es mit der Lupe.

4 Nähert den Tropfen vorsichtig dem Wasser. Öffnet die Schlinge, damit sich das Öl auf dem Wasser ausbreitet, und meßt den Durchmesser.

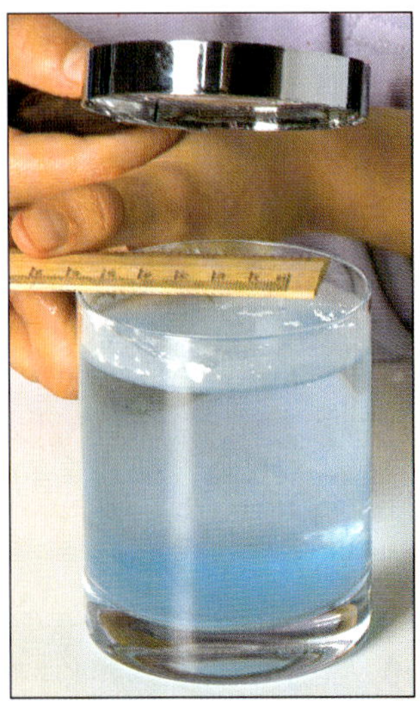

Nehmt den halben Durchmesser mit sich selbst mal und mit 3,14. 0,4 geteilt dadurch ist die Molekülgröße in mm.

Chemische Reaktionen

Wenn man beobachtet, wie eine Kerze brennt, wie ein Nagel rostet oder ein Kuchen im Ofen aufgeht, dann ist zu sehen, wie Chemikalien miteinander reagieren. Ständig finden in unserer Umwelt teils natürliche, teils vom Menschen herbeigeführte chemische Reaktionen statt. Manchmal sind daran nur zwei Elemente oder Verbindungen beteiligt, manchmal sehr viel mehr. Doch immer verändert sich dabei mindestens eins der Elemente oder Verbindungen - gewöhnlich unumkehrbar -, und neue Verbindungen entstehen. Chemikalien können aufeinandertreffen, ohne zu reagieren - doch eine neue Verbindung zeigt an, daß eine Reaktion stattgefunden hat. Hier zeigen wir einige der häufiger vorkommenden chemischen Reaktionen.

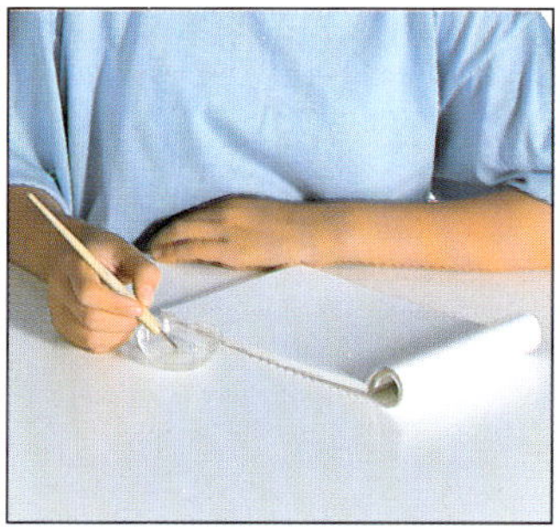

Unsichtbar schreiben mit Zitronensaft. Die Schrift wird über einer Flamme sichtbar, weil der Saft früher als Papier verbrennt.

Ionenbindungen
Die Bereitschaft von Chemikalien, miteinander zu reagieren, hängt von ihrer Atomstruktur ab. Die beiden Modelle zeigen die Elektronenschalen von Chlor (oben) und Natrium (unten), den beiden Elementen in Kochsalz. In der Außenschale hat Chlor sieben Elektronen, also einen Platz frei, Natrium nur eins. Wenn beide aufeinandertreffen, zieht das Chloratom das Natriumelektron an, damit es die Lücke schließt. Chlor bekommt also ein zusätzliches Elektron und ist damit negativ geladen (S. 27), Natrium fehlt eins und ist damit positiv geladen. Diese aufgeladenen Atome heißen Ionen. Da sie gegensätzlich geladen sind, ziehen sich die Chlor- und Natriumionen gegenseitig an und bleiben zusammen. Das nennt man Ionenbindung.

EXPERIMENT

Verbrennung

Verbrennung ist eine der am häufigsten vorkommenden chemischen Reaktionen. Wenn ein Stoff verbrennt, verbindet er sich mit Sauerstoff aus der Luft und erzeugt Wärme sowie normalerweise Wasser und Kohlenstoff oder Kohlenstoffdioxid. Den verbrannten Stoff nennt man Brennstoff. Hier ist zu sehen, wie verschiedene Stoffe mit einer unterschiedlich gefärbten Flamme verbrennen.

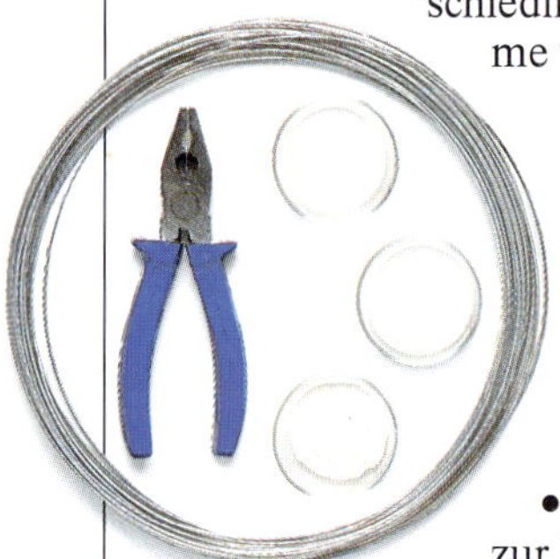

IHR BRAUCHT
- Weinstein
- Borsäurepulver
- Salz • festen Draht (Kleiderbügel) • Kombizange
- Kork oder Tuch zur Isolierung • evtl. Zucker oder Eisenfeilspäne

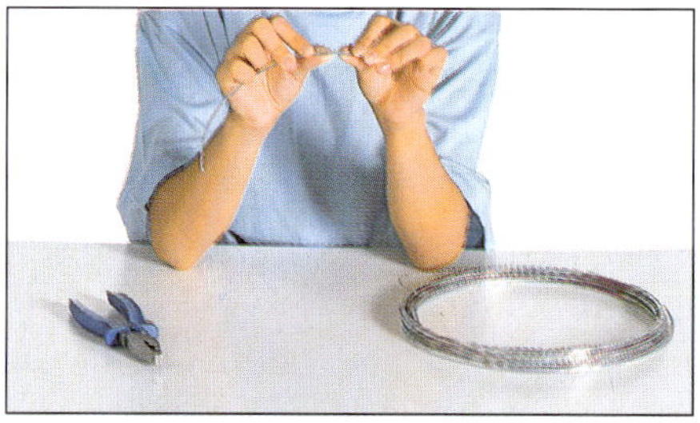

1 Schneidet mit der Zange ein Stück Draht von 35 cm Länge ab und biegt ein Ende zu einer kleinen Schlinge zurecht.

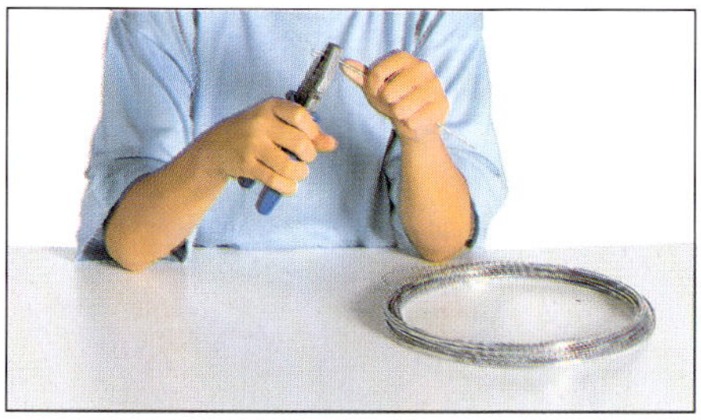

2 Drückt die Schlinge mit der Zange eng zusammen, bis das Loch nicht breiter als 0,3 mm ist.

3 Tupft mit der Schlinge in das zu testende Pulver. Eventuell anfeuchten, damit das Pulver klebenbleibt.

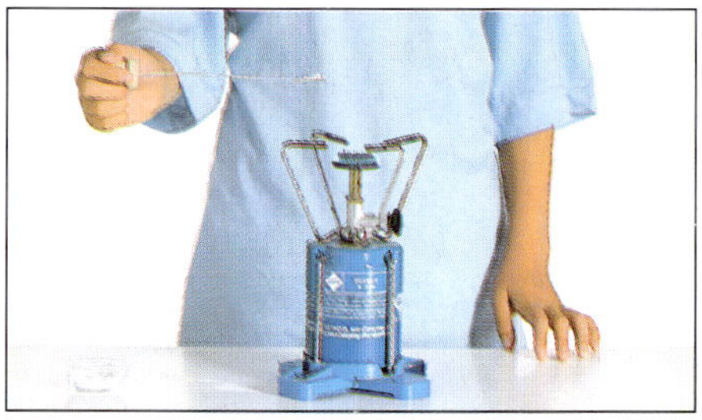

4 Haltet die Schlinge in eine Gasflamme und seht zu, wie der Stoff verbrennt. Vorsicht vor der Flamme!

EXPERIMENT

Vulkanische Reaktionen

Chemische Reaktion wie dieser Vulkanausbruch Marke Eigenbau machen Spaß. Natron reagiert nämlich dramatisch, wenn es mit Essig in Verbindung kommt. Dabei bilden sich Kohlendioxidblasen.

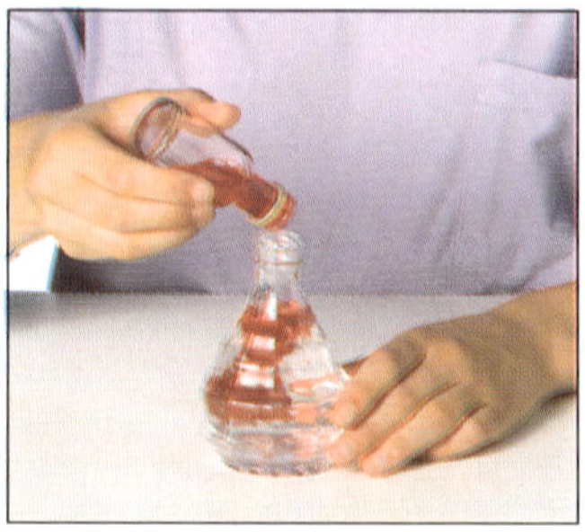

1 Färbt den Essig mit roter Lebensmittelfarbe – so sieht die »Lava« richtig aufregend aus.

IHR BRAUCHT
• große Schale • Trichter • Plastikflasche • rote Lebensmittelfarbe • Essig • Natron • Kies und Sand

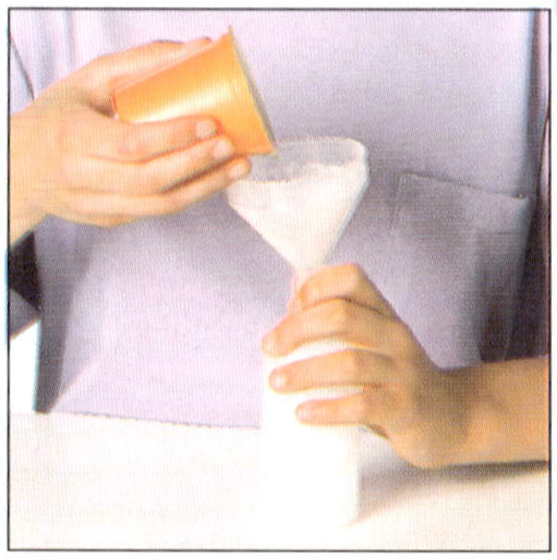

2 Füllt die Plastikflasche zur Hälfte mit Natron und stellt sie aufrecht in die Mitte der Schale.

3 Häuft Kies und Sand um die Flasche auf, wobei nur die Öffnung freibleibt. Formt aus dem Sand einen »Vulkankegel«. Nun gießt ihr rasch den roten Essig auf einmal in die Flasche und schaut euch den »Ausbruch« an.

Borsäure
Borsäure verbrennt mit einer hellgrünen Flamme, da es das Element Bor enthält.

Salz
Salz – chemisch Natriumchlorid – verbrennt mit einer orangefarbenen Flamme, weil es Natrium enthält.

Weinstein
Weinstein – Kaliumhydrogentartrat – verbrennt wegen des Kaliums mit einer lilafarbenen Flamme.

Gemische

Es gibt nicht viele häufig vorkommende Stoffe, die nur aus einem chemischen Element oder einer Verbindung bestehen. Reines Wasser z. B. oder auch Salz sind eine Verbindung. Aber die meisten Stoffe sind Gemische, unter anderem die meisten Lebensmittel, Milch, Öl, Benzin und die Luft. Selbst Leitungswasser ist ein Gemisch, da es viele gelöste Stoffe enthält. Die verschiedenen Chemikalien einer Mischung können völlig miteinander vermischt sein, aber sie reagieren nicht miteinander, und ihre Moleküle bleiben intakt - wie verschiedene Murmeln in einer Schachtel. Mit Hilfe der richtigen Technik kann man die Bestandteile eines Gemischs oft trennen, wie es hier gezeigt wird.

Schnapsbrennerei
Calvados besteht aus Apfelmost, der 95 % Wasser und 5 % Alkohol enthält. Um den Alkoholgehalt zu erhöhen, wird der Most in einer Destillationsanlage auf 78 ° C erhitzt, den Siedepunkt von Alkohol. Dieser verdampft, kondensiert wieder und läuft als Calvados aus der Anlage.

EXPERIMENT

Feststoffe trennen

Um ein Gemisch zu trennen, wird eine Eigenschaft genutzt, die ein Stoff des Gemischs besitzt, die anderen aber nicht. Goldsucher waschen goldhaltigen Sand sorgfältig in Wasser aus: Weil Gold eine größere Dichte als Sand hat, bleibt nur das Gold in der Schale zurück. Dieses Experiment zeigt, wie ein Gemisch aus Sand und Eisenfeilspänen getrennt werden kann, weil Eisen magnetisch ist, Sand aber nicht.

IHR BRAUCHT
• Eisenfeilspäne • Sand • Magnet

Metallerze

Metalle wie Eisen und Aluminium werden aus dem Boden als Erze geholt, die viele andere Stoffe enthalten. Um zum Beispiel reines Eisen zu erhalten, muß es vom Erz durch Schmelzen getrennt werden. Dabei wird das Erz in einem Hochofen erhitzt, bis das Eisen schmilzt und auf den Boden sinkt, während die unerwünschte Schlacke oben bleibt.

1 Schüttet die Eisenfeilspäne in den Sand, wobei von beidem etwa gleich große Mengen verwendet werden.

2 Vermischt Sand und Eisen gründlich. Es scheint nahezu unmöglich, sie wieder zu trennen.

3 Doch nun taucht ihr einfach den Magneten ins Gemisch, nehmt die Späne auf und streift sie in einer Schale ab.

EXPERIMENT

Destillation

Destillieren ist die einfachste Art, zwei Flüssigkeiten zu trennen; ein Prozeß, der vor allem beim Raffinieren von Öl und beim Schnapsbrennen angewendet wird. Bei diesem Experiment trennen wir Salz von Wasser.

1 Bereitet eine Salzlösung aus Salz und Wasser, wobei ihr den Salzgehalt durch Schmecken überprüft. Stellt den Spiritusbrenner (S. 10) auf und schüttet die Lösung in eine kleine Kasserolle. Bedeckt sie schräg mit einem großen Deckel, wie es das Bild 2 zeigt.

2 Stellt eine Schale unter den Rand des Deckels, um die Tropfen aufzufangen, und zündet den Brenner an. Wenn sich das Salzwasser erhitzt, verdampft Wasser und kondensiert im Deckel, während das Salz zurückbleibt. Das Kondenswasser, das vom Deckel in die Schale tropft, ist reines Wasser. Man schmeckt es.

EXPERIMENT

Chromatographie

Die Chromatographie diente ursprünglich der Trennung von Pflanzenpigmenten. Heute wird diese Technik auf vielen Gebieten eingesetzt. Die Stoffe werden in Wasser oder anderen Lösungsmitteln (S. 34) gelöst und wandern durch ein adsorbierendes (aufnahmefähiges) Material - Papier, Kreide oder Öl - mit unterschiedlicher Geschwindigkeit.

IHR BRAUCHT

• kleine Gläser • Papierklammern • Löschpapier • Pipette • Tinten und Lebensmittelfarben • Holzstab

1 Vermischt zwei oder mehr Farben oder Tinten in verschiedenen Gläsern.

2 Klemmt Löschpapierstreifen an den Stab und tupft einen kleinen Tropfen von jedem Gemisch auf das Ende von jedem Streifen.

3 Hängt die Streifen einfach in Wasser. Das Wasser befördert die Farbstoffe durchs Papier, einige schnell, andere langsam, so daß sie sich in farbigen Bahnen trennen.

Lösungen und Kristalle

Man könnte glauben, in einem Glas voll Leitungswasser befände sich reines Wasser, aber das ist ein Irrtum. Leitungswasser ist ein Gemisch, das Spuren verschiedener Stoffe enthält, die normalerweise harmlos sind. Diese ganz besondere Art von Gemisch nennt man Lösung. In einer Lösung sind die Moleküle eines Feststoffs, Solvat genannt, vollständig vermischt mit den Molekülen einer Flüssigkeit, die man Solvens nennt.
Wird Kaffeepulver in Wasser aufgelöst, so stellt man eine Lösung her, wobei Wasser das Solvens und Kaffee das Solvat ist. Meerwasser ist eine Lösung, aber auch Sauce und viele andere Flüssigkeiten sind Lösungen. Die Lösung wird stärker, je mehr Feststoffe sich darin lösen, bis sie gesättigt ist und sich nichts mehr darin lösen läßt. Erwärmt man eine Lösung, kann mehr darin gelöst werden, ehe sie gesättigt ist. Doch wenn sich eine gesättigte Lösung abkühlt oder verdunstet, so daß sie mehr als gesättigt ist, verbinden sich die Moleküle des Solvats zu festen Kristallen.

Wärme und Löslichkeit
Um festzustellen, wie sich die Löslichkeit erhöht, löst man Zucker erst in kaltem, dann in warmem Tee. Dabei hält man die Zuckerwürfel einfach in den Tee.

EXPERIMENT

Einen Kristall züchten

Ein Kristall läßt sich auf ganz einfache Weise in einer Lösung züchten. Hier ein Kristall in einer – giftigen! – Kupfersulfatlösung. Auf die gleiche Weise können in vielen Lösungen – z.B. mit Salz und Alaun – Kristalle gezüchtet werden.

IHR BRAUCHT

• Kristalle • Wasser • Zwirn • Pappe
• Glas

Kristallisation
Wenn eine Lösung verdunstet, wird sie immer stärker, bis sie gesättigt ist und sich Kristalle zu bilden beginnen. Eventuell benötigt ihr einen kleinen Kristall, um den Prozeß in Gang zu setzen – sonst ist die Lösung »übersättigt«, ehe die Kristallisation beginnt.

Der Kristall nach 3 Wochen

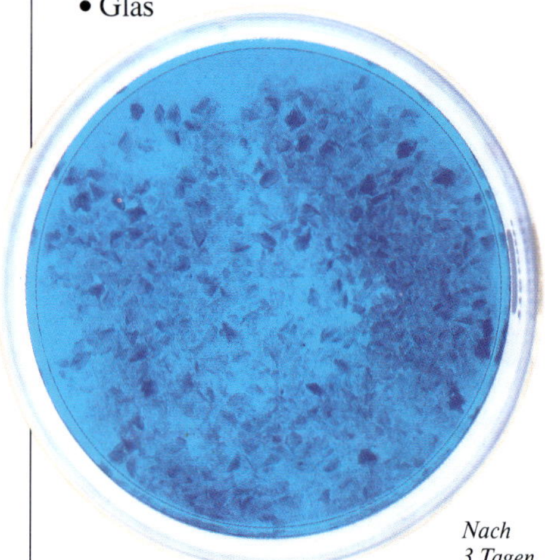

Nach 3 Tagen

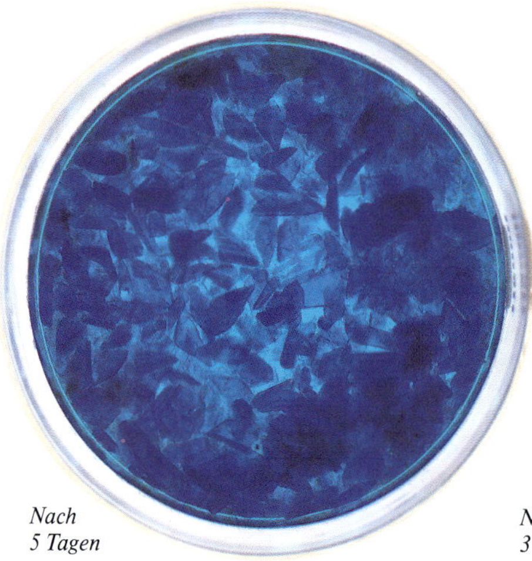

Nach 5 Tagen

Nach 3 Wochen

Wie man einen Kristall züchtet
Bereitet eine starke Lösung, indem ihr den Stoff in Wasser löst. Gießt ein wenig davon in eine flache Schale und laßt es verdunsten. Schon nach einem Tag bilden sich kleine Kristalle am Boden der Schale. Nach einer Woche nehmt ihr den größten Kristall heraus, bindet einen Zwirnsfaden darum und hängt ihn in das Gefäß mit der Lösung. Das ist euer »Keim« für die Kristallisation. Nach ein paar Wochen sollte ein regelmäßig gestalteter Kristall entstanden sein.

EXPERIMENT

Öl und Wasser

Flüssigkeiten, die sich ineinander lösen, nennt man mischbar. Hier experimentieren wir mit unvermischbaren Flüssigkeiten.

IHR BRAUCHT
- Salatöl • Lebensmittelfarbe
- Wasser • Becherglas • Pipette

1 Gießt ein wenig Wasser ins Becherglas und darauf das Öl. Da Öl und Wasser unvermischbar sind, bilden sie getrennte Schichten. Sie können zu einem Gemisch aus Tropfen verrührt werden, trennen sich aber bald wieder, wenn man sie stehenläßt.

2 Gebt mit einer Pipette ein oder zwei Tropfen Lebensmittelfarbe ins Öl. Wenn ihr das ganz behutsam tut, wird die Farbe im Öl kleine Kügelchen bilden, denn Farbe und Öl sind unvermischbar.

3 Nun stoßt ihr diese Kügelchen mit einem Löffelende durch das Öl ins Wasser hinunter. Sobald sie auf das Wasser auftreffen, platzen sie zu einer Farbwolke auseinander: Farbe ist löslich oder mischbar mit Wasser.

Kristallstrukturen

Fast jeder reine Feststoff ist kristallin, auch wenn die Kristalle so klein sind, daß man sie nicht sehen kann. Pulver, Metalle und Steine sind z.B. alles Kristalle - aber ausgerechnet »Kristallglas« nicht, denn Glas ist eigentlich eine besondere Art von Flüssigkeit. In der Natur scheinen Kristalle in allen Formen und Größen vorzukommen. Das kommt daher, daß sie Klumpen bilden, während es von den einzelnen Kristallen selbst nur sieben regelmäßige Grundformen gibt. In jedem Stoff hat jeder Kristall die gleiche Grundform.

Quarz
Die am häufigsten vorkommenden Kristalle gehören der Quarzgruppe an. Da sie »piezoelektrisch« sind, werden sie von einem winzigen elektrischen Strom so regelmäßig zum Schwingen angeregt, daß sie Uhrwerke antreiben können.

Wismutkristalle
Wismut ist eines der wenigen Metalle, bei denen die Kristallstruktur groß genug ist, daß man sie sehen kann. Die Kristalle sind tetragonal, also wie zwei mit ihrer Basis aneinanderliegende Pyramiden gebildet.

Komplexe Kristalle
Diese grünen Kristalle sind Turmalin, sie enthalten Alaun und Bor. Die rosafarbenen Kristalle sind Lepidolith, eine Art Glimmer.

Säuren und Basen

Zitronensaft schmeckt sauer, ebenso Essig. Beides sind milde Säuren: Zitronensaft ist Zitronensäure, Essig ist Essigsäure. Starke Säuren wie Schwefelsäure sind hoch aggressiv – sie brennen und stechen und können sogar Metalle zersetzen. Alle Säuren enthalten Wasserstoff. Werden sie mit Wasser vermischt, verlieren die Wasserstoffatome ihre einzelnen Elektronen und werden positiv geladene Ionen (S. 30).
Das Gegenteil einer Säure ist eine Base. Schwache Basen wie Backpulver schmecken bitter und fühlen sich seifig an. Starke Basen wie Ätznatron sind genauso gefährlich wie starke Säuren. Eine in Wasser lösliche Base nennt man alkalisch oder Lauge. Laugen enthalten negativ geladene Ionen von Wasserstoff und Sauerstoff – sogenannte Hydroxide. Fügt man zu einer Säure eine Lauge hinzu, wird der Säuregehalt neutralisiert. Die Säure und die Lauge reagieren miteinander und bilden Wasser und ein »Salz« (S. 38).

Saurer Regen
Viele Industrieabgase enthalten Chemikalien, die man Sulfate nennt. Sie reagieren mit der Luftfeuchtigkeit und bilden Schwefelsäure. Der daraus entstehende saure Regen schädigt Bäume und Pflanzen.

EXPERIMENT

Echt ätzend

Bei diesem Experiment sollte ein Erwachsener dabeisein: Starke Laugen dürfen nie berührt oder verzehrt werden.

Starke Laugen sind kräftige Reinigungsmittel. Öfen reinigt man z.B. mit Ätzkali. Die Kraft starker Laugen läßt sich gut an der Wirkung eines Silberputzmittels auf angelaufenes Silber demonstrieren.

IHR BRAUCHT
- einen angelaufenen Silbergegenstand
- Schüssel
- Silberputzmittel
- Poliertuch
- Löffel oder Zange (oder Gummihandschuhe) zur sicheren Handhabung

1 Silber läuft mit der Zeit an, weil es mit dem Sauerstoff der Luft reagiert. Taucht den Gegenstand in das Putzmittel – achtet darauf, daß ihr nichts auf die Haut bekommt.

2 Schon bald beginnt das Mittel die Oxidationsschicht anzugreifen, und das reine Silber kommt zum Vorschein. Sobald es sauber ist, holt ihr es wieder mit einem Löffelstil heraus.

Spült gut ab, entfernt die letzten Spuren des Mittels mit einem Tuch und poliert das Silber, das wie neu erstrahlt.

EXPERIMENT

Säureindikator

Mit Indikatoren testen Chemiker einen Stoff darauf hin, ob er eine Säure oder eine Base ist. Dabei verändern diese Indikatoren ihre Farbe. Ein Indikator läßt sich aus Rotkohl – aber auch aus dem Saft von Holunder- oder Brombeeren herstellen.

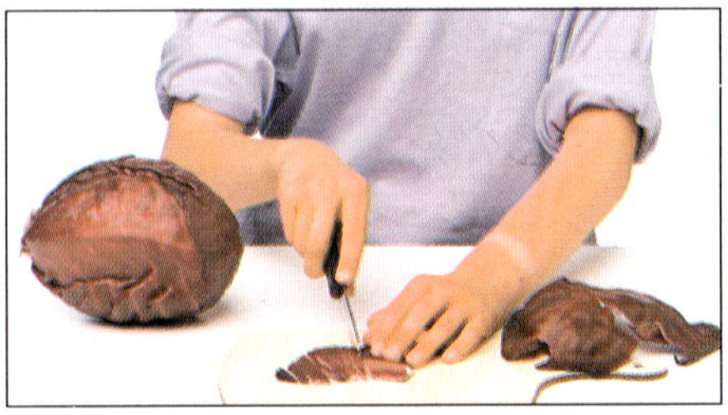

1 Schneidet den Rotkohl auf dem Schneidbrett in feine Streifen. Dann bringt ihr einen halben Liter destilliertes Wasser in der Kasserolle zum Kochen.

2 Gebt den geschnittenen Kohl vorsichtig ins kochende Wasser und nehmt die Kasserolle vom Herd. Laßt alles etwa eine halbe Stunde lang abkühlen.

IHR BRAUCHT

• Rotkohl • destilliertes Wasser • Messer und Schneidbrett • Kasserolle • Sieb • großes Glas • kleine Gläser • Teststoffe

3 Gießt die Flüssigkeit durch ein Sieb ins große Glas ab und werft die Kohlreste weg. Die Flüssigkeit ist dunkel purpurrot. Sie verändert sich, wenn Säuren oder Laugen hinzugefügt werden.

4 Um den Säure- oder Alkaligehalt zu testen, gebt ihr ein wenig Indikator in ein kleines Glas und fügt etwas Teststoff hinzu. Die Farbe ändert sich und zeigt, wie unten, das Ergebnis an.

Sauer
Säuren färben den Indikator rot: je intensiver das Rot, desto stärker die Säure. Zitronensaft, Essig und Weinstein sind Säuren. Testet einmal Orangensaft und saure Milch.

Neutral
Destilliertes Wasser wirkt sich überhaupt nicht auf den Indikator aus, weil reines Wasser neutral ist: weder sauer noch alkalisch. Es bildet eine nützliche Trennungslinie zwischen beidem.

Schwach alkalisch
Leitungswasser ist selten neutral, da es Unreinheiten enthält. Es ist leicht alkalisch und färbt den Indikator blau, ebenso Speisenatron (Natriumhydrogenkarbonat), das ein Salz ist (S. 38).

Alkalisch
Laugen färben den Indikator grün. Ammoniakreiniger und Waschsoda (Natriumkarbonat) sind alkalisch. Testet einmal Magnesiamilch oder Gartenkalk.

Salze und Seifen

Tafelsalz, Meersalz, Badesalz, Bittersalz sind nur ein paar von den zahlreichen Verbindungen, die die Chemiker Salze nennen. Sie entstehen, wenn eine Lauge und eine Säure miteinander reagieren. Die Metallionen der Lauge nehmen den Platz der Wasserstoffionen der Säure ein, und danach bleibt nichts weiter als Wasser und Salz zurück. Auch zwei Salze können miteinander reagieren und ein neues Salz bilden.
Nicht alle Salze sind löslich. Viele lösliche Salze, vor allem Kalksalze, machen Wasser hart: Dieses Wasser hinterläßt ein Gefühl von Kalk, wenn man die Hände trocknet, und man braucht viel Seife, damit sie gut schäumt. Interessanterweise sind viele Weichmacher - auch Seife selbst - ebenfalls Salze.

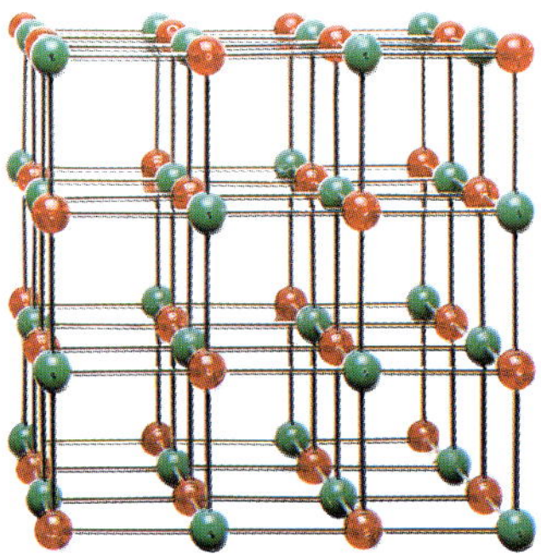

Das regelmäßige Kristallgitter von Natrium- und Chloratomen bei Kochsalz ist typisch für Salze.

Wie ein Salz entsteht

Die meisten Magentabletten enthalten eine Säure und eine Base, zum Beispiel Magnesiumkarbonat. Löst man sie in Wasser, wird aus der Base eine Lauge, die mit der Säure reagiert und Blasen von Kohlendioxidgas bildet (genau wie Essig und Natron, S.24) sowie ein in Wasser gelöstes Magnesiumsalz. Das Salz läßt sich gewinnen, indem man die Lösung so lange erhitzt, bis alles Wasser verdampft ist.

EXPERIMENT

Herstellung von Badesalz

Wasser kann man leicht weicher machen, indem man Waschsodakristalle hinzufügt. Waschsoda ist ein Salz mit dem chemischen Namen Natriumkarbonat. Wenn es in Wasser gelöst wird, fällt es Kalk und andere Salze, die das Wasser hart machen. Mit Hilfe von Waschsoda kann man sein eigenes Badesalz für ein weiches Schaumbad herstellen.

IHR BRAUCHT
- Waschsodakristalle
- Mörser und Stößel oder Teigroller und Hackbrett
- Kölnisch Wasser
- Glas und Becherglas

1 Zerstoßt Waschsodakristalle zu einem feinen Pulver, entweder im Mörser oder mit einem Teigroller auf einem Hackbrett.

2 Gebt das Pulver in Wasser und rührt so lange um, bis es vollständig gelöst ist. Dies ist eine konzentrierte Lösung. Fügt daher Pulver hinzu, bis sich nichts mehr löst.

3 Fügt ein wenig Kölnisch Wasser hinzu, damit die Lösung angenehm riecht, und hebt sie in einer hübschen Flasche auf. Für ein Schaumbad benötigt man etwa zwei Löffel.

EXPERIMENT

Wasserhärte

Mit diesem einfachen Experiment kann man die Härte des Leitungswassers bestimmen.

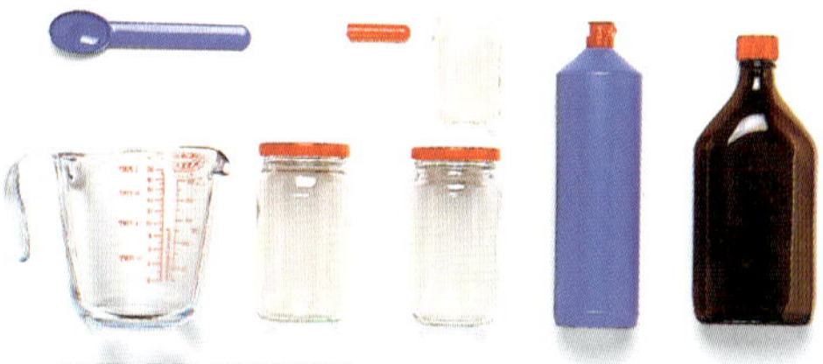

IHR BRAUCHT

• Leitungswasser • destilliertes Wasser • Pipette • flüssige Seife • Schraubgläser

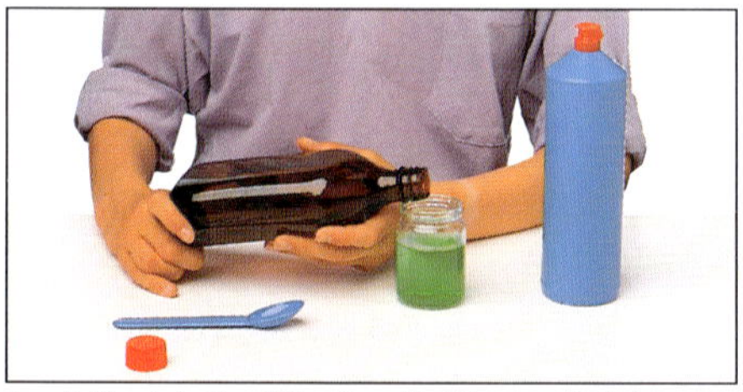

1 Mischt die flüssige Seife zu gleichen Teilen mit destilliertem Wasser zu einer Seifenlösung. Destilliertes Wasser enthält keine Salze, die es hart machen.

2 Gießt gleich große Mengen von destilliertem und Leitungswasser in je ein Glas. Das destillierte Wasser dient der Kontrolle eures Testergebnisses.

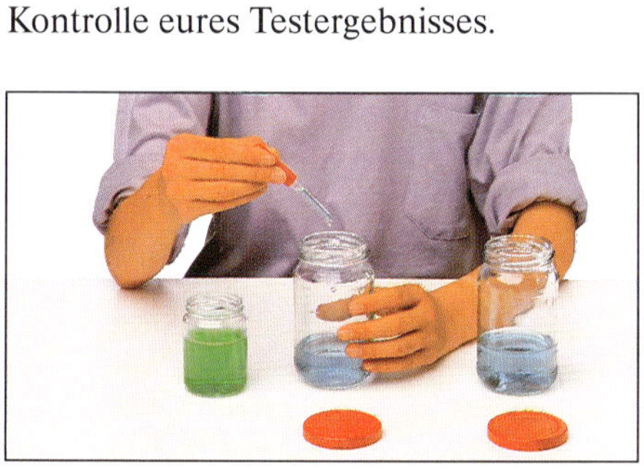

3 Gebt mit der Pipette Seifenlösung ins destillierte Wasser, schraubt zu und schüttelt. Fügt immer nur einen Tropfen hinzu, bis sich Schaum bildet.

Wie Seife wirkt

Bei der Seifenherstellung wird Natriumhydroxid mit pflanzlichen Ölen verkocht. Da das Hydroxid alkalisch ist und die Öle sauer sind, bilden sie Salze wie Natriumstearat. In diesen Molekülen wird das Natrium an eine lange Kette von Wasserstoff- und Kohlenstoffatomen gehängt – und diese Kette säubert eure Hände. Sie haßt nämlich Wasser: Wenn man sie in Wasser gibt, vergraben sich die Seifenketten in Fett und Schmutz, um dem Wasser zu entkommen, und dabei »heben« sie den Schmutz ab.

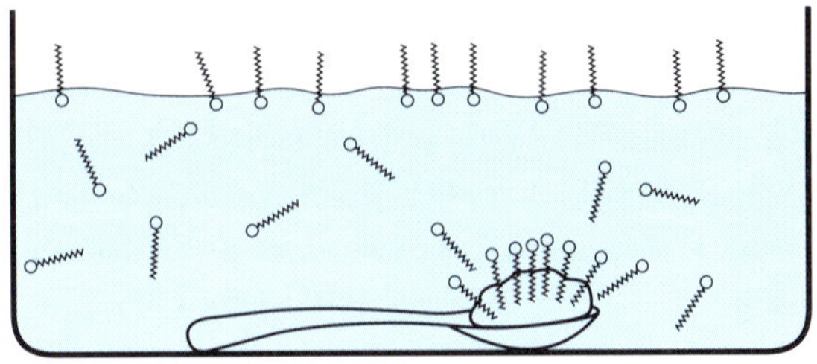

Seife reinigt, weil ihre langen Molekülketten »hydrophob« sind – sie hassen Wasser. Um dem Wasser zu entkommen, vergraben sie sich in Fett und Schmutz und lösen sie ab.

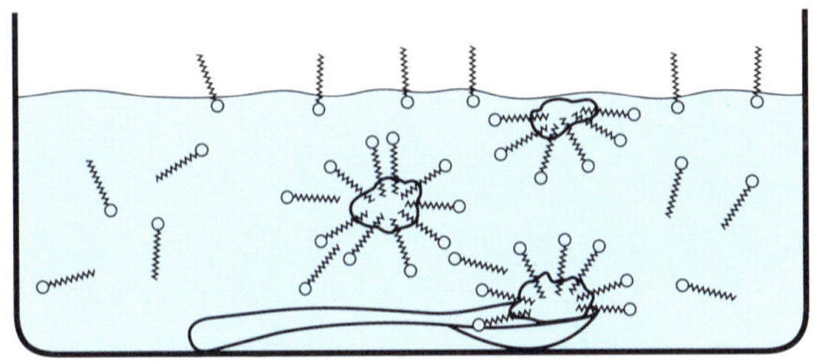

Wie hart ist es?
Notiert euch, wie viele Seifenlösungstropfen ihr gebraucht habt, bis das destillierte Wasser schäumte. Dann wiederholt ihr das Ganze beim Leitungswasser: Je mehr Tropfen ihr braucht, desto härter ist es. Testet auch Wasser aus anderen Quellen, zum Beispiel Mineralwasser.

Organische Chemie

Das erstaunlichste Element ist Kohlenstoff. Dank seiner einzigartigen Atomstruktur (S. 29) kann er Atome in langen Ketten oder Ringen verbinden, und zwar auf schier unzählige Arten, so daß sich ein eigenes Gebiet, die sogenannte »organische« Chemie, mit den Kohlenstoffverbindungen beschäftigt. Kohlenstoff ist auch die Basis allen Lebens, denn jeder Organismus – von der Amöbe bis zum Menschen – besteht aus Kohlenstoffverbindungen.
Viele organische Verbindungen enthalten sonst nur Wasserstoff – zum Beispiel sind alle fossilen Brennstoffe der Welt solche Kohlenwasserstoffe: Kohle, Öl, Erdöl, Gas, die alle vor 200 Millionen Jahren aus dem Kohlenstoff toter Pflanzen entstanden sind. Andere Verbindungen wie Alkohol und Zucker enthalten auch Sauerstoff. Aus den größten Kohlenstoffmolekülen, den »Polymeren«, bestehen die Kunststoffe und viele andere künstlich hergestellte Materialien.

EXPERIMENT

Herstellung von Plastik

Die meisten Kunststoffe sind aus Öl und Erdgas hergestellt. Man kann einfaches Plastik aus Kasein, dem Eiweiß der Milch, herstellen und in einer Form zu Plastikschmuck gießen.

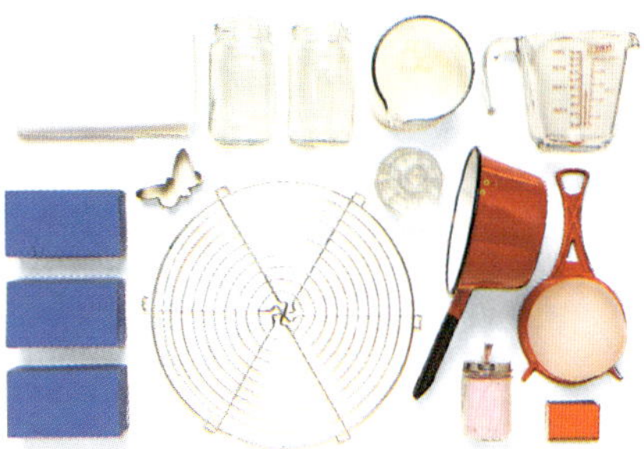

IHR BRAUCHT
- Musselin • Gläser • Milch • Essig
- Löffel • Kasserolle • Gummiring
- Brenner (S. 10)

1 Etwa 0,3 Liter Milch in der Kasserolle erhitzen, aber nicht kochen und einen Teelöffel voll Essig hineinrühren.

2 In der Milch bildet sich ein weißer Stoff, das Kasein. Spannt mit dem Gummiring den Musselin über ein Glas.

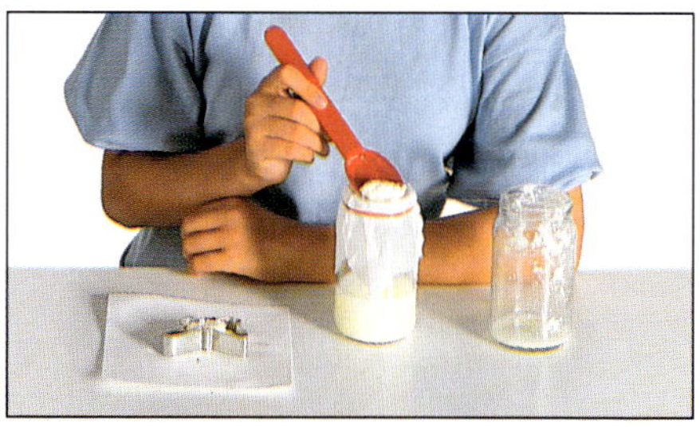

3 Passiert die Milch durch den Musselin, bis nur noch das feste, gummiartige Kasein zurückbleibt.

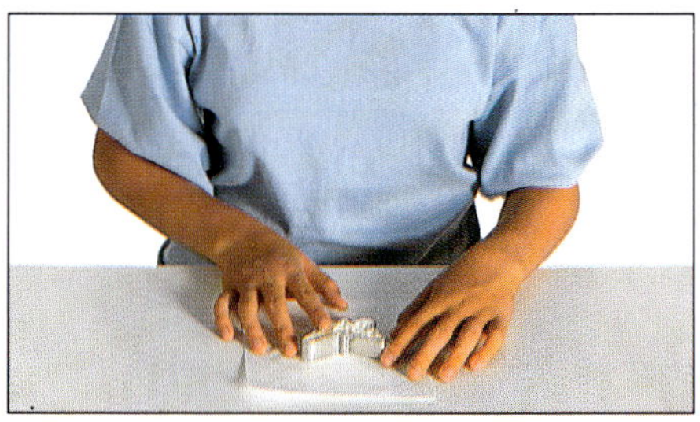

4 Drückt das Kasein in eine passende Form, etwa eine Plätzchenform, oder formt es mit der Hand. Laßt es fest werden.

Skifahren auf Plastik

Seit ihrer Erfindung am Ende des 19. Jahrhunderts werden Kunststoffe auf allen Gebieten eingesetzt. Besonders in den letzten Jahren ist die Herstellung von Sportgeräten durch die Verwendung leichter, stabiler und zugleich flexibler synthetischer Fasern revolutioniert worden. Abfahrtsskirennläufer tragen Plastikstiefel, Plastiksturzhelme und Anzüge aus Kunststoffasern, die bemerkenswert leicht, warm und windschlüpfrig sind. Auch ihre Skier bestehen aus speziellen Kohlenstoffasern, wie zum Beispiel »Kevlar«, das so stark und leicht und korrosionsfrei ist, daß es nahezu für alles – von Leichtflugzeugen bis zu künstlichen Hüftgelenken – verwendet wird. Selbst im Sommer können Skiläufer auf künstlichen »Trocken«skipisten fahren – natürlich aus Kunststoffasern.

Polymere und Kunststoffe

Einige Polymere kommen in der Natur vor, wie zum Beispiel Wolle und Baumwolle, aber Plastik und die überwiegende Mehrheit der Polymere sind künstlich. Genaugenommen sind es lange Ketten kleinerer Moleküle, der sogenannten Monomere, die nur leicht abgewandelt und viele Male wiederholt werden. Polyethylen zum Beispiel ist eine Kette von 50000 Molekülen eines einfachen Kohlenwasserstoffs, des Ethylens, die wie Spaghetti aufgewickelt sind. Dadurch wird Plastik so kräftig. Werden die einzelnen Stränge starr zusammengehalten, bildet sich ein steifer Kunststoff wie Resopal. Können sie übereinandergleiten, entsteht ein flexibler Kunststoff wie Polyethylen. Zwängt man die Moleküle durch winzige Löcher, verbinden sie sich zu einer Faser wie Nylon.
Inzwischen gibt es Tausende von Kunststoffen und Polymeren, und ständig entstehen neue Materialien, die überall verwendet werden können. Viele Fachleute glauben, daß es eines Tages Kunststoffe geben wird, die stabil genug sind für den Brückenbau oder so klar, daß man daraus Fensterscheiben machen kann. Vielleicht gibt es dann sogar Automotoren aus Plastik.

Plastikbrosche

Nach ein paar Tagen wird das Kasein trocken und hart werden, sobald sich die Proteinmoleküle enger aneinanderschließen. Diesen Prozeß kann man auch über einer warmen Heizung beschleunigen. Für eine Brosche drückt man eine Sicherheitsnadel in die Rückseite, solange sie noch weich ist.

EXPERIMENT

Biologische Seife

Bei diesem Experiment zeigt sich der Unterschied zwischen einem herkömmlichen Seifenpulver und einem »biologisch« wirkenden.

IHR BRAUCHT
- normales und biologisches Seifenpulver
- 2 Gläser
- hartgekochte Eier

Füllt die Gläser mit Wasser und gebt in das eine biologische Seife und in das andere normale. Schält zwei Eier und legt sie in die beiden Gläser.

Die Kraft der Enzyme

Nach etwa sechs Stunden ist das Ei in der biologischen Seifenlauge »angefressen« (links), während das andere unversehrt ist: Das biologische Seifenpulver enthält »Enzyme«, die die Proteine im Ei angreifen.

ENERGIE, KRAFT UND BEWEGUNG

Ohne Energie kann nichts geschehen. Für jede Bewegung, selbst für die geringste Veränderung wird Energie benötigt – damit Butter schmilzt, eine Rakete fliegt, eine Achterbahn herumsaust oder damit wir leben können. Jede Kraft wird durch Energie geschaffen, und an jeder Bewegung im Universum sind Kräfte beteiligt.

Newtons berühmte Axiome (S. 62) lassen sich kaum besser demonstrieren als im rasanten Auf und Ab einer Achterbahn.

ENERGIE

Energie hat viele Formen. Wärmeenergie erhitzt Wasser und hält uns warm. Chemische Energie in Brennstoffen treibt Autos, Flugzeuge und Raketen an. Elektrische Energie bewegt Maschinen - von Elektrozügen bis zu Taschenrechnern - und läßt Licht leuchten und Radios spielen. In welcher Form auch immer Energie auftritt; letztlich ist sie die Fähigkeit, durch die etwas geschieht oder »Arbeit verrichtet wird« - ganz gleich, ob sie etwas bewegt, erhitzt oder irgendwie verändert.

Die Sonne ist die eigentliche Quelle fast all unserer Energie. Solarzellen ziehen diese Energie direkt an, wobei sie Lichtenergie der Sonne in elektrische Energie umwandeln. Dieser Prozeß kann so lange dauern, wie die Sonne scheint.

In Wasserkraftwerken bewegt fließendes Wasser Turbinen und erzeugt Elektrizität - eine fast unerschöpfliche Energiequelle. Es kann aber der Bau von riesigen Staudämmen soziale und ökologische Probleme mit sich bringen.

Die Wissenschaft spricht von zwei Grundformen der Energie - von potentieller und von kinetischer Energie. Potentielle Energie tut gar nichts, sondern ist nur für eine Aktion bereitgehalten. Sie steckt in Holz, Kohle und anderen Brennstoffen, aber auch in Lebensmitteln. Potentielle Energie ist auch in einem aufgewickelten Gummiband, in einer zusammengedrückten Feder oder in einem Atomkern (Kernenergie) enthalten. Und alles, was sich hoch über dem Boden befindet, besitzt potentielle Energie, denn infolge der Schwerkraft (S. 66) kann es jeden Moment fallen. Kinetische Energie hat alles, was sich bewegt: Das Wort kinetisch stammt vom griechischen Wort *kinesis* = Bewegung. Ein sich bewegendes Fahrrad hat kinetische Energie, ebenso wie ein rollender Ball, ein dahinjagendes Geschoß oder ein fallender Stein.

Energie umwandeln

Fast jede Form der Energie kann in andere Formen umgewandelt werden. Wenn man eine Lampe anmacht, gibt sie Lichtenergie ab. Aber woher ist diese Energie gekommen? Der Glühfaden der Lampe glüht, weil er durch die elektrische Energie des elektrischen Stroms erhitzt wird. Der Strom kommt aus dem Kraftwerk. Das Kraftwerk erzeugt elektrischen Strom, indem es Brennstoffe wie Kohle oder Öl verbrennt. Die Verbrennung setzt deren chemische Energie als Wärmeenergie frei, mit deren Hilfe wiederum die Turbinen angetrieben werden, die schließlich die Elektrizität erzeugen. Diese Umwandlungsprozesse können sogar noch weiter zurückverfolgt werden. Die Kohle zum Beispiel erhielt ihre chemische Energie von riesigen Wäldern, die vor über 300 Millionen Jahren wuchsen, weil sie die Lichtenergie der Sonne durch einen Prozeß nutzten, den man Photosynthese nennt und mit dessen Hilfe alle Pflanzen für ihr Wachstum Licht in chemische Energie umwandeln.

Windmühlen wandeln Wind in mechanische Energie um.

Energie erhalten

Auch bei der kleinsten Energiemenge gibt es ähnliche Ketten von Energieumwandlungen, die weder Anfang noch Ende haben. Genaugenommen kann Energie nie neu erschaffen oder vernichtet werden. Sie kann nur von einer Form in eine andere verwandelt werden. Das ist das Gesetz der Energieerhaltung. Diesem Gesetz zufolge ist die Menge der Energie, die von einer Form in eine andere umgewandelt wird, am Anfang wie am Ende dieses Prozesses absolut gleich. Doch oft scheint Energie verlorengegangen zu sein. In der Glühbirne zum Beispiel wird nur ein kleiner Teil der elektrischen Energie zu Licht. Aber in Wirklichkeit geht nichts davon verloren - es wird einfach Wärme daraus. Im Grunde wird bei fast allen Energieumwandlungen Wärme als Abfallprodukt erzeugt: von Automotoren, menschlichen und tierischen Körpern, Kraftwerken, Fabriken, Glühlampen und unendlich vielem mehr.

Da fossile Brennstoffe auszugehen drohen, könnte man mit riesigen Windturbinenanlagen Elektrizität erzeugen.

Wirkungsgrad

Einige Maschinen verschwenden viel Energie, andere sehr wenig. Die entsprechende Menge hängt von ihrem energetischen Wirkungsgrad ab. Leuchtstoffröhren zum Beispiel haben einen höheren Wirkungsgrad als Glühlampen, weil sie die elektrische Energie besser in Licht umwandeln und dabei wenig als Wärme verlieren. Moderne Autos und Flugzeuge sind aerodynamisch (S. 128) gestaltet, damit so wenig Energie wie möglich durch den Luftwiderstand verlorengeht. Die Sorge um eine mögliche Energieknappheit in der Zukunft hat zur Erfindung von wirkungsvolleren Methoden der Energieverwendung geführt, zum Beispiel beim Bau von Kraft- und Heizwerken. In gewöhnlichen Kraftwerken werden nur etwa 35 Prozent des Brennstoffs in Elektrizität umgewandelt - der Rest geht als Wärme verloren. In den normalen Kraftwerken der Industrienationen wird sogar so viel Wärme verschwendet, daß man damit jeden Haushalt versorgen könnte. Diese Wärme wird von kombinierten Kraft- und Heizwerken genützt und Haushalten und Fabriken durch ein Leitungssystem zugeführt.

Energiequellen

Jeden Tag benützen wir »Energie sparende« Geräte und Maschinen, von Autos bis zu elektrischen Zahnbürsten. Freilich ersparen diese Maschinen nur *uns* Energie, während sie tatsächlich eine ganze Menge verbrauchen.
Heutzutage werden verschiedene Energiequellen ausgebeutet, wobei über 80 Prozent der Energie aus Brennstoffen wie Öl, Erdgas und Kohle stammt. Diese »fossilen Brennstoffe« wurden vor Jahrmillionen aus den Überresten von Pflanzen und Tieren gebildet. Und nun verbrennen wir diese Brennstoffe immer rascher - doch sie können nie wieder ersetzt werden. Auch wenn die Schätzungen schwanken, glauben doch viele Experten, daß bei dem derzeitigen Verbrauch die Kohlevorräte der Welt noch etwas über 200 Jahre und die Ölvorräte noch knapp 40 Jahre reichen werden.
Wenn wir für die Zukunft vorsorgen wollen, müssen wir energiebewußter leben und zwar

In einem Van-de-Graaff-Generator werden durch ein Gummiband (= mechanische Energie) riesige Funken von statischer Elektrizität erzeugt (S. 148).

sowohl die Reserven strecken, als auch dauerhaftere oder erneuerungsfähige alternative Energiequellen auftun.

Konvektionsströme sind ein Beispiel, wie Wärme Dinge bewegt.

Für einige Menschen ist das die Kernenergie. Das ist die Energie, die Protonen und Neutronen zusammenhält, die kleinen Teilchen im Atomkern (S. 27). Heute wird diese Energie durch Kernspaltung freigesetzt: durch die Spaltung des Kerns von Uranatomen, den größten natürlichen Atomen überhaupt. Aber die Wissenschaftler hoffen, eines Tages die Fusion einsetzen zu können: die Verschmelzung der winzigen Kerne von Deuterium, einer bestimmten Form von Wasserstoff. Bereits heute werden auf der ganzen Welt etwa 20 Prozent aller Elektrizität von 350 - 400 Kernkraftwerken erzeugt, und künftig wird es vermutlich noch mehr geben. Leider ist das Problem der Beseitigung radioaktiver Abfallstoffe noch immer nicht gelöst, und Unfälle in Kernkraftwerken können katastrophale Folgen haben. Doch es gibt auch sicherere Alternativenergien: das Meer (Wellen- und Gezeitenkraftwerke, S. 135), den Wind, die Sonne ebenso wie die Biomasse, also die Materie aller lebenden wie toten Pflanzen und Tiere.

Umwandlung von Wärme in mechanische Energie: Von den Kerzen steigen Luftströme auf, die die Mobiles bewegen.

Energie und Materie

Unsere Energie - fossile Brennstoffe, Sonnen- und Wellenenergie - stammt ursprünglich von der Sonne. Woher aber kommt die Sonnenenergie?
Durch Kernfusionsreaktionen im Inneren der Sonne wird Wasserstoff in Helium und andere Stoffe umgewandelt. Während dieses Prozesses geht Materie verloren, und riesige Energiemengen werden freigesetzt - vor allem in Form von Wärme und Licht. Das bedeutet also, daß Materie in Energie umgewandelt werden kann. Masse und Energie sind also austauschbar: Masse ist eine Form der Energie und umgekehrt. Einstein hat diese Beziehung in einer berühmten Gleichung ausgedrückt: $E = mc^2$. Dabei steht E für Energie, m für Masse, und c ist die Lichtgeschwindigkeit. Da c eine riesige Größe ist (und ihr Quadrat noch größer), wird eine gewaltige Energiemenge aus sehr wenig Materie erzeugt.
Und genauso funktioniert auch die Kernkraft, bei der winzige Atomkerne in ungeheure Wärmeenergiemengen umgewandelt werden. Nur durch diesen Kernprozeß kann neue Energie geschaffen werden - aber dadurch wird zugleich Materie vernichtet, so daß das absolute Verhältnis von Masse und Energie sich niemals verändert.

Einst stellte sich die Kernenergie als billige, saubere und unerschöpfliche alternative Energiequelle dar. Aber die Beseitigung des bei der Spaltung entstehenden radioaktiven Abfalls ist ebenso ein Problem wie mögliche Reaktorunfälle - so zum Beispiel 1986 im ukrainischen Tschernobyl.

Wärme

Wärme ist nicht nur ein Gefühl, das Sonne oder Feuer vermitteln, sondern entsteht durch die Bewegung von Molekülen: Je schneller sie in einem Stoff schwingen, desto wärmer ist er. Wenn man die Hand über einen Heizkörper hält und Wärme spürt, dann ist dies nichts weiter als die Attacke von Milliarden sich schnell bewegender Luftmoleküle, die dazu von noch schneller sich bewegenden Molekülen im Heizkörper selbst angespornt werden. Die Luft erwärmt sich, weil Wärme sich stets ausdehnt. Wenn etwas warm ist, gibt es seine Wärme immer an seine Umgebung ab, erwärmt sie und kühlt selbst ab. Wärme messen wir anhand der Temperatur. Aber Temperatur ist nicht das gleiche wie Wärme: Wärme ist eine Form von Energie – die Gesamtenergie aller sich bewegender Moleküle. Die Temperatur ist nur das Maß der Geschwindigkeit dieser Bewegung.

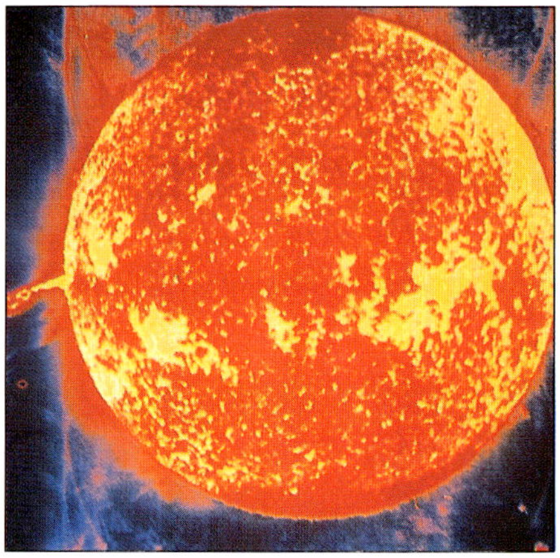

Die Wärme der Sonne
Die Sonne ist unsere Hauptwärmequelle. In ihr steigen die Temperaturen durch Kernfusionsreaktionen bis auf 14 Millionen K. Selbst an der Oberfläche sind es noch über 6 000 K (S. 47).

EXPERIMENT

Flüssigkeiten erhitzen

Wenn man etwas erwärmt, erhöht sich dessen Temperatur. Erwärmt man aber verschiedene Stoffe gleich stark, erreichen sie verschiedene Temperaturen: Bei gleichen Mengen von Wasser und Kupfer wird das Kupfer zehnmal heißer. Denn jeder Stoff hat seine eigene spezifische Wärme. Bei diesem Experiment erhitzt man Flüssigkeiten wie Wasser, Salatöl und Milch, und zwar in gleich großen Mengen über der gleichen Wärmequelle gleich lang. Was erwärmt sich am stärksten? Die Flüssigkeiten sollten eine Stunde lang ruhig stehen, so daß sie alle die gleiche Temperatur haben, bevor mit dem Experiment begonnen wird.

1 Meßt eine gewisse Menge Salatöl in einem Meßbecher ab und schreibt euch die Menge auf.

2 Baut den Rost für den Brenner auf. Schüttet das Öl in die saubere, völlig trockene Kasserolle und rührt um.

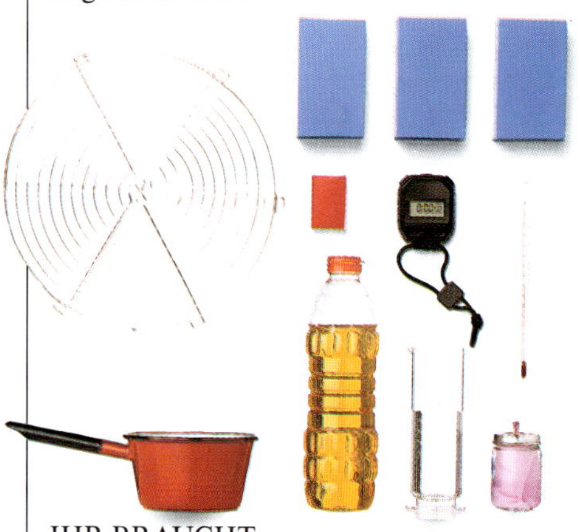

IHR BRAUCHT
• Brenner (S. 10) • Kasserolle • Meßbecher • Thermometer (S. 8) • Stoppuhr

3 Meßt die Temperatur des Öls. Zündet den Brenner an, aber stellt ihn noch nicht unter.

4 Schiebt den Brenner unter und startet die Stoppuhr. Erhitzt fünf Minuten lang und meßt die Temperatur.

EXPERIMENT

Wärmeaustausch

Wärme fließt von wärmeren Gegenständen zu kühleren. Meßt diese Bewegung zwischen einer Schraubenmutter und Wasser.

IHR BRAUCHT

- Becherglas • Brenner • Muttern
- Thermometer (S. 8) • Grillzange

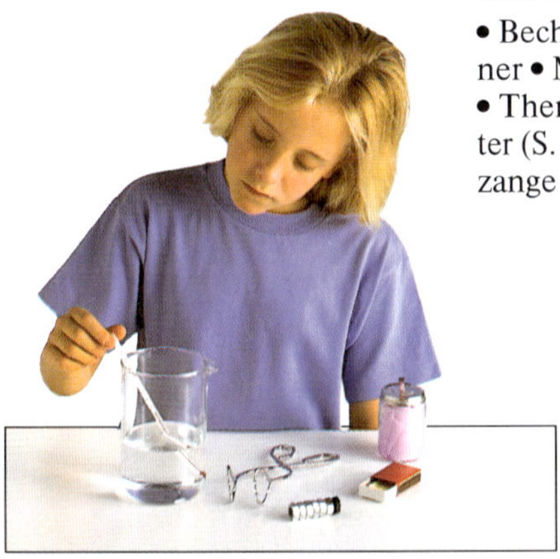

1 Gebt etwas Wasser ins Becherglas und laßt es eine Stunde lang stehen. Dann meßt die Temperatur.

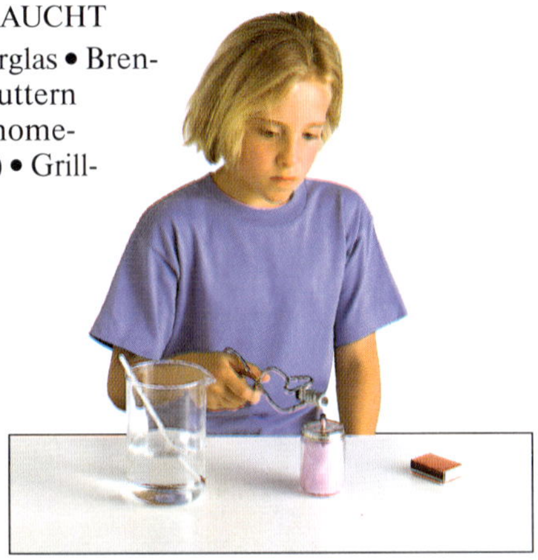

2 Faßt eine Mutter mit der Zange und erhitzt sie in der Brennerflamme. Laßt sie behutsam ins Wasser gleiten.

3 Beobachtet das Thermometer: Die Wassertemperatur steigt an, wenn die Mutter Wärme abgibt. Wird das Wasser durch mehr Muttern stärker erwärmt? Jetzt wiederholt das Experiment mit Muttern, die in der Kühltruhe lagen.

Temperaturskalen
Im Alltag messen wir Temperaturen normalerweise in Grad Celsius. Auf dieser Temperaturskala ist 0 °C der Gefrierpunkt von Wasser, 100 °C sein Siedepunkt. Die meisten Wissenschaftler verwenden allerdings die Absolute oder Kelvin-Temperaturskala. Darauf ist 0 K der absolute Nullpunkt, die theoretisch niedrigste Temperatur. Bei dieser Temperatur (– 273,15 °C) hören die Moleküle auf, sich zu bewegen. Von diesem Nullpunkt abgesehen, sind die Einheiten auf der Kelvin-Skala identisch mit den Celsius-Graden: 0 °C ist 273,15 K, 100 °C ist 373,15 K. Im Universum herrschen gewaltige Temperaturunterschiede vor – von der Annäherung an den absoluten Nullpunkt im Weltraum bis zu 20 Millionen K im Innern von Sternen. Die niedrigste je gemessene Lufttemperatur auf der Erde betrug 184 K (– 89 °C), die höchste 332 K (59 °C).

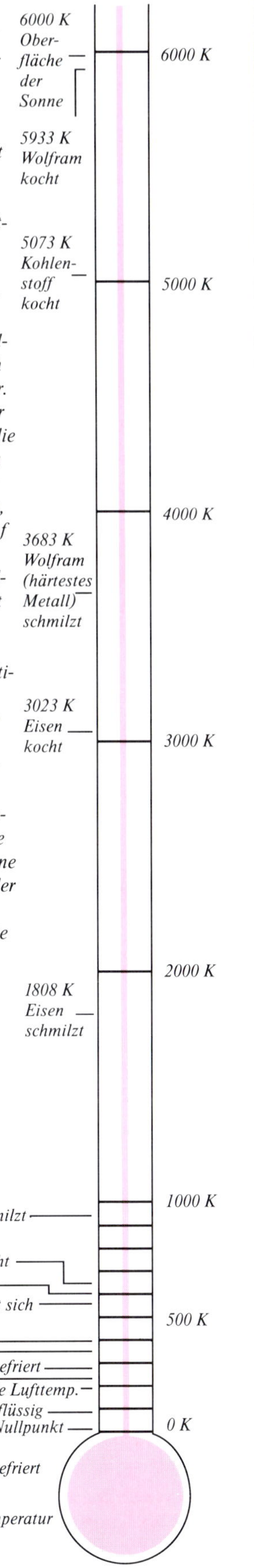

Wärmeenergie

Wärme entsteht durch die Bewegung von Molekülen und Atomen. Wird etwas erwärmt, bewegen sich die Moleküle schneller. Dazu wird Energie benötigt, aber auch die beschleunigten Moleküle besitzen Energie. Da Wärme Energie ist, kann sie nicht nur zur Erwärmung genutzt, sondern auch in andere Energieformen umgewandelt werden. Brennstoffe wie Kohle und Öl setzen bei der Verbrennung ihre chemische Energie frei und erzeugen Wärme. Sie kann Autos und Flugzeuge antreiben, über Turbinen Elektrizität erzeugen und vieles mehr.

GROSSE ENTDECKER

James Joule

In den vierziger Jahren des vorigen Jahrhunderts bewies der englische Physiker James Joule (1818–89), daß Wärme eine Energieform ist und Wärme und mechanische Energie austauschbar sind. Er baute eine Maschine mit Paddeln, die sich in einer Wassertrommel mit Hilfe fallender Gewichte drehten und dabei das Wasser erwärmten. Joule maß die Temperaturveränderung – sie hing exakt vom Gewicht ab.

EXPERIMENT

Dampfboot

Hier wird gezeigt, wie Wärmeenergie in Bewegung umgewandelt werden kann.

IHR BRAUCHT

• Werkzeuge und Balsaholz • Kupferrohr, 3 mm ⌀, 46 cm lang • Plastikschlauch • Kleber • Teelicht • Schraubdeckel • Aluminium oder Weißblech • Farbe • Rundholz, 10 mm ⌀

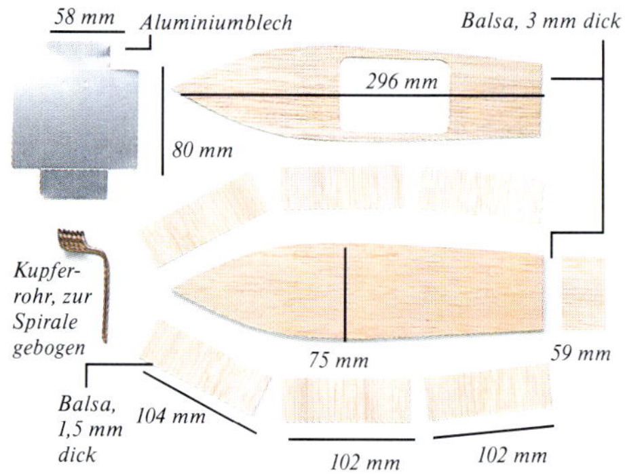

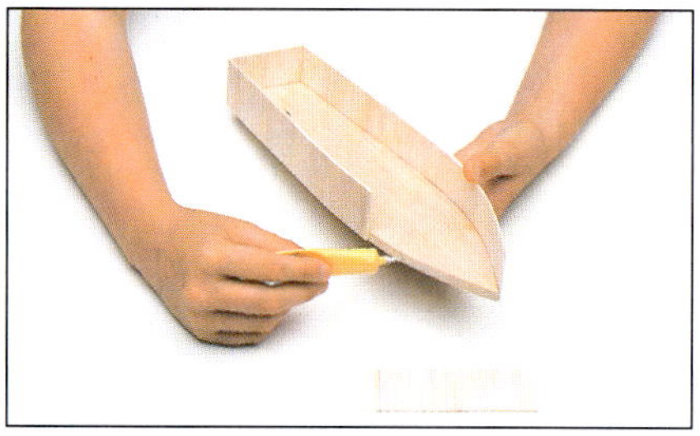

1 Schneidet das Balsaholz zurecht und verklebt die Seiten mit dem Boden. Schleift die Bugteile so ab, daß sie bündig passen. Achtet darauf, daß die Seiten gerade sind (evtl. mit Nadeln fixieren).

2 Klebt das Deck auf. Testet, ob das Boot dicht ist, und verklebt die Lecks. Klebt einen Streifen Balsa als Kiel unter den Boden.

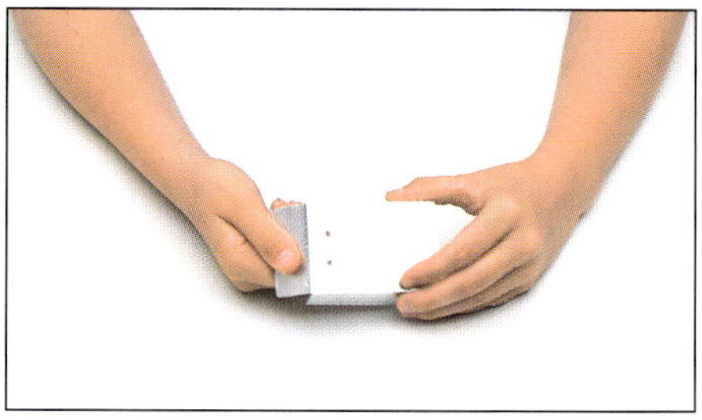

3 Schneidet das Weißblech oder Aluminium mit einer Blechschere zurecht und formt daraus eine Schachtel. In den Boden bohrt ihr zwei Löcher für das Kupferrohr.

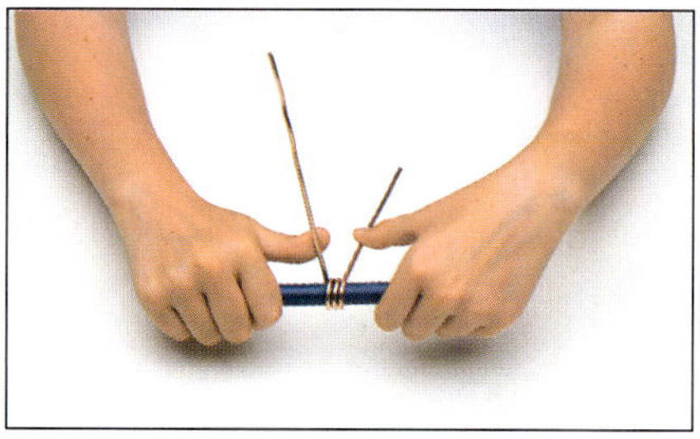

4 Windet das Kupferrohr sorgfältig sechsmal um das Rundholz. Bohrt zwei Löcher in den Boden des Bootes, im selben Abstand wie in der Blechschachtel.

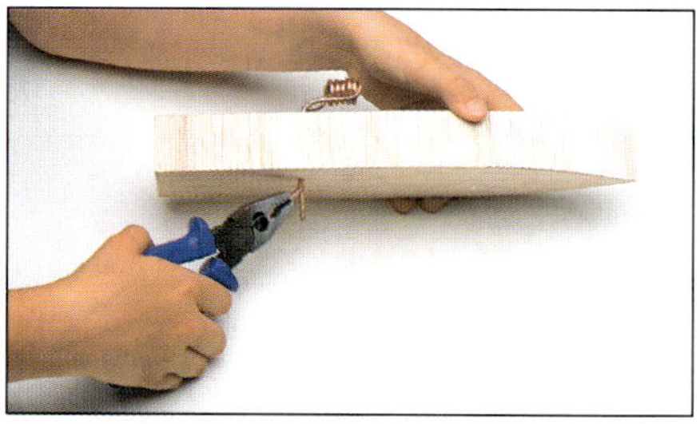

5 Setzt die Blechschachtel ins Boot, biegt das Rohr um 90 ° ab und steckt die Enden durch die Löcher, die ihr mit Kleber abdichtet. Die Enden mit einer Zange zurückbiegen.

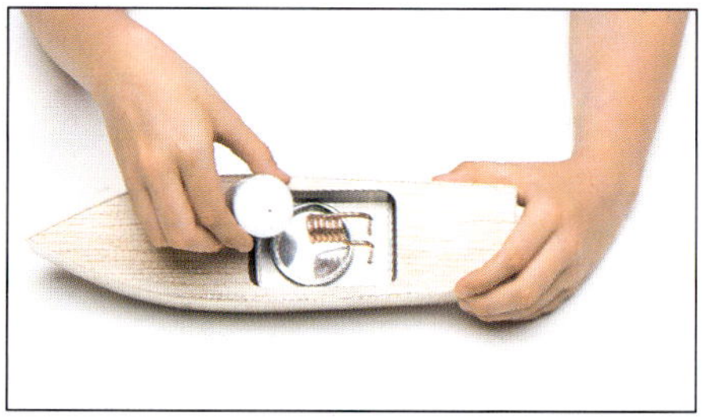

6 Klebt den Deckel in die Blechschachtel, so daß die Kerze darauf direkt unter der Kupferrohrspirale stehen kann. Wegen des Metalls brennt das Holz nicht an.

Wärmemotoren

Es gibt zwei Arten von Wärmemotoren. Bei Motoren mit äußerer Verbrennung wie Dampfmaschinen wird der Brennstoff außerhalb der beweglichen Teile der Maschine verbrannt, bei der inneren Verbrennung wie bei Düsentriebwerken oder Automotoren im Inneren. In der hier abgebildeten Dampfturbine wird Kraftstoff verbrannt, der Wasser erhitzt und Dampf erzeugt. Der Dampf treibt ventilatorähnliche Turbinenschaufeln um eine Welle an, die sich mit den Schaufeln dreht und alles Mögliche antreiben kann – vom elektrischen Generator (S. 166) bis zur Schiffsschraube.

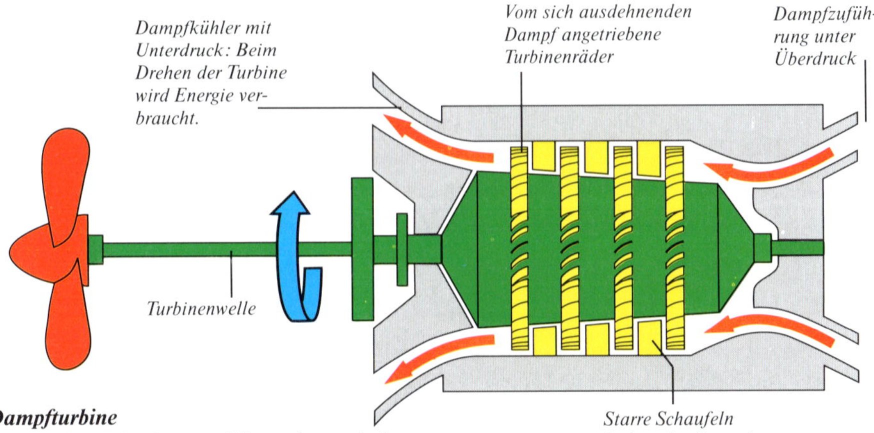

Dampfturbine
In einer Dampfturbine wird Dampf unter hohem Druck über eine Reihe fester Schaufeln auf Turbinenräder geleitet. Der sich ausdehnende Dampf treibt die Turbine an.

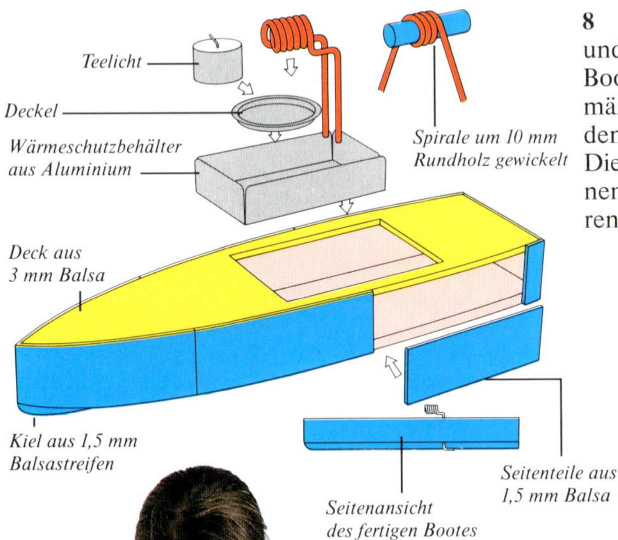

7 Steckt den Plastikschlauch auf ein Kupferrohrende, setzt das Boot ins Wasser und saugt Wasser ins Rohr. Entfernt den Schlauch, wobei das Rohr mit Wasser gefüllt sein sollte.

8 Zündet die Kerze an, und schon bald wird das Boot mit einem gleichmäßigen Tuckern auf dem Wassern fahren. Diesen kleinen Antrieb nennt man ein pulsierendes Wassertriebwerk.

Wie es funktioniert
Die Wärmeenergie der Kerze treibt das Boot an. Die Flamme erhitzt Wasser in der Spirale und verwandelt es in Dampf. Der Dampf stößt das Wasser aus dem Rohr aus und treibt das Boot an. Sofort kondensiert der Dampf, steigt wieder im Rohr auf und wird erneut erhitzt. So bewegt sich das Boot ruckweise vorwärts.

Expansion und Kontraktion

An heißen Sommertagen können Freileitungskabel durchhängen, Türen klemmen, und Eisenbahnschienen verbiegen sich. All diese Probleme sind auf Ausdehnung (Expansion) zurückzuführen. Wenn sich Feststoffe und Flüssigkeiten erwärmen, dehnen sie sich aus, weil ihre Moleküle stärker schwingen und sich weiter voneinander entfernen. Kühlen sie ab, ziehen sie sich entsprechend zusammen. Bei Feststoffen sind Expansion und Kontraktion zu gering, als daß man sie sehen könnte. Eine Eisenstange etwa wird nur um 0,0001 Prozent länger, wenn die Temperatur um ein Grad Celsius (S. 47) steigt. Dennoch ist die Expansionskraft so stark, daß man beim Bau von Brücken sogar derart geringfügige Veränderungen einkalkuliert, und Träger werden mit glühenden Nieten befestigt, die sich beim Abkühlen zusammenziehen und für eine feste Verbindung sorgen. Gase dehnen sich viel mehr aus als feste und flüssige Stoffe, aber nicht so stark: In einem festen Behälter steigt zwar ihr Druck aber sie dehnen sich nicht mehr aus.

Hängende Kabel
Starkstrom- und Telefonleitungen an Pfeilern und Masten müssen im Sommer ein wenig durchhängen können – sonst reißen sie nämlich, wenn sie sich in kalten Winternächten zusammenziehen. Aus dem gleichen Grund haben Stahlhochbrücken eine Lücke.

EXPERIMENT

Expansionsmeßgerät

Einige Stoffe wie Holz und Kunststoff dehnen sich kaum aus, andere – vor allem Metalle – um so mehr. Dieses Experiment zeigt die Expansion bei einem dicken Draht. Testet verschiedene Metalle, ob sie sich auch unterschiedlich ausdehnen.

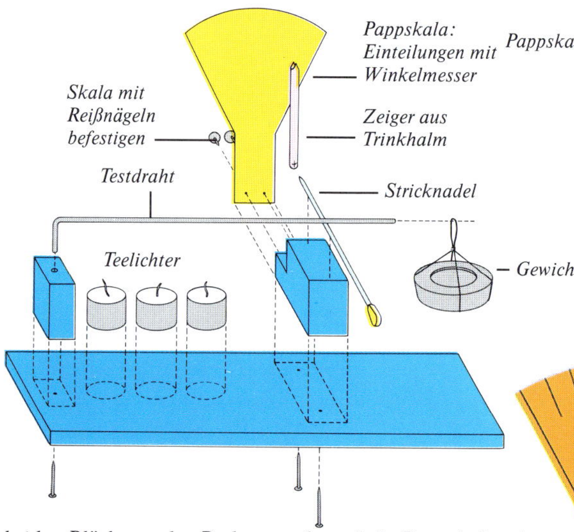

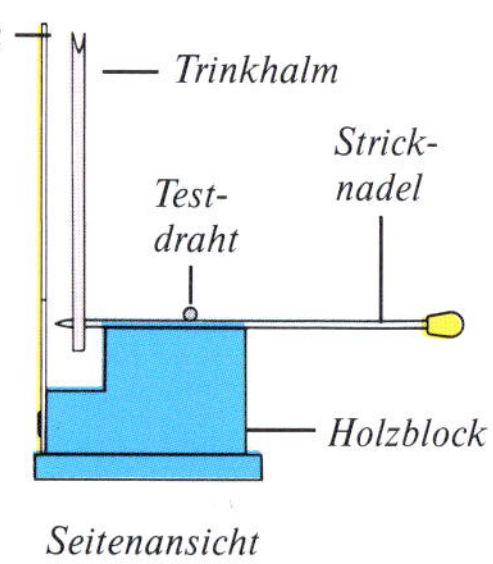

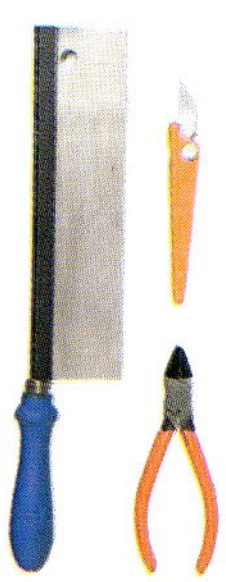

IHR BRAUCHT
- Holz für Boden und Blöcke • Säge • Pappe
- Trinkhalm • Schreiber
- Winkelmesser • Stricknadel • Teelichter
- Zündhölzer • Gewicht und Schnur • Reißnägel
- Messer • Zange
- steifer Draht

Die beiden Blöcke an den Boden nageln und die Pappskala mit Reißnägeln an einem Block befestigen. Steckt die Nadel durch den Trinkhalm und legt sie so auf diesen Block, daß der Trinkhalm an der Skala anzeigt. Den Testdraht am linken Block befestigen.

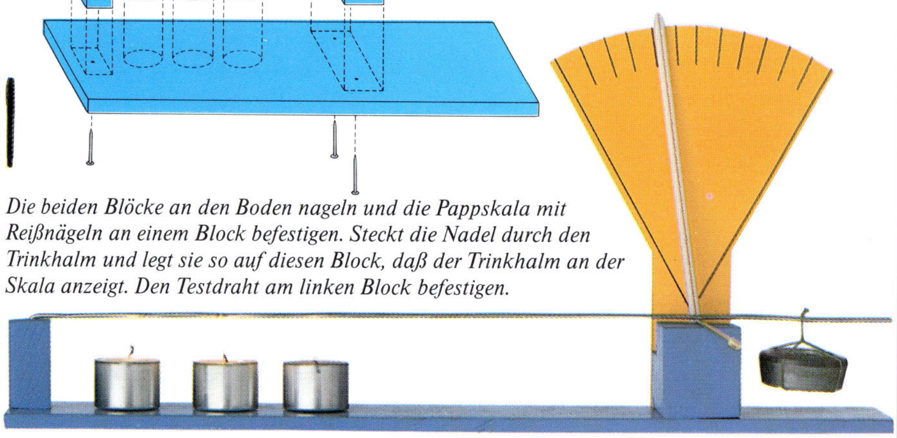

Baut das Meßgerät wie oben zusammen, hängt das Gewicht an den Draht und zündet die Kerzen an. Sobald sich der Draht erwärmt und länger wird, rollt er über der Nadel ab, wodurch sich der Zeiger auf der Skala weiterbewegt.

EXPERIMENT

Heißluftballon

Wenn sich Luft oder ein anderes Gas erwärmt und ausdehnt, wird sie dünner (leichter), weil die gleiche Luftmenge einen größeren Raum einnimmt. Heißluftballons fliegen, weil sie wärmere, leichtere Luft enthalten.

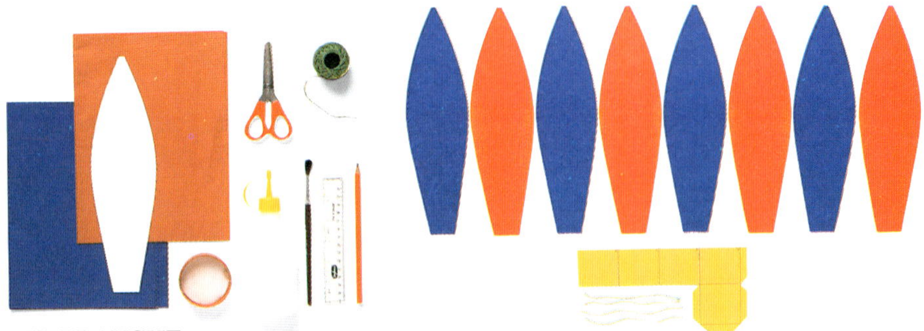

IHR BRAUCHT

• farbiges Seidenpapier • Kleber • Pinsel • Schere • Zwirn
• Pappe • Lineal • Bleistift • Plastikring (z.B. Plätzchenform) • Fön

1 Bastelt eine Pappschablone für die Ballonhautstreifen (s.u.) und schneidet acht Streifen aus Seidenpapier aus.

2 Klebt die Streifen so zusammen, daß sie einen Ballon bilden. Tip: Einen aufgeblasenen Luftballon nehmen.

3 Schneidet ein Stück Pappe wie oben für den Korb zurecht. Zeichnet die Faltlinien mit dem Bleistift an.

4 Faltet und klebt die Korbschachtel zusammen und bohrt mit dem Stift ein Loch oben in jede Ecke.

5 Fädelt vier gleichlange Zwirnsfäden durch diese Löcher im Korb.

6 Klebt die anderen Fadenenden an die Ballonöffnung und laßt den Ballon gut durchtrocknen.

7 Haltet den Ballon an der Spitze und füllt ihn mit warmer Luft aus dem Fön (nicht zu heiß). Sobald die Luft im Innern wirklich warm ist, laßt ihr den Ballon aufsteigen.

Wie es funktioniert
Die warme Luft im Ballon ist dünner (leichter) als die sie umgebende kühle Luft. Darum steigt sie nach oben, wie ein Korken im Wasser. Sobald die Luft abkühlt, sinkt der Ballon wieder.

Streifenschablone
Übertragt diese Form auf ein größeres Stück Papier, wobei ihr die Kästchen als Zeichenhilfe verwendet. Euer Ballon sollte etwa 60 – 90 cm groß sein. (Die hier gezeigte Schablone ist kleiner!)

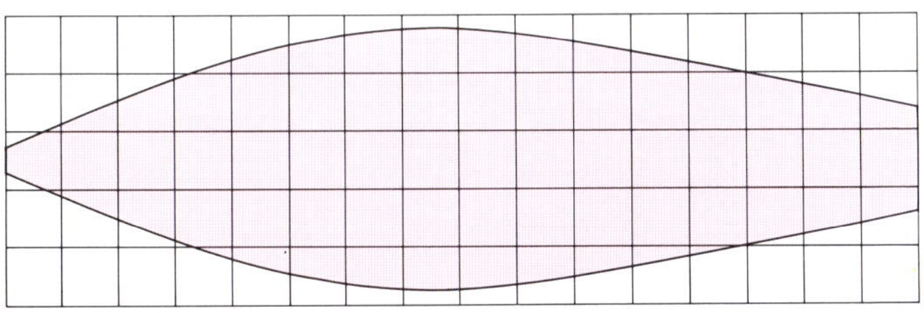

Leitfähigkeit und Isolierung

Wenn man barfuß einen Teppich betritt, fühlt er sich warm an. Ein gefliester Boden dagegen fühlt sich eiskalt an. Die Fliesen empfindet man deshalb als kälter, weil sie gute Wärmeleiter sind und die Körperwärme schnell von den Füßen ableiten. Der Teppich dagegen ist ein guter Isolator und leitet die Wärme nur langsam ab.
Wärmeleitung ist so etwas wie ein Staffellauf. Wenn ein Leiter an einem Ende erwärmt wird, schwingen die Atome und Moleküle dort schneller und regen auch die benachbarten Moleküle an, schneller zu schwingen. So wird die Wärme allmählich von Molekül zu Molekül durch den Leiter weitergegeben, wobei jedesmal ein wenig Energie verlorengeht. Metalle sind gute Wärmeleiter, besonders Kupfer und Aluminium, weshalb sie sich gut für Pfannen eignen. Luft ist ein guter Isolator, weshalb Materialien, in die Luft eingeschlossen ist, etwa Styropor und Naturfasern wie Wolle, gewöhnlich gut isolieren.

Warme Vögel
Dank ihrer guten Isolierung können Adeliepinguine in der bitterkalten Antarktis überleben. Sie besitzen eine äußere Schicht aus öligen, wasserdichten Federn, eine innere Schicht von flaumigen Daunenfedern und eine dicke Speckschicht unter der Haut. Jede Schicht isoliert und hält die Körperwärme zurück.

EXPERIMENT

Wärmeisolation

Ein Mantel hält warm, weil er als Isolator die Körperwärme daran hindert, in die umgebende Luft zu entweichen. Unterschiedliche Materialien isolieren freilich auf unterschiedliche Weise. Mit diesem einfachen Experiment könnt ihr die Isolierfähigkeit verschiedener Materialien messen. Wenn ihr noch genauer testen wollt, könnt ihr das Glas in eine Schachtel geben und diese mit verschiedenen Materialien füllen. Probiert es mal mit Sand, Styroporkügelchen, Federn, Watte, Zeitungspapier usw.

IHR BRAUCHT

• Millimeterpapier • Bleistift • Stoppuhr • Thermometer • Deckelgläser • warmes Wasser • Modelliermasse • Handtuch • verschiedene Materialien

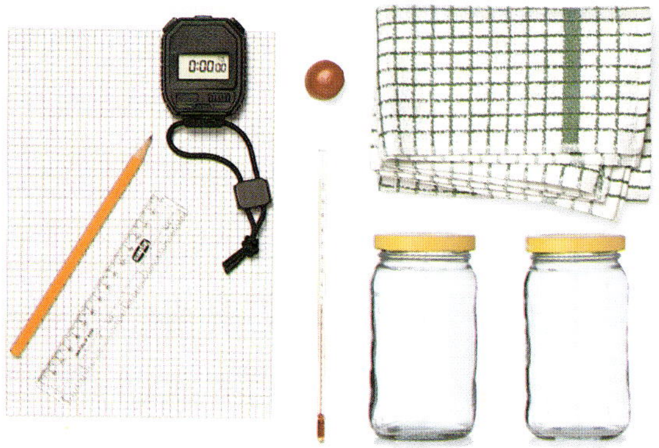

Wie man die Isolierfähigkeit mißt
In die Deckel von zwei Marmeladengläsern je ein Loch bohren, so daß das Thermometer hineinpaßt. Die Gläser zur Hälfte mit Wasser füllen und die Temperatur messen. Ein Glas ins Handtuch wickeln. Die Temperatur alle zwei Minuten messen, wobei das Thermometer ein paar Sekunden drinbleiben sollte. Die Ergebnisse in einer Kurve eintragen und den Test mit verschiedenen Materialien um das Glas wiederholen.

Das Loch wird, jedesmal nachdem das Thermometer herausgezogen wurde, mit etwas Modelliermasse versiegelt.

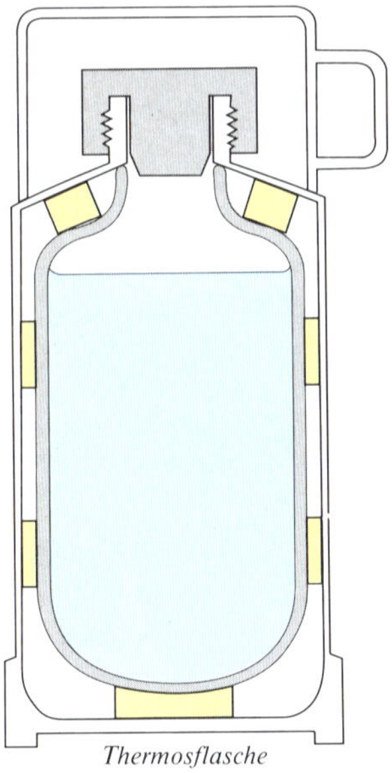

Thermosflasche

Warm halten

Eine Thermosflasche kann hervorragend warme Sachen warm oder kalte Sachen kalt halten. Sie arbeitet nach dem Prinzip, so wenig Wärme wie nur möglich entweichen zu lassen. In dem Behälter befindet sich eine Flasche mit einer doppelten Wand aus Glas oder Plastik, die ein Vakuum umschließt. Da Wärme ohne Moleküle weder geleitet werden noch strömen (S.54) kann, verhindert das Vakuum sehr wirkungsvoll, daß Wärme entweicht. Wärme kann jedoch durch ein Vakuum abgestrahlt (S.54) werden, und darum ist das Glas wie eine Rüstung versilbert. Ein dicker Stöpsel verhindert, daß Wärme nach oben entweicht.

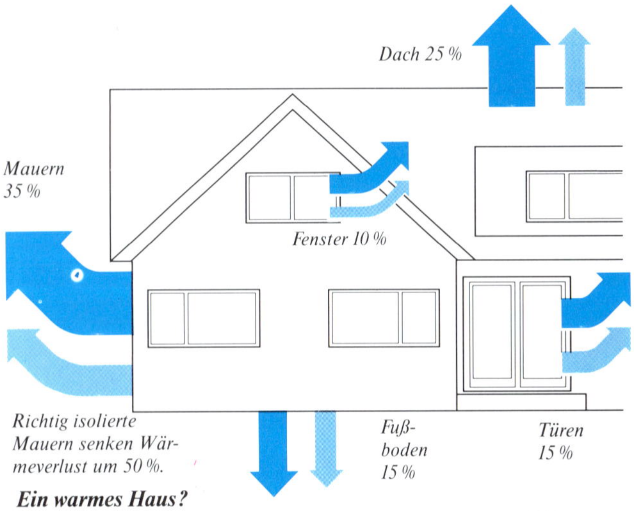

Richtig isolierte Mauern senken Wärmeverlust um 50 %.

Ein warmes Haus?
Weil wir Energie sparen müssen, ist die Isolierung unserer Häuser so wichtig geworden. Ein normales Haus verliert auf vielerlei Weise Wärme, wie die Zeichnung zeigt, aber das kann man durch verschiedene Isoliermethoden verhindern, wie durch zweischaliges, mit Schaumstoff gefülltes Mauerwerk und mit Fasern und Granulat isolierte Dächer.

EXPERIMENT

Wärmeleiter

Dies ist ein Test darauf, wie gut verschiedene Materialien Wärme leiten.

IHR BRAUCHT

• Becherglas • Glasperlen • Butter • heißes Wasser • Testobjekte: Holz-, Metall- und Plastiklöffel, Trinkhalm

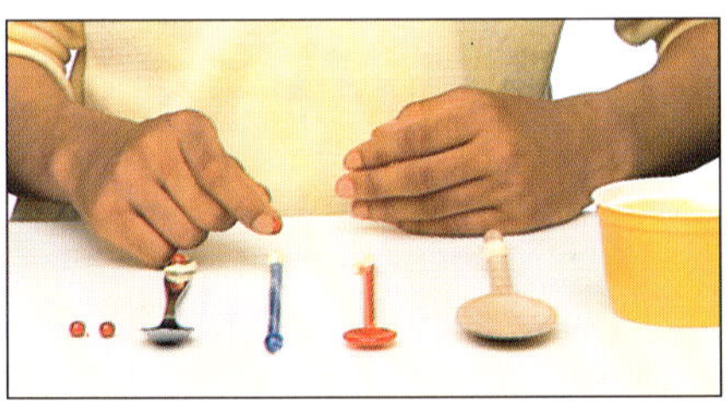

1 Klebt eine Perle mit einem jeweils gleich großen Stückchen Butter an das eine Ende jedes Testobjekts, und zwar gleich weit vom anderen Ende entfernt.

2 Stellt die Objekte aufrecht ins Becherglas und gießt – etwa 7,5 cm hoch – heißes Wasser hinein. Die Wärme des Wassers steigt in den Gegenständen nach oben, und wenn sie die Butter erreicht, schmilzt diese, und die Perle fällt herunter. Da die Materialien aber Wärme unterschiedlich schnell leiten, fallen die Perlen auch zu verschiedenen Zeiten: Die zuerst fällt, zeigt den besten Wärmeleiter an.

Konvektion und Strahlung

Haltet die Hand über einen Heizkörper – hier ist es warm. Haltet ihr sie aber seitlich davon, ist es viel kühler. Man sagt immer wieder, dies liege daran, daß Wärme nach oben steige, aber das ist nicht ganz richtig. Wärme bewegt sich nämlich in jede Richtung – was nach oben steigt, ist warme Luft. Die Heizung erwärmt durch Wärmeleitung die sie umgebende Luft, die sich ausdehnt und weniger dicht (leichter) wird als die übrige Luft, so daß sie wie ein Heißluftballon nach oben treibt. Das nennt man Konvektion. Unter der aufsteigenden Luft wird kältere Luft angezogen, die sich bald ebenfalls erwärmt und aufzusteigen beginnt. Auf diese Weise wird von der Heizung ein Strom von aufsteigender Warmluft, ein Konvektionsstrom, erzeugt. Wärmeleitung (S. 52) verbreitet Wärme relativ langsam, Konvektionsströme aber können sie in Kürze durch ein Zimmer transportieren.

Wärme kann sich auch durch Strahlung ausbreiten. Wenn man vor einem offenen Kamin steht, verspürt man die Wärmestrahlung. Sie gehört wie Licht zum elektromagnetischen Spektrum (S. 78 – 79), genauer: zum infraroten Bereich. Infrarote Strahlen sind unsichtbar, dringen aber wie das sichtbare Licht durch den luftleeren Raum. So erwärmt die Sonne die Erde durch Wärmestrahlung, die mit Lichtgeschwindigkeit (S. 64) den Weltraum durchquert.

Zentralheizung im Haus
Diese Zeichnung zeigt, wie Wasser in einem typischen Zentralheizungssystem zirkuliert. Der Boiler steht am besten im Erdgeschoß oder im Keller.

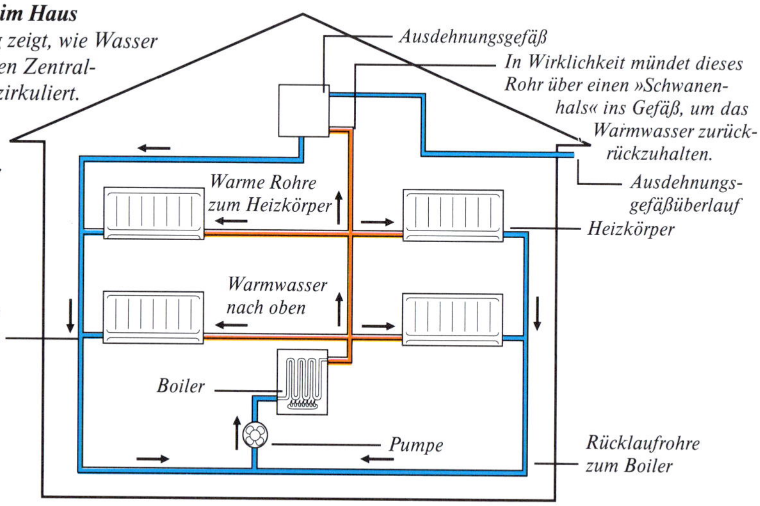

Wie Konvektion genutzt wird

In einer Zentralheizung zirkuliert Wasser mit Hilfe einer elektrischen Pumpe, deren Arbeit durch Konvektionsströme erleichtert wird. Am tiefsten Punkt des Systems steht der Boiler. Das warme Wasser steigt durch die Rohre nach oben, durch Konvektion und den Druck der Pumpe, speist dabei die Heizkörper, kühlt ab und kehrt durch die Rücklaufleitung zum Boiler zurück, wo es wieder erwärmt wird. Ähnlich arbeitet die Kühlung eines Automotors. Das vom Motor erwärmte Wasser steigt mit Hilfe einer von Konvektionsströmen unterstützten Pumpe in den Kühler, kühlt dort ab und kehrt zum Motorblock zurück.

EXPERIMENT

Konvektionsströme

Wenn Flüssigkeiten oder Gase erwärmt werden, entstehen Konvektionsströme. Mit Hilfe von Papierblättchen können sie in erwärmtem Wasser sichtbar gemacht werden.

IHR BRAUCHT
- Papierblättchen aus einem Locher
- hitzebeständiges Becherglas
- Wasser
- Brenner

Gebt die Blättchen in Wasser und erwärmt es langsam. Schon bald erwärmt es sich über der Flamme, steigt nach oben und nimmt dabei die Blättchen mit. Oben kühlt es ab, wird durch nachfolgendes Wasser nach außen gedrängt und sinkt seitlich wieder ab.

EXPERIMENT

Mobiles

Mit diesen Mobiles könnt ihr die Konvektionsströme über einer Wärmequelle sichtbar machen.

Wärmeantrieb
Aus Alufolie Spiralen oder Propeller schneiden und sie an Zwirn über der Kerzenflamme aufhängen. Sie sollten sich in den Konvektionsströmen drehen.

IHR BRAUCHT
- Teelichter
- Untertassen
- Schere • Holzklotz und -stab
- Zwirn
- Stahldraht
- Alufolie

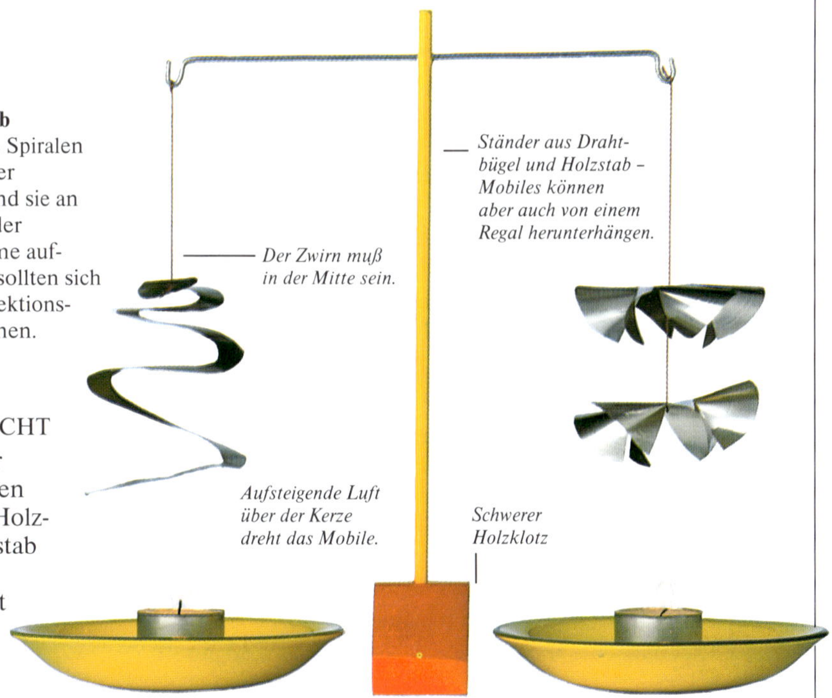

EXPERIMENT

Strahlung und Absorption

An sonnigen Tagen ist helle Kleidung weniger warm als dunkle: Helle Flächen reflektieren mehr Licht als dunkle und weisen daher auch die Wärmestrahlen der Sonne stärker ab. Dunkle Flächen hingegen absorbieren (schlucken) die Strahlen und erwärmen sich mehr, wie dieses Experiment an einem sonnigen Tag zeigt.

IHR BRAUCHT
- Deckelgläser • Handbohrer
- Thermometer
- Alufolie
- schwarze Farbe und Pinsel
- Stoppuhr
- Wasser
- Modelliermasse

Und so funktioniert es
Ein Glas in Alufolie wickeln, eines so lassen, wie es ist, und das dritte mattschwarz anstreichen. In die Deckel ein Loch fürs Thermometer bohren. Wasser von gleicher Temperatur in die Gläser geben und sie in die Sonne stellen. Alle drei Minuten die Temperatur messen und immer die Löcher mit Modelliermasse verschließen. Das schwarze Glas sollte sich am meisten erwärmen, weil dunkle Flächen die Sonnenstrahlen gut absorbieren. Am wenigsten sollte sich das Folienglas erwärmen, da seine glänzende Oberfläche die Strahlen reflektiert. Bei Wärmeverlust sieht das aber ganz anders aus (siehe rechts).

Dunkle Flächen verlieren Wärme so schnell, wie sie sie absorbiert haben, und zwar auf der von der Sonne abgewandten Seite. Den Wärmeverlust kann man verhindern, indem man auf die Schattenseite jedes Glases dicke Pappe klebt.

KRAFT UND BEWEGUNG

Kraft und Bewegung sind zwei der wichtigsten Begriffe in der Physik. Ohne Kräfte könnte im Universum nichts geschehen – ohne Bewegung würde es aufhören zu existieren. Die Dynamik ist eine Wissenschaft, die sich mit den Zusammenhängen zwischen der Bewegung von Gegenständen und den Kräften, die sie bewegen, beschäftigt.

Galilei verstand als erster, daß die Schwerkraft alle fallenden Dinge in gleichem Maße beschleunigt. Angeblich soll er das mit zwei Eisenkugeln demonstriert haben, die er vom Schiefen Turm von Pisa fallenließ.

Vielleicht war sogar die wichtigste der vielen wissenschaftlichen Einsichten des 17. Jahrhunderts das Verstehen der Bewegung. Die alten griechischen Philosophen hatten zwar eine Menge über Statik gewußt, also über Dinge, die sich nicht bewegen. Aber bei bewegten Dingen tappten sie weitgehend im dunkeln. Warum ein Pfeil durch die Luft fliegt und ähnliche Fragen waren den frühen Gelehrten ein Rätsel. Sie begriffen zwar, daß es eine Kraft gab, die den Pfeil vom Bogen abschoß, so wie sie auch verstehen konnten, daß sich ein Pflug bewegte, wenn ein Ochse ihn zog. Doch wie sich der Pfeil weiterhin durch die Luft bewegte, ohne jede offensichtliche Einwirkung von außen, blieb ihnen verborgen.

Beim Fahrradfahren werden Newtons Bewegungsgesetze fortwährend angewandt.

Galilei

Die frühen Gelehrten kamen nicht zuletzt deshalb mit dem Phänomen der Bewegung so schwer klar, weil sie keine genaue Uhr hatten. Ohne eine gute Uhr kann man Positionsveränderungen nicht präzise ausmachen und daher Bewegungszustände nicht richtig beobachten. Das änderte sich im Jahr 1583. Der bedeutende italienische Wissenschaftler Galileo Galilei (1564 – 1642), damals noch ein junger Medizinstudent, bemerkte nämlich eines Tages in der Kirche, wie ein Glockenseil gleichmäßig hin und her schwang. Bald danach maß er Pendelausschläge mit seinem Pulsschlag und erkannte, daß man mit ihren regelmäßigen Schwingungen auf einfache und verläßliche Weise die Zeit messen konnte. Sehr viel später entwickelte er eine Pendeluhr, die nach seinem Tod von seinem Sohn gebaut wurde. Ein halbes Jahrhundert lang führte Galilei die Beobachtungen, Experimente und mathematischen Analysen von Kraft und Bewegung durch, die die Wissenschaft der Dynamik begründeten. 1638 veröffentlichte er seine Ideen in einem der wichtigsten wissenschaftlichen Bücher überhaupt: »Unterredungen und mathematische Demonstrationen über zwei neue Wissenszweige, die Mechanik und die Fallgesetze betreffend.« Eine seiner bedeutendsten Erkenntnisse betraf das Wesen der Beschleunigung. Galilei unterschied zwischen Beschleunigung und Geschwindigkeit, die nicht mit dem Begriff Tempo oder Schnelligkeit verwechselt werden darf: Das Tempo eines Autos gibt nur an, wie schnell es sich bewegt, in Kilometern pro Stunde zum Beispiel, sagt aber nichts über seine Richtung aus. Wissenschaftler nennen das eine Skalargröße. Geschwindigkeit hingegen ist eine Vektorgröße, bei der Richtung und Schnelligkeit angegeben sind. Das ist wichtig, da Kräfte stets in einer bestimmten Richtung wirken.

Drehende Objekte wie ein Gyroskop haben – nach Newton – ebenso eine Eigendynamik wie Dinge, die sich geradeaus bewegen.

Beschleunigung

Auch Beschleunigung ist ein Vektor, nämlich einfach ein Wechsel der Geschwindigkeit. Nach einer Reihe von Experimenten – vor allem mit rollenden Kugeln auf einer schiefen Ebene – entdeckte Galilei, daß die Kräfte die Beschleunigung und nicht die Geschwindigkeit steuern. Anders gesagt: Dinge werden durch Zug oder Druck beschleunigt, ohne daß dies direkten Einfluß auf ihre Geschwindigkeit hat. Man kann sich das an einer Rakete vorstellen, die durch den Weltraum rast, und einer anderen, die nur langsam fliegt. Wenn man beiden einen gleichstarken Schub vermittelt, werden beide gleichstark beschleunigt, aber die eine bewegt sich noch

Galilei gewann viele Erkenntnisse über Kraft und Beschleunigung, indem er Dinge eine schiefe Ebene hinunterrollen ließ. Auch ihr könnt damit experimentieren (S. 65).

immer schneller als die andere.

Galilei zeigte auch, daß die Geschwindigkeit in Abwesenheit einer Kraft gleich bleibt – daher also fliegt ein Pfeil noch lange, nachdem er den Bogen verlassen hat, durch die Luft. Und er fällt auch nur deshalb wieder auf den Boden, weil er durch den Luftwiderstand (eine Kraft!) so langsam wird, daß ihn die Schwerkraft nach unten zieht. Das ist das Trägheitsprinzip (S. 58). Ferner wies Galilei darauf hin, daß sich etwas, was sich mit gleichmäßiger Geschwindigkeit bewegt, nicht unterscheidet von etwas, was sich überhaupt nicht bewegt. Das ändert sich nur durch die Beschleunigung. Galilei demonstrierte das an einem anschaulichen Beispiel: Wenn man sich in einer Schiffskabine unter Deck befinde, könne man Fische in einem Behälter in alle Richtungen schwimmen sehen – ganz gleich, ob sich das Schiff bewegt oder vor Anker liegt: Für die Fische spielt die Bewegung des Schiffes keine Rolle. Und wenn wir herumlaufen, nehmen wir nie wahr, daß der Boden unter unseren Füßen Teil eines Planeten ist, der mit 100 000 km/h um die Sonne rast! Fast drei Jahrhunderte später konnte Albert Einstein (1879 – 1955) auf dieser Entdeckung Galileis seine spezielle Relativitätstheorie aufbauen.

Wie schnell?

Weitere Experimente mit schwingenden Pendeln vermittelten Galilei eine zweite wichtige Erkenntnis über Kräfte und Bewegungen. Wenn etwas beschleunigt wird, hängt diese Beschleunigung von der Größe der Kraft und vom Gewicht des Gegenstands ab. Eine große Kraft beschleunigt ein leichtes Objekt sehr schnell, eine kleine Kraft

Bei einem Kran wird Kraft an einer Stelle angewandt, um eine andere Kraft an anderer Stelle zu überwinden.

beschleunigt ein schweres Objekt nur langsam.

Isaac Newton (1643 – 1727) faßte Galileis Ideen zusammen und legte den Grundstein für die Wissenschaft der Dynamik. In seinem berühmten Buch »Mathematische Grundlagen der Naturphilosophie« (veröffentlicht 1687) stellte er drei bedeutende Gesetze oder Axiome der Bewegung (S. 62) auf.

Newtons Axiome

Die ersten beiden stimmten genau mit Galileis beiden Erkenntnissen überein: Erstens beschleunigt (oder verlangsamt) sich ein Objekt nur, wenn eine Kraft auf es einwirkt, und zweitens hängt die Beschleunigung von der relativen Größe der Kraft und des Objektes ab, genauer: von dessen Masse (S. 19).

Newtons drittes Axiom besagt, wenn eine Kraft auf einen Gegenstand einwirkt, wirkt dieser in entgegengesetzter Richtung auf die Kraft zurück, so daß zum Beispiel Feuerwaffen beim Abfeuern einen heftigen Rückschlag erzeugen (S. 62 – 63).

Mit Hilfe von Newtons drei Axiomen konnte man nun die Beziehungen zwischen Kraft und Bewegung erkennen und mathematisch analysieren. Und in Verbindung mit Newtons Erkenntnissen über das Wesen der Schwerkraft glaubte man nun auch, jede Bewegung im

An einer Rakete kann man Newtons drittes Axiom demonstrieren (S. 62 – 63).

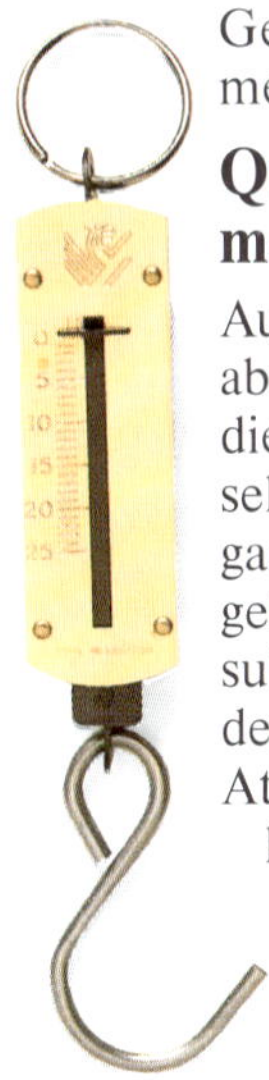

Mit einer Federwaage kann man Kraft einfach und genau messen.

Universum erklären zu können – von den Schwingungen der kleinsten Atome bis zu den Bewegungen von Planeten und Sternen.

Bis zu Beginn dieses Jahrhunderts schienen Newtons Gesetze unanfechtbar zu sein, und für den Hausgebrauch reichen sie noch immer völlig aus. Aber in den zwanziger Jahren begannen die Physiker immer tiefer in die Geheimnisse des Atoms (S. 15), des Lichts, der Elektrizität und des Magnetismus (S. 79) einzudringen. Und dabei kamen sie dahinter, daß in diesen Bereichen Newtons Gesetze nicht mehr gelten.

Quantenmechanik

Auf dieser Ebene aber scheinen für die Bewegungen und Wechselwirkungen der Teilchen ganz andere Gesetze zu gelten. Um die Bewegungen subatomarer Teilchen – z. B. der Elektronen um den Atomkern – analysieren zu können, entwickelten Forscher wie Werner Heisenberg (1901 – 1976), Erwin Schrödinger (1887 – 1961) und Paul Dirac (1902 – 1984) die sogenannte Quantenmechanik. Sie *erklärt* nicht, warum sich subatomare Teilchen auf bestimmte Weise bewegen, sondern ist für den Physiker nur ein mathematisches Instrument, mit dem man *beschreiben* kann, wie sie sich bewegen – und vorhersagen kann, wie sie sich künftig bewegen werden. Heute wenden die Physiker bei den meisten Berechnungen über Kräfte und Bewegungen Newtons Gesetze an, bei subatomaren Teilchen hingegen die Quantenmechanik.

Ein Baseball fliegt weiter durch die Luft, sobald er den Schläger verlassen hat, weil die Wucht des Schlags ihm eine Eigendynamik vermittelt. Dieses Prinzip erkannte Galilei als erster im 17. Jahrhundert.

Die explosive Kraft des Schießpulvers beschleunigt bei einem Feuerwerk glühende Funken nach allen Seiten.

Trägheit und Schwung

Wenn man dieses Buch auf einen Tisch legt, wird es sich nicht mehr bewegen – es sei denn, jemand bewegt es. Hinter dieser selbstverständlichen Aussage steckt eines der wichtigsten physikalischen Gesetze. Jedes Ding im Universum hat seine eigene Trägheit: Es bewegt sich erst, wenn es dazu gezwungen wird. Wenn sich also irgend etwas zu bewegen beginnt, wird es von etwas anderem geschoben oder gezogen.

Nicht ganz so selbstverständlich ist es, daß jedes Ding, das sich bewegt, sich endlos mit der gleichen Geschwindigkeit und in der gleichen Richtung weiterbewegen wird: Das nennt man Impuls. Wenn ihr schon mal von einem Ball hart getroffen worden seid, wißt ihr, was Impuls ist. Genaugenommen gibt es keinen Unterschied zwischen Trägheit und Impuls: Ein Bewegungszustand, heißt das, verändert sich nur, wenn eine neue Kraft darauf einwirkt.

Wieviel Kraft nötig ist, um die Trägheit eines Dings zu überwinden und es in Bewegung zu setzen, hängt von seiner Masse (S. 19) ab. Wieviel Kraft nötig ist, um es zu bremsen oder zu beschleunigen, hängt auch davon ab, wie schnell es sich bewegt.

Crashtest: *Trägheit läßt sich am besten an einem Autounfall demonstrieren. Autos sind schnell und schwer und haben ein gewaltiges Trägheitsmoment – genug, um Stahl beim Aufprall zu zerknautschen. Entsprechend sollten die Passagiere Sicherheitsgurte tragen.*

GROSSE ENTDECKER

Isaac Newton

Newtons Werke
Viele Fachleute halten sein Buch Mathematische Grundlagen der Naturphilosophie *(1687) für das bedeutendste wissenschaftliche Werk überhaupt. Seinerzeit war es sehr umstritten, aber dennoch wurde Newton 1708 geadelt. Er starb 1727.*

Der 1643 in Woolsthorpe geborene englische Bauernsohn Isaac Newton war einer der bedeutendsten Wissenschaftler überhaupt. Seine Erkenntnisse und Entdeckungen in Physik, Mathematik und Astronomie begründeten die moderne Wissenschaft. Er dachte sich auch das mathematische System der sogenannten Differentialrechnung aus, und als er sich zur Zeit der großen Pest (1665/66) zu Hause auf dem Land aufhielt, machte er viele wichtige Entdeckungen über Licht und Farben (S. 94).

Seine größten Verdienste aber erwarb er sich mit seinen Erkenntnissen über Schwerkraft und Bewegung. Seine drei Bewegungsaxiome (S. 62) sind noch heute weithin gültig. Angeblich ist er durch einen fallenden Apfel auf seine Ideen über die Schwerkraft gekommen.

EXPERIMENT

Trägheit überwinden

Mit Federwaagen mißt man normalerweise, wieviel etwas wiegt, aber auch eine Kraft kann man damit ganz einfach messen. Nach dem gleichen Prinzip arbeitet ein Kraftmesser mit einem Gummiband. Er zeigt an, wieviel Zug nötig ist, um die Trägheit eines Spielzeugautos zu überwinden und es: a) in Bewegung zu setzen, b) in Bewegung zu halten und c) zu beschleunigen. Ihr werdet sehen, daß mehr Kraft erforderlich ist, das Auto in Bewegung zu setzen, als es in Bewegung zu halten. Ihr könnt das Meßgerät auch eichen, indem ihr verschiedene Gewichte daran hängt und auf der Skala markiert, wie lang sich das Band bei jedem Gewicht dehnt.

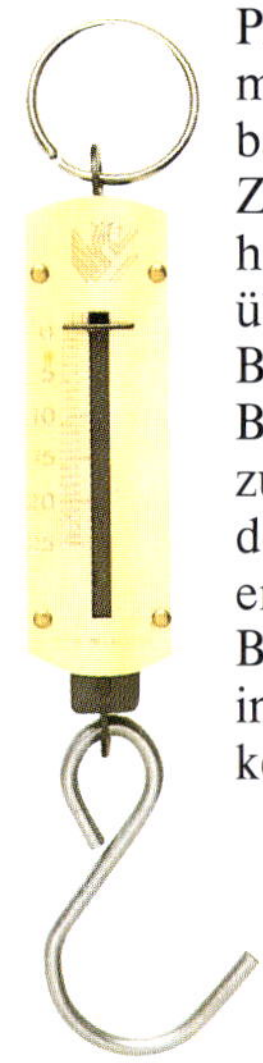

Federwaage
Einfacher Kraftmesser: je größer die Kraft, desto mehr dehnt sich die Feder.

IHR BRAUCHT

• Balsaholzbrett • Gummiband • Pappe • Ringösen • Perlen • Reißnagel • Schnur • Schreiber und Lineal • Pappe für die Skala • Spielzeugauto

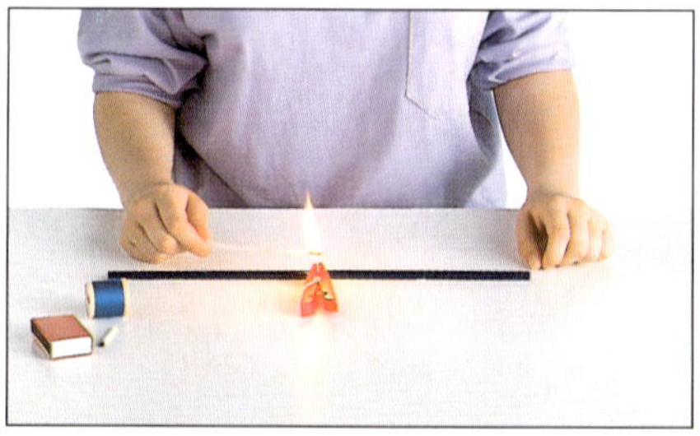

Bindet die Griffe einer Wäscheklammer mit Zwirn zusammen. Legt zwei Stifte an die Spitze und richtet sie genau aus. Haltet einen brennenden Span an den Zwirn.

EXPERIMENT

Masse und Bewegung

Die Beziehungen zwischen Masse, Kraft und Bewegung könnt ihr sichtbar machen, indem ihr Bleistifte »abfeuert«. Anhand der Entfernung, die die Bleistifte auf dem Tisch zurücklegen, könnt ihr die Kraft messen, die nötig ist, um ihre Trägheit zu überwinden: Gleich große Stifte fliegen gleich weit, verschieden große Stifte unterschiedlich weit.

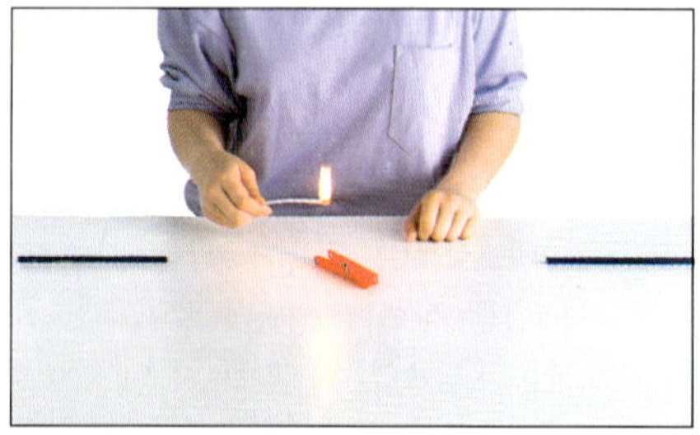

Wenn der Zwirn durchbrennt, schießt die Feder die Stifte über den Tisch. Markiert die Strecke und probiert es mit verschieden großen Stiften.

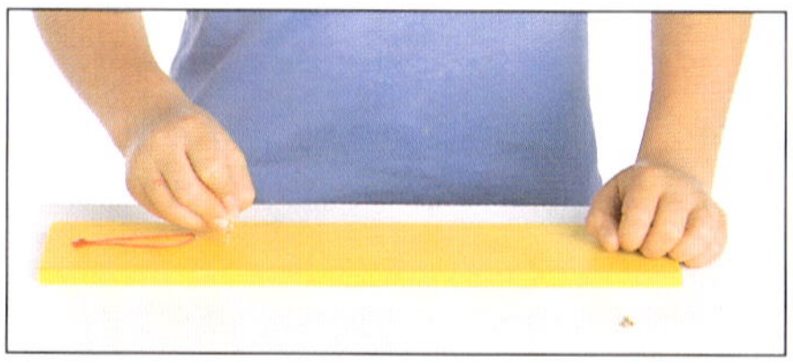

1 Fixiert das Gummiband an einem Ende des Bretts mit dem Reißnagel. Bindet die Schnur mit einem Knoten, der leicht durch die Ösen schlüpft, an.

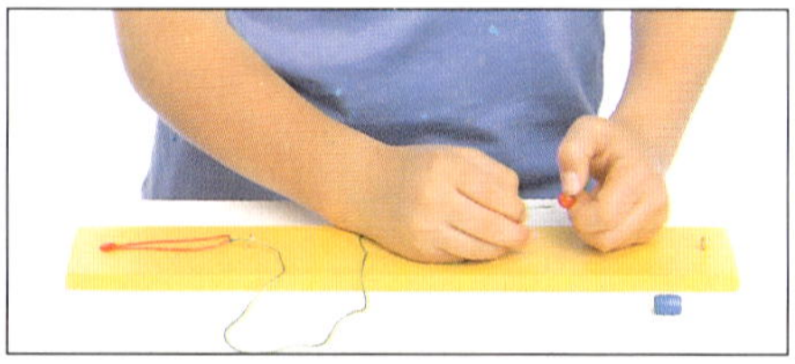

2 Schraubt die Ösen wie unten gezeigt aufs Brett. Fädelt die Schnur durch die obere Öse, die runde, die längliche Perle und dann durch die untere Öse.

3 Klebt die runde Perle an den Knoten und strafft das Gummiband ein wenig. Klebt die Skala aufs Brett, wobei der Nullpunkt unter der runden Perle liegt.

4 Bindet das andere Ende der Schnur an ein schweres Spielzeugauto auf einer glatten Tischfläche. Haltet das Brett des Kraftmessers und zieht behutsam, bis das Auto zu rollen beginnt. Die flache Perle, die dicht an der runden anliegt, zeigt euch auf der Skala an, wieviel Kraft maximal nötig ist, um die Trägheit des Autos zu überwinden.

5 Nun schiebt ihr die flache Perle wieder auf Null, haltet beide Perlen fest, während ihr das Auto ziehend in Bewegung setzt. Sobald es sich gleichmäßig bewegt, laßt ihr die Perlen los und zieht gleichmäßig weiter. Ihr seht, daß die Kraft viel geringer ist als bei Schritt 4. Nun beschleunigt ihr das Auto, indem ihr fester zieht: Dazu ist mehr Kraft nötig.

Reibung

Warum kann ein sich bewegendes Objekt, das sich mit der gleichen Geschwindigkeit weiterbewegt, ohne daß eine Kraft es bremst, nicht ewig sich so weiterbewegen? Und warum fliegt ein Ball nicht unendlich weit? Er wird eben doch durch Kräfte gebremst: zum einen durch die Schwerkraft, die den Ball zur Erde zurückzieht – zum andern durch Reibung. Wenn sich zwei Festkörper aneinander reiben – zum Beispiel ein Blechtablett, das über einen Tisch gleitet –, verhaken sich mikroskopisch klein zerklüftete Oberflächen ineinander. Wenn ein Ball durch die Luft fliegt, entsteht Reibung durch die ständige Kollision mit Luftmolekülen. Reibung erzeugt gewöhnlich Wärme, denn wenn das Objekt gebremst wird, verwandelt sich ein Großteil seines Bewegungsimpulses – seine kinetische Energie (S. 44) – in Wärme. Ihr merkt das sofort, wenn ihr eure Hände kräftig reibt.

Kugellager
In Kugellagern ist die Reibung sehr gering, weil die runden, glatten Oberflächen der Kugeln kaum Berührungspunkte haben, besonders wenn sie eingeölt oder -gefettet sind.

EXPERIMENT

Luftkissenballon

Die Reibung zwischen zwei Feststoffen wird verringert, wenn man sie mit einem Gleitmittel auseinanderhält. Bei Automotoren ist es das Öl, das einen dünnen Film zwischen beweglichen Teilen bildet, so daß sie glatt übereinandergleiten. Bei diesem Experiment könnt ihr mit einem Ballon ein einfaches Luftkissen erzeugen, das wie ein Gleitmittel wirkt und die Reibung verringert.

IHR BRAUCHT
- einen großen Ballon
- die abgeschnittene Spitze einer Plastikflasche
- Bohrer

1 Schneidet die Spitze einer Plastikflasche ab und bohrt ein Loch von 3 mm ⌀ in die Kappe. Der Schnittrand muß absolut glatt sein.

2 Blast den Ballon auf, drückt das Mundstück zusammen, damit die Luft nicht entweicht, und streift es über die Kappe.

3 Sobald der Ballon sicher sitzt, laßt ihr das Mundstück los. Sofort strömt unter dem Rand Luft aus dem Ballon aus und bildet ein Luftkissen, das die Flaschenspitze vom Tisch hebt. Stoßt den Ballon sanft an, so daß er über den Tisch gleitet.

Bremsen

Ohne Reibung könnten Autos weder fahren noch halten. Wenn der Fahrer bremst, werden die Räder durch die Reibung zwischen Bremsbelegen und Bremsflächen an den Rädern verlangsamt, und die Reibung zwischen den Rädern und der Straße verlangsamt das Auto.

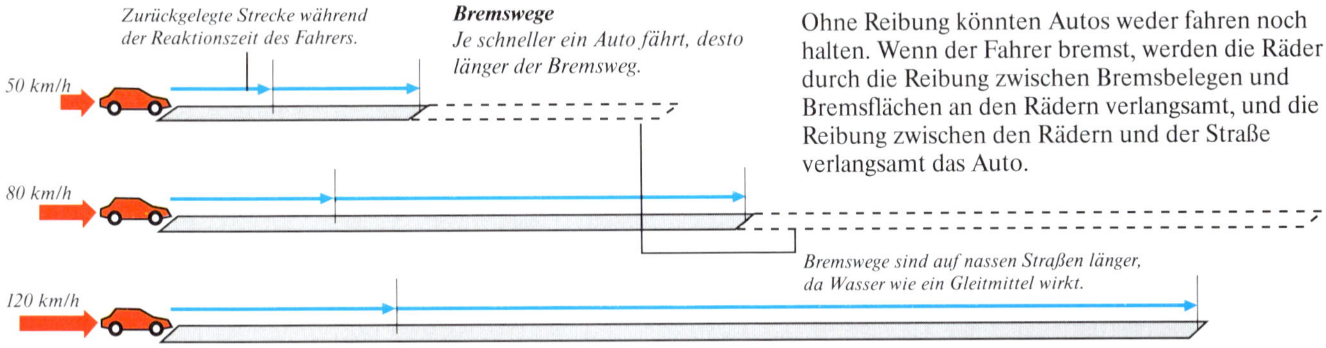

EXPERIMENT

Reibungsebene

Untersucht die Reibung bei verschiedenen Oberflächen mit dieser verstellbaren schiefen Ebene.

1 Baut die bewegliche schiefe Ebene auf, indem ihr die beiden Bretter mit dem Scharnier zusammenschraubt. Ihr könnt aber auch die beiden Bretter mit einem kurzen Streifen festem Stoff als »Scharnier« zusammenkleben.

2 Zeichnet mit Hilfe des Winkelmessers eine Winkelskala auf die Pappe. Befestigt sie am Bodenbrett beim Scharnier mit Reißnägeln. Stellt die Ebene für die Tests auf einen Tisch.

IHR BRAUCHT

• Pappskala • Schreiber • Winkelmesser • Lineal • Messer • Holzklotz • Balsa- oder Sperrholzbretter • Scharnier und Schrauben • Schraubenzieher • Reißnägel • Testflächen

3 Setzt den Klotz auf die Ebene. Hebt sie an, bis der Klotz gerade zu rutschen beginnt. Notiert euch den Winkel. Testet nun mit verschiedenen Oberflächen: Filz, Plastikfolie, Alufolie, Sandpapier usw. Bei welchem Winkel beginnt der Klotz darauf zu rutschen? Dann probiert es mit verschiedenen Gleitmitteln wie Öl und Wasser.

Aktion und Reaktion

Man kann denken, daß nur die Füße etwas zu tun haben, wenn man geht. Doch der Boden tut dabei genauso viel: Wenn der Fuß nach unten drückt, dann drückt der Boden nach oben, und zwar mit exakt der gleichen Kraft. Täte er dies nicht, würde der Fuß darin wie in Wasser versinken. Würde der Boden aber stärker zurückdrücken, dann würde man in die Luft fliegen. Immer wenn sich also etwas bewegt, entsteht ein Gleichgewicht von Kräften, die in entgegengesetzter Richtung wirken. Wenn ein Auto fährt, stoßen die Räder die Straße mit der gleichen Kraft zurück, mit der sie die Straße vorwärtsstößt. Wenn man mit Armen und Beinen beim Schwimmen gegen das Wasser drückt, reagiert das Wasser darauf, indem es gleich stark gegen Arme und Beine zurückdrückt. Bei jeder Aktion gibt es eine gleich große und entgegengesetzte Reaktion. Das ist Newtons drittes Bewegungsaxiom.

Bewegungsaxiome

1665 fand Isaac Newton drei Gesetze oder Axiome über die Art und Weise, wie sich Dinge bewegen. Sein erstes Axiom betrifft Trägheit und Impuls (S. 58). Es besagt im wesentlichen, daß sich ein Objekt nur dann bewegt, wenn eine Kraft darauf wirkt. Und es wird sich immer mit der gleichen Geschwindigkeit in die gleiche Richtung bewegen, sofern es nicht von einer Kraft daran gehindert wird. Das zweite Axiom lautet: Wieviel ein Objekt langsamer oder schneller wird, hängt von der Größe der Kraft und von seiner Masse (S. 19) ab. Das dritte Axiom - Aktion und Reaktion - ist oben beschrieben.

Zusammenstoßen
Newtons drittes Axiom könnt ihr auf einfache Weise überprüfen: Dazu braucht ihr eine glatte Fläche, Rollschuhe und eine zweite Person auf Rollschuhen. Stellt euch einander möglichst aufrecht gegenüber und versucht euch sanft vom andern wegzustoßen. Wenn ihr gleich schwer seid, werdet ihr mit einiger Übung herausfinden, daß ihr euch nicht gegenseitig wegstoßen könnt, sondern gleich weit zurückrollt. Seid ihr unterschiedlich schwer, wird der leichtere weiter zurückrollen.

Schubkraft

Wenn eine Rakete in die Atmosphäre aufsteigt, wird sie vom Schwall heißer Gase angetrieben, die aus ihrem Heck auf die Luft drücken. Aber was passiert im luftleeren Weltraum? Noch immer wird die Rakete von Aktion und Reaktion angetrieben – nur findet hier die Reaktion zwischen der Rakete und den Gasen aus ihrem Motor statt: Die Rakete wird vorwärts- und die Gase rückwärtsgestoßen.

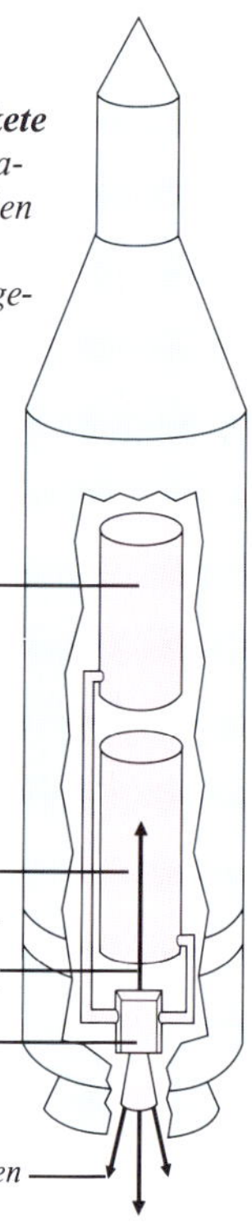

Einfache Rakete
Mit diesem Raketentyp werden unbemannte Raumschiffe gestartet.

EXPERIMENT

Wasserrakete

Eine Rakete wird durch Aktion und Reaktion zwischen Raketenkörper und verbrennendem Treibstoff angetrieben, nicht durch den Treibstoff selbst. Genauso arbeitet auch die Wasserrakete: Sie wird durch die Reaktion zwischen dem Wasser und der Luft angetrieben, die in die Flasche gepumpt wird. Dabei liefert das Wasser die Masse, die der Rakete einen kräftigen Schub gibt.

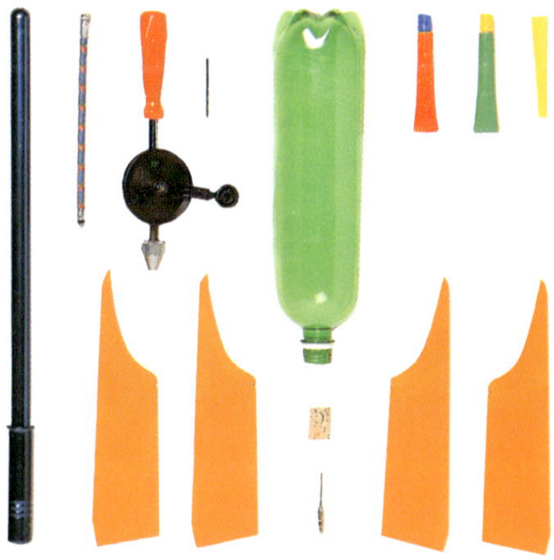

IHR BRAUCHT

• Fahrradpumpe mit Schlauch • Nadelventil zum Aufblasen von Bällen • Handbohrmaschine • Plastikflasche • Spezialplastikkleber • Balsaholz, in Flossen geschnitten • Korken

Kollisionen

Auf einem Billardtisch lassen sich Newtons Bewegungsaxiome gut veranschaulichen. Eine bewegte Billardkugel besitzt einen bestimmten Impuls (S. 58), der von ihrer Masse sowie von der Beschleunigung abhängt, die ihr der Billardstock mitgegeben hat. Wenn sie eine ruhende Kugel trifft, stoßen sich beide Kugeln nach dem Gesetz von Aktion und Reaktion mit gleicher Kraft in entgegengesetzte Richtungen ab. Ergebnis: Die bewegte Kugel verliert ein wenig Schwung, die ruhende Kugel bekommt einen gleich großen Impuls. Insgesamt freilich ändert sich nichts am Bewegungsimpuls. Anders gesagt: Nach der Karambolage ist der Impuls genauso groß wie zuvor. Das gilt für alle Kollisionen, und man nennt dies den »Satz von der Erhaltung des Impulses«.

1 Bohrt sorgfältig ein Loch in den Korken, gerade groß genug, daß das Ventil hineinpaßt, das ihr am breiten Ende hineindrückt.

2 Schneidet die Flossen aus Balsaholz, klebt sie an die Rakete und laßt sie trocknen. Die Rakete steht auf den Flossen und diese sorgen für einen geraden Flug.

3 Füllt die Flasche zu einem Viertel mit Wasser, steckt den Korken fest auf und schließt die Pumpe an. Stellt die Rakete auf einem freien Platz in sicherer Entfernung von Gebäuden und Freileitungen auf. Pumpt Luft in die Flasche, in der der Druck steigen wird, bis der Korken herausspringt – AB GEHT'S!

Geschwindigkeit und Beschleunigung

Kaum etwas bewegt sich lange mit der gleichen Geschwindigkeit. Autos, Flugzeuge, Fahrräder und Menschen, die sich bewegen, werden irgendwann schneller oder langsamer. Genaugenommen beschleunigt oder bremst fast alles im Universum ständig – wie, hängt von zwei Dingen ab: von der Größe oder, besser, Masse des seine Geschwindigkeit ändernden Objekts sowie von der Größe der auf es einwirkenden Kräfte. Je größer die Kraft und je leichter das Objekt, desto stärker die Änderung. Das ist Newtons zweites Bewegungsaxiom (S. 62).

Wie schnell?
Die Geschwindigkeiten, die wir im Alltag erleben – von einer Schnecke bis zum Überschallflugzeug –, decken nur einen kleinen Teil des Geschwindigkeitsspektrums ab, das bis zur Lichtgeschwindigkeit reicht, die nicht überschritten werden kann.

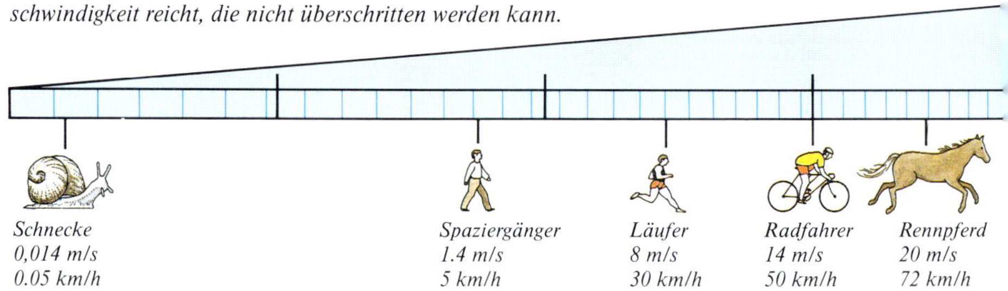

EXPERIMENT

Geschwindigkeitstests

Mit Hilfe eines Freundes auf dem Fahrrad könnt ihr auf einer sicheren Strecke den Unterschied zwischen Tempo und Beschleunigung testen.

IHR BRAUCHT
• Stoppuhr • Markierungen im Abstand von 5 m

1 Bittet den Fahrer, langsam aus dem Stand zu beschleunigen, und meßt die Zeit, in der er jede Markierung passiert.

2 Stoppt die Zeiten an jeder Markierung bei starker Beschleunigung.

3 Stoppt die Zeiten nach einem fliegenden Start, wobei der Fahrer die Markierungen mit konstanter Geschwindigkeit passieren soll.

4 Vergleicht die Zeiten und errechnet Geschwindigkeit und Beschleunigung.

Was ist Beschleunigung?
Beschleunigung heißt, wie schnell eine Geschwindigkeit erreicht wird. Ihr fahrt z. B. 2 Meter pro Sekunde (2 m/s). Dann fahrt ihr schneller, nach einer Sekunde 3 m/s. Nach einer weiteren Sekunde 4 m/s. Also ist eure Beschleunigung 1 m/s pro Sekunde.

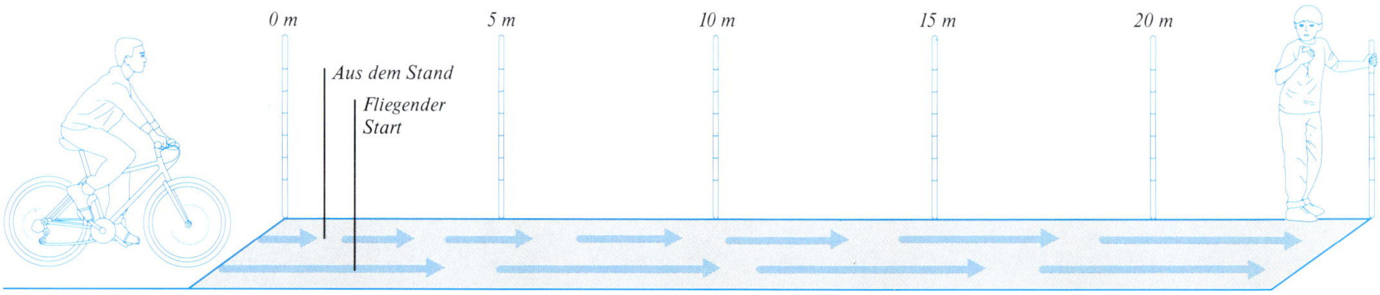

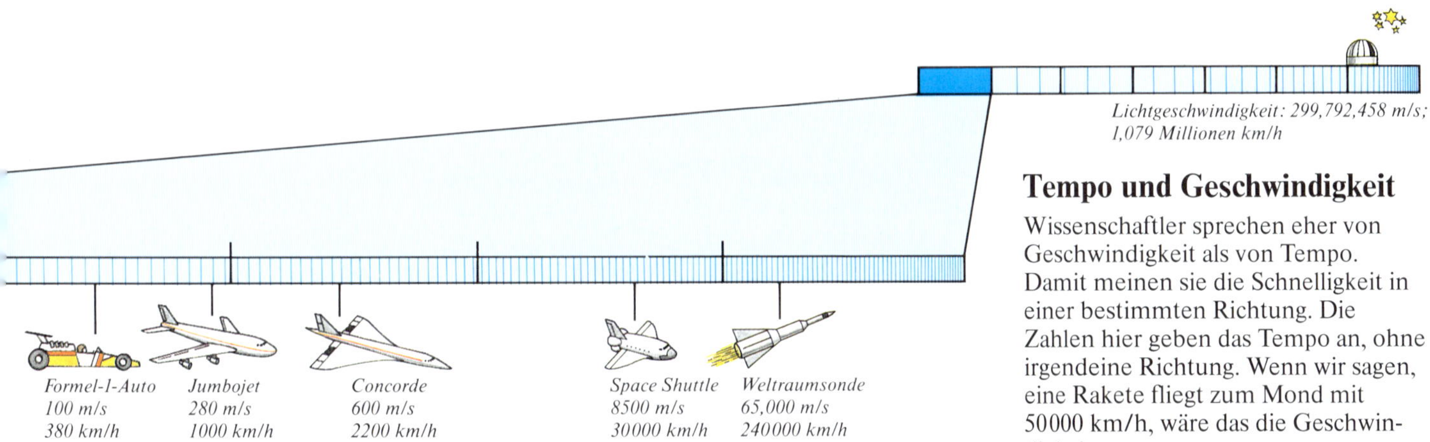

Tempo und Geschwindigkeit

Wissenschaftler sprechen eher von Geschwindigkeit als von Tempo. Damit meinen sie die Schnelligkeit in einer bestimmten Richtung. Die Zahlen hier geben das Tempo an, ohne irgendeine Richtung. Wenn wir sagen, eine Rakete fliegt zum Mond mit 50000 km/h, wäre das die Geschwindigkeit.

EXPERIMENT

Beschleunigungswagen

Beschleunigung heißt auch, daß eine größere Entfernung in kürzerer Zeit zurückgelegt werden kann. Ihr könnt dies mit einer beweglichen Ebene (S. 61) und einem Gefährt mit einem Tropfzeitmesser vorführen.

1 Ihr könnt den Tropfzeitmesser auf ein Spielzeugauto kleben oder euch ein eigenes Gefährt bauen. Schraubt Leistenstücke als Beine an den Klotz und schneidet das Rundholz für die Achsen zurecht.

2 Schiebt die Garnrollen und die Dichtungsringe auf die Achsen und befestigt sie zwischen den Beinen. Sie sollten gerade und leicht laufen. Klebt das Gefäß für den Tropfzeitmesser (Flaschenspitze) verkehrt herum an den Wagen.

3 Stecht mit der Nadel ein Loch in den Deckel der Flasche. Gebt etwas Tinte in Glyzerin und schüttet es in den Behälter. Aus dem Loch sollten etwa 5 Tropfen pro Sekunde laufen. Versiegelt das Loch mit Modelliermasse.

4 Legt einen Papierstreifen auf die schiefe Ebene. Setzt den Wagen darauf. Entfernt das Siegel. Hebt die Ebene ein wenig an und laßt den Wagen rollen. Wenn er hinuntergerollt ist, versiegelt ihr den Tropfzeitmesser, legt einen neuen Papierstreifen auf und wiederholt das Ganze bei einem anderen Winkel.

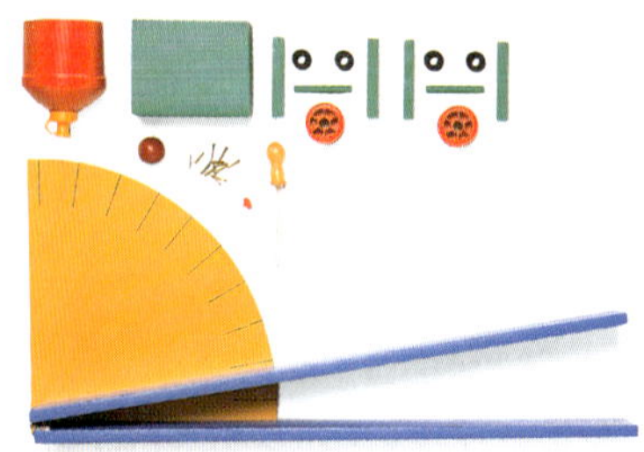

IHR BRAUCHT
- bewegliche Ebene (S. 61)

Für den Tropfzeitmesser:
- abgeschnittene Spitze einer Spülmittelflasche
- Glyzerin • Tinte • Pipette
- Modelliermasse • Nadel

Für den Wagen:
- Holzklotz • Leiste
- dünnes Rundholz
- passende Dichtungsringe
- Schrauben
- Bohrer
- 2 Garnrollen
- Schraubenzieher

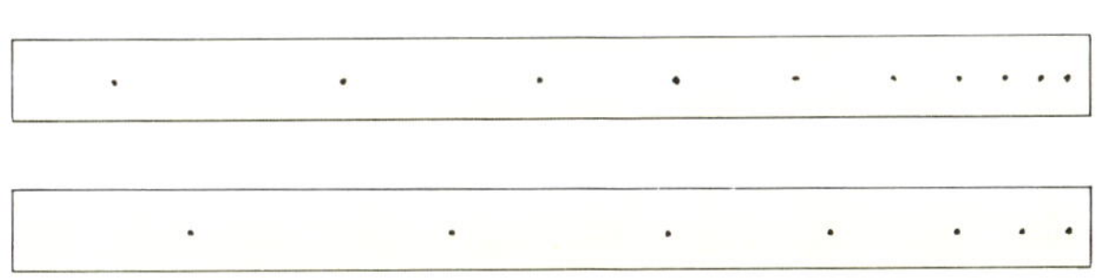

Meßstreifen
Je größer die Entfernung zwischen den einzelnen Tropfpunkten, desto schneller hat sich der Wagen bewegt – er hat sich beschleunigt.

Schwerkraft

Wenn man etwas losläßt, fällt es zunehmend schneller zu Boden. Diese Beschleunigung beruht auf einer Kraft, die man Schwerkraft oder Gravitation nennt. Sie hält uns auf dem Boden, genauso wie sie den Mond auf seiner Umlaufbahn um die Erde hält. Man weiß nicht genau, wie diese Anziehungskraft eigentlich funktioniert; jedenfalls hält sie die Materie zusammen. Jede Materie im Universum, vom Atom bis zum Stern, übt auf andere Materie eine eigene Anziehungskraft aus, deren Stärke von der Masse abhängt: Große Objekte ziehen stärker an als kleine, und darum verspüren wir die Gravitation der Erde, aber nicht die eines Ziegelsteins.

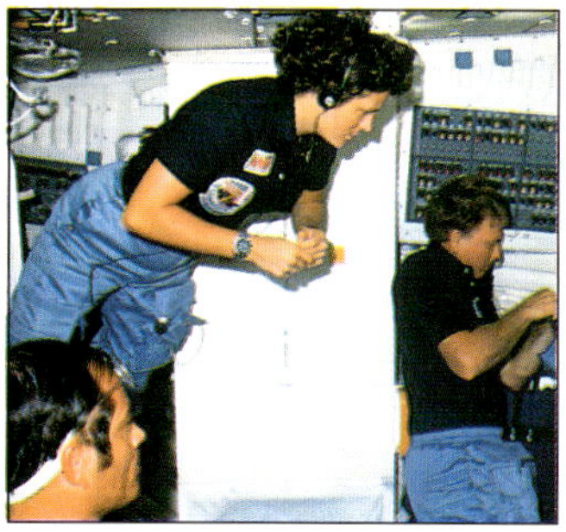

Astronauten im Space Shuttle sind schwerelos, weil sie sich zusammen mit ihrer Raumfähre im freien Fall um die Erde bewegen.

Fallschirmspringer können ihre Endgeschwindigkeit verringern, indem sie Arme und Beine ausstrecken und damit den Luftwiderstand erhöhen.

Freier Fall

Die Schwerkraft - g - der Erde beschleunigt alles abwärts Fallende um den gleichen Wert - 9,8 m/s -, den man die Beschleunigung im freien Fall nennt. Doch je schneller ein Objekt, desto größer ist der Reibungswiderstand der Luft. Schließlich wird er so groß, daß er die Anziehungskraft der Gravitation ausgleicht und das Objekt nicht mehr schneller fallen kann; es hat jetzt seine (gleichmäßige) Endgeschwindigkeit.

GROSSE ENTDECKER

Galilei und die Schwerkraft

Der Italiener Galileo Galilei (1564-1642) war vielleicht der erste moderne Wissenschaftler. Er erfand das Teleskop, entdeckte die Monde des Jupiter und machte viele grundlegende Entdeckungen in der Astronomie und in der Physik. Experimentell wies er nach, daß die Gravitation stets eine gleichmäßige Beschleunigung erzeugt, die alle Körper im freien Fall gemeinsam haben - ganz gleich, wieviel sie wiegen. Seine Ideen trugen ihm die erbitterte Kritik der katholischen Kirche ein: Er wurde unter Hausarrest gestellt und mußte seinen »Irrtümern« abschwören.

Fall-Studien *Angeblich hat Galilei verschieden große Kugeln vom Schiefen Turm von Pisa fallenlassen, um zu zeigen, daß sie gleich schnell fallen.*

Jupiter und seine Monde
Der riesige Planet Jupiter ist 318mal schwerer als die Erde, und sein starkes Gravitationsfeld hat vier große und zwölf kleinere Monde sowie Ringe und Staubwolken eingefangen. Hier die Monde Io und Europa.

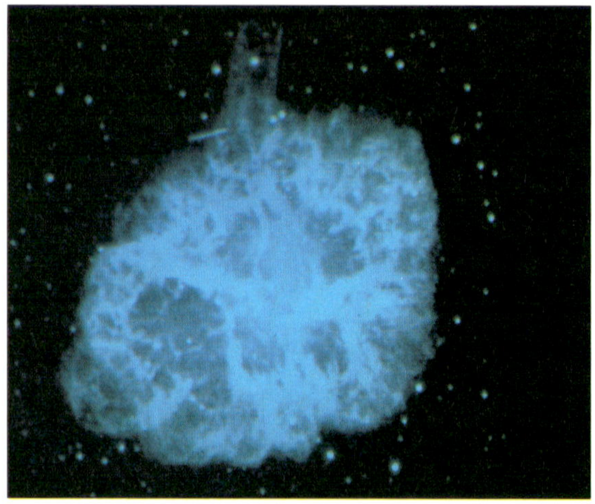

Krebsnebel im Sternbild Stier
Die Gaswirbel des Krebsnebels werden von einem Pulsar beleuchtet. Das ist ein äußerst dichter Neutronenstern, der sich mit enormer Geschwindigkeit um sich selbst dreht und dabei Strahlungsblitze oder -pulse aussendet.

Gravitation im Weltall

Im Grunde ist die Gravitation eine sehr schwache Kraft - auch wenn ihr beim Treppensteigen ganz anderer Meinung seid. Sie ist nicht einmal stark genug, um zwei Stück Blei anziehen zu können, die dicht nebeneinander liegen. Doch in der Astrophysik können Gravitationskräfte über gewaltige Entfernungen wirken und zuweilen so stark werden, daß seltsame Dinge geschehen. Ein Stern zum Beispiel verbraucht über Jahrmillionen Wasserstoff und später Helium, während er Licht, Wärme und andere Strahlungsarten aussendet. Sobald diese Brennstoffe verbraucht sind, bricht der Stern unter seiner eigenen Schwerkraft zusammen. Ein kleiner Stern schrumpft zu einem kalten »weißen Zwerg«, ein großer explodiert als »Supernova«, und zurück bleibt ein unglaublich dichter Kern von Neutronenteilchen (S. 26), ein sogenannter Neutronenstern. Theoretisch kann ein Stern so dicht werden, daß seine Anziehungskraft selbst Licht schlucken kann. Das nennt man ein Schwarzes Loch.

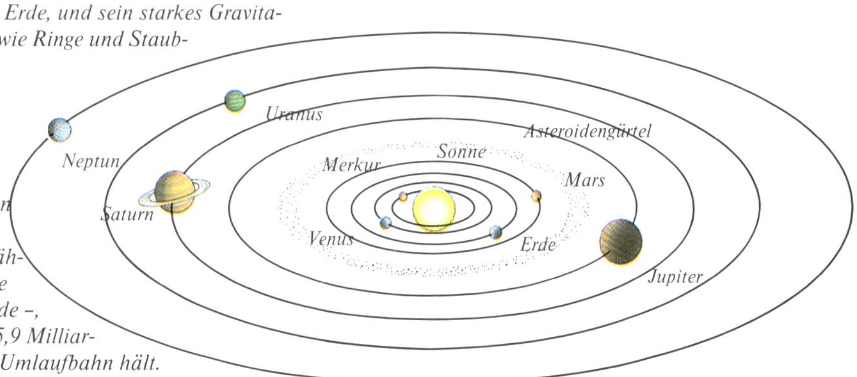

Das Sonnensystem
Die gewaltige Schwerkraft unseres nächsten Sterns, der Sonne, hält mit unserer Erde insgesamt neun Planeten zusammen. Sie rasen mit Geschwindigkeiten durchs Weltall, die gerade die Anziehungskraft der Sonne soweit ausgleichen, daß sie auf einer immerwährenden Bahn um die Sonne gefangen sind. Die Masse der Sonne ist so groß - 333 000mal so viel wie die Erde -, daß ihre Anziehungskraft über eine Entfernung von 5,9 Milliarden Kilometer hinweg den Planeten Pluto auf seiner Umlaufbahn hält. Nach diesem Prinzip umkreisen Monde Planeten und Satelliten und Raumstationen die Erde. Satelliten widersetzen sich nicht der Schwerkraft, indem sie hoch über der Erde endlos kreisen, sondern weil sie so schnell sind, kann sie die Gravitation nicht näher heranholen.

Der winzige Planet Pluto ist so weit von der Sonne entfernt, daß er hier nicht mehr ins Bild paßt.

Drehkräfte

Jede Kraft wirkt in eine bestimmte Richtung. Die Gravitation zieht Dinge nach unten, Bälle gehen in die Richtung, in der ihr sie trefft und so weiter. In Diagrammen kann man Kräfte also immer als gerade Pfeile darstellen. Doch warum drehen sich dann so viele Dinge auf der Welt? Das liegt an den sogenannten Drehwirkungen. Wenn eine Kraft auf ein Objekt an einer Stelle ausgeübt wird, das an einer anderen Stelle befestigt ist, dem sogenannten Drehpunkt, wird es von der Kraft um diesen Punkt gedreht. Wer eine Tür öffnet oder eine Mutter anschraubt, nützt eine Drehwirkung. Bei einer Tür ist der Drehpunkt die Angel, beim Schraubenschlüssel ist es die Schraube, auf der sich die Mutter dreht. Die Größe einer Drehkraft nennt man Drehmoment. Dieses hängt von der Entfernung der Kraft vom Drehpunkt ab, wie unsere Experimente zeigen.

Freitragende Konstruktionen
Bei dieser Sporttribüne gleichen sich Drehkräfte aus – die Gewichte sind gleichmäßig auf beide Seiten der senkrechten Träger verteilt, so daß der Bau nach unten drückt, ohne zu kippen.

Wie man den Schwerpunkt ermittelt
Hier zeigen wir, wie der Schwerpunkt (G) für ein Pappauto ermittelt werden kann; aber diese Methode läßt sich natürlich auf jedes flache Objekt anwenden. Die Pappe locker um einen Drehpunkt schwingen lassen, an dem auch mit einem Zwirnsfaden ein Gewicht hängt. Die Linie des Zwirns auf der Pappe nachzeichnen. Dies mit zwei weiteren Drehpunkten wiederholen. G ist der Schnittpunkt aller Linien.

EXPERIMENT

Hebelkräfte

Hebel sind einfache Vorrichtungen, die euch einen »Kraftgewinn« verschaffen, indem sie eure Kräfte durch Ausnutzen von Drehmomenten verstärken. Je weiter vom Drehpunkt die Kraft ansetzt, desto stärker die Wirkung. Hebel werden überall verwendet, von der Schere bis zum Kran, wobei alle auf den hier gezeigten drei Grundtypen beruhen.

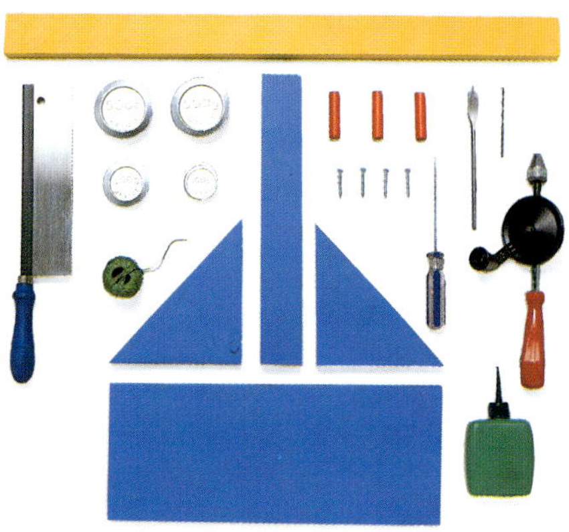

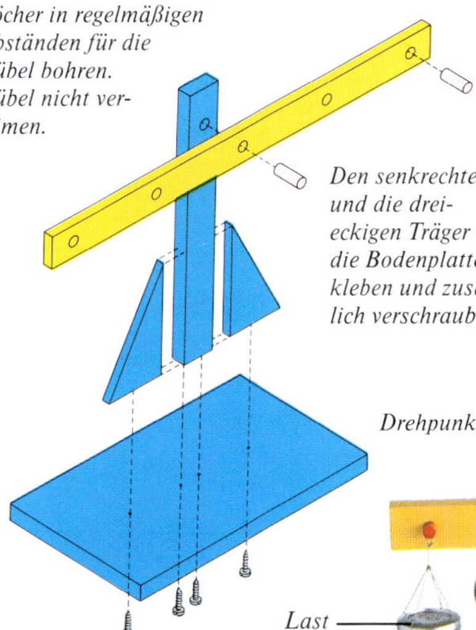

IHR BRAUCHT
• Holzteile (siehe Abbildungen)
• Dübel • Säge
• mehrere Gewichte • Schnur
• Schrauben
• Schraubenzieher
• Bohrer • Holzleim • Federwaage

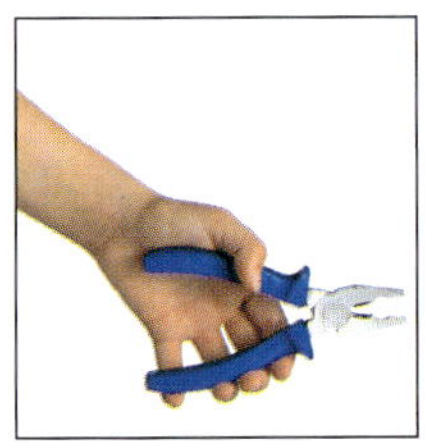

Zangen, Scheren und Brecheisen sind Hebel des Grundtyps 1.

Hebel des Grundtyps 1: Drehpunkt zwischen Kraft und Last
Wenn Last und Kraft gleichweit vom Drehpunkt entfernt sind, gibt es keinen Kraftgewinn, und die Waage zeigt das normale Gewicht der Last an. Kraftgewinn entsteht erst, wenn die Kraft weiter vom Drehpunkt ansetzt.

EXPERIMENT

Schwerpunkt

Da die Gravitation an allen Atomen gleichstark zieht, wird ein Objekt nach unten gezogen, als ob sein ganzes Gewicht an einem Punkt, dem sogenannten Schwerpunkt, konzentriert wäre. Befindet sich der Schwerpunkt außerhalb der Basis des Objekts, kann die Basis ein Drehpunkt und die Gravitation eine Drehkraft werden, so daß das Objekt umfällt - daher fällt eine Flasche um, wenn man sie fest genug antippt. Nur wenn sich der Schwerpunkt direkt über der Basis befindet, ist das Objekt im Gleichgewicht. Bei diesem Experiment ermitteln wir den Schwerpunkt.

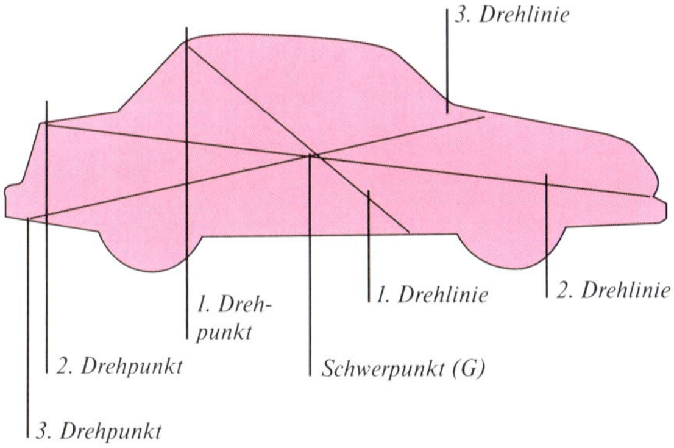

G muß sich nicht außerhalb eines Objekts befinden. Wiederholt mit dem Papagei das nebenstehende Experiment.

Papagei auf der Stange
Bei diesem Balancespielzeug nützt ihr die natürliche Stabilität eines Objekts mit tiefliegendem Schwerpunkt. Übertragt die Umrisse des Papageis auf steife Pappe und schneidet sie aus. Da sich der Schwerpunkt direkt unter dem Drehpunkt befindet, richtet sich der Papagei auch wieder auf, wenn er nach einer Seite umgestoßen wird.

Schraubenzieher, Nußknacker und Schubkarren sind Hebel des Grundtyps 2

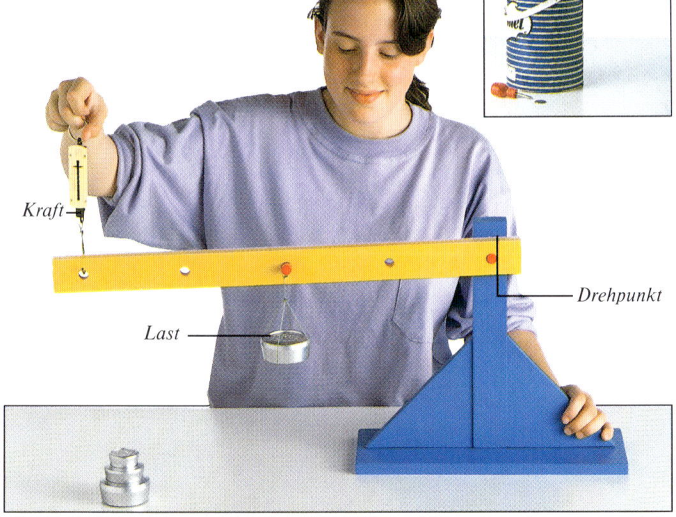

Hebel des Grundtyps 2: Last zwischen Kraft und Drehpunkt
Obwohl Last, Drehpunkt und Kraft hier gleichweit voneinander entfernt sind, ist die Kraft doch doppelt so weit vom Drehpunkt wie die Last. Es entsteht ein Kraftgewinn, und die Waage zeigt die verminderte Kraft an.

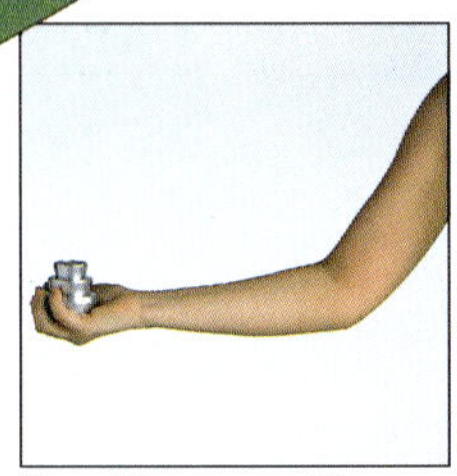

Euer Unterarm, Pinzetten und Zuckerzangen sind Hebel des Grundtyps 3.

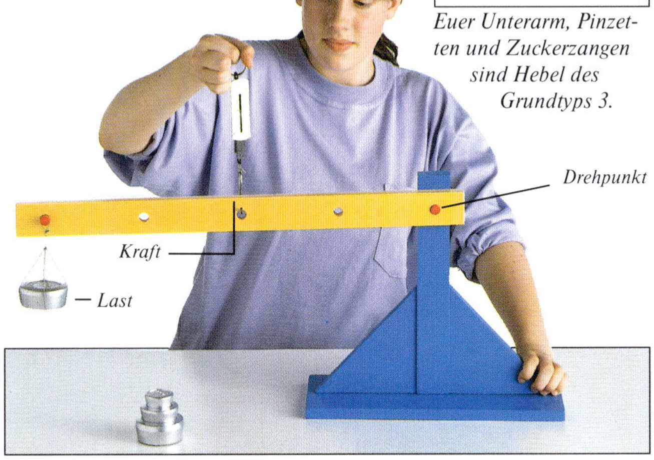

Hebel des Grundtyps 3: Kraft zwischen Last und Drehpunkt
Auch hier sind Last, Kraft und Drehpunkt gleichweit entfernt, doch nun ist die Kraft vom Drehpunkt nur halb so weit wie die Last. Es entsteht ein Kraftverlust. Für feinfühlige Werkzeuge ist das sehr nützlich.

Kreisbewegungen

Die Welt ist voller Dinge, die sich in Kreisen bewegen: Kreisel, Räder, Ventilatoren, Schallplatten, Propeller. Doch Kräfte wirken nur in gerader Richtung. Wie können sich diese also drehen? Jedes sich drehende Objekt ändert ständig seine Richtung. Die Drehkraft stößt oder zieht in gerader Linie daran. Aber eine andere Kraft zieht es ständig in eine neue Richtung, und zwar nach innen zum Kreiszentrum. Diese Kraft nennt man zentripetal. Das kann entweder eine Verbindung zum Zentrum sein, wie die Speichen eines Fahrrads, oder eine unsichtbare Kraft wie die Gravitation. Sobald die Zentripetalkraft aufhört, wird das Objekt nicht mehr in eine neue Richtung gezogen und fliegt sofort geradlinig davon. Daher werden die Insassen auf eine Seite gedrückt, wenn ein Auto mit hoher Geschwindigkeit um eine Kurve fährt.

Was für eine Kraft!
Jedes sich drehende Objekt hat einen bestimmten Drall und widersteht einer Richtungsänderung (siehe unten links). Wie ein Gyroskop stellt es sich auf, wenn es gedreht wird. Die Kraft dieser Präzession könnt ihr spüren, wenn ihr ein Speichenrad ganz fest an der Achse haltet und einen Freund bittet, es schnell zu drehen. Wenn ihr nun die Achse langsam kippt, wird sich das Rad nach einer Seite verdrehen. ***Siehe Warnung unten!***

Vorsicht!
Sich drehende Objekte können ***sehr gefährlich*** *sein. Bei diesem Versuch sollte ein Erwachsener dabeisein. Ihr müßt die Achse ganz festhalten, wenn das Rad gedreht wird. Achtet darauf, daß eure Finger nicht in die Speichen geraten.*

EXPERIMENT

Gyroskope

Wie ein Objekt, das sich in gerader Linie bewegt und einer Richtungsänderung widersteht (S. 58), hat auch ein sich drehendes Objekt seinen eigenen Bewegungsimpuls, den man Drall oder Drehimpuls nennt und der einer Bewegungsänderung widersteht.
Gyroskope sind Geräte, die - ähnlich wie Kreisel - diesen Effekt nutzen. Sie haben ein schweres Kreiselrad, das drehbar in einem Rahmen gelagert ist und seine Position beizubehalten versucht, wenn der Rahmen bewegt wird. Wenn es sich schnell genug dreht, kann es mit seinem starken Drall sogar der Gravitation widerstehen und kippt nicht um, wenn es angestoßen wird.

Gyroskope sind so stabil, daß man mit Hilfe elektrisch angetriebener Gyroskope Flugzeuge, Schiffe und sogar Satelliten automatisch steuern kann. Auch die sich drehenden Räder eines Fahrrads wirken wie ein Gyroskop, so daß man das Gleichgewicht leichter halten kann, wenn man schnell fährt. Stößt man ein Gyroskop an, bewegt es sich nicht in Stoßrichtung, sondern im rechten Winkel dazu. Das nennt man Präzession. Sie beruht auf der Richtungsänderung, die der Drall durch den Stoß erfährt.

IHR BRAUCHT
• Schnur • Spielzeuggyroskop

1 Wickelt die Schnur um die Achse des Gyroskops, zieht dann fest daran, daß sie sich abwickelt und das Rad in Gang setzt.

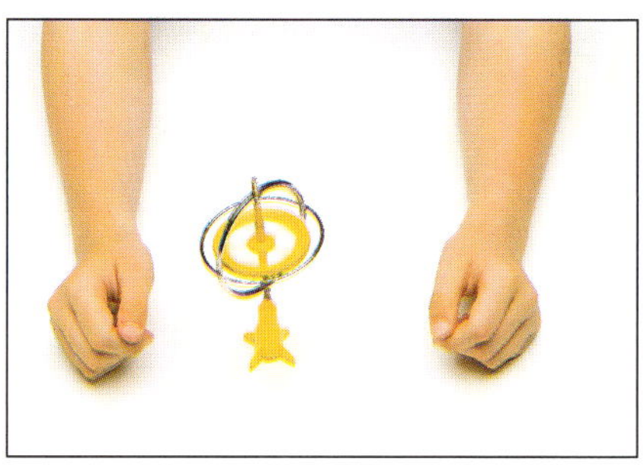

2 Stellt das Gyroskop auf seinen Ständer und versucht es sanft in verschiedene Richtungen zu stoßen: Es bleibt sehr stabil.

EXPERIMENT

Zentripetalkraft

Ein Korken, der an einer Schnur kreist, wird von der Zentripetalkraft in dieser Bewegung gehalten, wie die Spannung in der Schnur zeigt. Dieses Experiment zeigt, wie sich die Kraft mit der Geschwindigkeit des Korken ändert und ihn im Gleichgewicht hält.

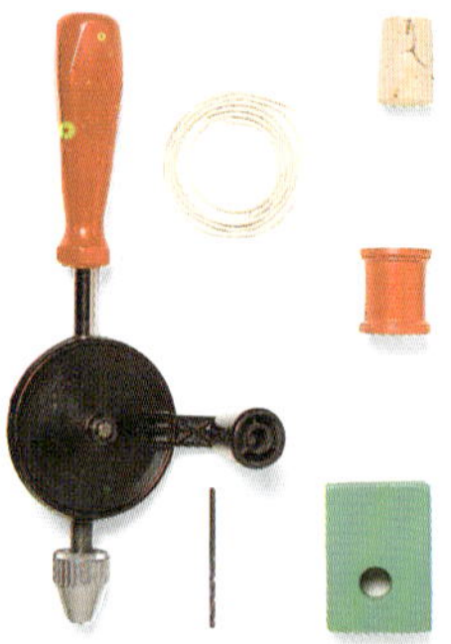

IHR BRAUCHT
• Bohrer • Schnur • Korken • Garnrolle • Holzklotz oder ähnliches Gewicht

1 Bohrt ein Loch in den Korken. Macht in das eine Ende der Schnur eine Schlinge. Fädelt das andere Ende durch den Korken und durch die Garnrolle.

2 Bindet das freie Ende der Schnur (etwa 40–50 cm) an das Gewicht. Achtet darauf, daß die Schnur frei durch die Rolle läuft.

In die Kurve gehen

Wenn ein Motorrad in die Kurve geht, versucht sein Schwung es geradeaus weiterlaufen zu lassen. Da die Zentripetalkraft (Z) nur über die Reibung zwischen Reifen und Straße wirkt, droht das Motorad umzukippen. Je schneller es in die Kurve geht, desto mehr muß der Fahrer es zur Seite neigen, um das Gewicht des Motorrads immer mehr in Zentripetalkraft umzuwandeln.

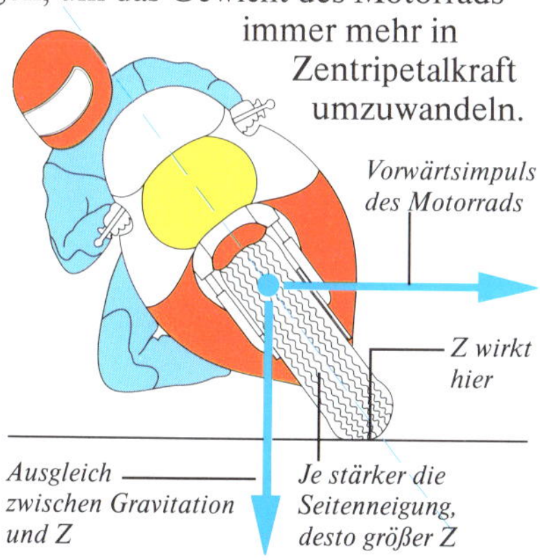

3 Haltet die Garnrolle fest. Während das Gewicht nach unten hängt, schwenkt ihr den Korken erst langsam, dann immer schneller herum. Je schneller ihr den Korken dreht, desto stärker wird die Zentripetalkraft, die die Kreisbewegung verursacht. Diese Steigerung der Kraft erkennt ihr daran, daß das Gewicht nach oben wandert.

Getriebe und Flaschenzüge

Wenn man mit dem Rad bergauf fährt, ist eine Gangschaltung sehr hilfreich. Sie wirkt wie ein Hebel und macht das Treten leichter. Dabei entsteht nicht mehr Kraft, sondern diese wird vielmehr über eine längere Strecke verteilt, so daß sich bei jeder Drehung der Räder die Pedale schneller drehen. Umgekehrt kann man mit einer Gangschaltung die Kraft auf eine kurze Strecke verdichten und die Last weiterbewegen. So sind die Räder eines Fahrrads viel größer als das Antriebsrad: Beim Treten braucht man zwar mehr Kraft, aber dafür bringen einen die Räder weiter und schneller voran. Die Physiker nennen solche Getriebe wie alle Systeme, die die Beziehung zwischen Kraft und Last verändern, also auch Flaschenzüge, Maschinen.

EXPERIMENT

Übersetzungen

Getriebe sind Räder, die sich gemeinsam drehen. Wenn sie verschieden groß sind, dreht sich eines schneller als die anderen. Die Zahl der Umdrehungen, die das Antriebsrad bei jeder Umdrehung des angetriebenen Rads vollführt, nennt man Übersetzung. Bei jeder Übersetzung von 3 : 1 dreht sich das Antriebsrad dreimal, das angetriebene Rad nur einmal, aber mit mehr Kraft.

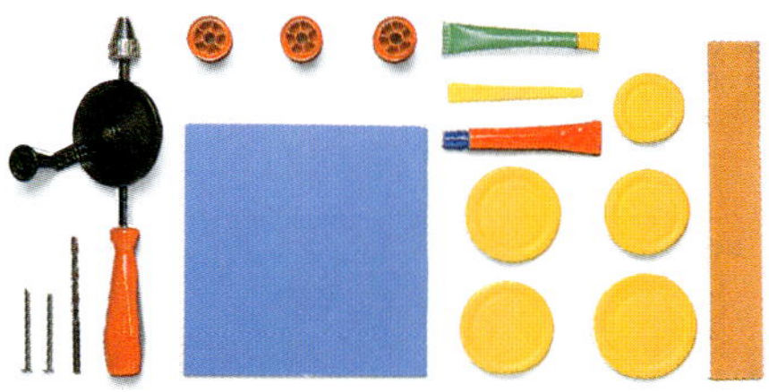

IHR BRAUCHT

- verschieden große Deckel von Gläsern
- Bohrer
- Garnrollen
- Kleber
- dicke Pappe
- zwei 4 cm lange Nägel
- in Streifen geschnittenes Sandpapier, das ihr um die Deckelränder klebt

1 Steckt zwei Nägel als Achsen durch die Pappe. Entfernt stets einen davon, wenn ihr die Deckel wechselt.

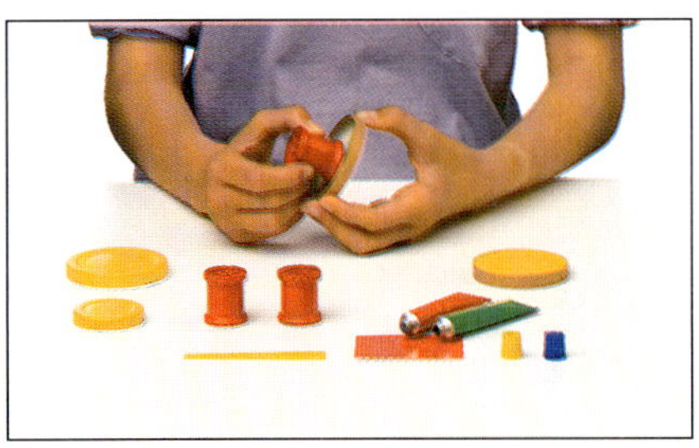

2 Klebt die Garnrollen unter verschiedene Deckel und steckt sie so auf die Nägel, daß sie sich berühren.

Gangschaltung
Probiert das Ganze mit einer Reihe verschiedener großer Deckelpaare aus.

3 Klebt einen Griff auf einen Deckel und dreht ihn so, daß der andere mitdreht. Wie weit dreht sich jeder?

EXPERIMENT

Kranmodell

In einer großen und komplexen Maschine wie einem Kran arbeiten viele einfachere Maschinen zusammen. In diesem Modellkran gibt es Flaschenzüge, die den Ausleger und die Last heben, und ein Getriebe mit niedriger Übersetzung, das den Kran dreht. Schneidet die Teile so zurecht, wie es die Abbildungen zeigen. Balsaholz läßt sich leichter verarbeiten, ist aber nicht so stabil wie Sperrholz.

IHR BRAUCHT

- Balsa- oder Sperrholz
- Rundholz
- Messer
- Zirkel
- Kleber
- Schnur
- Garnrollen
- Ringösen
- Reißnägel
- Gummiband
- Haken
- Holzperle
- Bohrer

1 Baut das Kästchen für die Basis zusammen und bohrt oben und seitlich Löcher für die Rundholzzapfen. Schneidet die Schwenkplattform und die Winde nach dem Muster gegenüber zurecht.

2 Bohrt Löcher in das Gestell für das Rundholz und klebt es zusammen. Führt die Windenachse (Rundholz) durch eine Garnrolle.

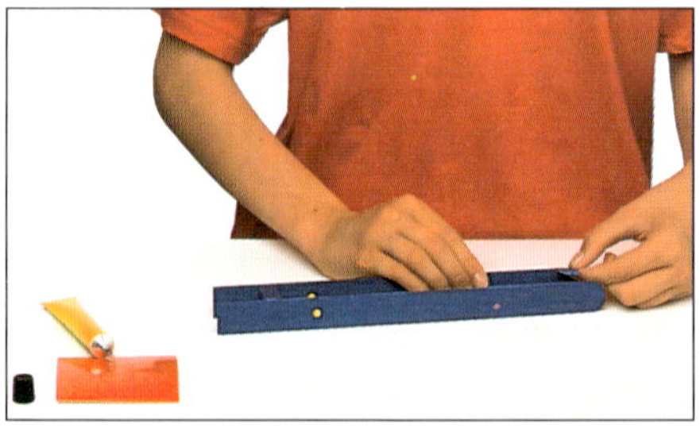

3 Bohrt ein Loch durch die Seiten des Auslegers für das Drehgelenk. Klebt den Ausleger und die Querstreben zusammen und steckt die Achse für den Flaschenzug durch eine Rolle.

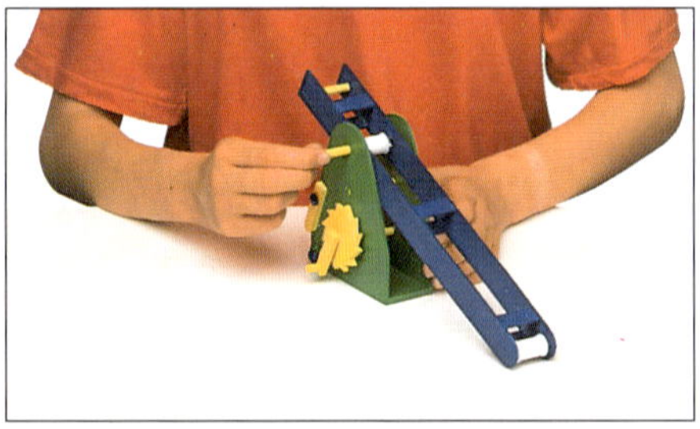

4 Steckt die Drehachse für den Ausleger in das Gestell und durch eine Garnrolle. Diese muß sich frei bewegen können. Befestigt Winde und Sperre wie unten gezeigt.

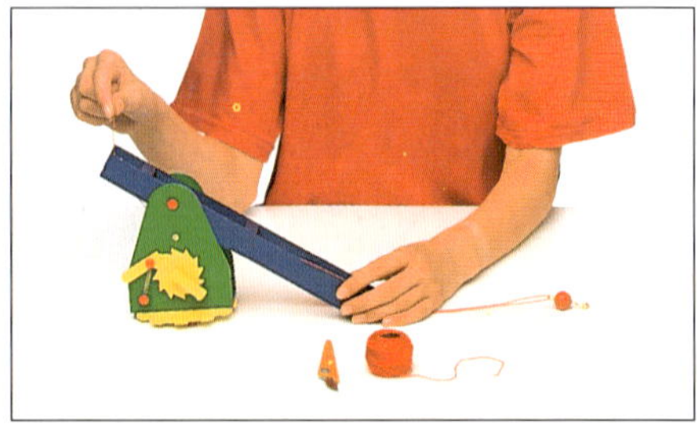

5 Bindet einen Faden um A und B. Befestigt den Haken. Bindet einen weiteren Faden um C, laßt ihn über D, um E herum und durch die Ringöse laufen. Klebt das Ende an E.

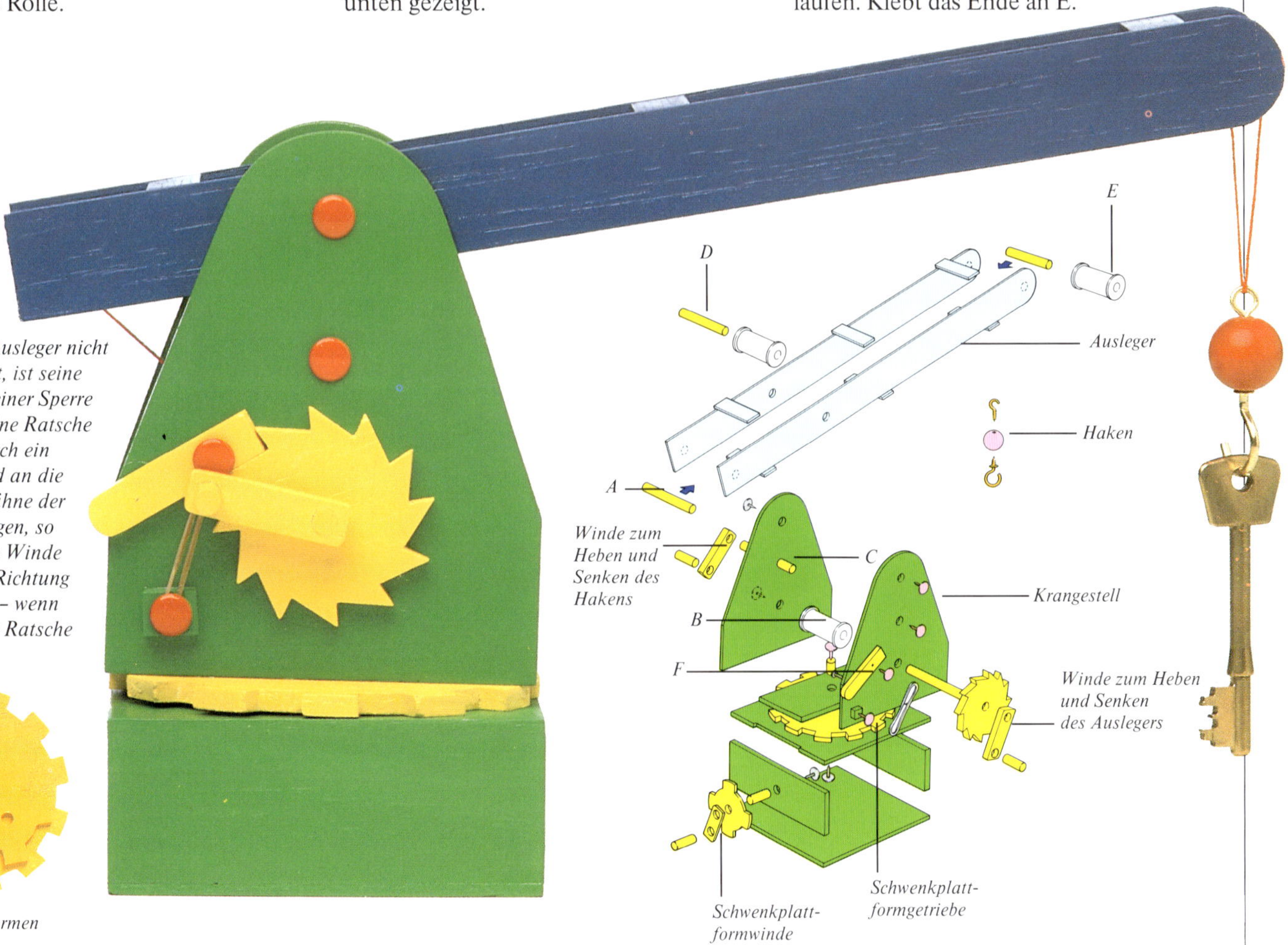

Winde und Sperre
Damit der Ausleger nicht herunterfällt, ist seine Winde mit einer Sperre versehen. Eine Ratsche (F) wird durch ein Gummiband an die schrägen Zähne der Winde gezogen, so daß sich die Winde nur in eine Richtung drehen läßt – wenn ihr nicht die Ratsche abhebt.

Zahnradformen

Flaschenzüge

Die Hebekraft eines Krans hängt nicht nur von der Kraft seines Motors, sondern auch von der Anordnung seiner Flaschenzüge ab. Wenn das Kabel über weitere Rollen richtig läuft, wirkt das wie die Verlängerung eines Hebels. Der Kranmotor kann mit der gleichen Kraft schwerere Lasten heben, muß aber schon für kurze Strecken mehr Kabel aufwickeln. Durch ein Flaschenzugsystem am Haken wird das Kabel zugentlastet – aber dafür wird die zu hebende Last schwerer. Hier einige Grundformen von Flaschenzügen.

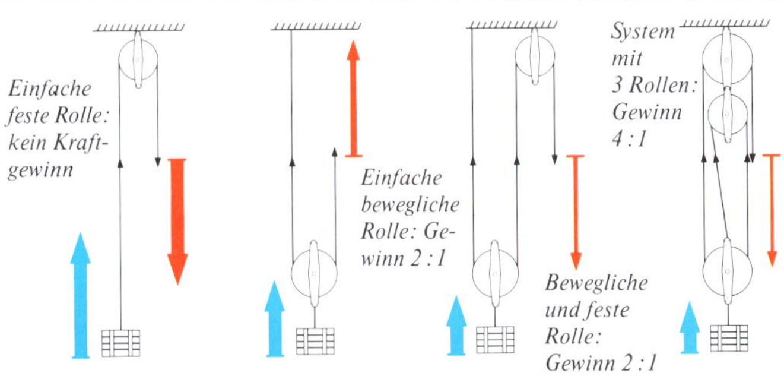

Elastizität

Nicht immer bewegt sich etwas, wenn es gezogen oder gestoßen wird. Zuweilen ändert es statt dessen seine Form. Modelliermasse könnt ihr in jede beliebige Form pressen, die sie beibehalten wird. Drückt ihr jedoch einen Ballon oder Fußball zusammen, wird er sofort wieder seine ursprüngliche Form einnehmen, wenn ihr ihn loslaßt. Genauso schnappt ein Gummiband wieder zu seiner ursprünglichen Länge zurück, wenn ihr es nicht mehr dehnt. Solche Stoffe nennt man elastisch. Gummi ist elastisch, aber auch bestimmte Metalle - vor allem wenn man sie zu Draht auseinanderzieht und dann zu einer Feder aufrollt. Wenn man allerdings elastische Stoffe über ihre Elastizitätsgrenze hinaus dehnt oder zusammendrückt, zerreißen sie oder verlieren für immer ihre ursprüngliche Form.

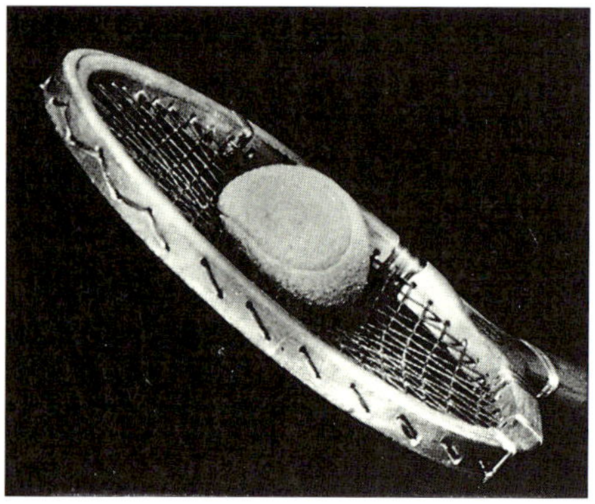

Tennisball
Wenn ein Tennisball auf einen Schläger trifft, wird eine Ballhälfte durch die Wucht fast flach zusammengedrückt; dank seiner Elastizität springt er aber in seine normale Form zurück. Während er zusammengedrückt wird, absorbiert der Ball einen Großteil seiner Schwungenergie und diese läßt ihn zurückfliegen. Die Schlägersaiten geben nach und absorbieren dabei Energie für einen kontrollierten Schlag.

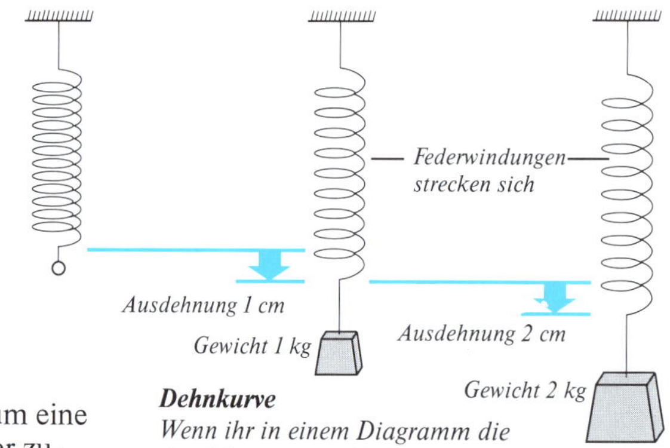

Elastische Federn
Wenn man ein Gewicht an eine Feder hängt, ist ihre Ausdehnung proportional zum Gewicht: Das doppelte Gewicht dehnt die Feder doppelt so weit aus. Nach diesem Prinzip funktionieren z. B. Federwaagen.

Das Hookesche Gesetz

Viele elastische Stoffe können um eine regelmäßige Größe gedehnt oder zusammengedrückt werden, je nachdem wieviel Kraft auf sie wirkt. Das nennt man das Hookesche Gesetz, nach dem englischen Forscher Robert Hooke (1635-1703). Es gilt aber nur bis zur Elastizitätsgrenze. Physiker sprechen dabei von Spannung und Zug: Spannung ist die Stärke der Kraft im Verhältnis zur Fläche des Stoffes, Zug bezeichnet die Größenveränderung des Stoffes. Das Hookesche Gesetz beweist, daß sich der Zug stets direkt mit der Spannung ändert: Wie sehr also ein Stoff seine Form ändert, hängt exakt davon ab, wie stark er gedehnt oder zusammengedrückt wird.

Dehnkurve
Wenn ihr in einem Diagramm die Ausdehnung einer Feder für verschiedene Gewichte eintragt, bekommt ihr eine gerade Linie - bis zur Elastizitätsgrenze. Gummi folgt dem Hookeschen Gesetz nicht, so daß die Kurve ganz anders aussieht.

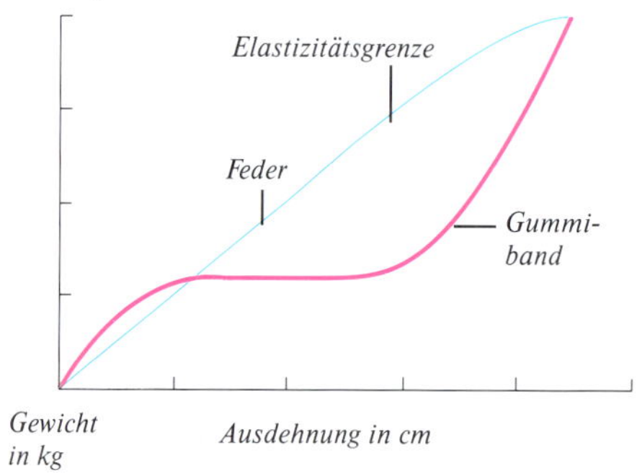

EXPERIMENT

Gummimotorflieger

Wenn sich etwas dehnt, absorbiert es Energie von der Dehnkraft. Mit der in einem gedehnten Gummiband gespeicherten Energie kann dieses Flugmodell angetrieben werden.

IHR BRAUCHT

• Bohrer, Zange, Messer • 1,5 mm dickes Balsaholz • Kleber • Gummiband • Propeller aus einem Bastelladen • Draht für Propellerwelle und Fahrwerksfederbeine • Perlen • Räder

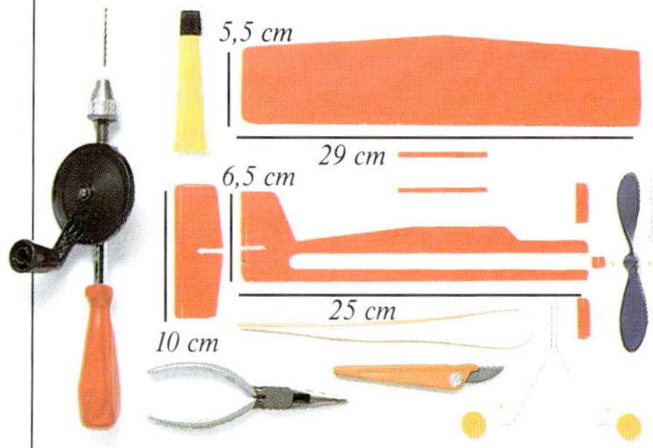

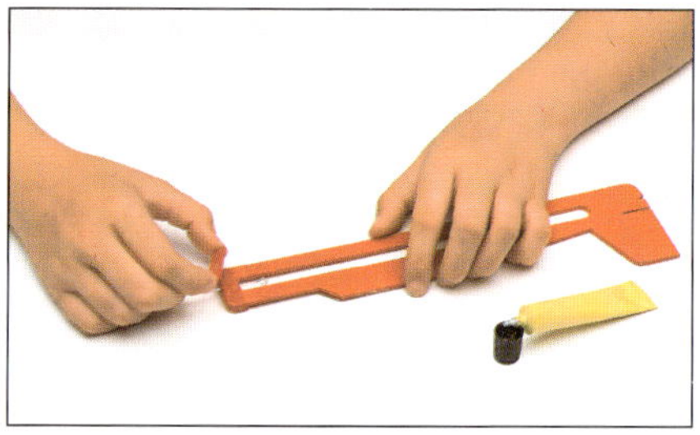

1 Schneidet die Balsaholzteile zurecht. Legt die Gummischlinge in den Rumpfschlitz. Klebt die Blöckchen an die Nase. Bohrt ein Loch für die Welle und klebt die Nasenverstärker beidseits an.

2 Klebt kurze Balsastreifen als Tragflächenauflage an den Rumpf. Diese Verbindung wird starkem Zug ausgesetzt sein, wenn das Flugzeug aufprallt, so daß sie kräftig sein muß.

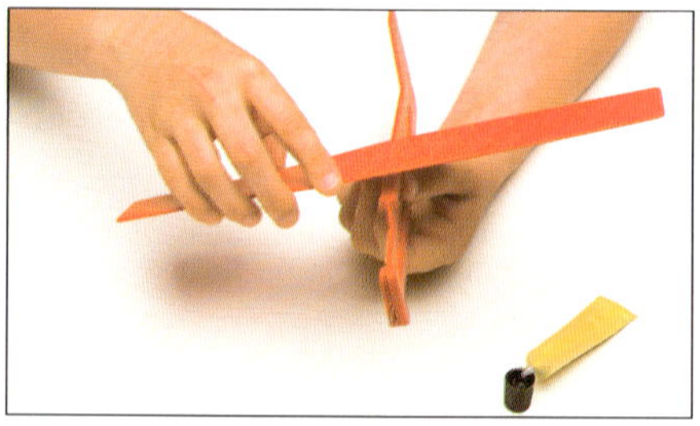

3 Klebt die Tragfläche auf den Rumpf (gerade Kante vorn). Der Winkel zwischen beiden muß genau 90 ° sein. Klebt dann das Höhenruder an.

4 Biegt den Draht für das Fahrwerk und klebt es an. Verstärkt es mit einer Drahtschlinge. Steckt die Räder auf und sichert sie mit aufgeklebten Perlen.

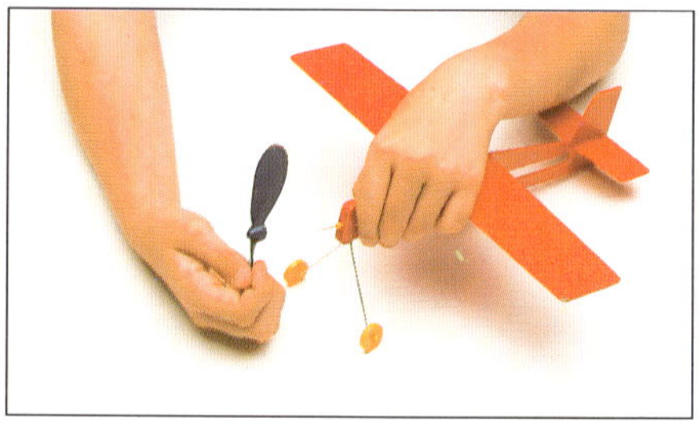

5 Schiebt eine Perle und den Propeller auf die Welle. Biegt die Spitze der Welle um, so daß sie in der Rille an der Propellernase liegt. Sie kann ruhig locker sitzen - das Gummiband wird sie straff ziehen.

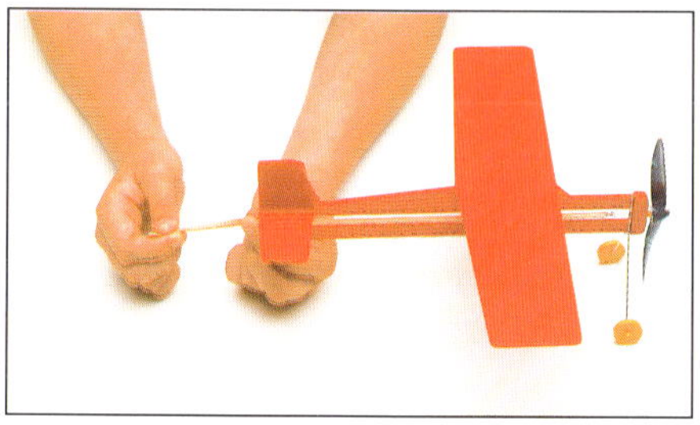

6 Hängt das Gummiband in den Haken der Propellerwelle ein. Zieht es auseinander und hängt es in die kleine Kerbe am Ende des Rumpfs direkt unter dem Heck. Nun könnt ihr einen Testflug machen.

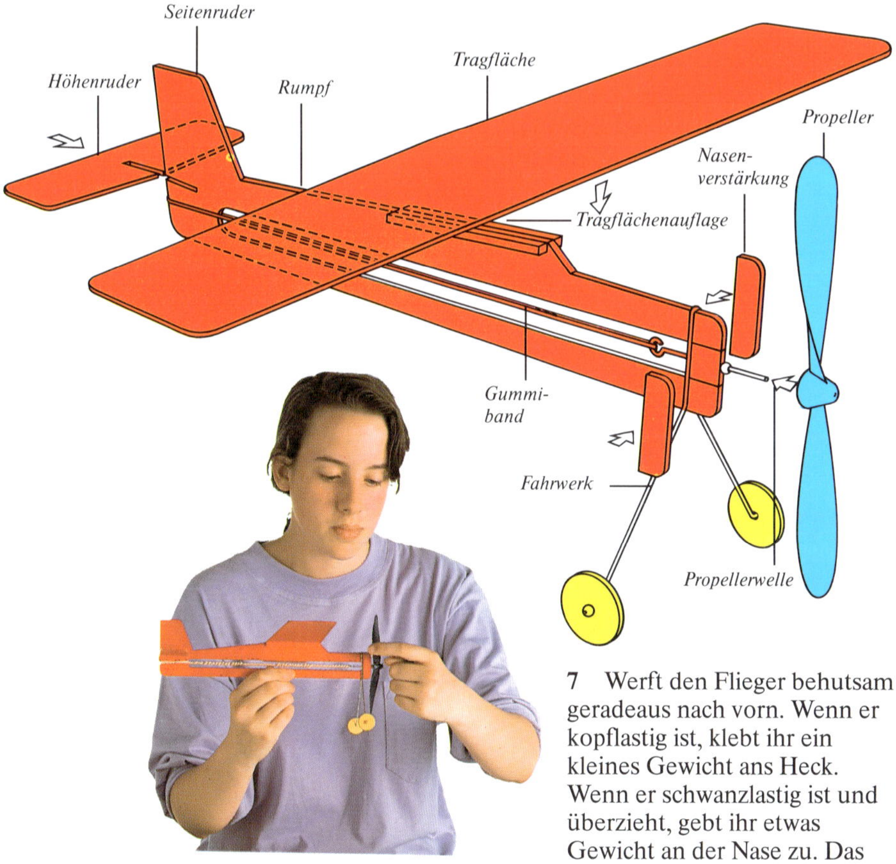

7 Werft den Flieger behutsam geradeaus nach vorn. Wenn er kopflastig ist, klebt ihr ein kleines Gewicht ans Heck. Wenn er schwanzlastig ist und überzieht, gebt ihr etwas Gewicht an der Nase zu. Das nennt man Trimmen. Zieht den Propeller für die ersten Flüge etwa 20-30mal auf. Später könnt ihr die Drehzahl erhöhen.

Jungfernflug

Für den ersten Flug sucht ihr euch eine freie Fläche. Werft den Flieger sacht nach vorn und leicht nach oben ab und laßt zugleich den Propeller los. Der gedehnte Gummi kehrt zu seiner ursprünglichen Form zurück, wobei er den Propeller dreht und den Flieger antreibt.

LICHT UND SCHALL

Wir nehmen die Umwelt vor allem durch Licht und Schall wahr; beide besondere Energieformen mit jeweils spezifischen Eigenschaften. Dank der des Lichts können wir uns selbst im Spiegel sehen oder dreidimensionale holographische Bilder anfertigen. Infolge der Eigenschaften des Schalls hören wir ohrenbetäubenden Donner ebenso wie den Zauberklang einer Flöte.

Wenn in der Ferne ein Feuerwerk seine ganze Leuchtkraft krachend entfaltet, kann man die Farbenpracht etwas früher sehen, als man das Zischen, Pfeifen und Knallen hört: Licht bewegt sich nämlich durch die Luft viel schneller als Schall.

LICHT

Ohne Licht gäbe es kein Leben. Wir brauchen es, um sehen zu können. Pflanzen wachsen, indem sie Licht absorbieren und in Nahrung verwandeln. Das Licht der Sonne ist unsere wichtigste Energie- und Wärmequelle. Dabei ist Licht nur eine von vielen Formen der elektromagnetischen Strahlung; andere sind zum Beispiel Radiowellen oder die kosmische Strahlung.

In seinem 1704 veröffentlichten Buch Opticks (Optik) legte Isaac Newton dar, daß ein Lichtstrahl ein Strom winziger Teilchen oder Korpuskeln sei. Damit begann eine wissenschaftliche Kontroverse, die erst im frühen 20. Jahrhundert beigelegt wurde.

Das Licht hat die Menschen seit jeher fasziniert. Die alten Griechen haben bereits die Reflexion und die Refraktion oder Lichtbrechung (zum Beispiel durch Glas oder Wasser, S. 84 - 85) erforscht, und die mittelalterlichen arabischen Gelehrten wie Alhazen (um 965 - 1040/41) wußten bereits so viel darüber, daß sie Linsen für Brillen herstellen konnten.

Doch erst im 17. Jahrhundert kam die Wissenschaft voran. Denn damals stellten die beiden Forscher Isaac Newton (1643 - 1727) und Christiaan Huygens (1629 - 1695) zwei überzeugende, aber absolut gegensätzliche Theorien auf. Damit begann eine 200jährige wissenschaftliche Diskussion.

Wie gelangt das Licht der Sterne durch den leeren Weltraum zu uns? Auf diese Frage konnte die Wellentheorie des Lichts keine Antwort geben.

Korpuskeln und Wellen

Newton nahm an, daß ein Lichtstrahl aus winzigen Teilchen bestehe, die er »Korpuskeln« nannte und die sich mit enormer Geschwindigkeit bewegten. Das würde erklären, warum sich Licht geradlinig bewege und scharfe Schatten werfe - aber auch, warum Spiegel Licht reflektierten: Die Korpuskeln würden einfach vom Glas wegspringen, wie Bälle von einer Wand. Und die Brechung erklärte Newton damit, daß sich die Korpuskeln in Glas und Wasser schneller als in Luft bewegten. Auch sei damit erklärt, warum Licht auch durch ein Vakuum scheinen konnte.

Weißes Licht, zeigte Newton, besteht aus einem Farbspektrum.

Huygens dagegen glaubte, Licht bewege sich wellenförmig. Dann nämlich könne man leicht erklären, warum weißes Licht in ein Farbenspektrum zerlegt wird, wenn es durch ein Prisma gebrochen wird, was Newton 1666 selbst entdeckt hatte (S. 94). Jede Farbe des Lichts habe eine andere Wellenlänge. Wenn sich Licht nämlich durch Glas und Wasser langsamer als durch Luft bewege, hänge die Refraktionsstärke - also der Grad der Brechung des Lichts - von der Wellenlänge des Lichts ab: Je kürzer sie ist, desto mehr wird Licht gebrochen.

Die Wissenschaft stand vor einem Zwiespalt. Huygens' Wellentheorie bot eine Erklärung für das Spektrum - aber warum bewegt sich Licht geradlinig und wirft scharfe Schatten, während Schall- und Meereswellen die Dinge umspülen, die ihnen im Weg sind? Und wie kann sich Licht durch ein Vakuum bewegen, in dem nichts den Wellen Halt bietet? Andererseits konnte Newtons Korpuskel-Theorie zwar die Geradlinigkeit der Lichtstrahlen und die scharfen Schatten erklären, aber nicht das Spektrum.

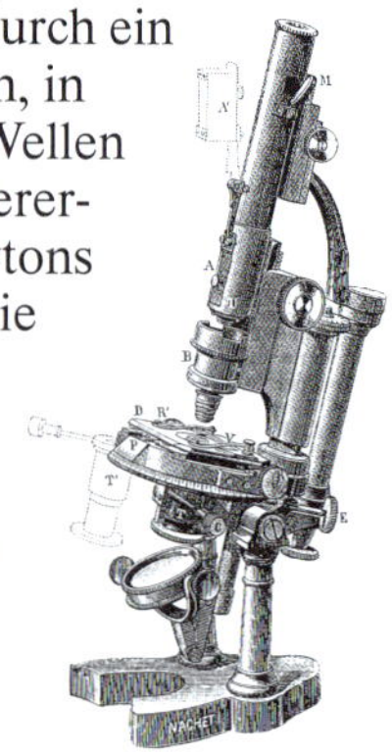

Das Wissen um die Brechung des Lichts durch Glas ermöglichte es Antonie van Leeuwenhoek im 17. Jahrhundert, Mikroskope zu bauen.

Mehr als ein Jahrhundert lang fand die Korpuskel-Theorie mehr Anhänger; dies wegen Newtons Ansehen und wegen der Schwierigkeit, die Bewegung von Wellen im Vakuum zu erklären. Schließlich führte der englische Physiker Thomas Young (1773 - 1829) 1801 sein »Interferenz«-Experiment vor, das die Wellentheorie zweifelsfrei zu beweisen schien (S. 100). Dennoch blieb die Frage offen, wie sich Licht im Vakuum bewegen kann - das Licht eines Sterns zum Beispiel über Milliarden Lichtjahre hinweg. Es kam die Vorstellung auf von einem besonderen, unsichtbaren

Da sich Lichtwellen in Wasser langsamer bewegen, scheint dieser Schreiber gebrochen zu sein.

Das elektromagnetische Spektrum
Das sichtbare Licht ist nur ein kleiner Teil des Gesamtspektrums.

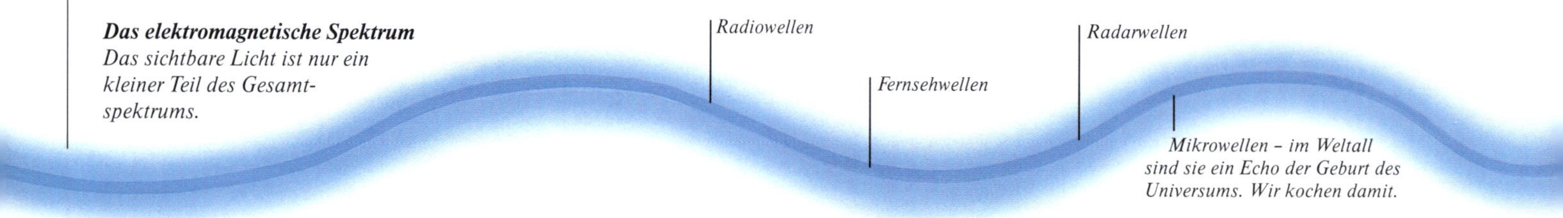

Material, das man »Lichtäther« nannte und das angeblich das Licht transportierte.

Elektromagnetismus

In den 60er Jahren des vorigen Jahrhunderts stellte der schottische Physiker Maxwell (1831–1879) eine Verbindung zwischen Licht, Elektrizität und Magnetismus her. Nachdem er seine Theorie der elektromagnetischen Felder (S. 158) entwickelt hatte, zeigte Maxwell, daß sich Veränderungen in diesen Feldern mit einer Geschwindigkeit vollziehen, die der Lichtgeschwindigkeit entspricht. Daraus folgerte er, daß Licht nur ein kleiner Ausschnitt aus einem breiten Bereich elektromagnetischer Wellen sei. Als 1888 Hertz die Radiowellen entdeckte, bestätigte sich diese Annahme. Heute wissen wir, daß Licht zum Spektrum elektromagnetischer Wellen gehört, das von den Gammastrahlen bis zu den Radiowellen reicht. Entsprechend war man gegen Ende des vorigen Jahrhunderts von der Wellennatur des Lichts überzeugt, wobei nicht alle Zweifel beseitigt waren. Diese Zweifel vertieften sich, als amerikanische Physiker nachwiesen, daß es keinen Lichtäther gibt. Schließlich kam im Jahre 1900 der deutsche Physiker Max Planck (1858–1947) bei der Untersuchung von Wärmestrahlen zu einer merkwürdigen Schlußfolgerung: Wie Licht ist auch Wärme eine Form elektromagnetischer Strahlung, und Planck versuchte für die beobachtete Strahlung eine mathematische Gleichung aufzustellen. Sie ging nur auf, wenn man annahm, daß Strahlung in winzigen Energieportionen oder Quanten (von lateinisch quantum – »so groß wie«) ausgesandt wurde. Selbst Planck zweifelte an seiner Lösung, schien sie doch den erdrückenden Beweisen zu widersprechen, die man für die Wellennatur des Lichts gefunden hatte. Doch Plancks Annahmen waren richtig, wie später Albert Einstein (1879–1955) in der Quantentheorie bewies.

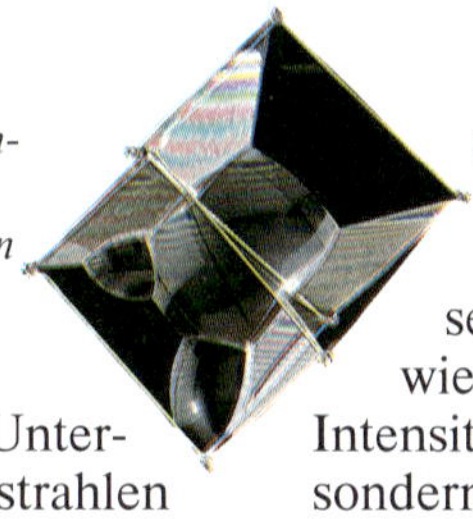

Farbige Bänder auf Seifenblasen (S. 95) entstehen durch Interferenz zwischen Lichtwellen.

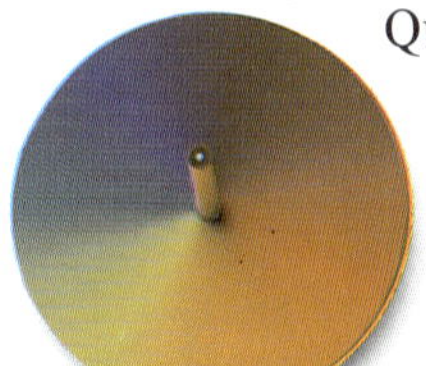

Wenn sich diese Scheibe dreht, entsteht aus der Mischung aller Farben weiß.

Unter der Wirkung von Licht entstehen aus Chemikalien auf einem Film Tausende fotografischer Bilder.

Photonen

1902 entdeckte der deutsche Physiker Philipp Lenard (1862–1947), daß beim Auftreffen von Licht auf bestimmte Metalle Elektronen ausgesandt werden – als ob die Wucht des Lichts sie aus den Metallatomen herausschlagen würde. Nach diesem Prinzip funktionieren übrigens Solarzellen. Beim Studium dieses »photoelektrischen Effekts« fanden die Physiker zu ihrem Erstaunen heraus, daß seine Intensität sich nicht, wie man erwartete, mit der Intensität des Lichts veränderte, sondern mit dessen Farbe. Einstein erklärte diese Ergebnisse, indem er Licht nicht als Welle, sondern als winzige Portion von Lichtenergie, wie Plancks Quanten, definierte. Diese masselosen Energiepäckchen nannte man später Photonen. Einstein griff also auf Newtons Korpuskeln zurück; seine Photonen sind aber nicht nur Teilchen, sondern verhalten sich zugleich wie Wellen.
Zunächst bezweifelten viele Wissenschaftler diese Theorie: Das Licht – Teilchen und Welle zugleich? Ja, nicht einmal zu ein und derselben Zeit: Manchmal verhält es sich wie ein Teilchen, manchmal wie eine Welle, je nachdem, wie man es betrachtet. Immerhin konnte schließlich die Theorie der Photonen neben vielen anderen Phänomenen auch erklären, wie Licht sich durch den leeren Weltraum bewegen kann. Seitdem ist Einsteins Theorie bei allen Experimenten bestätigt worden, und heute ist die Doppelnatur des Lichts anerkannt.

Der Physiker James Clerk Maxwell entdeckte, daß Licht nur ein Ausschnitt des breiten Spektrums elektromagnetischer Strahlung ist.

Die stufenförmig aufgebaute Fresnel-Linse wird bei Spotlights und Scheinwerfern verwendet.

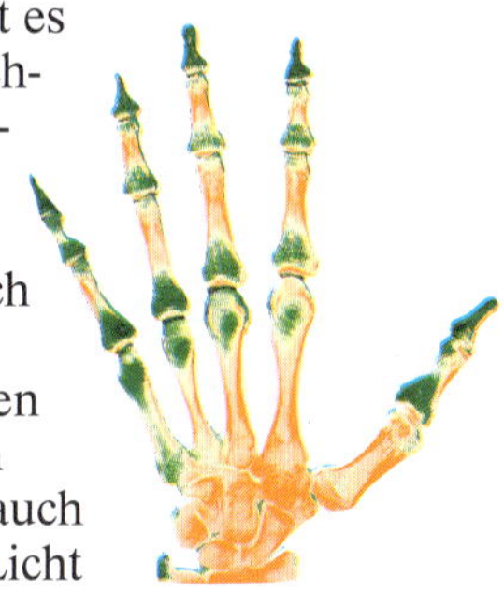

Wie sichtbares Licht durch Glas dringen Röntgenstrahlen durchs Fleisch. 1895 wurden sie von dem deutschen Physiker Wilhelm Conrad Röntgen (1845–1923) entdeckt.

Licht und Schatten

Lichtstrahlen bewegen sich geradlinig, wie man am Strahl einer Taschenlampe in der Dunkelheit erkennen kann. Wenn sie auf ein Objekt treffen, durchdringen sie es, prallen ab oder werden geschluckt – wie Wasser von einem Schwamm. Materialien wie Glas lassen Licht durch und werden daher transparent genannt; Stoffe, die Licht aufhalten, nennt man opak oder undurchlässig. Trifft Licht auf ein solches Objekt, wirft es einen Schatten – die Fläche, wo das Licht nicht hindringt.
Wenn man die Hand unter eine helle Schreibtischlampe hält, sieht man zwei verschiedenartige Schatten unter der Hand: in der Mitte einen sehr dunklen, am Rand einen schmalen, viel helleren Schatten. Den dunklen Schatten nennt man Kernschatten – hier wird das Licht völlig abgedeckt. Den helleren Schatten nennt man Halbschatten – hierhin gelangt ein wenig Licht um den Rand der Hand herum.
Tag und Nacht sind genaugenommen nichts weiter als Licht und Schatten. Die Erde dreht sich um ihre Achse, während sie sich um die Sonne bewegt. Dabei liegt stets eine Hälfte der Erde gegenüber der Sonne, und hier ist es Tag. Die andere Hälfte befindet sich im Erdschatten. Hier ist es Nacht.

Der Schatten aus dem All: Sonnen- und Mondfinsternis

Wenn die Erde auf einer direkten Linie zwischen Sonne und Mond steht, tritt der Mond in den Erdschatten ein und wird verdunkelt. Das nennt man eine Mondfinsternis. Bei einer – viel selteneren – Sonnenfinsternis liegen Sonne, Mond und Erde auf einer direkten Linie. Der Mond tritt zwischen Sonne und Erde, wirft einen Schatten auf einen Teil der Erde und bedeckt die Sonnenscheibe.

Der Diamantring-Effekt
Unmittelbar vor Eintritt einer totalen Sonnenfinsternis gibt es diesen Effekt, wenn ein Sonnenstrahl durch ein Mondtal scheint.

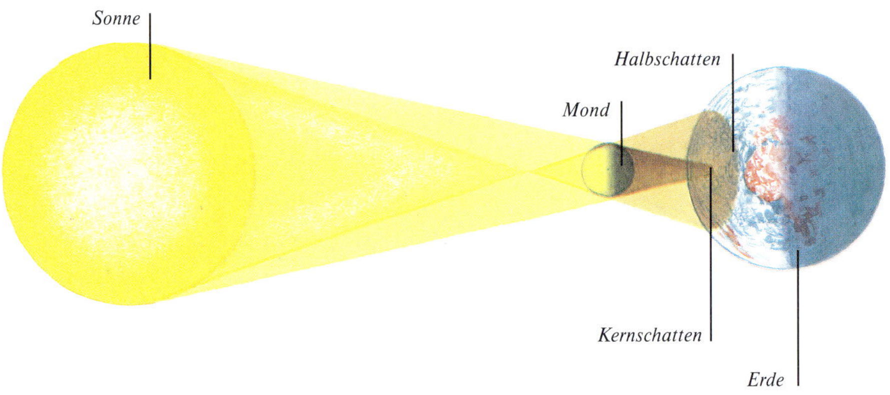

Eine Sonnenfinsternis (rechts)
Wenn der Mond die Sonnenstrahlen abblockt, wirft er einen Kern- und einen Halbschatten auf die Erde. Eine totale Sonnenfinsternis gibt es nur dort, wo der Kernschatten hinfällt, im Bereich des Halbschattens gibt es eine partielle Finsternis.

Kurze und lange Schatten
Stellt euch bei strahlendem Sonnenschein auf einen bestimmten Platz und markiert jede Stunde Position und Länge eures Schattens. Was passiert in dieser Zeit mit dem Schatten? Macht dieses Experiment im Sommer und im Winter.

GROSSE ENTDECKUNGEN

Die Sonnenuhr

Mit dem täglichen Lauf der Sonne bewegen sich auch die Schatten, die sie wirft. Vor über 4000 Jahren begannen die Sumerer danach die Zeit zu messen und die ersten Schatten- oder Sonnenuhren zu bauen. Bei jeder Sonnenuhr zeigt der Schatten eines senkrechten Stabes (Gnomon) auf einem Zifferblatt mit Stundeneinteilung die Zeit an.

EXPERIMENT

Wir bauen eine Sonnenuhr

IHR BRAUCHT

• Blumentopf • Stab (doppelt so hoch wie der Topf) • Filzstift

An Sonnentagen könnt ihr die Uhrzeit von dieser einfachen Sonnenuhr ablesen: Der Stab ist das Gnomon, der Topf das Zifferblatt.

1 Den Blumentopf umdrehen und den Stab durchs Loch in den Boden stecken.

2 Den Topf in die Sonne stellen. Jede Stunde die Position des Schattens, den der Stab wirft, markieren. Immer wenn die Sonne scheint, kann die Zeit von diesen Markierungen auf der Sonnenuhr abgelesen werden.

1 Simulation einer Sonnenfinsternis mit einem Globus (Erde), einer Lampe (Sonne) und einem kleinen Ball (Mond). Der Mond wandert vor die Sonne und verdunkelt sie teilweise.

2 Befinden sich Erde, Mond und Sonne auf einer Linie, gibt es eine totale Sonnenfinsternis. Für kurze Zeit wird in den Teilen der Welt, wohin der Schatten fällt, der Tag zur Nacht.

Reflexion

Ohne Licht könnten wir die Welt um uns nicht sehen. Doch nur ein paar Objekte, wie die Sonne, sind natürliche Lichtquellen, die eigenes Licht abgeben. Die meisten Dinge nehmen wir in dem Licht wahr, das von ihnen abprallt. Einen Stuhl seht ihr bei Tageslicht in Wirklichkeit nicht direkt, sondern nur das Sonnenlicht, das der Stuhl reflektiert. Wieviel Licht reflektiert wird, hängt von der Oberfläche ab. Glatte weiße Oberflächen zum Beispiel reflektieren mehr Licht als dunkle rauhe. Spiegel haben glatte, glänzende Oberflächen, von denen das Licht in exakt dem gleichen Muster abprallt, in dem es auftrifft, wobei es ein vollständiges (Spiegel-)Bild von jedem Gegenstand wiedergibt. In ebenen Spiegeln ist das Bild genausogroß wie das Objekt, in gekrümmten kann es größer oder kleiner sein – wie ihr beim Blick in einen Löffel erkennt. Konvexe (nach außen gewölbte) Spiegel geben ein kleineres Bild, konkave (nach innen gewölbte) Spiegel ein größeres Bild von einem nahen Objekt und ein kleineres, auf dem Kopf stehendes Bild von einem entfernten Objekt wieder.

Endlose Spiegelbilder
Zwei Spiegel werden einander gegenüber aufgestellt, so daß sie fast parallel stehen. Wenn man dazwischen steht sieht man eine Reihe von Bildern, da das Licht zwischen den Spiegeln hin und her springt. Da jeder Spiegel ein wenig von dem Licht schluckt, das auf ihn trifft, verschwinden die letzten Bilder der Reihe.

EXPERIMENT

Reflexionsvermögen

Verschiedene Oberflächen reflektieren Licht unterschiedlich stark. Weiße Flächen reflektieren Licht gut, dunkle und matte reflektieren sehr wenig Licht und absorbieren das meiste. Das kann man mit diesem einfachen Experiment testen. Die Lichtquelle ist eine Taschenlampe, der Bildschirm ein Stück weiße Pappe.

IHR BRAUCHT
- Taschenlampe • Taschenspiegel
- weiße Pappe • mattschwarze Pappe

Der beste Reflektor: ein Spiegel
Den Spiegel und die weiße Pappe im Winkel aufstellen. Im dunklen Raum mit der Lampe auf den Spiegel leuchten. Das reflektierte Licht ist fast so hell wie der Lampenstrahl.

EXPERIMENT

Ein Periskop bauen

Von einem U-Boot aus beobachtet man die Schiffe auf dem Meer mit einem Periskop. Das ist ein langes Rohr, das an beiden Enden je ein Prisma (ein dreieckiges Stück Glas) trägt, wodurch Licht durch das Rohr geführt wird. Nach dem gleichen Prinzip arbeitet dieses einfache Periskop, das anstelle der Prismen zwei parallel geneigte Spiegel hat. Damit kann man Dinge sehen, die nicht auf der direkten Sichtlinie liegen.

IHR BRAUCHT
- feste schwarze Pappe, 60 x 32 cm
- 2 kleine Taschenspiegel, etwa 10 x 7,5 cm
- Winkelmesser • farbige Klebefolie

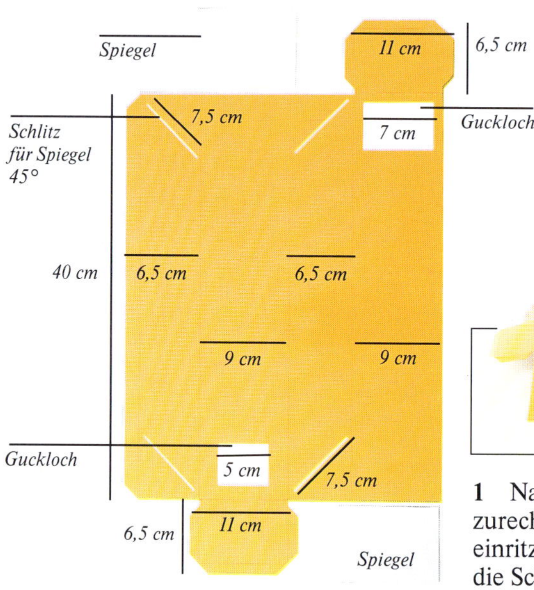

1 Nach diesem Muster (links) die Pappe zurechtschneiden. Die Faltkanten leicht einritzen. Mit Hilfe des Winkelmessers die Schlitze und Löcher ausschneiden.

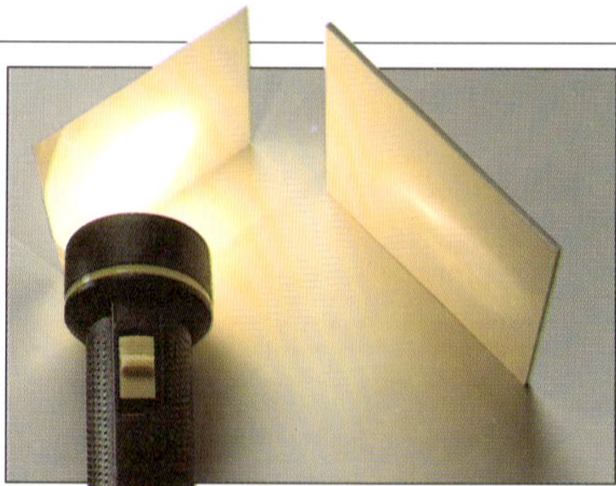

Weiße Testfläche
Den Spiegel durch weiße Pappe ersetzen. Das Licht wird gut reflektiert, aber nicht so hell wie mit dem Spiegel.

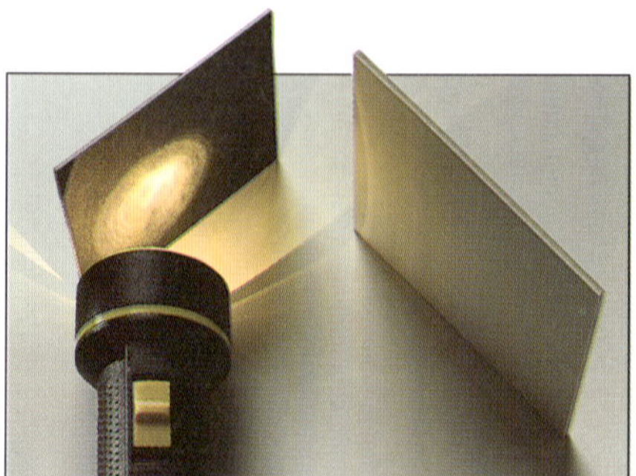

Schwarze Testfläche
Nun die schwarze Pappe testen: Sie reflektiert fast kein Licht. Schwarz absorbiert beinahe alles Licht, das auf es trifft.

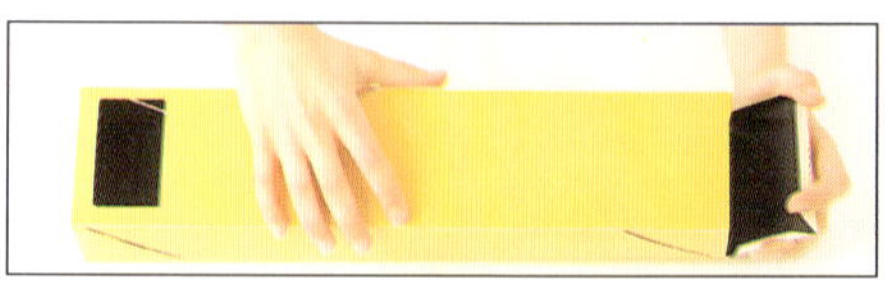

2 Die Pappe zum Rohr zusammenfalten und die Ränder mit Klebeband verkleben.

3 Die Spiegel so in die Winkelschlitze stecken, daß sie sich genau parallel gegenüberstehen. Mit Klebeband fixieren.

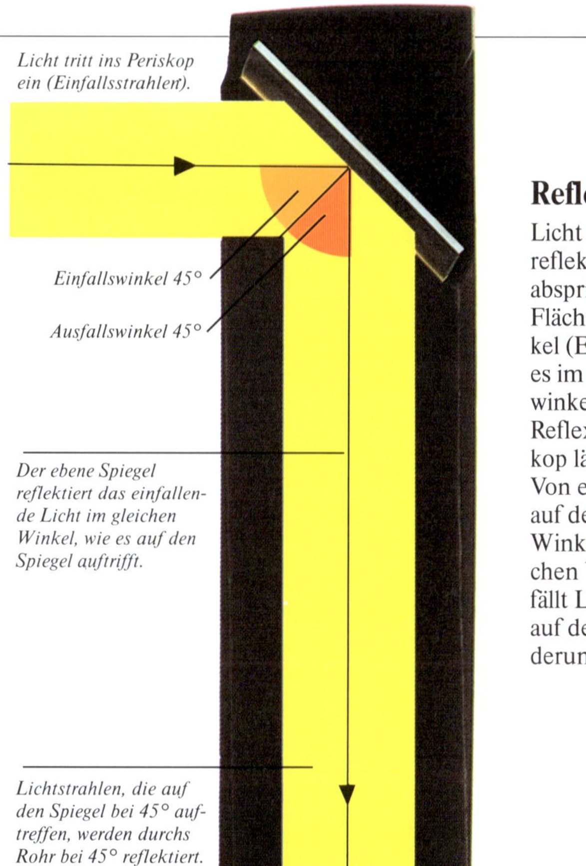

Reflexionsgesetz

Licht wird von einer Fläche ebenso reflektiert, wie ein Ball vom Boden abspringt. Wenn Licht auf eine Fläche in einem bestimmten Winkel (Einfallswinkel) auftrifft, wird es im gleichen Winkel (Ausfallswinkel) reflektiert. Das nennt man Reflexionsgesetz. An einem Periskop läßt sich das gut zeigen: Von einem Gegenstand fällt Licht auf den oberen Spiegel in einem Winkel von 45 ° und prallt im gleichen Winkel wieder ab. Dadurch fällt Licht im Rohr nach unten auf den unteren Spiegel, der wiederum das Licht zum Auge schickt.

Lichtbrechung

Habt ihr schon einmal bemerkt, daß ein Swimmingpool immer flacher aussieht, als er ist, oder daß eure Beine in der Mitte abgeknickt zu sein scheinen, wenn ihr im Wasser steht? Lichtstrahlen werden nämlich abgebogen, wenn sie von einem durchsichtigen Stoff in den anderen gelangen, hier: von Wasser in Luft. Diesen Effekt nennt man Lichtbrechung oder Refraktion. Licht bewegt sich mit unterschiedlicher Gechwindigkeit durch transparente Stoffe, durch Luft etwa mit 300 000 km/s. Wenn es in Glas oder Wasser eintritt, wird es langsamer, und dadurch ändert es seine Richtung. Refraktion kann sehr nützlich sein. Linsen sind speziell geformte Glasscheiben, die das Licht präzise brechen. Eine Brillenlinse zum Beispiel korrigiert den Lichteinfallswinkel in ein fehlsichtiges Auge und sorgt für ein klares Bild.

Der gebrochene Schreiber
Stellt einen Schreiber schräg in ein Glas Wasser und tretet zurück. Der Schreiber scheint abgebogen oder zerlegt zu sein. Licht bricht sich, wenn es aus dem Wasser an die Luft tritt.

Linsenarten

Linsen gibt es in fast jedem optischen Gerät, von Kameras bis zu Teleskopen, in zwei Grundformen: konvexe und konkave Linsen. Eine konvexe Linse ist in der Mitte dicker als am Rand. Sie bündelt die durchgehenden Lichtstrahlen im sogenannten Brennpunkt und läßt Dinge größer aussehen. Eine konkave Linse ist in der Mitte dünner als am Rand. Sie streut die Lichtstrahlen, die durch sie gehen, und läßt Dinge kleiner aussehen.

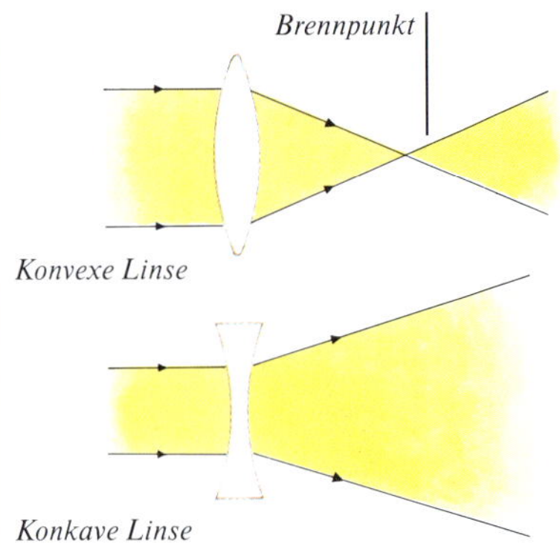

EXPERIMENT

Licht brechen

Hier kann man sehen, wie Wasser Lichtstrahlen bricht. Der Brechungswinkel hängt von dem Winkel ab, in dem die Strahlen auf die Flasche auftreffen. Wenn man die Flasche dreht, bekommt man unterschiedliche Brechungswinkel.

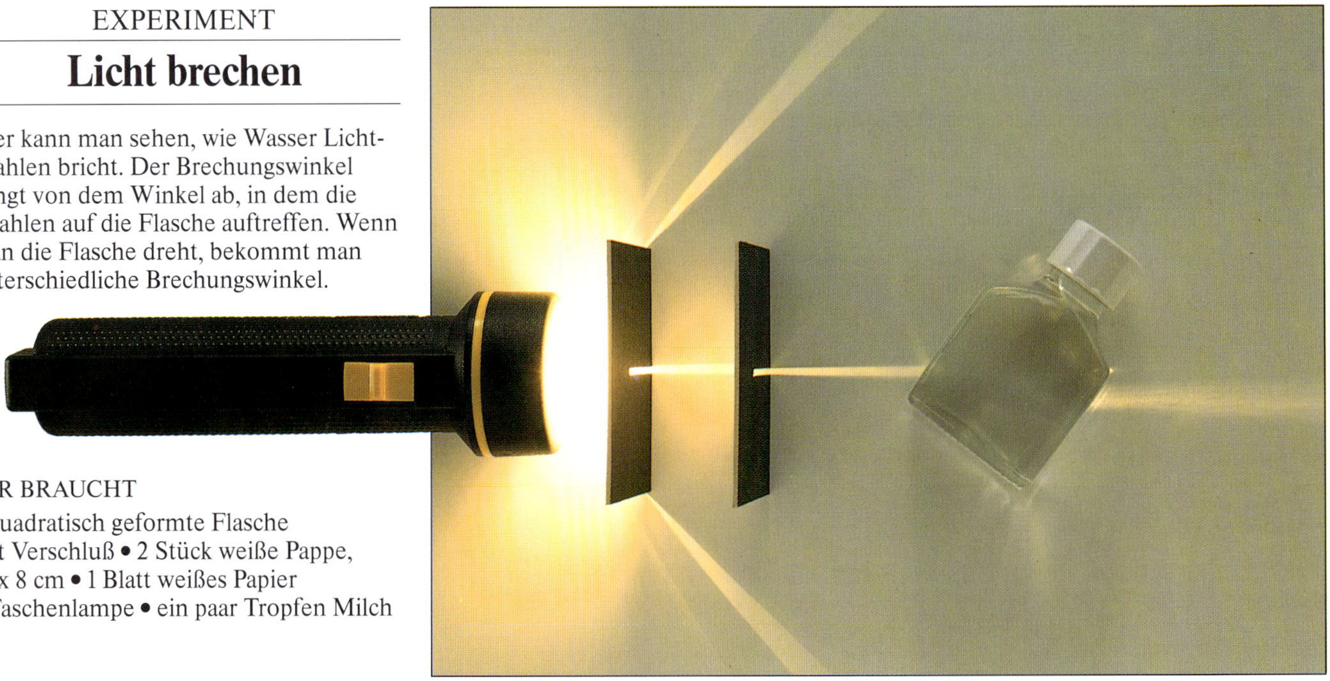

IHR BRAUCHT
• quadratisch geformte Flasche mit Verschluß • 2 Stück weiße Pappe, 10 x 8 cm • 1 Blatt weißes Papier • Taschenlampe • ein paar Tropfen Milch

1 Die Flasche mit Wasser füllen, Milch hineingeben, schütteln und zuschrauben. In die Pappen schmale Schlitze schneiden (1 mm) und sie vor die Lampe stellen.

2 Die Flasche schräg aufs Papier legen. Im Dunkeln so mit der Lampe durch die Schlitze leuchten, daß ein dünner Lichtstrahl die Flasche trifft.

3 Dank der Milch im Wasser sieht man, wie das Licht gebrochen wird. Man sieht auch, wie der Strahl zurückgebrochen wird, wenn er die Flasche wieder verläßt.

EXPERIMENT

Ein einfaches Mikroskop

Ein Vergrößerungsglas (eine konvexe Linse) ist bereits ein einfaches Mikroskop. Für stärkere Vergrößerung besitzen die meisten Mikroskope jedoch mehrere Linsen, mindestens zwei. Über dem zu untersuchenden Objekt befindet sich die »Objektivlinse«. Durch die andere Linse, das »Okular«, schaut man hindurch. Man kann ein ganz simples Mikroskop aus einem Vergrößerungsglas (als Okular) und einer starken konvexen Linse, zum Beispiel einer alten Kameralinse oder einer Fotografenlupe, bauen.

IHR BRAUCHT

• Lupe • starke konvexe Linse • Untersuchungsobjekt, z.B. eine Blume

1 Das Vergrößerungsglas ans Auge halten und die konvexe Linse knapp über das Objekt, das etwa 60 cm vom Auge entfernt sein sollte.

2 Die Position der Linsen verändern, bis ein scharfes vergrößertes Bild des Objekts zu sehen ist.

GROSSE ERFINDUNGEN

Hookes Mikroskop

Der englische Physiker Robert Hooke schrieb, daß man mit einem Mikroskop der Natur »durchs Fenster schauen« könne. Im 17. Jahrhundert war er ein Pionier auf dem Gebiet der Linsentechnik. Durch ein Mikroskop mit mehreren Linsen fand er winzige Details an Lebewesen. Die Objekte wurden von einer Öllampe beleuchtet, die zur Konzentration des Lichtstrahls über einen kreisförmigen Reflektor und eine sogenannte Kondensorlinse verfügte. Mit Hilfe seines Mikroskops entdeckte Hooke, daß Pflanzen und Tiere aus winzigen Zellen bestehen. Sein 1665 veröffentlichtes Hauptwerk *Micrographia* enthält auch detaillierte Zeichnungen von Insekten unter dem Mikroskop.

Hookes Zeichnung eines zusammengesetzten Mikroskops aus seinem Buch »Micrographia«.

Experimente mit Licht

Die Forscher haben sich schon immer für das Verhalten des Lichts interessiert. Seit den Entdeckungen von Isaac Newton wissen wir, daß Lichtstrahlen nach bestimmten Gesetzen widergespiegelt, gebrochen und gebündelt werden. Wie diese Gesetze funktionieren, zeigen diese einfachen Experimente mit Licht.

EXPERIMENT

Das Strahlenhaus

Hier wird die Lichtbrechung beim Durchdringen von durchsichtigen Objekten wie Flaschen und Linsen gezeigt. Mit Hilfe von Spiegeln und anderen glänzenden Flächen werden einige Gesetze der Reflexion dargestellt.

IHR BRAUCHT

• schwarze Pappe, 30 x 30 cm • weiße Pappe, 40 x 40 cm • Teppichmesser • Klebeband oder Kleber • Flachbatterie • 2 Stück Elektrodraht mit Klemmkontakten • Birne mit Fassung • kleine Flasche • Spiegel • Trinkglas • konvexe Linse • Kamm

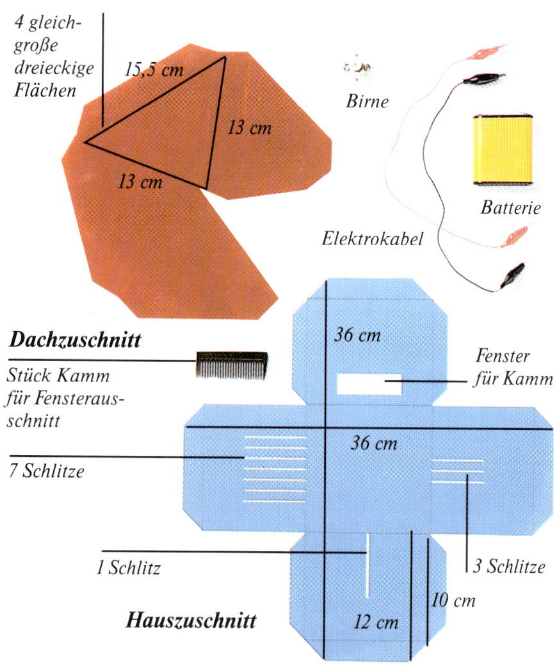

1 Schneidet das Haus mit Hilfe obiger Schablone zu. Schneidet schmale Schlitze in drei Seiten und ein Fenster in die vierte. Faltet das Haus entlang der durchgezogenen Linien zusammen.

Flaschenlinse
Füllt die kleine Flasche mit Wasser und stellt sie in zwei Lichtstrahlen. Sie funktioniert wie eine konvexe Linse und bricht und bündelt die auftreffenden Strahlen. Sie treffen sich im sogenannten Brennpunkt. Probiert Flaschen mit verschiedenem Durchmesser, um zu sehen, wie sich das auf den Brennpunkt auswirkt.

Konvexe Linse
Plaziert die Linse senkrecht zu den Lichtstrahlen aus dem Kammfenster. Sie bündelt das Licht weiter weg als die Flasche (oben), weil sie weniger stark gekrümmt ist. Je stärker die Krümmung, desto stärker vergrößert die Linse. Ersetzt die konvexe durch eine konkave Linse: Sie streut die Lichtstrahlen.

Spiegel
Stellt den kleinen Spiegel in einem bestimmten Winkel zum einzelnen Lichtstrahl. Wiederholt das bei verschiedenen Winkeln und meßt mit einem Winkelmesser die Einfalls- und Ausfallswinkel. Wie ist das Verhältnis zwischen beiden Winkeln? Experimentiert nun mit gekrümmten Reflektoren, zum Beispiel einer in Alufolie gewickelten Flasche.

Trinkglaslinse
Füllt ein Trinkglas mit weitem Boden mit Wasser und stellt es vor die drei Schlitze. Markiert die Position des Brennpunkts. Leert das Glas und füllt es mit Salatöl. Der Brennpunkt liegt nun viel näher am Glas, da Licht durch Öl stärker gebrochen wird als durch Wasser.

So funktioniert das Strahlenhaus

Stellt das Haus mitten auf die weiße Pappe und gegenüber den vier Wänden die Reflektoren und Refraktoren. In einem dunklen Zimmer kann man jetzt sehen, wie die Lichtstrahlen ihre Richtung ändern, sobald sie auf die Objekte treffen.

2 Verklebt die Falze des Hauses und faltet das Dach wie oben.

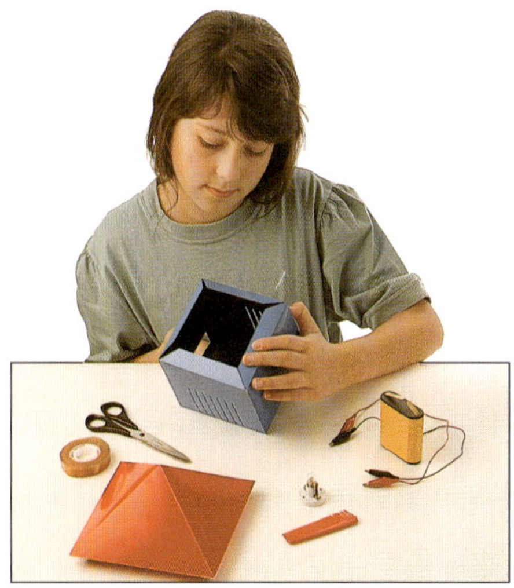

3 Klebt den Kamm hinters Fenster. Stellt die Batterie und die Lampe mit der Fassung in das Haus.

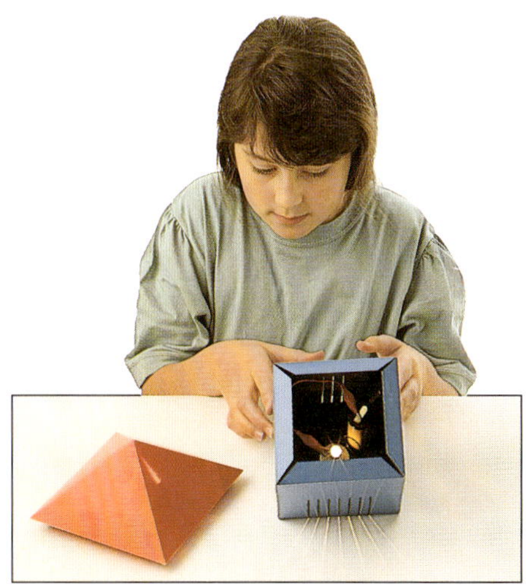

4 Verbindet die Batterie mit Hilfe der Kabel mit der Fassung. Schraubt die Birne hinein, so daß sie leuchtet. Legt das Dach aufs Haus.

Bilder und Täuschungen

Das Auge ist ein faszinierendes optisches Instrument. Es nimmt Farben wahr, stellt seine Brennweite automatisch auf den Gegenstand ein und paßt sich rasch der Helligkeit des Lichts an. Vor rund 150 Jahren gelang es den Pionieren der Fotografie, Bilder einzufangen. Ihre Kameras funktionierten wie primitive Augen, und um die Bilder festzuhalten, erfanden sie lichtempfindliche Fotoplatten. Die heutigen Kameras sind zwar sehr kompliziert, doch nur die neuesten Automatikkameras besitzen alle automatischen Funktionen des menschlichen Auges.

Camera obscura
Die erste Kamera - Camera obscura genannt - projizierte mit einer Linse ein Bild des Gegenstands auf einen Bildschirm.

GROSSE ENTDECKER

Die ersten Fotografen

Schon im 16. Jahrhundert konnte man das Bild eines Objekts mit Hilfe einer Camera obscura projizieren, aber erst im frühen 19. Jahrhundert entdeckte man, wie es festgehalten werden konnte. 1826 nahm der französische Erfinder Joseph Niepce (1765-1833) das erste Foto auf. Er beschichtete eine Metallplatte mit lichtempfindlichen Chemikalien und projizierte mit Hilfe einer Camera obscura ein Bild darauf. Es dauerte etwa acht Stunden, bis das verschwommene und unscharfe Bild festgehalten war.
Der französische Maler Louis Daguerre (1787-1851) verbesserte dieses Verfahren, das man nach ihm Daguerreotypie nannte. 1839 schließlich erfand der Engländer William Fox Talbot (1800-1877) eine Methode, Negativbilder aufzunehmen und davon beliebig viele positive Abzüge anzufertigen.
Dieses Verfahren wird noch heute angewendet.

Auge und Kamera

In vieler Hinsicht ähnelt die Kamera dem menschlichen Auge. Beide bestehen im wesentlichen aus drei Dingen: einem Loch, das sich öffnet und schließt, um die richtige Menge Licht hereinzulassen, einer Linse zur Bündelung des Lichts und einer Vorrichtung, die das Bild festhält. Beim Auge öffnet und schließt ein Muskelband - die Iris - ein Loch: die Pupille. Dahinter befindet sich die Linse, die von Muskeln umgeben ist, die die Form der Linse verändern und so auf nahe oder ferne Objekte scharf einstellen können. Die Linse wirft dann das gebündelte Licht auf Zellen der im Augenhintergrund befindlichen Netzhaut. Wenn Licht diese Zellen trifft, senden sie Botschaften ans Gehirn, das dann die Bilder entschlüsselt.
Eine Kamera besitzt ein Loch von variabler Größe: die Blende sowie einen Verschluß, der sich kurz öffnet und Licht in die Kamera fallen läßt. Die Lichtmenge, die den Film trifft, wird von der Verschlußgeschwindigkeit und der Blendengröße gesteuert. Durch eine Reihe verstellbarer Linsen wird das Licht auf dem Film gebündelt, der sich hinten in der Kamera befindet. Sobald er entwickelt und fixiert ist, erscheint ein negatives Bild darauf. Dieses Bild wird auf fotografisches Papier gedruckt, ebenfalls entwickelt und fixiert, und auf diese Weise entsteht das endgültige Bild.

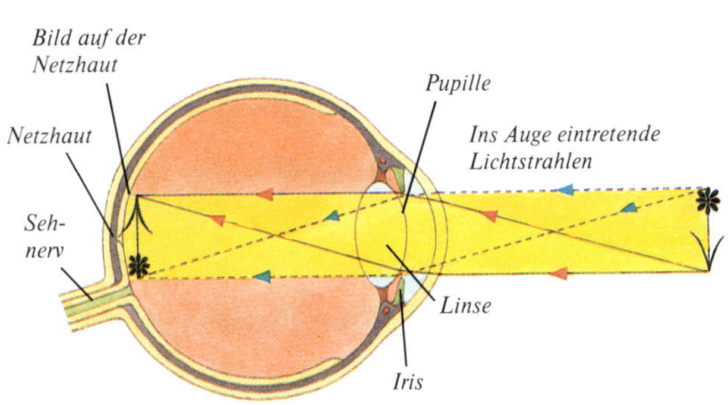

Das Auge
Das Auge bildet ein auf dem Kopf stehendes Bild des Objekts auf der Netzhaut ab. Doch in einem sehr frühen Entwicklungsstadium lernt das Gehirn das Bild umzudrehen und richtig herum zu sehen.

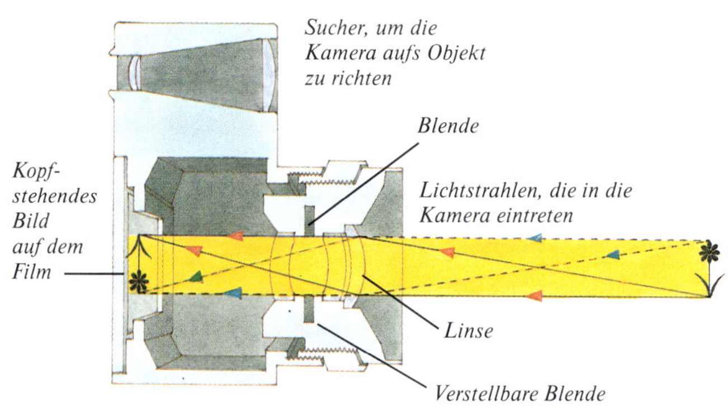

Die Kamera
Das Bild auf dem Film ist ein Negativ: Sobald es entwickelt ist, erscheinen dunkle Objekte auf dem Film hell. Wenn das Negativ auf fotografischem Papier abgezogen wird, entsteht ein normales (positives) Bild.

Optische Täuschungen

Unser Gehirn kann von den Dingen, die wir sehen, hereingelegt werden. So entstehen optische Täuschungen. Wenn ihr zum Beispiel an einem sehr heißen Tag eine Straße entlanggeht, seht ihr manchmal ein Trugbild: Vor euch taucht eine Wasserpfütze auf der Straße auf, die sich zurückzieht, wenn ihr näher kommt. Diese »Fata Morgana« entsteht durch Reflexion des Himmelslichts von einer Schicht heißer Luft dicht über dem Boden. Das Gehirn hält die Farbe des Himmels für Wasser.

Das unmögliche Triangel

Hier eine andere optische Täuschung. Das Gebilde oben sieht ganz normal aus und verwirrt das Auge nicht. Werden aber alle Teile miteinander verbunden, ist unser Auge verwirrt.

Es sieht aus, als sei das Triangel aus drei rechtwinkligen Abschnitten zusammengebaut. Euer Gehirn weiß, daß das in Wirklichkeit nicht möglich ist, so daß die Zeichnung eine unmögliche Form zu zeigen scheint.

Bewegte Bilder

Auch bewegte Bilder wie Fernseh- und Kinofilme beruhen auf einer optischen Täuschung. Sieht man zwei Bilder in schneller Folge, scheint sich das Abbild zu bewegen, weil die Augen nicht weitergeben können, daß sich das Bild geändert hat. Wenn man ein Bild betrachtet, hält das Gehirn das Abbild etwa eine Zehntelsekunde fest, nachdem es verschwunden ist. Das nennt man Augenträgheit. Werden also mehr als 10 Bilder pro Sekunde gezeigt, verbindet das Gehirn die einzelnen Abbilder zu einer Reihe bewegter Bilder. Zeichnet einmal eine Reihe von Bildern einer Person auf die einzelnen Seiten eines Notizbuchs, wobei jedes Bild sich vom vorhergehenden geringfügig unterscheiden sollte. Wenn man nun die Seiten schnell genug durchblättert, scheint sich die Person zu bewegen. Filme zeigen 24 Fotos pro Sekunde. Ein Projektor wirft ein starkes Licht durch den Film, und eine Linse projiziert das Abbild auf die Leinwand. Der Film läuft in schnellen Sprüngen durch den Projektor, wobei jedesmal ein neues Bild erscheint. Das Fernsehbild besteht aus einer Reihe horizontaler Linien auf dem Bildschirm, die nacheinander den Schirm hinunterlaufen und viele Male in der Sekunde neu gezogen werden, um ein neues Bild darzustellen.

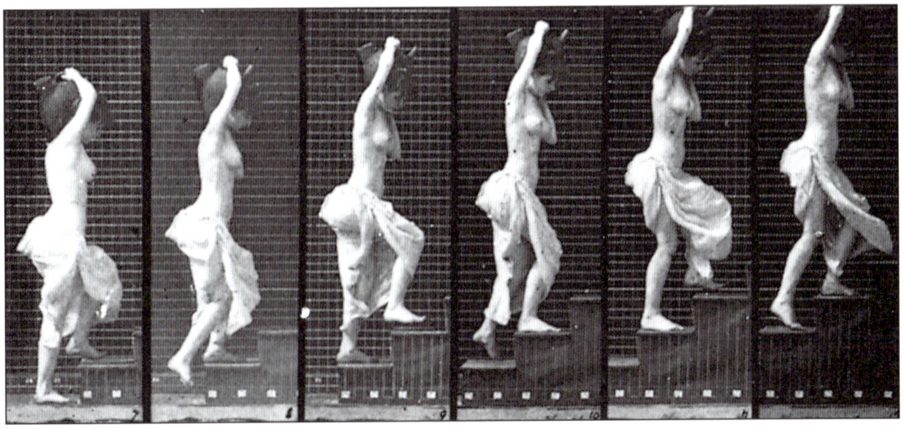

Bewegte Gestalten

Im 19. Jahrhundert suchten viele Erfinder nach Wegen, Bewegung abzubilden. 1877 fotografierte der Amerikaner Eadweard Muybridge (1830–1904) als erster laufende Motive. Er nahm Menschen und Tiere mit einer Reihe von Kameras auf, montierte die Bilder auf einer rotierenden Glasscheibe und betrachtete sie durch die Schlitze in einer Scheibe, die sich gegenläufig drehte. Er nahm sogar galoppierende Pferde auf, die die Kameras selbst auslösten, mit Hilfe von Schnüren, die über die Bahn gespannt waren.

Projektor

Im 19. Jahrhundert hatten einige reiche Leute »Theater der bewegten Bilder« zur Unterhaltung. Der Franzose Emile Reynaud (1844–1918) entwickelte als erster diese Wunderzylinder, die Folgen von Fotos oder Zeichnungen als bewegte Bilder projizierten.

Fotografie

Fotografieren ist im Prinzip ganz einfach. Alles, was ihr braucht, ist eine Kamera und lichtempfindliches Material. Als Kamera genügt ein lichtdichtes Kästchen mit einem winzigen Loch anstelle einer Linse. Das lichtempfindliche Material kann Film sein oder Papier mit einer mit Silbersalzkristallen bestreuten Emulsion. Wird das Loch für eine Aufnahme geöffnet, verändern sich bei Lichteinfall die Kristalle und werden bei der Entwicklung des Films in Silber umgewandelt. Nach einem weiteren Fixierbad, bei dem die unveränderten Silbersalze entfernt werden, wird das Bild von Silberkörnchen als Muster festgehalten.

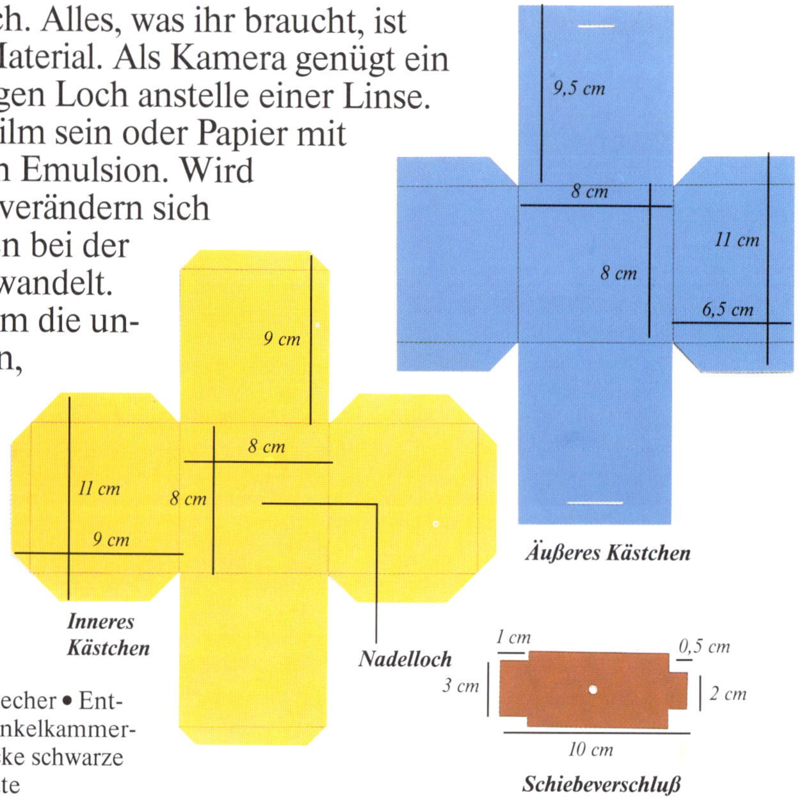

EXPERIMENT

Lochkamera

IHR BRAUCHT

Für die Kamera: • steife schwarze Pappe • schwarzes Isolierband • Alufolie • Nadel

Für die Entwicklung: • Wasser • 3 Plastikschalen • Meßbecher • Entwickler, Fixiermittel, fotografisches Papier und rote Dunkelkammerleuchte (vom Fotohändler) • Plexiglasscheibe • sehr dicke schwarze (lichtdichte) Plastikfolie • Taschenlampe • Plastikpinzette

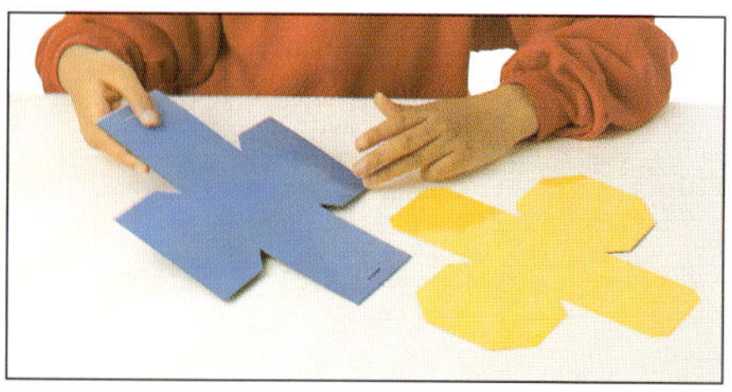

1 Schneidet aus dicker Pappe nach dem Muster die beiden Kästchen und den Verschluß aus. Falzt und verklebt die Kästchenteile. Verklebt die Nahtstellen innen mit schwarzem Isolierband, damit die Kästchen lichtundurchlässig sind.

2 Das gelbe Kästchen sollte genau ins blaue passen, mit der Öffnung voran. Innen mattschwarz streichen. In die Bodenmitte des gelben Kästchens ein kleines Loch schneiden und Alufolie von innen darüberkleben.

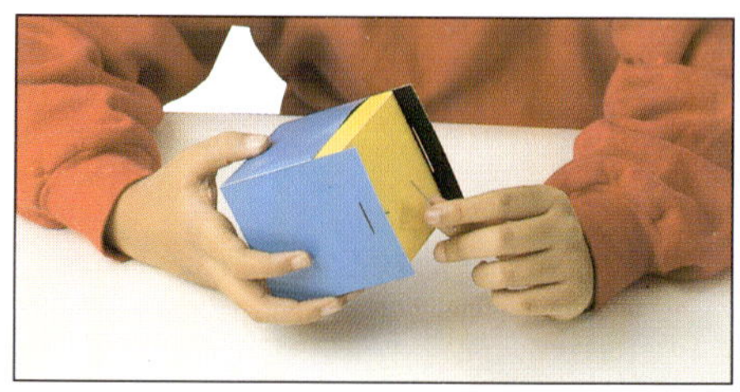

3 Stecht mit der Nadel ein Loch durch die Folie und schleift die Ränder glatt. Stecht auch in den Verschluß ein kleines Loch, auf einer Linie mit dem Nadelloch.

4 Öffnet das fotografische Papier in eurer Dunkelkammer (rechts), nehmt ein Blatt heraus und verschließt es wieder. Legt das Blatt mit der glänzenden Seite nach oben auf den Boden des blauen Kästchens. Schiebt das gelbe mit geschlossenem Verschluß hinein und verklebt die Nahtstellen mit Isolierband. Steckt die Kamera in eine Plastiktüte.

5 Sucht euch ein Motiv aus, das möglichst hell beleuchtet ist, und stellt die Kamera auf eine glatte Fläche gegenüber. Schiebt den Verschluß beiseite, um das Loch zu öffnen, und belichtet das Foto. Die Belichtungszeit variiert stark – an einem hellen Tag und für ein helles Motiv braucht ihr etwa vier Minuten. Macht den Verschluß zu, gebt die Kamera wieder in die Tüte und kehrt in die Dunkelkammer zurück.

Dunkelkammer und Entwicklung

Bei dieser Arbeit sollte ein Erwachsener helfen

Eine Küche oder ein Badezimmer ist eine gute Dunkelkammer, weil man laufendes Wasser braucht. Der Raum sollte absolut lichtdicht sein: Klebt dicke schwarze Plastikfolie über die Fenster und hängt eine dicke Decke über den Türrahmen. Wenn sich die Augen an die Dunkelheit gewöhnt haben, überprüft ihr, ob es keine Ritzen mehr gibt. Schließt eine Schreibtischlampe mit einer 15-Watt-Birne an und bedeckt sie und alle Ritzen mit roter Dunkelkammerfilterfolie. Vermischt die Entwicklerchemikalien bei normalem Licht genau nach den Angaben des Herstellers. Stellt drei Schalen in einer Reihe auf eine wasserdichte Fläche wie oben gezeigt. Legt die Pinzette, ein scharfes Messer und eine Taschenlampe bereit. Schließt die Dunkelkammer von innen ab und schaltet das Dunkelkammerlicht ein.

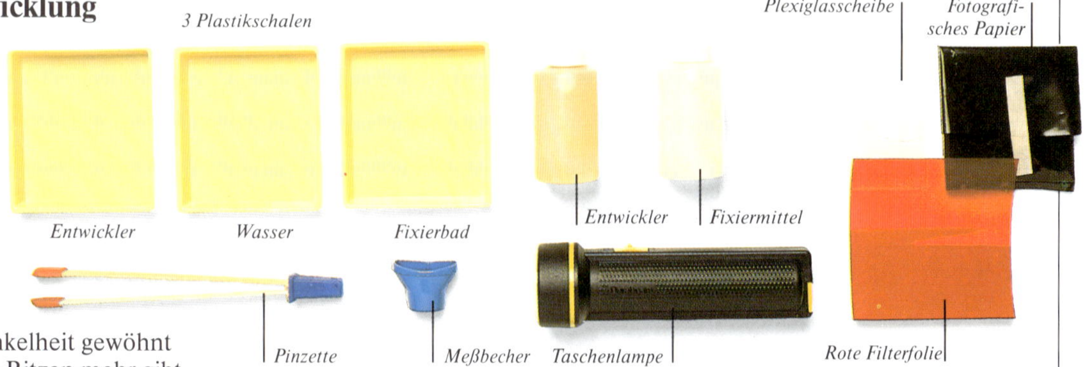

1 Schneidet vorsichtig das Isolierband auf, um die Kamerakästchen zu trennen – für spätere Aufnahmen braucht man nur neues Band über das alte zu kleben. Nehmt das Papier heraus und legt es mit der glänzenden Seite nach oben in den Entwickler. Es muß ganz eingetaucht sein. Nun sollte das Negativ aufscheinen. 2–3 Minuten dunkeln lassen, dann für eine Minute mit der Pinzette ins Wasser tauchen, schließlich für 5 Minuten ins Fixierbad, unter laufendem Wasser abspülen und zum Trocknen aufhängen.

2 Legt das Negativ mit der Bildseite nach unten auf fotografisches Papier (Glanzseite oben) und bedeckt es zur Fixierung mit der Plexiglasscheibe.

3 Beleuchtet das Negativ etwa 10 Sekunden mit einer Taschenlampe. Entfernt das fotografische Papier und wiederholt den Entwicklungsprozeß (siehe 1).

Negativ (dunkel und hell verkehrt) nach dem ersten Entwicklungsstadium. Davon muß nun ein Abzug gemacht werden.

Fertiger Abzug. Ihr müßt verschiedene Belichtungs- und Entwicklungszeiten ausprobieren, bis ihr ein gutes Bild bekommt.

Bewegte Bilder

Im 19. Jahrhundert konnte man zwar noch nicht ins Kino gehen, sich aber bereits bewegte Bilder in einem sogenannten »Lebensrad« ansehen. Es bestand aus einer Trommel mit Schlitzen, in der sich ein Streifen mit einzelnen Zeichnungen befand. Wenn sich die Trommel drehte, schienen sich die Bilder zu bewegen. Wie unser heutiges Kino beruht auch das Lebensrad auf der Trägheit des Auges. Wenn ein Schlitz vor dem Auge vorbeizieht, ist ein Bild für den Bruchteil einer Sekunde sichtbar. Ehe es im Gehirn verblaßt, dreht sich die Trommel zum nächsten Bild weiter – geschieht dies schnell genug, verschmelzen die Bilder und scheinen zu laufen.

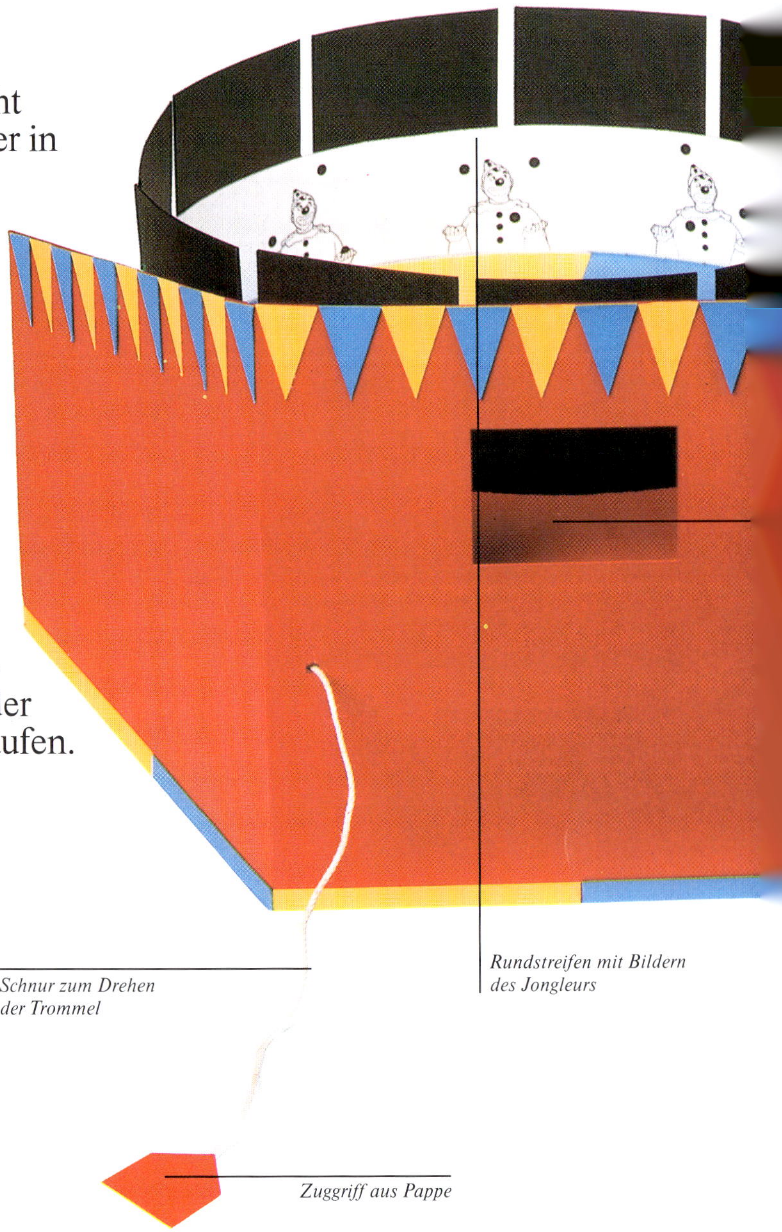

Lebensrad *(links)*
Das hier gezeigte Modell, das ihr selbst basteln könnt, ist dem Original nachempfunden.

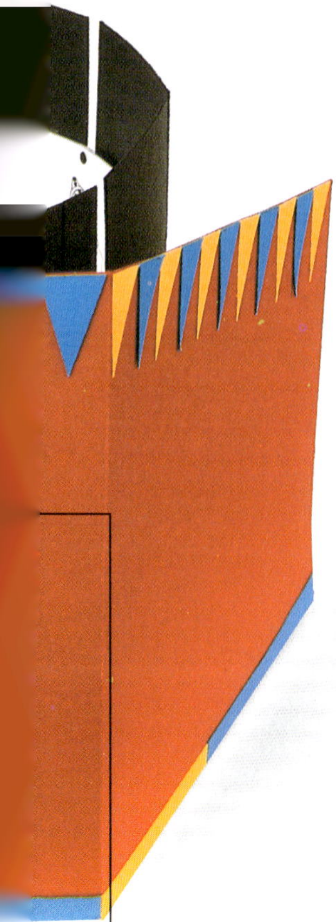

Gucklochwand, in die die Drehtrommel eingebaut ist (siehe Explosionszeichnung)

EXPERIMENT

Wir bauen ein Lebensrad

Dieses hübsche Modell erfordert ein sorgfältiges und genaues Arbeiten. Die Explosionszeichnung (rechts unten) zeigt, wie die verschiedenen Teile zusammenpassen. Für die bewegten Bilder paust ihr euch die Clowns (unten) durch oder zeichnet eure eigene Bildfolge.

IHR BRAUCHT

- steife farbige Pappe, 51 x 71 cm • Kleber
- Holzfleischspieß • Schnur oder Zwirn • Klebeband
- farbiges Papier zur Dekoration

1 Biegt Teil B zusammen und verklebt es mit Teil F. Markiert den Mittelpunkt der Teile E, J und K.

2 Klebt G, J und K zusammen. Steckt den Holzspieß mit einem Tropfen Kleber am Ende hinein und verklebt das Loch in Teil K gut. Klebt J an die Unterseite von F (Mittelpunkte übereinander!).

3 Faltet D und klebt es auf C. Biegt H zusammen und verklebt es mit C. Klebt E oben auf H. Baut die Trommel zusammen, indem ihr den Spieß in Teil D steckt.

4 Baut die Gucklochwand zusammen, wobei ihr A und L verklebt und dann I einfügt.

5 Befestigt eine Schnur an der Trommelspindel (Holzspieß), wickelt sie auf und zieht das Ende durch das Loch unterhalb des Gucklochs. Zieht an der Schnur und seht euch die laufenden Bilder an!

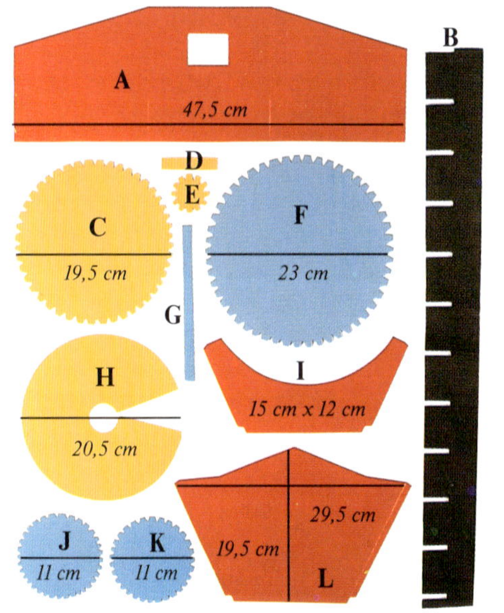

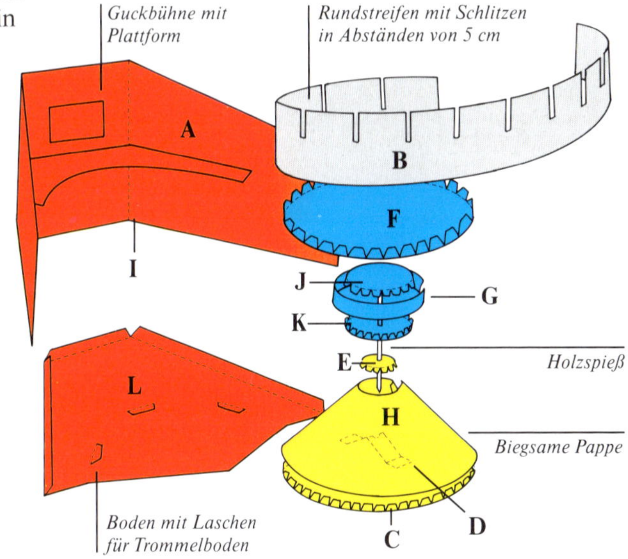

Jonglierender Clown
Die Bilder für das Lebensrad zeigen verschiedene Bewegungsstadien, wie bei diesem Clown.

Befestigt ② hier (am unteren Streifen links!)

***Der Mechanismus** (unten)*
Wenn ihr an der aufgewickelten Schnur zieht, dreht sich die Trommel.

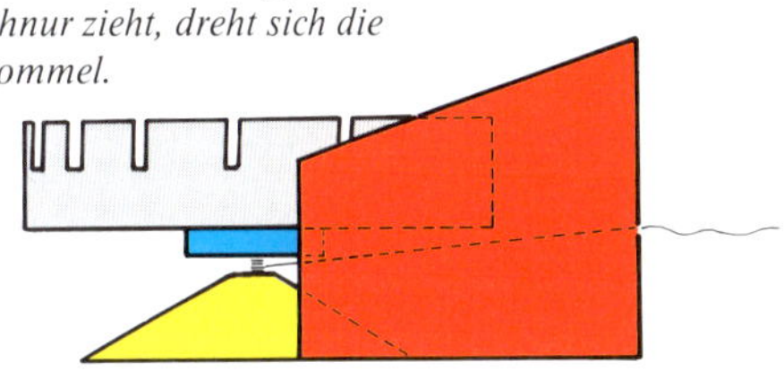

Befestigt ① hier

Die Farbe des Lichts

Licht besteht aus winzigen Wellen, die aber nicht alle gleich lang sind: Einige sind kurz, andere lang. Wenn man Farben sieht, dann sieht man Licht von verschiedener Wellenlänge. Das Sonnenlicht scheint farblos zu sein – man nennt es das weiße Licht –, in Wirklichkeit aber ist es ein Gemisch aus vielen Farben oder Wellenlängen von Licht. Einige dieser Farben könnt ihr in einem Regenbogen sehen: Während das Sonnenlicht durch Regentropfen fällt, wird es gebeugt oder gebrochen. Dabei wird Licht von großer Wellenlänge – Rot – ein bißchen mehr gebeugt als Licht von kurzer Wellenlänge wie Violett. Daher fächern sich die Farben auf, wenn das Licht aus dem Tropfen austritt.

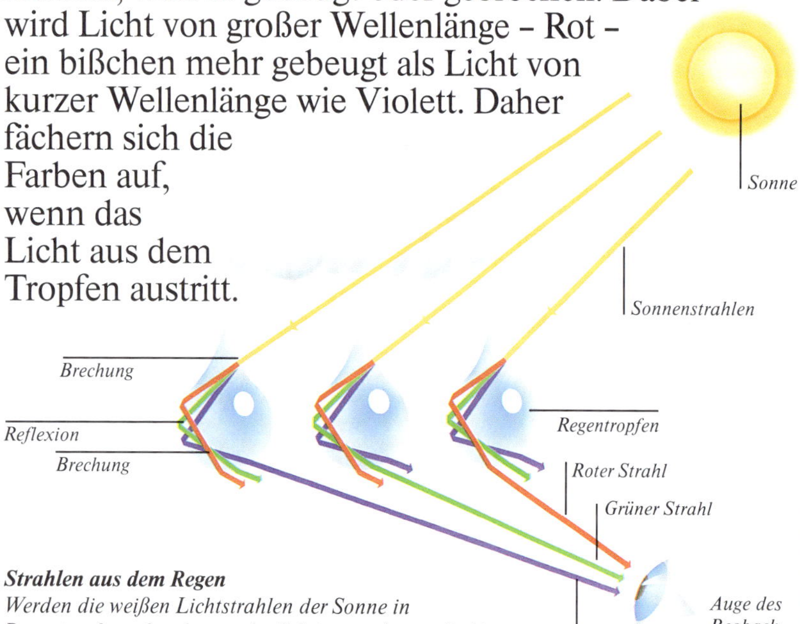

Strahlen aus dem Regen
Werden die weißen Lichtstrahlen der Sonne in Regentropfen gebrochen und reflektiert, verlassen farbige Strahlen die Regentropfen unter verschiedenen Winkeln. Dann gelangen sie aus verschiedenen Teilen des Himmels ins Auge und man sieht ein gebogenes Farbband. Dieses Farbband – Rot, Orange, Gelb, Grün, Blau, Indigo und Violett – nennt man Spektrum.

EXPERIMENT

Farbige Blasen

Die leuchtenden Farben auf Seifenblasen entstehen durch einen Effekt, den man Interferenz nennt. Lichtstrahlen werden von der äußeren wie der inneren Oberfläche der Blase reflektiert. Ein von der Innenwand reflektierter Strahl bewegt sich ein bißchen weiter als ein von der Außenwand reflektierter, und wenn die Wellen in beiden Strahlen aufeinandertreffen sind sie nicht mehr im Gleichschritt, sondern stören sich gegenseitig. Dabei heben sich einige Farben auf und verschwinden, andere verbinden sich, so daß auf der Oberfläche der Blase Farbbänder entstehen.

IHR BRAUCHT
• starke Seifenlösung (aus Spülmittel) • Eimer
• dünner, biegsamer Draht • 2–3 Teelöffel Zucker

1 Biegt aus dem Draht verschiedene Schlaufen, eine einfache zweidimensionale Gestalt (rechts oben) oder auch eine dreidimensionale geometrische Figur wie diesen Oktaeder (rechts unten). Dreht den Draht oben zu einem Aufhänger zusammen.

2 Füllt den Eimer zur Hälfte mit Seifenlösung, gebt den Zucker hinzu und vermischt alles gut. Durch den Zucker wird die Lösung zähflüssiger.

3 Taucht die Drahtgebilde in die Lösung, zieht sie langsam heraus und untersucht die Farben. Beachtet, wie die Farbbänder sich verändern, wenn die Lösung in der Figur nach unten sinkt.

GROSSE ENTDECKUNGEN

Newtons Farbenspektrum

Vor etwa 300 Jahren lenkte der englische Physiker Isaac Newton einen Sonnenstrahl durch einen Schlitz in einen verdunkelten Raum und dann auf ein dreieckiges Glasprisma. Dieses brach das weiße Licht, das sich zum Farbenspektrum auffächerte. Dann stellte Newton ein zweites Prisma ins Spektrum, und die Strahlen sammelten sich wieder zu weißem Licht. Damit war bewiesen, daß weißes Licht aus verschiedenen Farben besteht. Newton veröffentlichte seine Entdeckung 1704 in seinem berühmten Buch »Opticks« (S. 78).

Biegt aus dem Draht einfache Gebilde wie Figuren oder Tiere, um zweidimensionale Blasen zu bekommen.

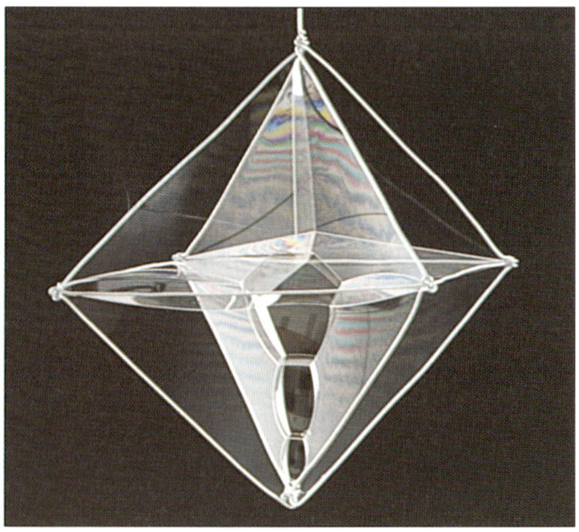

In einer geometrischen Drahtfigur wie diesem Oktaeder entstehen dreidimensionale Blasen.

EXPERIMENT

Ein Spektrum auf Papier

An einem sonnigen Tag kann man ein ähnliches Experiment wie Newton durchführen.

IHR BRAUCHT
- Trinkglas mit senkrechten Wänden
- Stück Pappe mit 1 cm breitem Schlitz
- Blatt weißes Papier • Klebeband

1 Füllt das Glas mit Wasser und klebt die Pappe mit dem Schlitz daran wie nebenstehend gezeigt.

2 Legt das Papier aufs Fensterbrett und stellt das Glas darauf. Das durch den Schlitz fallende Sonnenlicht wird durch das Wasser im Glas gebrochen. So entsteht ein Spektrum auf dem Papier.

Farbmischungen

Wie können wir eigentlich Tausende von Farben in einem Fernsehbild sehen? In Wahrheit nämlich besteht es nur aus drei Farben: Rot, Grün und Blau - den sogenannten Grundfarben. Mischt man rotes, grünes und blaues Licht, ergibt das weißes Licht; die anderen Farben entstehen durch unterschiedliche Anteile der drei Grundfarben. Wir sehen freilich die meisten Dinge nur durch die Reflexion des Lichts, und ihre Farbe entsteht in einem Prozeß, den man Farbsubtraktion nennt: Ein Objekt absorbiert - oder subtrahiert - bestimmte Farben des Lichts und reflektiert den Rest. Und diese reflektierten Farben ergeben die Farbe des Objekts.

Additive Farben des Lichts
Mischt man die drei Grundfarben des Lichts - Rot, Grün und Blau -, entsteht weißes Licht. Mischt man nur zwei, ergeben sich die sekundären Farben Gelb, Magenta und Zyan.

Bühnenbeleuchtung

Im Theater sorgt farbiges Licht für besondere Effekte. So entsteht zum Beispiel durch den Wechsel der Beleuchtung von hellem Gelb zu kaltem Blau eine ganz andere Stimmung - aus einem sonnigen Tag wird eine schaurige Nacht. Diese Effekte werden von den Beleuchtern mit Hilfe starker weißer Scheinwerfer und einer Reihe von Farbfiltern erzeugt. Ein Filter besteht aus einer farbigen Kunststoffscheibe, die nur das Licht einer bestimmten Farbe durchläßt. Deckt man die Scheinwerfer mit verschiedenen Filtern ab, entsteht farbiges Licht, und das kann wieder zu neuen Farben gemischt werden. Ihr könnt Farbfilter aus farbigem Zellophan selbst herstellen.

Farbstimmungen *(rechts)*
Jede Bühnenaufführung lebt von ihrer guten Beleuchtung. Eine nächtliche Stadtszene wie hier wird durch blaues Licht und ein wenig Magenta hervorgerufen.

EXPERIMENT

Wir bauen einen Farbbetrachter

Die Farbe eines Objekts hängt von der Farbe des Lichts ab, das darauf fällt. Eine rote Tomate etwa reflektiert nur den roten Teil des Spektrums und absorbiert die anderen Farben. In einem Lichtstrahl, der kein Rot enthält, sieht die Tomate allerdings schwarz aus. Ein weißes Objekt reflektiert alle Farben des Lichts gleichmäßig, so daß es die Farbe des Lichts annimmt, das darauf fällt. Ihr könnt diese Farbtheorie selbst testen.

IHR BRAUCHT

• Schuhkarton mit einem großen rechteckigen Loch im Deckel und einem kleinen Loch in einer Schmalseite • rotes und grünes Zellophanpapier • Schere • Taschenlampe • grüner Apfel • Banane • Spielkarte (Herz oder Karo)

Bei grünem Licht
Klebt das grüne Zellophan unter den Deckel. Legt die Früchte und die Karte in die Schachtel und nehmt die Lampe zur Hand.

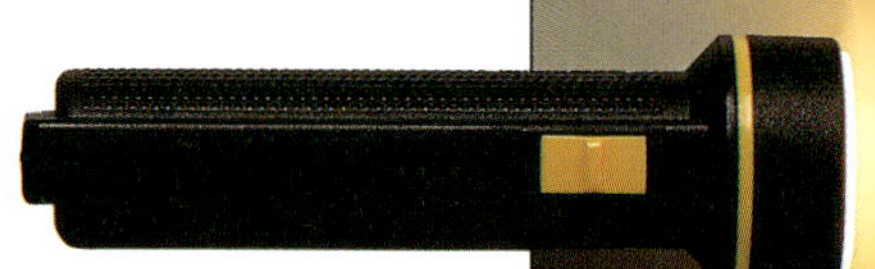

Leuchtet in einem dunklen Zimmer mit der Lampe in die Schachtel. Der grüne Apfel sieht noch grüner aus, die Banane hat einen Grünstich, und die roten Herzen sehen schwarz aus. Das Filter läßt nämlich nur grünes Licht durch, aber nicht das rote Licht, das von den Herzen reflektiert wird.

Bei rotem Licht
Ersetzt nun das grüne Zellophanpapier durch rotes und leuchtet wieder in die Schachtel.

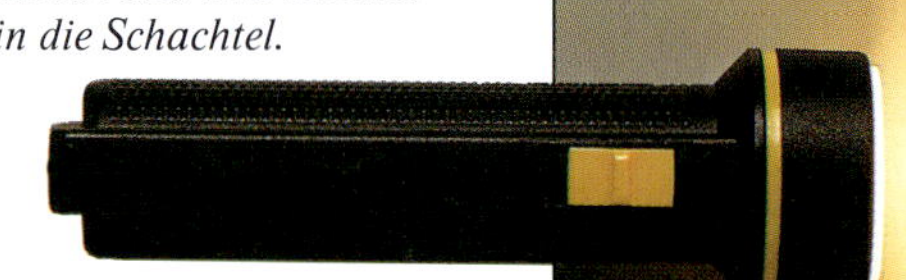

Nun ist die Banane rot getönt, der grüne Apfel sieht dunkel aus und die Karte ganz rot - die Herzen sind verschwunden.

EXPERIMENT

Wir machen Farben weiß

Dieses Experiment zeigt, daß weißes Licht ein Farbgemisch ist. Jedes Segment der Scheibe reflektiert ein andersfarbiges Licht. Wenn sie sich dreht, mischt das Auge die Farben zu Weiß.

IHR BRAUCHT

• weiße Pappe • Schere • Wasserfarben: die Spektralfarben Rot, Orange, Gelb und Violett; Grün, Indigo und Kobaltblau • Pinsel • spitzer Bleistift • Winkelmesser

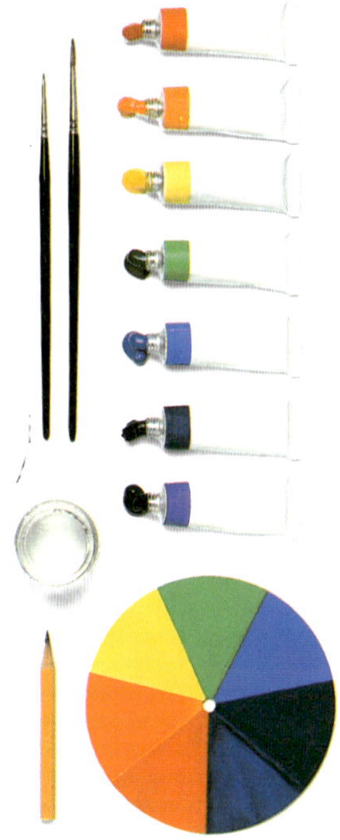

1 Schneidet die Scheibe aus und teilt sie mit einem Winkelmesser in sieben Abschnitte ein, die ihr in den sieben Spektralfarben anmalt.

2 Steckt den Bleistift in der Mitte durch. Laßt das Farbrad auf der Bleistiftspitze kreiseln und seht, wie die Farben verschwinden.

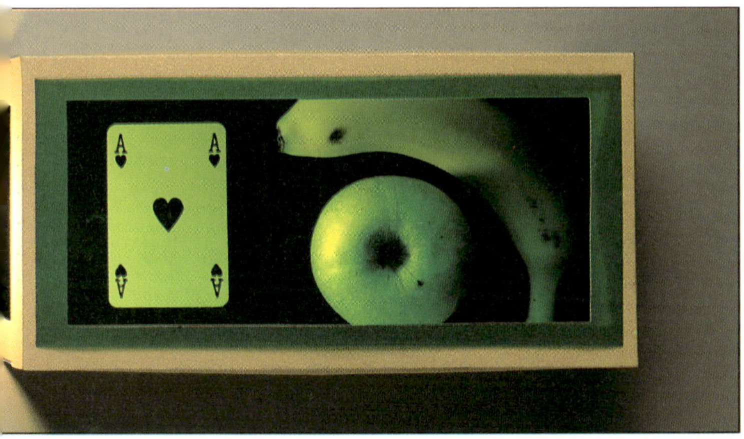

Farbkreisel
Wenn sich die Scheibe schnell dreht, kann das Auge die einzelnen Abschnitte nicht mehr unterscheiden, so daß sich die Farben mischen. Würde man absolut reine Farben im richtigen Verhältnis verwenden, sähe die Scheibe weiß aus. Aber das ist praktisch unmöglich – daher wird die Scheibe allenfalls hellgrau.

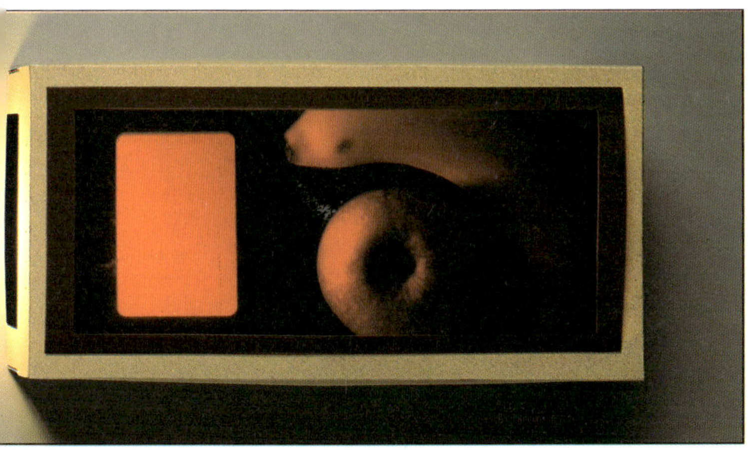

Pigmente und Farbstoffe

Man könnte denken, daß die Farben eines Kinofilms genauso wie die Farben auf einem Fernsehbildschirm hergestellt werden, also durch die Addition von rotem, grünem und blauem Licht im richtigen Verhältnis (S. 96). Doch sie entstehen auf genau entgegengesetzte Weise. Der Film besteht aus Farbschichten, die wie Filter aus weißem Licht Rot, Grün oder Blau im richtigen Verhältnis subtrahieren oder absorbieren. Wenn man im Film Rot sieht, wird das grüne und blaue Licht aus dem weißen Licht des Filmprojektors von Farbstoffen absorbiert und nur das rote Licht durchgelassen. Auch bei Büchern, Bildern und allen Druckerzeugnissen werden Farben genauso durch Farbstoffe und Pigmente erzeugt.

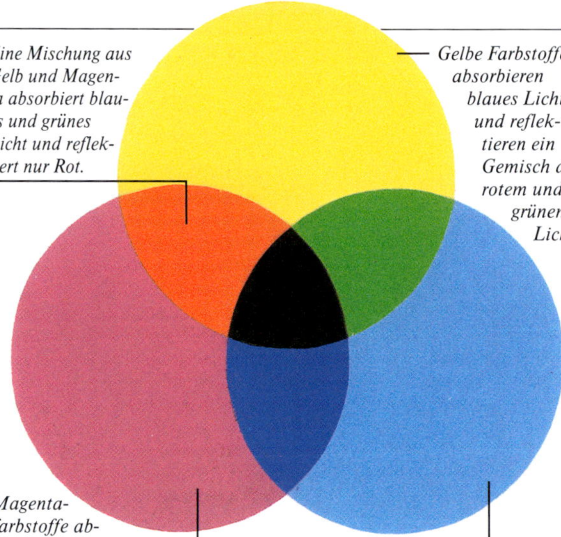

Subtraktive Primärfarben
So, wie man die drei Grundfarben des Lichts – Rot, Grün und Blau – zu anderen Farben mischen kann, können auch Farbstoffe und Pigmente von drei Grundfarben gemischt werden, um jede andere Farbe herzustellen. Doch bei Pigmenten werden Farben absorbiert. Grundpigmente sind also nicht rot, grün und blau, sondern gelb, magenta- und zyanfarben. Dabei absorbiert jedes eine der Grundfarben des Lichts und reflektiert die anderen beiden.

Schwarz
Ein tiefes Schwarz kann leicht hergestellt werden. Lampenschwarz ist der Kohlenstoff, der bei der Verbrennung von Leinöl übrigbleibt, Frankfurter Schwarz entsteht aus verkohltem Rebholz.

Brasilholz
Dieser orangefarbene Lack wird aus Brasilholzspänen hergestellt.

Lack und Lackfarben
Ursprünglich war Lack ein rotes Pigment, hergestellt aus einem wachsartigen Stoff, der von Insekten auf Zweigen ausgeschieden wird. Später wurden andere Lackfarben aus Metalloxiden erzeugt, damit sich die Farbe gleichmäßig verteilte.

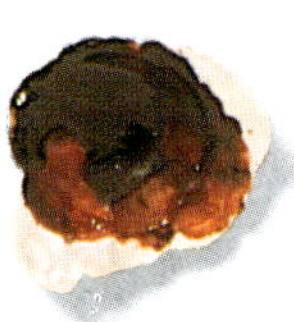

Drachenblut
Dieses tiefrote Harz ist ein Palmenextrakt.

Reseda
Ein gelber Farbstoff, der aus dem Öl der Reseda- oder Färberwaupflanze hergestellt wird.

Färberginster
ergibt ebenfalls gelben Farbstoff.

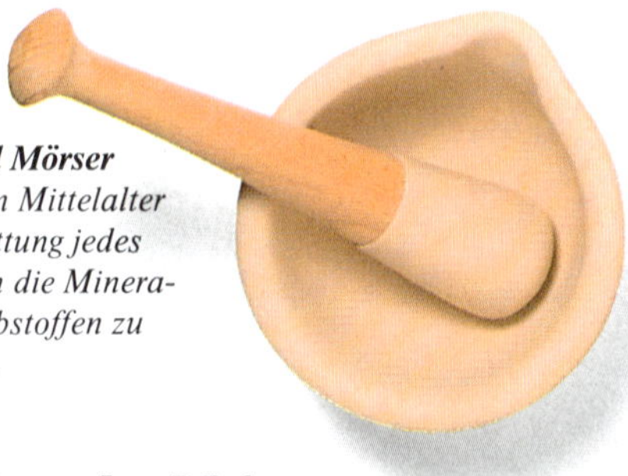

Stößel und Mörser
gehörten im Mittelalter zur Ausstattung jedes Malers, um die Mineralien zu Farbstoffen zu zermahlen.

Die Palette des Malers

Farbstoffe wurden schon vor 12–13000 Jahren in der Steinzeit benutzt, als man Höhlenmalereien mit Farben aus farbigen Erden und Tonerden wie Eisenoxid und Gelber Ocker anfertigte, und oft wurden sie mit tierischem Fett vermischt, damit sie wasserfest waren. Die Steinzeitmaler kannten allerdings nur wenige Farbstoffe, hauptsächlich Braun- und Rottöne. Doch im Laufe der Jahrhunderte wurden immer mehr natürliche Farbmittel entdeckt, und schon im Mittelalter stand den Künstlern wie den Kleidermachern eine ganze Reihe von Farben zur Verfügung – vom kräftigen Blau aus Lapislazuli bis zum leuchtenden Grün aus Malachit. Einige Farbstoffe wurden aus Mineralien und Erden gemahlen, andere aus Pflanzen und Tieren gewonnen. Durch intensive Handelsbeziehungen zwischen Europa und dem Orient wurde die Palette noch größer. 1856 gab es dann den ersten synthetischen Farbstoff, das violette »Mauvein«. Seither wurden Hunderte künstlicher Farbstoffe und Pigmente entwickelt.

Renaissancefarben

Die Gemälde der frühen italienischen Renaissance (14./15. Jahrhundert) wurden normalerweise mit Temperafarben auf Eibasis gemalt. Später indes verwendeten die italienischen Meister oft Ölfarben aus in Leinöl aufgelösten Erdfarbstoffen.

Roter Ocker
Einer der ältesten natürlichen Farbstoffe, der aus Eisenoxid gemahlen wird.

Veronesergrün
wird aus einer grünen Tonerde gewonnen, die das Mineral Viridian enthält.

Gelber Ocker
wird wie Roter Ocker aus Eisenoxid gemahlen. Die gelbliche Färbung entsteht durch die Mischung mit Wasser im Boden.

Ultramarin
Dieser kostbare, intensive blaue Farbstoff stammt von dem Halbedelstein Lapislazuli.

Malachit
Dieses grünliche Pigment gewinnt man aus dem gleichnamigen Kupfererz (Kupferhydroxidkarbonat).

Azurblau
Dieses türkisfarbene Pigment stellt man aus dem Kupfererz Azurit (Kupferkarbonat) her.

Mennige
entsteht durch Erhitzen von Bleioxid bis 400°. Heute selten benutzt, weil es giftig ist.

Zinnoberrot
wurde zuerst im alten China verwendet und aus Zinnabarit (Quecksilbersulfat) in Vulkangestein gewonnen.

Binderfarbe
verwendet man, damit die Farbe gleichmäßig deckt. Temperafarben aus Eigelb und Wasser glänzen matt.

Bleiweiß
Maler brauchen Weiß so oft wie alle anderen Farben. Dieses Weiß verwenden sie schon lange.

Lichtwellen

Vor rund 200 Jahren gab es zwei verschiedene Theorien über das Licht. Mit Isaac Newton nahmen einige Forscher an, Licht bestehe aus winzigen Teilchen oder »Korpuskeln«. Andere Physiker wie Thomas Young glaubten an die Wellennatur des Lichts. Nach einem berühmten Experiment im Jahre 1801 hatte Young gute Argumente für seine Theorie. Er lenkte einen Lichtstrahl durch zwei Schlitze in einem Stück Pappe. Die Schlitze teilten das Licht in zwei Strahlen, die wieder zusammenkamen und ein Muster aus abwechselnd hellen und dunklen Streifen auf einem Schirm bildeten. Nur die Wellentheorie fand dafür eine plausible Erklärung. Das Muster – so Young – werde durch »Interferenz« zwischen den Wellen der beiden Strahlen erzeugt. Diese Erklärung wurde weithin anerkannt – und damit auch die Wellentheorie des Lichts. Heute sind die Wissenschaftler der Ansicht, es sei unmöglich, die Natur des Lichts eindeutig festzulegen: Einmal verhält es sich wie eine Welle, ein anderes Mal wie ein Teilchen. Es genügt jedoch für unsere Experimente, Licht als Welle anzusehen.

Laserkunst
In Filmen und bei Rockkonzerten werden mit Lasern verblüffende Spezialeffekte erzeugt.

Interferenz

Lichtwellen breiten sich von ihrer Quelle wie Wellen auf einem Teich in immer größer werdenden Kreisen aus. Treffen zwei Wellen aufeinander, vereinigen sie sich an manchen Stellen, an anderen heben sie sich auf. Durch diese »Interferenz« entstanden die hellen und dunklen Streifen in Youngs Experiment. Von jedem Schlitz aus legten die Wellen die gleiche Entfernung zurück, so daß sie auch an den gleichen Stellen Berge und Täler bildeten. Wo zwei Täler aufeinandertrafen, verstärkten sie sich gegenseitig und erzeugten einen hellen Streifen. Wo aber ein Berg auf ein Tal traf, hoben sich die Wellen gegenseitig auf und riefen einen dunklen Streifen hervor.

***Auf einem Wellenberg** (links)*
Hier ein Interferenzmuster, das von einem roten Laserlicht erzeugt wurde. Der Laserstrahl geht durch ein Beugungsgitter mit mikroskopisch kleinen Schlitzen, durch die das Licht in mehrere Strahlen zerlegt wird, die sich ausbreiten oder gebeugt werden. Wo diese aufeinandertreffen, gibt es eine Interferenz.

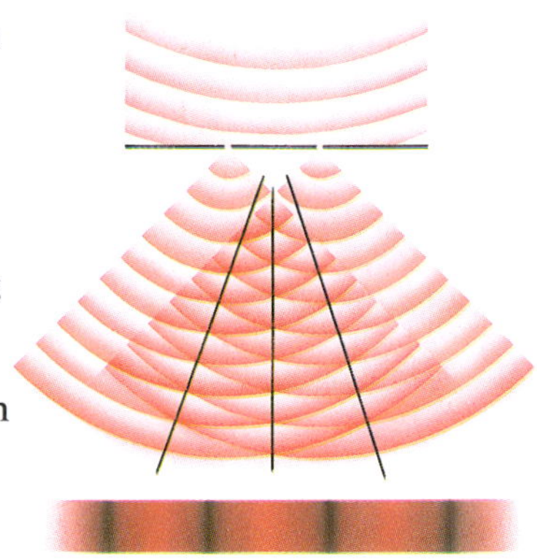

Das Doppelschlitz-Experiment
Bei Youngs Experiment wurde eine einzelne Lichtquelle durch zwei Schlitze geteilt. Die beiden Strahlen riefen dunkle und helle Interferenzstreifen hervor.

Laserlicht

Laser erzeugen einen dünnen Lichtstrahl, der sich über eine große Entfernung bewegt, ohne sich auszudehnen. Der feine Strahl konzentriert Lichtenergie auf einem kleinen Fleck, so daß Laser durch Metalle und viele andere Materialien schneiden können. Eine Laserröhre enthält ein Gasgemisch, zum Beispiel Helium und Neon, oder einen Kristall wie einen Rubin. Eine elektrische Stromquelle regt die Atome des Stoffs in der Röhre an, und nach kurzer Zeit geben die Atome die zusätzliche Energie in Form winziger Lichtenergieimpulse ab. Diese Lichtwellen schwingen in der Röhre hin und her und regen andere Atome an. Schließlich tritt ein Laserstrahl aus der Röhre aus.

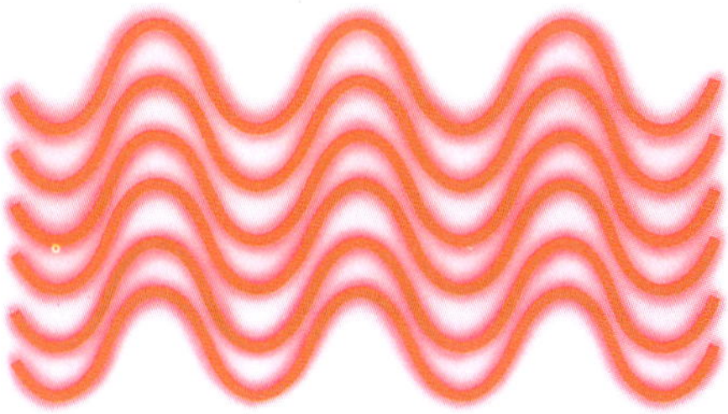

Was ist Laserlicht?
Normales Licht ist ein Durcheinander verschiedener Wellenlängen, Laserlicht hingegen ist »kohärent«. Seine Wellen haben die gleiche Länge, und ihre Berge und Täler sind exakt ausgerichtet.

Polarisiertes Licht

Licht aus einer normalen Quelle, zum Beispiel einer Glühbirne, besteht aus Wellen, die in unterschiedlichen Richtungen schwingen. Mit Spezialfiltern erzeugt man polarisiertes Licht, dessen Wellen nur in einer Richtung schwingen. Damit kann man mechanische Spannungen in Kunststoff nachweisen. Dessen Moleküle zerlegen Licht in zwei Strahlen, die in geringfügig verschiedenen Richtungen polarisiert werden. Die Wellen interferieren miteinander und bilden ein Muster von farbigen Streifen. Mit Hilfe von polarisiertem Licht untersuchen Ingenieure Plastikmodelle von Flugzeugen und Gebäuden, um die Spannungen darin ausfindig zu machen.

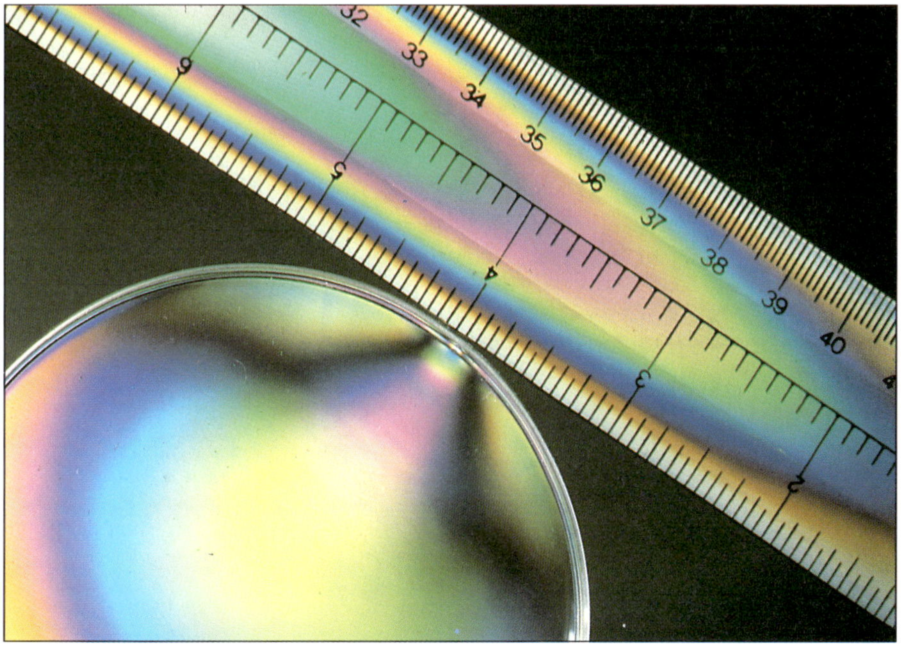

***Unter Spannung** (rechts)*
Wenn man ein Lineal und eine Schale aus Plastik zwischen zwei Polarisationsfilter legt, zeigen farbige Interferenzstreifen die Spannungsumrisse darin.

SCHALL

Wir leben in einer Welt voller Schall. Wenn man an der Startbahn eines großen Flughafens steht, kann man durch den sehr hohen Geräuschpegel einen Gehörschaden erleiden. Aber selbst in den stillsten Augenblicken dringen Geräusche an die Ohren - das Rascheln von Laub oder auch nur der eigene Atem.

Schon vor 2500 Jahren vermuteten die alten Griechen, daß der Schall nichts weiter sei als Luftschwingungen. Der berühmte griechische Philosoph Aristoteles (384 - 322 v. Chr.) glaubte, Licht und Schall bewegten sich durch die Luft wie Wellen im Meer. Daraus folgerte er, daß sich weder Licht noch Schall durch den luftleeren Raum eines Vakuums bewegen können. Es sollte freilich noch fast 2000 Jahre dauern, bis man ein Vakuum erzeugen und Aristoteles recht geben oder widerlegen konnte - wobei Aristoteles übrigens überzeugt war, ein Vakuum könne nie hergestellt werden. Doch breits im frühen 17. Jahrhundert pumpten Forscher die Luft aus Gläsern, um zu untersuchen, ob eine Glocke darin ertönen würde. Aber sie schafften es nicht, die Luft vollständig abzusaugen.

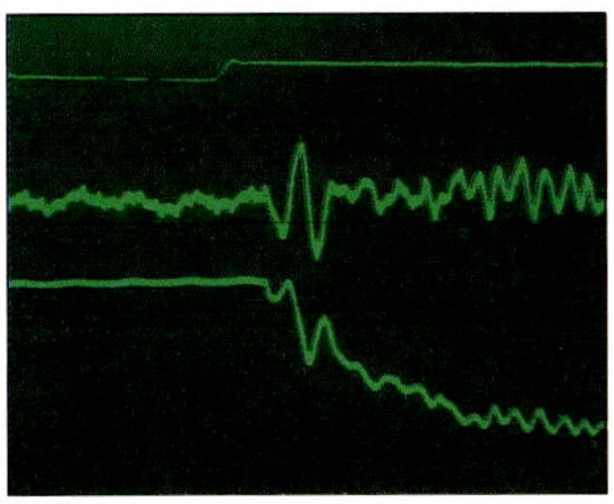

Schall bewegt sich wellenförmig durch die Luft, wobei er sie zusammenpreßt und dehnt. Die Wellenberge (Kompression der Luft) und -täler (Verdünnung der Luft) kann man in einem Oszillogramm gut erkennen. Die höchsten Spitzen sind die lautesten Geräusche.

Stumme Glocke

Das gelang erst in den vierziger Jahren des 17. Jahrhunderts Toricelli (1608 - 1647; S. 117). Sofort erkannte man, daß Aristoteles nicht recht gehabt hatte, soweit es das Licht betraf - es schien nämlich ungehindert durch das Vakuum. Doch hinsichtlich des Schalls hatte sich Aristoteles nicht geirrt. Noch vor 1650 erfand Otto von Guericke (1602 - 1686), Bürgermeister von Magdeburg, die Luftpumpe. Damit pumpte er Kessel leer und bewies, daß sich der Schall im Vakuum nicht ausbreiten kann.

Bei einem großen Gong kann man die Schwingungen, die Schallwellen in der Luft erzeugen, deutlich sehen.

Der irische Forscher Robert Boyle (1627 - 1691) bestätigte Guerickes Ergebnisse mit einem berühmten Experiment. Er ließ sich von dem Erfinder und Physiker Robert Hooke (1635 - 1703) eine verbesserte Version der Luftpumpe bauen und pumpte langsam die Luft aus einer Glaskugel, die eine laut tickende Uhr enthielt. Dabei stellte er fest, daß das Geräusch immer leiser wurde. Schon bald sah er nur noch, wie sich die Zeiger der Uhr im Innern der Kugel drehten, konnte aber absolut nichts mehr hören. Dann ließ er wieder Luft in die Kugel strömen, und erneut war das Ticken zu hören. Damit war klar, daß Schall zu seiner Übertragung Luft benötigte. Durch Feststoffe und Flüssigkeiten bewegt sich Schall sogar schneller als durch Luft; allerdings dringen die meisten Geräusche durch die Luft an unser Ohr. Boyles Versuch zeigte, daß Schall durch das Material transportiert wird, durch das er sich bewegt. Wie das geschieht, ist auf S. 104 erklärt.

Die Glockenform verstärkt die Luftbewegungen, die beim Auftreffen des Klöppels auf dem Metall ausgelöst werden.

Schallgeschwindigkeit

Vor über 1900 Jahren erkannte der römische Schriftsteller Plinius der Ältere (23/24 - 79), daß sich Licht schneller als der Schall bewegen müsse, da er bei einem Gewitter den Blitz etwas früher sah als den Donner hörte. Das könnt ihr beim nächsten Gewitter selbst feststellen: Schaut auf den Sekundenzeiger, wie lange es dauert, bis ihr den Donner hört. Licht ist so schnell, daß ihr den Blitz fast im Augenblick seiner Entstehung erblickt. Beim Schall dauert es etwas länger. Da man aber weiß, wie schnell der Schall ist, kann man die Entfernung des Gewitters leicht errechnen, indem man den zeitlichen Abstand zwischen Blitz und Donner stoppt. Schall pflanzt sich mit rund 344 m/s fort, so daß das Gewitter also etwa je einen Kilometer pro drei Sekunden entfernt ist.

Im frühen 17. Jahrhundert unternahm man die ersten ernsthaften Versuche, die Schallgeschwindigkeit zu messen. Der französische Mönch und Mathematiker Marin Mersenne (1588 - 1648) wandte zwei Methoden an. Zum einen schrie er gegen eine Wand, deren

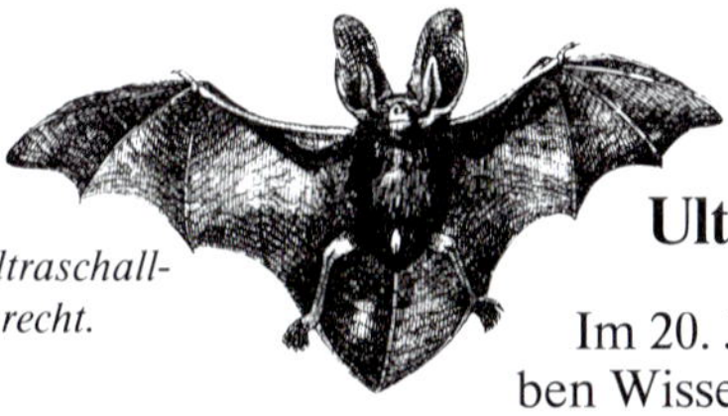

Fledermäuse finden sich mit Hilfe von Ultraschallechos im Finstern zurecht.

Entfernung von ihm er kannte, und maß, wie lange es dauerte, bis er das Echo hörte. Zum andern ließ er durch einen Mitbruder ein Gewehr in einer genau festgelegten Entfernung abfeuern. Dann maß er den Zeitabstand zwischen dem Pulverblitz und dem Knall. Damals konnte man noch nicht sekundengenau messen, darum zählte der Mönch für eine grobe Schätzung seinen Herzschlag. Auf diese Weise errechnete er eine Schallgeschwindigkeit von etwa 450 m/s.
Ein Jahrhundert später, 1738, feuerten Mitglieder der Pariser Akademie zwei Kanonen in einer Entfernung von 18 km ab und maßen die Zeit zwischen dem Mündungsfeuer und dem Donner. Sie kamen auf eine Schallgeschwindigkeit von etwa 332 m/s. Da sie sie bei einer Temperatur von 0° maßen, stimmt dieses Ergebnis etwa mit modernen Kenntnissen überein.

Alte Phonographen hielten Tonschwingungen als Unebenheiten in den Rillen der Schallplatten fest.

Verschiedene Geschwindigkeiten

1740 wies der italienische Graf Brianconi nach, daß sich Schall durch wärmere Luft schneller fortpflanzt. Heute nimmt man an, daß der Schall bei 20° etwa 344 m/s schnell ist. Noch schneller jedoch bewegt er sich durch feste und flüssige Stoffe: in klarem Wasser mit fast 1500 m/s, in Stahl beinahe 6000 m/s. Früher glaubte man, hohe Töne würden sich schneller fortpflanzen als tiefere - doch sie bewegen sich gleich schnell.

Ultraschall

Im 20. Jahrhundert haben Wissenschaftler eine ganze Welt des Schalls entdeckt, die wir auch mit dem besten Gehör nicht wahrnehmen können. Den Bereich dieser unhörbaren höchsten Töne nennt man Ultraschall, den der von uns nicht wahrnehmbaren tiefsten Töne Infraschall. Doch eine Reihe anderer Geschöpfe können diese Töne hören - und erzeugen. Fledermäuse und Delphine etwa nehmen Ultraschalltöne wahr, deren Frequenz (S. 106) über sechsmal höher liegt als die der höchsten Töne, die wir Menschen gerade noch hören. Diese Obergrenze liegt bei 20 000 Hz (Schwingungen pro Sekunde).

Zu den besonderen Eigenschaften des Ultraschalls gehört, daß er nicht gestreut wird wie normaler Schall und fast wie ein Lichtstrahl ausgerichtet werden kann. Darum leisten Ultraschallgeräusche einigen Tieren wertvolle Dienste: Damit können Fledermäuse sogar bei tiefster Finsternis »sehen« und Delphine ihren Weg unter Wasser finden.
Wenn eine Fledermaus durch die Dunkelheit fliegt, stößt sie ständig Ultraschallschreie aus. Sie werden von allen Gegenständen in ihrem Weg als Echo zurückgeworfen und von den scharfen Ohren der Fledermaus wieder aufgefangen. Aus der Zeit, die das Echo dafür braucht, und aus der Richtung »errechnet« die Fledermaus ein Schallbild, das ihr einen sicheren Flug sogar durch stockdunkle Höhlen ermöglicht.
Nicht viel anders arbeiten auch die Schallmeßgeräte auf Schiffen und U-Booten (S. 110). Außerdem gibt es eine ganze Reihe von Anwendungsmöglichkeiten für die Ortung von Ultraschallechos - zum Beispiel in der Industrie beim Aufspüren von unsichtbaren Schwachstellen in festen Metallen. Dabei reflektiert die Schwachstelle den Ultraschall wie ein Unterwasserobjekt. Auf diese Weise können auch Haarrisse in Kernreaktoren festgestellt werden, die sonst zu schrecklichen Katastrophen führen würden. Mit Ultraschallmessungen kann man in den Leib einer werdenden Mutter »hineinsehen« und untersuchen, ob sich das Ungeborene normal entwickelt.
Im Unterschied zu Röntgenstrahlen ist Ultraschall harmlos, und außerdem liefert er wunderbar »lebendige« Bilder. Wenn man mit Ultraschallgeräten Dinge untersucht, benützt man im allgemeinen eine schwache Schallquelle. Mit Hochenergie-Ultraschall-»Kanonen« hingegen kann man sogar Stahlträger zerschmettern. In der Medizin zerkleinert man mit speziellen Nierensteinzertrümmerern (sog. »Lithotriptern«) bereits Nierensteine ohne chirurgischen Eingriff. Der Lithotripter sendet einen gebündelten Ultraschallstoß gegen die Niere. Dem gesunden weichen Gewebe der Niere kann dieser Stoß nichts anhaben, weil es sich mit jeder Schallwelle verformt. Die harten Steine hingegen werden in Stücke zerlegt.

Überschallflugzeuge wie die Concorde fliegen schneller als die Schallgeschwindigkeit. Beim Beschleunigen durchbrechen sie die Schallmauer: Sie pressen die Luft zusammen und erzeugen einen lauten Überschallknall (S. 107).

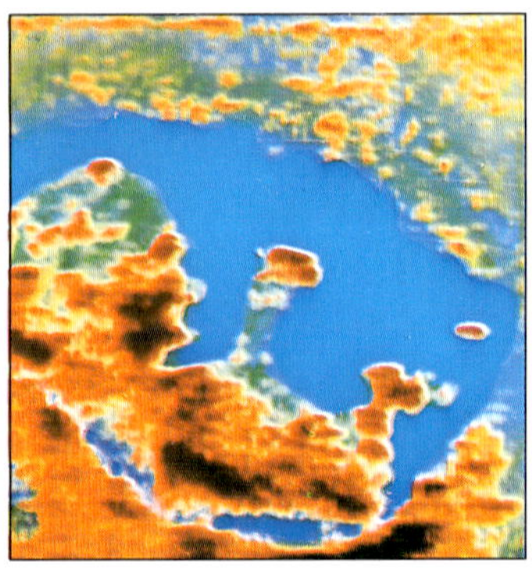

Ultraschallscanner vermitteln ein verblüffendes Bild des Fetus im Mutterleib; hier ein vom Computer eingefärbtes Falschfarbenbild.

Schwingungen

Schall entsteht, wenn etwas schwingt. Manchmal kann man die Schwingung sehen, manchmal nicht: Wenn man an einem straff gespannten Gummiband zupft, sieht man es schnell hin und her schwingen, während es brummt. Klatscht man aber in die Hände oder stampft mit den Füßen auf, rührt sich nichts. Und doch entstehen auch dabei Schwingungen. Allerdings bewegen sich nicht nur die Hände oder das Gummiband – Schall ist deshalb zu hören, weil sich auch die Luft bewegt. Während die Schallquelle hin und her schwingt, regt sie auch die sie umgebenden Luftmoleküle an, hin- und herzuschwingen und diese ihrerseits versetzen benachbarte Luftmoleküle in Schwingungen: Der Schall pflanzt sich also durch die Luft bis zu den Ohren in kleinen Schwingungen oder Schallwellen fort. Diese können sich auch durch feste und flüssige Stoffe bewegen, und zwar schneller als in Luft, weil die Moleküle dichter beieinanderliegen. Nur in einem Vakuum ist es immer absolut still, weil sich Schall nicht ohne Moleküle fortpflanzen kann.

Schlägt man ein Becken, schwingt es schnell und schickt eine Reihe von Schwingungen oder Schallwellen durch die Luft.

Schallwellen

Schallwellen verhalten sich anders als Wellen im Meer. Diese gehen auf und nieder und haben Berge und Täler, die sich auf der Oberfläche kräuseln. Man nennt sie Transversal- oder Querwellen. Schallwellen hingegen sind Longitudinal- oder Längswellen: Sie bewegen sich voran, indem sie sich abwechselnd stauchen und dehnen, wie die Feder unten, und nicht auf und ab gehen. Von einem Schall werden die benachbarten Luftmoleküle zusammengepreßt, die wiederum ihre Molekülnachbarn anrempeln – und von den hinter ihnen liegenden Molekülen wieder an ihren Platz zurückgezogen werden. Dieses Stauchen und Dehnen pflanzt sich wellenförmig durch die Luft fort.

Das menschliche Ohr

Ohne Ohren wäre Schall nichts weiter als Luftschwingungen. Die Ohren reagieren auf die zahllosen Schwingungen in der Luft und senden Nervensignale über den Hörnerv ans Gehirn, das sie als Geräusche entschlüsselt. Weil wir zwei Ohren haben, können wir ziemlich genau die Richtung angeben, aus der die meisten Geräusche kommen. Jeder Schall erreicht ein Ohr ein bißchen eher als das andere. Aus diesem Zeitunterschied errechnet das Gehirn exakt die Herkunft des Schalls.

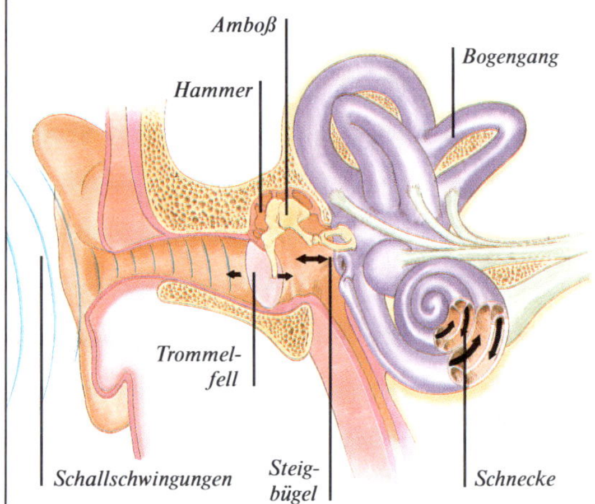

Der größte Teil des Ohrs befindet sich im Innern des Kopfes. Die äußeren Lappen leiten den Schall nur über den äußeren Gehörgang zum Trommelfell, das straff über den Gehörgang gespannt ist. Es ist so dünn, daß selbst die feinsten Schallwellen es zum Schwingen bringen, und dabei läßt es ein Knöchelchen – den Hammer – gegen ein weiteres Knöchelchen – den Amboß – schwingen. Der Amboß schließlich erschüttert ein drittes Knöchelchen, den Steigbügel.
Auf diese Weise werden die Schwingungen verstärkt und zum Innenohr, zur Schnecke, weitergeleitet. Dieses wie ein Schneckenhaus eingerollte Organ ist mit winzigen Härchen versehen sowie mit einer Flüssigkeit gefüllt, durch die sich der Schall sehr leicht bewegt. Während die Schallwellen durch die Schnecke pulsieren, fächeln sie die Härchen, die winzige Nervenzellen anregen, welche schließlich Signale durch den Hörnerv ans Gehirn senden.

Luftmoleküle werden an manchen Stellen zusammengestaucht …

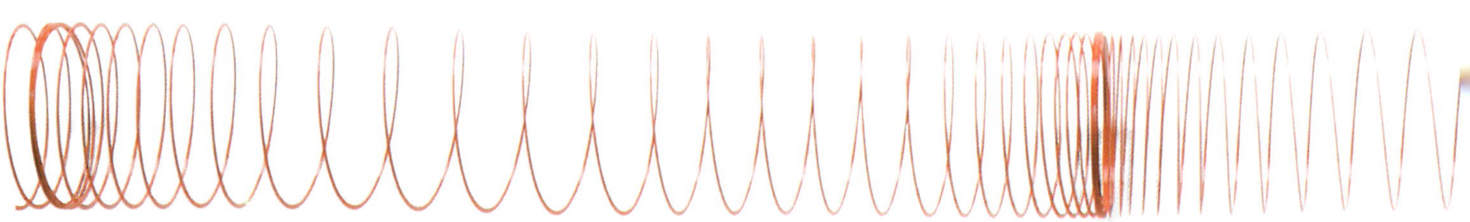

EXPERIMENT

Schwingungen sehen

Schallwellen in der Luft kann man nicht sehen – nur was sie bewirken. Wenn man Zucker auf einer selbstgebastelten Trommel tanzen läßt, erkennt man, daß Schall einfach aus Schwingungen besteht.

IHR BRAUCHT

- große Kuchenform • Plastikfolie
- kräftiges Gummiband • Backblech
- Holzlöffel • braunen Zucker

1 Baut euch eine Trommel, indem ihr Plastikfolie über die runde Kuchenform spannt.

2 Spannt das Gummiband um die Form, um die Folie zu fixieren.

3 Streut einen Teelöffel braunen Zucker auf das Plastiktrommelfell.

4 Haltet das Backblech nahe an die Trommel und schlagt rasch mit dem Holzlöffel darauf.

Nun seht ihr den Zucker auf dem Trommelfell auf und ab tanzen.

Wie es funktioniert

Wenn ihr auf das Blech schlagt, schwingt es danach noch den Bruchteil einer Sekunde weiter. Dabei wird die umgebende Luft auch zum Schwingen angeregt. Diese kleinen Luftschwingungen (Schallwellen) breiten sich in der Luft rasch nach allen Seiten aus. Treffen sie nun auf das Trommelfell, bringen sie es ebenfalls zum Schwingen, und daher tanzt der Zucker auf und ab. Durch die Schallwellen, die euer Ohr erreichen, könnt ihr den Schlag hören.

… an anderen gedehnt … *… und zusammengestaucht …* *… und so pflanzt sich die Schallwelle fort.*

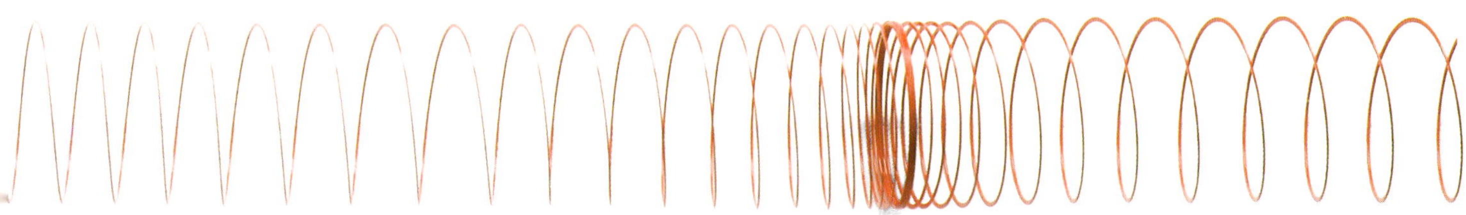

Tonhöhe und Klang

Wenn eine große Trommel geschlagen wird, hört ihr einen tiefen Ton, wenn eine Möwe schreit, einen hohen. Töne unterscheiden sich durch die Frequenz ihrer Schallwellen. Folgen Schwingungen einander nur langsam, ergibt das einen tiefen Ton, bei rascher Abfolge entsteht ein hoher Ton. Normalerweise mißt man Frequenzen in Hertz (Hz), das heißt nach Perioden (Wellen) pro Sekunde. Unsere Ohren hören Töne von etwa 20 Hz bis etwa 20 kHz (20 000 Hz). Noch höhere Töne nennt man Ultraschall. Diesen können nur Fledermäuse und Delphine noch hören. Mit Ultraschallechos kann man Bilder auf einem Bildschirm erzeugen – etwa von Rissen in Gebäuden oder von Abnormitäten eines Fetus im Mutterleib.

Nur sehr wenige Geräusche enthalten Töne von einer einzigen Tonhöhe. Die meisten bestehen aus einem »Grundton« und einer ganzen Reihe weniger wichtiger »Obertöne«. Aber gerade nach diesen Obertönen können wir ein Geräusch von einem anderen unterscheiden.

Eine Fledermaus auf Jagd stößt Ultraschallrufe aus, welche als Echo von der Beute reflektiert werden. So kann die Fledermaus das Beutetier finden und fangen.

Flaschen-Musik
Stellt mehrere Flaschen nebeneinander und füllt sie jeweils mit immer weniger Wasser. Blast über jede Flasche, um die Luftsäulen darin zum Schwingen anzuregen. Welche Flasche gibt den höchsten und welche den tiefsten Ton von sich? Je kürzer die Luftsäule, desto höher der Ton – den höchsten erzeugt die vollste Flasche.

Frequenz und Wellen

Hochfrequenz- und Niederfrequenztöne bewegen sich alle mit der gleichen Schallgeschwindigkeit. Hochfrequenzwellen kommen zwar in schneller Folge, sind aber viel kürzer als Niederfrequenztöne. Es ist wie bei einem Spaziergang von einem Erwachsenen und einem Kind: Bei gleicher Geschwindigkeit macht das Kind mehr Schritte, weil sie kürzer sind.
Allerdings hängt die Tonhöhe nicht nur von der Frequenz ab: Wenn sie laut sind, klingen sehr tiefe Töne noch tiefer und sehr hochfrequente Töne noch höher.

EXPERIMENT

Der Doppler-Effekt

Hört man genau hin, wenn ein Polizeiauto mit Sirenengeheul oder ein Zug an einem anderen Zug vorbeirast, nimmt man etwas Merkwürdiges wahr. Wenn sich das Auto nähert, scheint das Geräusch nicht gleich zu bleiben, sondern höher zu werden, bis das Auto vorbei ist. Doch eigentlich ändert sich an der Tonhöhe nichts – es scheint nur so, weil euch die Schallwellen schneller erreichen, wenn sich das Auto naht. Diesen Effekt nennt man Doppler-Effekt, nach dem österreichischen Physiker Christian Doppler, der ihn vor über 150 Jahren zum erstenmal beschrieben hat. Diesen Effekt könnt ihr ganz einfach selbst vorführen.

IHR BRAUCHT
- einen Freund auf dem Fahrrad
- eine Pfeife

Die Schallmauer durchbrechen

Ist ein Flugzeug schneller als die von ihm erzeugten Schallwellen, holt es sie ein und preßt die Luft fest zusammen. Dabei entsteht eine Schockwelle, die wir als Überschallknall hören.

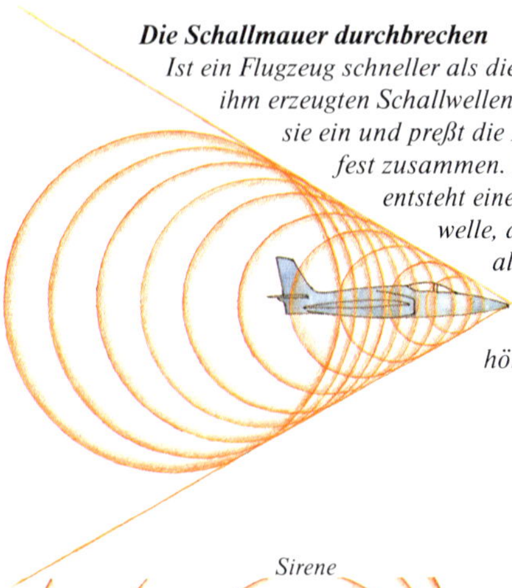

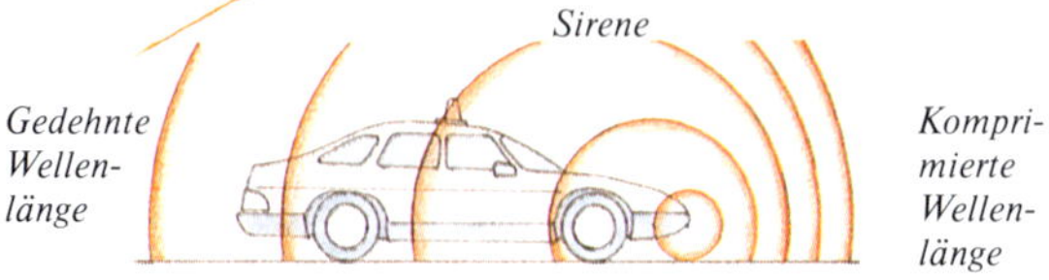

Hoch und tief

Nähert sich euch ein Polizeiauto, staucht es die Schallwellen der Sirene, so daß sie höher zu sein scheinen, als sie sind. Entfernt sich das Auto wieder, dehnen sich die Schallwellen hinter ihm, so daß die Sirene tiefer klingt.

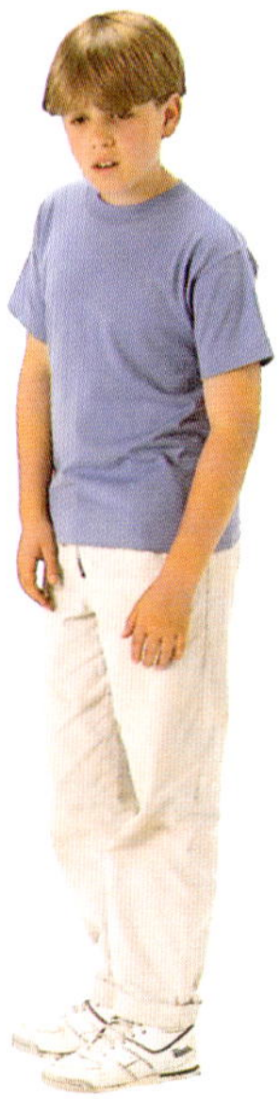

1 Laßt euren Freund langsam an euch vorbeifahren, während er pfeift.

2 Hört genau hin, ob sich die Tonhöhe der Pfeife ändert.

3 Bittet euren Freund nun, sehr schnell an euch vorbeizufahren und dabei zu pfeifen. Diesmal solltet ihr den Pfeifton steigen und fallen hören.

Klang

Auch wenn Flöte und Geige ein und denselben Ton spielen, klingt es sehr verschieden. Das liegt daran, daß jedes Musikinstrument seine eigene Skala von Obertönen ebenso wie seinen besonderen Grundton erzeugt. Das Muster der Schallwellen eines Instruments kann man als Wellenlinie darstellen, wobei die Spitzen und Täler die Änderungen im Luftdruck anzeigen, während der Ton euer Ohr erreicht. Jedes Instrument besitzt sein eigenes Wellenmuster.

Stimmgabel

Eine Stimmgabel erzeugt einen sehr reinen Ton mit einem Minimum an Obertönen – die Welle ist sehr einfach und gleichmäßig.

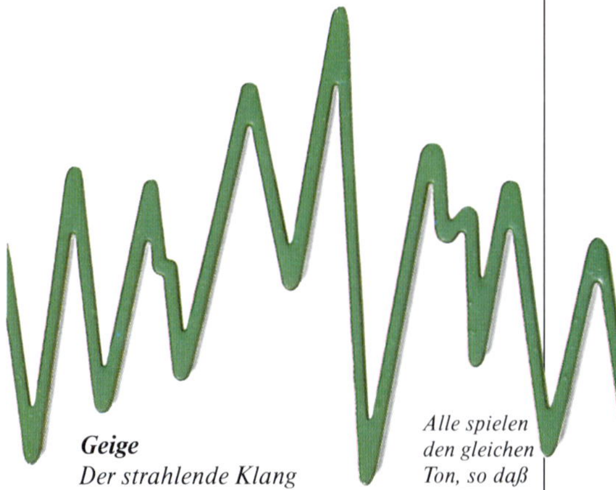

Geige

Der strahlende Klang einer Geige bildet ein viel ausgezackteres Wellenmuster.

Alle spielen den gleichen Ton, so daß die Hauptspitzen und -täler übereinstimmen.

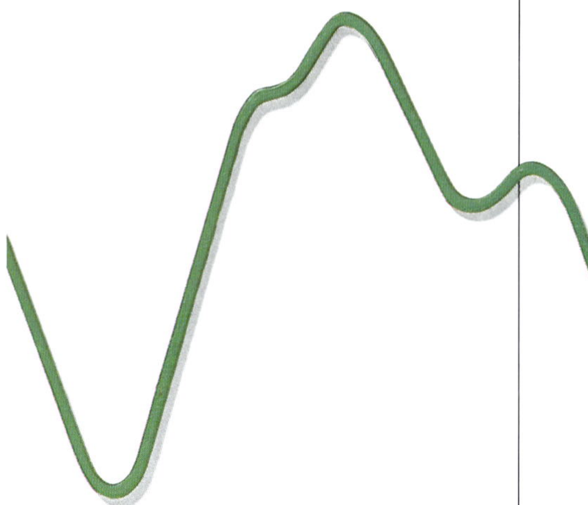

Flöte

Die Flöte erzeugt einen viel reineren und weicheren Ton als die Geige, da sie nur ein paar sehr regelmäßige Obertöne aufweist.

Gong

Schlägt man einen Gong, schwingt er sehr ungleichmäßig. Dabei entsteht ein Krach mit einem gezackten, unordentlichen Wellenmuster, das wir als Geräusch ohne eindeutige Tonhöhe hören.

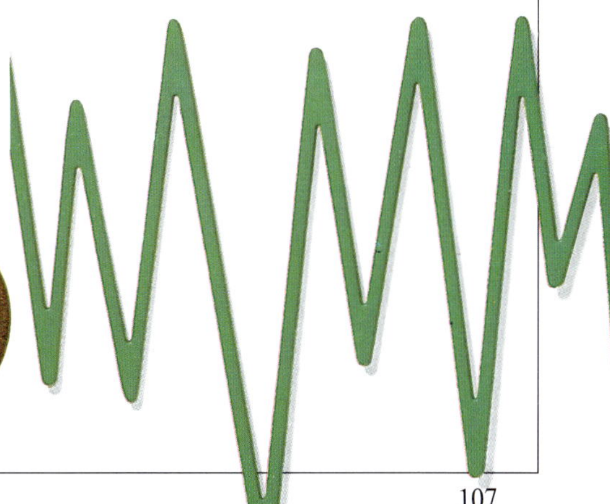

Resonanz

Jeder Gegenstand hat eine natürliche Frequenz. Wenn er frei schwingen kann, schwingt er immer mit der gleichen Frequenz. Schlägt man beispielsweise eine Glocke, wird sie immer den gleichen Ton von sich geben. Genauso schwingt das Pendel in einer alten Uhr immer mit der gleichen Geschwindigkeit hin und her. Man kann aber die Dinge auch schneller oder langsamer als mit natürlicher Frequenz schwingen lassen, indem man sie in gleichmäßigen Abständen anstößt. Das nennt man »unfreie Schwingung«. Wird ein Gegenstand genau mit seiner natürlichen Frequenz angestoßen, schwingt er im Einklang und die natürlichen Schwingungen werden verstärkt. Dieses Phänomen heißt Resonanz. Es ist wie bei einer Schaukel: Schiebt man sie zu früh oder zu spät an, macht es viel mehr Mühe, sie in Gang zu halten, während es im richtigen Zeitpunkt ganz einfach ist. Ein Zug fährt oft langsam über eine Brücke, weil sonst seine Schwingungen mit der Eigenfrequenz der Brücke übereinstimmen und diese einstürzen könnte. Wegen der Resonanz kann eine Sängerin auch ein Weinglas zerschmettern, wenn sie einen Ton mit der natürlichen Frequenz des Glases trifft.

Klingeling
Jede Glocke hat ihre natürliche Frequenz und daher stets auch ihren eigenen Ton.

Schall messen

Die Lautstärke eines Geräuschs hängt von der Menge der Energie in den Schallwellen ab. Große, energiereiche Wellen bewegen euer Trommelfell lange und klingen laut, kleinere Wellen regen es viel weniger an und klingen leise. Die Schallenergie oder Intensität wird zuweilen in »Bel« (nach dem schottisch-amerikanischen Erfinder Alexander Graham Bell, 1847–1922), meist aber in Dezibel (= 0,1 Bel) gemessen. Die Dezibel-Skala ist logarithmisch, d.h., ein Geräusch von 2 Dezibel (dB) ist nicht doppelt, sondern zehnmal so intensiv wie ein Geräusch von 1 dB, 20 dB sind also 100mal lauter als 10 dB. Geräusche über 120 dB verursachen heftige Schmerzen und führen zu Taubheit.

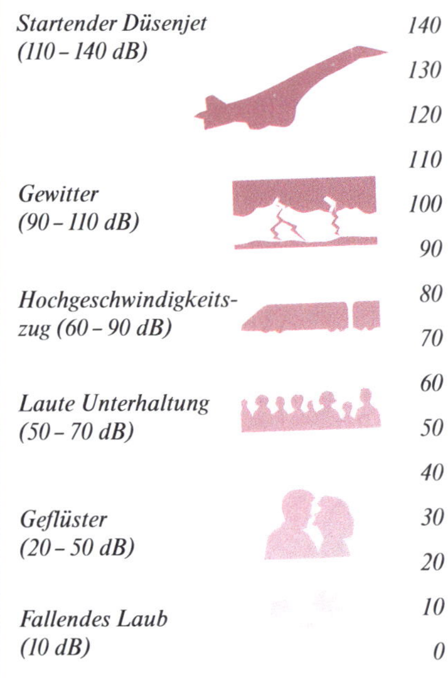

Eine Flöte blasen

Spielt ein Musiker eine Flöte oder sonst ein Blasinstrument, gerät die Luft darin in Schwingungen mit seiner natürlichen Frequenz. Bei Holzblasinstrumenten setzt ein Rohrblatt die Luft in Bewegung, bei Blechblasinstrumenten ein metallisches Mundstück. Die Schnelligkeit der Luftschwingung – und damit die Tonhöhe – hängt von der Länge der Luftsäule im Instrument ab. Ist sie kurz, schwingt die Luft schnell; ein hoher Ton entsteht. Ist sie lang, schwingt sie langsam; ein tiefer Ton entsteht. Der Musiker kann den Ton ändern, indem er Löcher mit den Fingern bedeckt oder Klappen schließt und damit die Länge der Luftsäule verändert. Am höchsten ist die Schwingung an jedem Ende der Säule, genannt Schwingungsbauch, während sie in der Mitte (dem Knoten) gegen Null abfällt.

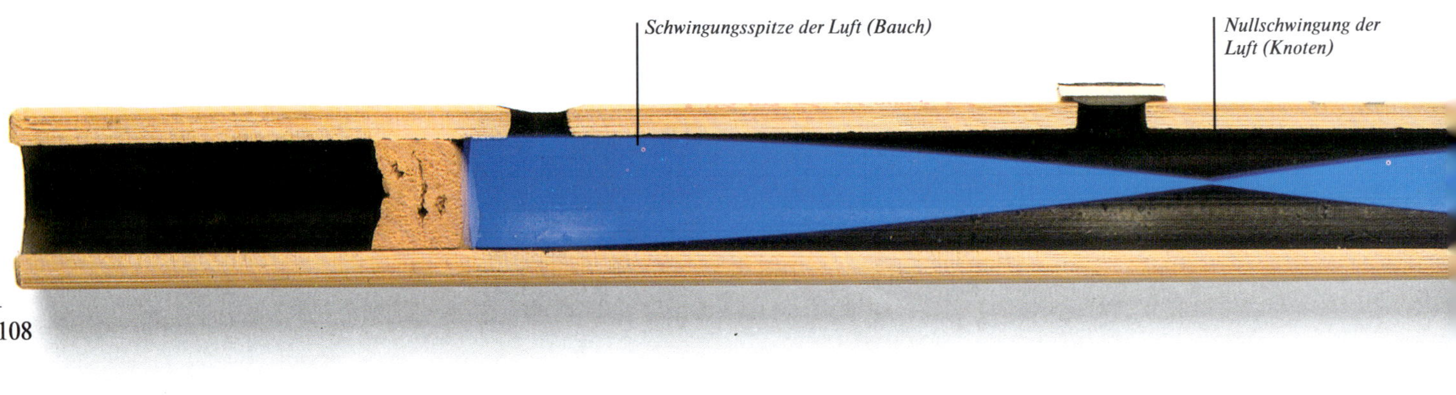

EXPERIMENT

Pendelkraft

Bei diesem Experiment zeigt sich die Kraft der Resonanz.

IHR BRAUCHT

• Schnur • drei gleich schwere Gewichte

1 Knüpft ein unterschiedlich langes Stück Schnur an jedes Gewicht und hängt diese Pendel in gleichen Abständen an eine zwischen zwei festen Punkten straff gespannte Schnur. Bringt jedes Pendel nacheinander zum Schwingen und beachtet, was passiert.

2 Wiederholt das Ganze, wobei ihr zwei gleich lange Pendel verwendet. Sobald eines davon schwingt, wird auch das andere zu schwingen beginnen – es gerät in Resonanz.

3 Wiederholt das Ganze mit allen drei Pendeln gleich lang: Bei allen entsteht Resonanz, und darum schwingen sie miteinander.

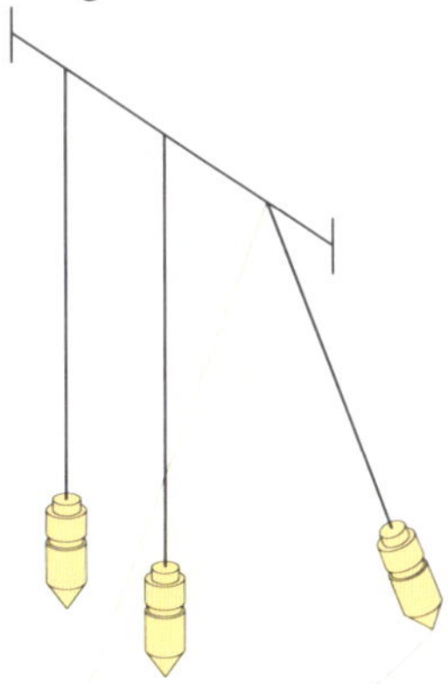

Mitschwingen
Haben die festen Pendel die gleiche natürliche Frequenz wie das schwingende Pendel (sind ihre Schnüre also gleich lang), werden auch sie zu schwingen beginnen.

Echo und Akustik

Wenn man in einer großen, leeren Halle oder in einem Tunnel laut schreit, kann man zuweilen noch kurz danach einen Laut hören. Das ist nichts weiter als der Schall der eigenen Stimme, der von der Wand zurückgeworfen wird; denn wie Licht reflektiert wird, gibt es auch beim Schall ein Echo – und zwar in einem kleinen Zimmer genauso wie in einer riesigen Halle. Allerdings könnt ihr ein Echo nur dann hören, wenn es mindestens 0,1 Sekunden nach dem ursprünglichen Schall zurückkommt. Da Schall sich ungefähr mit 33 m in 0,1 Sekunden bewegt, könnt ihr Echos nur dann hören, wenn die Wand mindestens 17 m entfernt ist.

Rundecho
In der Flüstergalerie der Londoner St. Paul's Kathedrale bündelt die Kuppel alle Echos, so daß ein Flüstern überall zu hören ist.

Echolot

Schiffe messen mit Hilfe von Echos die Meerestiefe, weil sich der Schall unter Wasser sehr gut fortpflanzt. Von einem sogenannten Oszillator erzeugte Schallwellen werden vom Meeresboden zurückgeworfen. Ein Echolot mißt die Wassertiefe anhand der Zeit, die das Echo braucht, um zum Schiff zurückzukehren.
Auf die gleiche Weise kann man mit einem Sonar (**S**ound **N**avigation **a**nd **R**anging) Unterwasserobjekte orten – von Fischschwärmen bis zu U-Booten. Das Sonar sendet einen Strom hochfrequenter Tonimpulse aus und analysiert die zurückkehrenden Echos.

Akustik

Die Klangqualität eines Konzertsaals hängt von seiner Akustik ab – also davon, wie der Schall im Saal als Echo zurückgeworfen wird. Bevor man einen neuen Saal baut, wird seine Akustik meist mit Wassertanks getestet, die genauso geformt sind. Wasserwellen verhalten sich nämlich in vieler Hinsicht wie Schallwellen, so daß das Wellengekräusel eine gute Vorstellung vom Echoverhalten des Saals vermittelt. Dabei sollen die Echos nicht völlig ausgeschaltet, sondern zur Erzeugung des bestmöglichen Klangs genutzt werden. Außerdem soll das Publikum überall gleich gut hören. Ohne Echos würde Musik sehr flach und unlebendig klingen. Selbst in den besten Konzertsälen hört man die Musik noch ein bißchen ausklingen, nachdem das Orchester aufgehört hat. Man nennt das die Nachhallzeit. In Konzertsälen liegt sie im allgemeinen etwa bei zwei Sekunden, während sie in großen Kirchen und Kathedralen bis zu acht Sekunden betragen kann und damit für einen weicheren Klang sorgt.

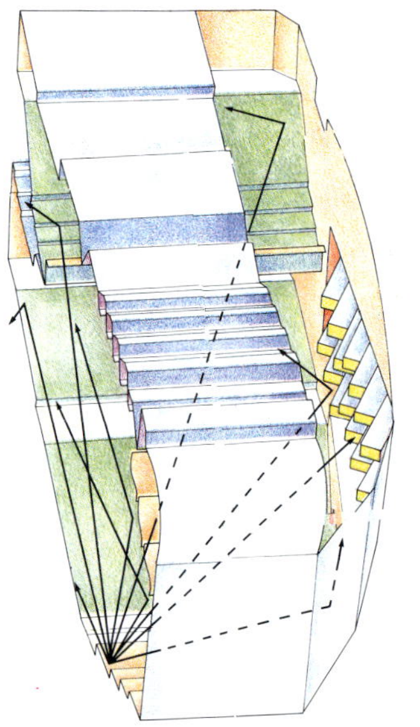

Konzertsaalakustik *(oben)*
Der Konzertsaal in diesem Schnittmodell besitzt eine abgehängte Decke und schräge Klangkörper, die den Schall von der Bühne zum Publikum kaum verzerrt reflektieren. Außerdem darf die Bestuhlung nicht zu weich sein, weil sie sonst Schall schluckt, während zu viele harte, glatte Flächen Nachhall verursachen.

EXPERIMENT

Schallreflexion

IHR BRAUCHT

• zwei feste Posterpapprohre • tickende Uhr oder Wecker • glatte Pappe, 40 x 40 cm, sowie Stoff- und Schaumstoffteile

Dieses Experiment führt überzeugend vor, daß glatte, harte Flächen den Schall genauso gut reflektieren wie ein Spiegel das Licht, Stoff und Schaumstoff hingegen nur schlecht.

1 Stellt die Pappe senkrecht auf einen großen Tisch und legt wie hier die Rohre in einem Winkel davor. Der Abstand zwischen der Pappe und den Rohrenden sollte etwa 6 cm betragen.

2 Nun stellt ihr den Wecker an ein Rohrende und bittet einen Freund, am anderen Ende zu lauschen. Das Ticken ist deutlich durch die Rohre zu hören, auch wenn sie nicht verbunden sind: Der Schall pflanzt sich durch das eine Rohr fort und wird von der Pappe ins andere reflektiert.

Der gekrümmte Streifen stellt die Rückwand der Bühne dar.

Die Wellen (= Schallwellen) strahlen in konzentrischen Kreisen von der Quelle aus.

Wo die Schallwellen auf die Kurve treffen, werden sie in gerader Linie reflektiert – direkt von der Rückwand weg.

EXPERIMENT

Wir bauen einen Wellentank

Schallwellen strahlen von ihrer Quelle kreisförmig aus. Von einer entsprechend gekrümmten Fläche werden sie dann so in geraden Linien reflektiert, daß sie entlang einer Linie überall gleichzeitig ankommen. Diesen Effekt nutzt man zuweilen in Konzertsälen mit einem gekrümmten Bühnenhintergrund. Ihr könnt das mit Wasserwellen nachahmen.

IHR BRAUCHT

• großes, tiefes Backblech • langen, dünnen Metall- oder Resopalstreifen • Pipette • schwarze Tinte • Wasser

1 Füllt das Blech mit Wasser, das etwas Tinte enthält.

2 Biegt den Streifen zu einer Kurve – das ist euer Bühnenhintergrund.

3 Laßt aus der Pipette eine Reihe von Wassertropfen gleichmäßig und so genau wie möglich in die Mitte fallen. Beachtet, wie die Wellen von der Kurve reflektiert werden.

Musikinstrumente

Alle Geräusche, auch die Klänge von Musikinstrumenten, werden von etwas erzeugt, was schwingt. Doch der Klang der Musik unterscheidet sich durch eine besondere Eigenschaft von normalen Geräuschen. Anders als bei einem Automotor schwingt die Luft in einer Flöte in regelmäßigen Abständen. Musik unterscheidet sich also von Geräuschen durch die Regelmäßigkeit der Schwingungen, die von den einzelnen Instrumenten auf unterschiedliche Weise erzeugt werden. Bei Streichinstrumenten zum Beispiel vibrieren straffe Saiten hin und her, wenn man sie zupft oder streicht. Bei Blasinstrumenten bläst der Spieler Luft über ein Loch oder ein Rohrblatt oder in ein speziell geformtes Mundstück.

Amateurorchester
All diese Orchesterinstrumente könnt ihr selber bauen.

Horn aus dem 18. Jahrhundert mit zwei auswechselbaren Rohren (»Bögen«). Durch das längere entsteht ein tieferer Ton.

Die Blechbläser

Bei Blechblasinstrumenten wie Trompete und Horn entsteht der Ton durch die Schwingung der Lippen des Spielers am Mundstück. Dabei gelangen Luftimpulse durch das Mundstück zur Luftsäule. Bei Hörnern werden die verschiedenen Töne durch die unterschiedliche Formung des Mundes und durch festes oder sanftes Blasen erzeugt.

Die Streicher

Einfache Streichinstrumente gibt es schon seit Jahrtausenden; etwa 500 v.Chr. hat Pythagoras erste Gesetze über schwingende Saiten entdeckt. Er stellte nämlich fest, daß der Ton von der Größe und der Spannung der Saite abhängt. Wenn man die Länge der Saite ändert und sie an verschiedenen Punkten nach unten drückt, erzeugt man unterschiedliche Töne. Das nennt man »greifen«: Je kürzer man die Saiten greift, desto kürzer ist der schwingende Teil und desto höher der Ton.

Wir basteln eine Gitarre (rechts)
Schneidet ein kreisförmiges Loch in einen Schuhkarton, faltet diesen Ausschnitt zum »Steg« und klebt ihn wie hier neben das Loch. Steckt je sechs Umschlagklammern in beide Enden des Kartons, spannt sechs kräftige Gummibänder über die Schachtel und den Steg und bindet sie um die Klammern. Zupft die Bänder, um einen Ton zu erzeugen. Wenn ihr sie straffer spannt, entsteht ein höherer Ton.

Wir bauen ein Horn
Dieses einfache Horn besteht aus einem Trichter, den ihr in ein Stück Gartenschlauch steckt. Schwierig ist nur ein anständiger Ton. Schürzt eure Lippen und blast, so daß sie schnell vibrieren und dabei einen Ton wie von einer Trompete erzeugen. Wickelt den Schlauch um eure Schulter und haltet das Trichterende hoch. Nun schürzt ihr wieder eure Lippen und blast kräftig ins andere Schlauchende. Mit einiger Übung sollte euch ein runder Ton gelingen.

Die Bläser

Von uralten Panflöten bis hin zu modernen Saxophonen gibt es alle möglichen Blasinstrumente. Bei diesen Instrumenten wird durch das Schwingen der Luftsäule im Rohr ein Ton erzeugt, dessen Höhe von der Länge der Luftsäule abhängt. Panflöten und Orgeln haben für jeden Ton ein eigenes Rohr. Bei Blech- und Holzblasinstrumenten kann ein Spieler höhere Töne spielen, indem er einfach fester bläst und damit die Luftsäule halbiert oder drittelt. Zwischentöne erzeugt man durch Schließen oder Öffnen von Löchern im Rohr, wobei sich die Länge der Luftsäule jeweils ein bißchen ändert. Bei manchen Instrumenten wie der Flöte sind beide Rohrenden offen, bei anderen wie der Orgel ist ein Ende geschlossen. Töne aus gedeckten Rohren sind eine Oktave (acht Töne) tiefer als bei gleich langen offenen Rohren.

Wir basteln eine Panflöte
Legt sieben Trinkhalme (je breiter, desto besser) im Abstand von 1,5 cm nebeneinander und verklebt sie in der Mitte mit Isolierband. Indem ihr jedes Rohr ein bißchen kürzer als seinen Vorgänger schneidet, könnt ihr sie in gleichmäßigen Intervallen stimmen. Blast sacht über jeden Halm, um einen Ton zu erzeugen.

Panflöten
Sie bestehen aus Rohren, die aufeinander abgestimmt sind und jeweils einen Ton erzeugen. Nach der griechischen Mythologie hat der Gott Pan diese Flöte erfunden, als die von ihm geliebte Nymphe in ein Schilfrohr verwandelt wurde.

Rassel
Diese Maraca besteht aus zwei leeren Joghurtbechern, die mit Samen oder Perlen gefüllt und an den Enden mit farbigem Zellophan verschlossen werden.

Gong
Ein Gong ist eine aufgehängte große Metallplatte, die man in der Mitte schlägt. Von dort schwingt der Schall zu den Rändern. Hier ein einfacher Gong: eine Metallschüssel und ein Holzlöffel.

Tamburin
Wenn man dieses Instrument schüttelt, rasseln Metallplättchen oder Glöckchen. Bei dem Glockenstab (rechts), dem man oft bei traditionellen Volkstänzen begegnet, sind einfach mehrere Kronenkorken an einen Holzstock oder -griff genagelt.

Die Schlaginstrumente

Viele ältere Instrumente waren Schlaginstrumente, deren Ton durch Schlagen oder Schütteln erzeugt wird. Die meisten haben einen Hohlraum, in dem der Schall zu Resonanzschwingungen (S. 108) angeregt wird – dazu genügt sogar ein Joghurtbecher. Anfangs schlug man vermutlich nur gegen einen hohlen Baum, später spannte man Tierhäute über Gegenstände, die man mit der Hand zum Schwingen brachte. Bei eurem Orchester könnt ihr viele Arten von Schlaginstrumenten aus unterschiedlichen Materialien einsetzen, die einen vollen Ton erzeugen.

LUFT UND WASSER

Luft und Wasser gehören zu den wichtigsten Stoffen auf der Erde. Wasser bedeckt etwa 70 Prozent der Erdoberfläche, und sein Anteil in unserem Körper macht etwa genausoviel aus. Luft ist das fast unsichtbare Gemisch von Gasen, in dem wir uns bewegen, atmen und leben.

Durch die spiralförmig kreisenden Wolken eines Hurrikans gehen Luft und Wasser eine Verbindung von fürchterlicher Kraft und Energie ein.

LUFT

Luft ist unsichtbar und wird daher leicht vergessen. Und doch ist sie körperlich gegenwärtig. Ohne Luft gäbe es kein Leben auf der Erde. Die Luft versorgt nicht nur uns Menschen und alle anderen Lebewesen mit dem nötigen Sauerstoff zum Atmen. Die Lufthülle, die als Atmosphäre unseren Planeten umgibt, schützt uns darüber hinaus vor Meteoren, kosmischen und Ultraviolettstrahlen und hält die Erdoberfläche wie ein gutes Federbett warm.

Wenn die Sonne so farbenprächtig auf- oder untergeht, liegt das an Teilchen in der Luft, die anderes als rotes Licht der Sonne zurückhalten. Nach dem Ausbruch des Vulkans Mount St. Helens in den USA wurden riesige Staubwolken in die Atmosphäre geblasen und von Winden um die Erde getragen, so daß es zu herrlichen Lichteffekten kam. Auch in Industriegebieten gibt es wegen der Luftverschmutzung oft faszinierende Sonnenuntergänge.

Luft war eines der vier Elemente, in die vor fast 2500 Jahren der griechische Philosoph Aristoteles (384 – 322 v. Chr.) die Welt einteilte (S. 12). Bis zum 17. Jahrhundert wußte man allerdings nicht, was Luft ist. Die meisten Forscher hielten Luft für einen einfachen, gleichförmigen Stoff – nicht das komplizierte Gemisch verschiedener Gase und Teilchen, das Luft wirklich ist.
Der belgische Alchimist Johan Baptista van Helmont (1579 – 1644) kam vermutlich als erster der Wahrheit sehr nahe. Angeblich hat er um 1620 den Begriff »Gas« geprägt, nach dem griechischen *chaos.* Die Griechen glaubten nämlich, das Universum sei ursprünglich aus der merkwürdigen Substanz Chaos erschaffen worden.

Reine Luft?

Helmont glaubte, daß Luft eines der Grundelemente sei. Immerhin erkannte er, daß der »Dampf«, der aus einem gärenden Fruchtsaft steigt, nicht einfach Luft, sondern eine eigenständige Substanz ist. Es handelt sich dabei um Kohlendioxid (genauer: Kohlenstoffdioxid), doch das wurde erst 100 Jahre später von dem schottischen Chemiker Joseph Black (1728 – 1799) nachgewiesen.
Bereits um 1670 fand der englische Arzt John Mayow (1643 – 1679) in einem inzwischen berühmten Versuch eine ganze Menge über Verbrennung und Atmung heraus – beide brauchen Luft. Er stülpte ein Becherglas über eine brennende Kerze, die in Wasser stand. Während die Kerze niederbrannte, stieg das Wasser im Glas nach oben – bei der Verbrennung wurde also tatsächlich Luft verbraucht. Zu ähnlichen Ergebnissen kam Mayow, als er die Kerze durch eine atmende Maus ersetzte.

In Mayows Experiment (S. 119) steigt Wasser im Glas auf, während die Kerze brennt und dabei etwas Luft verbraucht.

Phlogiston

Mayow schloß zu Recht, daß Luft eine Substanz enthielt, die bei der Verbrennung wie bei der Atmung benötigt wurde und die er »salpetriger Luftgeist« nannte. Sobald dieser verbraucht sei, könnten Kerzen nicht mehr brennen und Mäuse (und Menschen) nicht mehr atmen (S. 119).
Leider gerieten Mayows Erkenntnisse in Vergessenheit, denn etwa um die gleiche Zeit erfand der deutsche Chemiker Johann Becher (1635 – 1682) eine andere Erklärung der Verbrennung: Jeder brennbare Gegenstand enthalte einen speziellen Stoff, der bei der Verbrennung entweiche – die sogenannte *terra pinguis* oder »brennbare Erde«.
Holz, so Becher, bestehe aus terra pinguis und Asche, die bei der Verbrennung von Holz zurückbleibt, während die terra pinguis entweicht. Vierzig Jahre später schlug der deutsche Chemiker Georg Stahl (1660 – 1734) vor, den Begriff terra pinguis durch *phlogiston* (vom griechischen Wort für »verbrannt«) zu ersetzen. Fast ein Jahrhundert lang waren die Forscher überzeugt, die Phlogistontheorie liefere eine vollständige Erklärung für die Verbrennung und viele andere chemische Reaktionen wie zum Beispiel das Rosten.

Der Luftdruck kann sogar eine Blechdose zerknautschen (S. 123).

Sauerstoff

Erst gegen Ende des 18. Jahrhunderts begann man diese Theorie ernsthaft in Frage zu stellen. Der englische Geistliche und Amateurchemiker Joseph Priestley (1733 – 1804) entdeckte, daß beim Erhitzen von Quecksilberoxid ein Gas entwich, das eine Kerze hell aufleuchten ließ. Priestley hatte den Sauerstoff entdeckt.
Die wahre Bedeutung seiner Entdeckung ging ihm allerdings nicht auf, denn er glaubte noch immer an die Phlogistontheorie. Aber dann berichtete er dem französischen Chemiker Antoine de Lavoisier (1743 – 1794) über den Sauerstoff. Lavoisier wiederholte und verbesserte Priestleys Versuch,

Wasserdampf gibt es immer in den untersten Schichten der Atmosphäre. Ist die Luft genügend kalt oder feucht, kondensiert er zu Wassertropfen und bildet Wolken. Sie sind meist natürlicher Herkunft, während dieser Kondensstreifen von einem Düsenjet stammt.

und erledigte damit die Phlogistontheorie ein für allemal. Lavoisier legte dar, daß Luft aus mindestens zwei Gasen bestehe – zu einem Fünftel aus dem Gas, das Priestley entdeckt hatte und das Lavoisier Sauerstoff nannte. Der Rest war ein Gas, das später Stickstoff genannt wurde – Lavoisier nannte es *azote*, nach dem griechischen Wort für »kein Leben«. Sauerstoff, zeigte Lavoisier, war der Stoff, der zur Verbrennung benötigt wurde, und zwar der Sauerstoff der Luft – nicht etwa das im verbrannten Stoff angeblich enthaltene Phlogiston.

Verbrennung

Lavoisier hatte vollkommen recht. Wenn etwas an der Luft verbrannt wird, verbindet es sich mit dem Sauerstoff der Luft – diesen Vorgang nennt man »Oxidation«. Genaugenommen muß der Sauerstoff nicht aus der Luft kommen, sondern er kann auch chemisch gebunden sein, zum Beispiel in einem »Oxid«. Die Verbrennung kann sehr rasch geschehen, wie bei einer Bombe, die riesige Flammen bildet, wenn sie hochgeht. Sie kann aber auch sehr langsam vor sich gehen, wobei überhaupt keine Flammen entstehen. Die Atmung ist eine Form der langsamen Verbrennung. Beim Atmen nehmen wir Sauerstoff aus der Luft auf, der sich im Körper chemisch mit Glukose (Zucker) verbindet und Energie erzeugt.
Über ein Jahrhundert nach Lavoisiers Experimenten nahm die Wissenschaft immer noch an, Luft sei nur ein Gemisch aus Sauerstoff und Stickstoff. Der französische Chemiker Henri Regnault (1810 – 1878) wies nach, daß die Luft überall auf der Welt gleich ist. Erst in

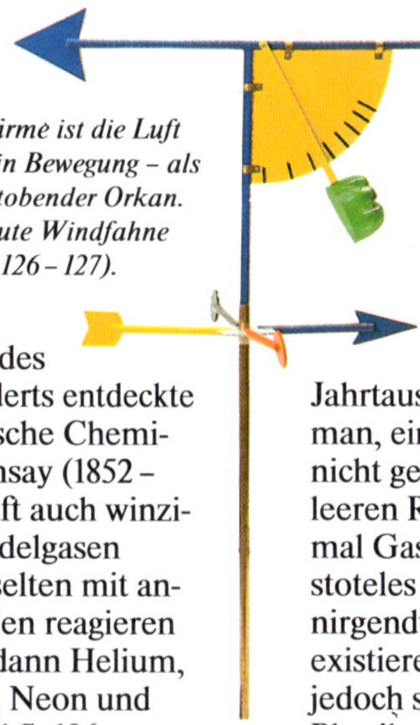

Durch die Sonnenwärme ist die Luft um die Erde immer in Bewegung – als sanfte Brise wie als tobender Orkan. Hier eine selbstgebaute Windfahne mit Windmesser (S. 126 – 127).

den 90er Jahren des vorigen Jahrhunderts entdeckte dann der schottische Chemiker William Ramsay (1852 – 1916), daß die Luft auch winzige Spuren von Edelgasen enthält, die nur selten mit anderen Chemikalien reagieren – zuerst Argon, dann Helium, Krypton, Xenon, Neon und Radon (S. 28 und S. 186 – Periodensystem der Elemente).

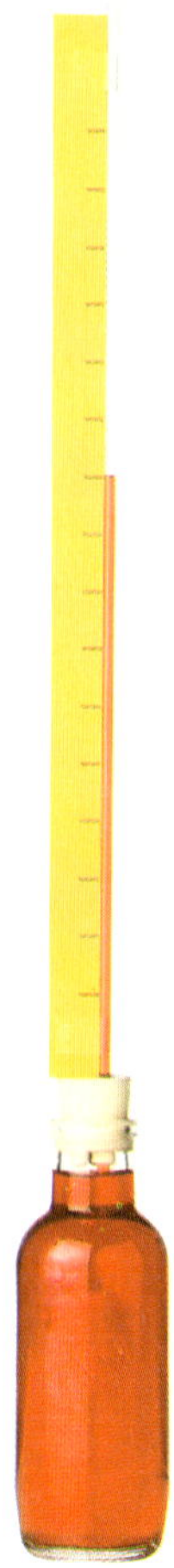

Mit diesem einfachen Thermometer kann man die Lufttemperatur messen (S. 125).

Luftverschmutzung

Heute weiß man, daß Luft Sauerstoff und Stickstoff sowie sämtliche Edelgase enthält. Doch die Luft ist nur ganz selten rein. Sie enthält stets Spuren anderer Stoffe oder Schadstoffe, die sich mit den natürlichen Bestandteilen der Luft vermischen und auf unserem Globus in unterschiedlicher Konzentration vorhanden sind. Dazu gehören Kohlendioxid, das eine wichtige Rolle im Leben von Pflanzen und Tieren spielt (S. 119, 121), aber auch winzige Staubteilchen, die so klein und leicht sind, daß sie in der Luft schweben – wie der Staub, der beim Ausbruch von Vulkanen hoch in die Atmosphäre gelangt. Zunehmend wird die Luft durch Abgase verschmutzt, besonders von Autos und der Industrie. Autos geben nicht nur feste Rußteilchen an die Luft ab, sondern auch Giftgase wie Stickstoffdioxid und Kohlenmonoxid. Kurzfristig führt die Luftverschmutzung zu Smog und Krankheiten. Langfristig aber, fürchten viele Experten, kann sie katastrophale Folgen haben, wenn man nicht schnell handelt, um unsere Luft wieder sauber zu bekommen (S. 120 – 121).

Vakuum und Luftdruck

Jahrtausendelang glaubte man, ein Vakuum könne es nicht geben: einen absolut leeren Raum, der nicht einmal Gas enthält. Laut Aristoteles könnte ein Vakuum nirgendwo im Universum existieren. Im Jahre 1640 jedoch stellte der italienische Physiker Evangelista Torricelli (1608 – 1647), ein Schüler von Galileo Galilei, ein Vakuum auf ganz einfache Weise her. Er füllte ein langes Rohr mit Wasser, verstopfte das obere Ende und stellte es in eine Schüssel Wasser. Sofort sank das Niveau des Wassers im Rohr, und zwischen dem Wasser und dem Stopfen entstand ein Raum. Das, folgerte Torricelli, konnte nur ein Vakuum sein.
Warum aber sank das Wasser im Rohr nicht weiter ab? Torricelli glaubte, es werde durch das Gewicht der etwa 80 km dicken Luftschicht in seiner Position gehalten, das auf das Wasser in der Schüssel drücke. Damit hatte Torricelli nicht nur die Existenz eines Vakuums nachgewiesen, sondern auch vorgeführt, daß Luft so gegenständlich ist, daß sie einen derartigen Druck ausüben kann. 1662, zwanzig Jahre später, zeigte Robert Boyle, daß der Luftdruck nicht vom bloßen Gewicht, sondern von der Dichte der Luft abhängt (S. 25). Diese historische Entdeckung führte zu weiteren Entdeckungen über das Wesen der Materie und damit auch zur Atomtheorie (S. 26).

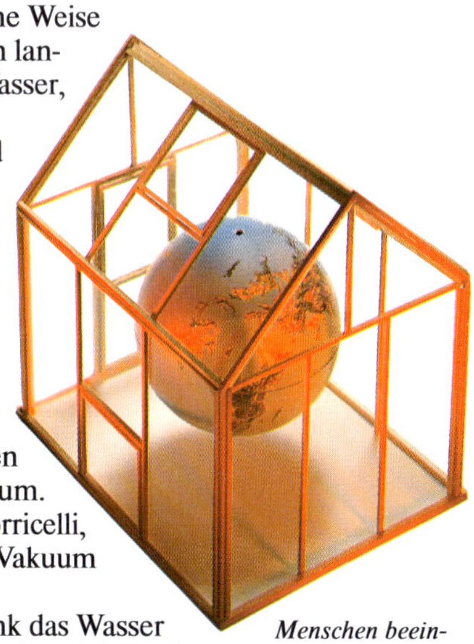

Menschen beeinflussen immer stärker das Gleichgewicht der Gase in der Luft. Zunehmende Mengen von Treibhausgasen wie Kohlendioxid und künstlich erzeugten FCKWs führen dazu, daß sich die Welt erwärmt – man weiß nur noch nicht, wie stark (S. 120).

In der Luft

Unsere Erde ist von einer dicken Gasdecke, der sogenannten Atmosphäre, eingehüllt. Ohne diese schützende Decke würden wir tagsüber von der Sonne gebraten und nachts zu Eis erstarren, wenn alle Wärme in den Weltraum entweicht. Die äußersten Schichten der Atmosphäre erstrecken sich viele Hunderte von Kilometern über uns. Die meisten Gase aber sind in der tiefsten, rund 15 km dicken Schicht zusammengepreßt, der sogenannten Troposphäre. Nur sie enthält genügend Luft zum Atmen und Leben. Doch selbst in der Troposphäre wird die Luft ganz oben sehr dünn, weshalb Bergsteiger in großen Höhen Atemgeräte brauchen.

Mond ohne Lufthülle
Der Mond hat keine Atmosphäre und wird daher sehr heiß und sehr kalt.

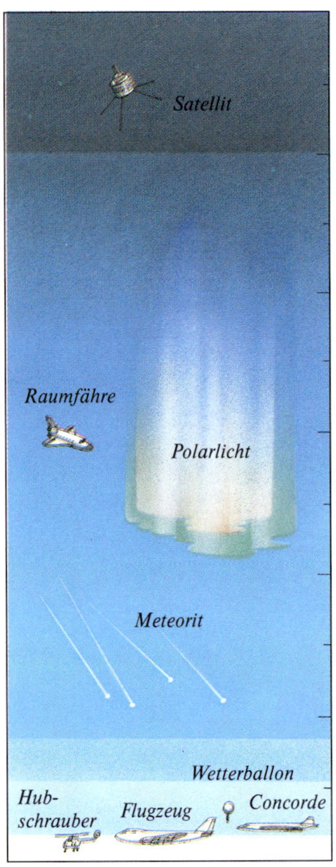

Die Erdatmosphäre
besteht aus fünf Schichten.

Exosphäre (über 500 km)

Ionosphäre (bis 500 km)

Mesosphäre (bis 85 km)

Stratosphäre (bis 50 km)

Troposphäre (bis 15 km)

Woraus besteht die Atmosphäre?

Ursprünglich, als die Erde noch jung war, kamen die Gase in der Atmosphäre aus damals aktiven Vulkanen, aber im Laufe von Jahrmilliarden ist das frühere Gemisch durch Lebewesen langsam verändert worden. Mehr als drei Viertel der Atmosphäre (78%) bestehen aus Stickstoff, der Rest vor allem aus Sauerstoff (21%), den alle Tiere zum Atmen brauchen. Weniger als 1% setzen sich aus Kohlendioxid, Wasserdampf und Spuren von Edelgasen wie Neon, Helium, Argon und Krypton zusammen. Dennoch sind diese geringen Mengen Kohlendioxid und Wasserdampf lebenswichtig, weil sie unseren Planeten warmhalten und verhindern, daß die Wärme ins All entweicht. Wasserdampf kondensiert in der Luft und bildet Wolken, auf deren Regen das Leben angewiesen ist. Ohne Wasserdampf gäbe es auch kein Wetter (S. 124).

Gase in der Luft
Diese Luftballons veranschaulichen das Verhältnis verschiedener Gase in der Atmosphäre; Stickstoff (blau), Sauerstoff (rot) und die übrigen Gase (der weiße Ballon).

EXPERIMENT

Wir löschen eine Flamme mit Kohlendioxid

Bei diesem Experiment sollte ein Erwachsener dabeisein

Jedes Gas in der Atmosphäre hat bestimmte Eigenschaften. Kohlendioxid ist zwar nur in kleinen Mengen vorhanden, spielt aber eine wesentliche Rolle beim Treibhauseffekt (S. 120). Ihm verdanken wir auch die Blasen im Sprudel, und als »Trockeneis« sorgt es für Nebeleffekte auf der Bühne und im Fernsehen (S. 16). Dieses Experiment zeigt, wie dieses Gas in Form von Schaum auch bei der Brandbekämpfung verwendet wird.

IHR BRAUCHT

• Natron • Essig • große Glasflasche • Kerze • Untertasse • Modelliermasse

1 Befestigt die Kerze mit Modelliermasse an der Untertasse. Stellt sie auf einen Tisch, aber nicht in die Nähe von brennbaren Materialien. Zündet sie an. Nun gebt ihr einen Teelöffel Natron in die Flasche, am besten mit einem Stück Papier als Trichter. Dann gießt ihr etwa drei Eßlöffel Essig in die Flasche. Er reagiert sofort mit dem Natron, und es entsteht Kohlendioxid.

2 Das Kohlendioxid fließt nicht heraus, da es schwerer als Luft ist. Haltet die Öffnung der Flasche mit dem Daumen zu und kippt die Flasche über der Kerze. Verbrennt euch euren Daumen nicht! Nehmt ihn weg und gießt das Gas langsam über der Kerze aus, wobei ihr keine Flüssigkeit verschütten dürft. Die unsichtbaren Dämpfe des Kohlendioxids löschen die Flamme sofort.

EXPERIMENT

Sauerstoff in der Luft

Bei diesem Experiment sollte ein Erwachsener dabeisein.

Im 18. Jahrhundert versuchten die Forscher durch zahlreiche Versuche herauszubekommen, welchen Stoff in der Luft Flammen zum Brennen benötigen. Dazu stellten sie ein luftgefülltes Glas verkehrtherum in Wasser. Dieses klassische Experiment beweist, daß ein Fünftel der Atmosphäre aus Sauerstoff besteht.

IHR BRAUCHT

• Kerze • großes Becherglas, am besten geeicht • Eierbecher • flache Schale mit Wasser • Zündhölzer

1 Verklebt die Kerze mit etwas Wachs und stellt sie in die Mitte der Schale. Füllt diese zu etwa drei Viertel mit Wasser – die Kerze darf nicht mit der Wasseroberfläche in Berührung kommen. Zündet sie an.

2 Laßt die Kerze ein paar Minuten brennen. Stülpt den Becher leicht schräg darüber, damit etwas Luft austreten kann, wenn er sich der Wasseroberfläche nähert. Notiert das Niveau des Wassers im Becher.

3 Während die Kerze brennt, steigt das Wasser im Glas nach oben, um den Raum des verbrauchten Sauerstoffs einzunehmen. Geht die Flamme aus, dann ist der Sauerstoff ganz verbraucht. Die Wasseroberfläche ist nun etwa ein Fünftel höher als vorher und zeigt damit an, daß der Sauerstoff etwa ein Fünftel der Luft ausmachte.

Störung des Gleichgewichts

Ohne eine Reihe von Gasen in der Atmosphäre wäre die Erde äußerst kalt, und kein Leben wäre auf ihr möglich. Diese Gase, vor allem Kohlendioxid, sorgen dafür, daß die Sonnenwärme nicht ins All entweichen kann – genauso wie Glas die Wärme in einem Treibhaus festhält, weshalb man auch vom Treibhauseffekt spricht. Seit Jahrmillionen hat die Atmosphäre die Erde warmgehalten; der Anteil von Kohlendioxid in der Luft ist stets gleich geblieben. Nun müssen die Wissenschaftler beunruhigt feststellen, daß der Anteil von Kohlendioxid und anderer Gase in der Luft dramatisch ansteigt. Dadurch könnte der Treibhauseffekt so verstärkt werden, daß es auf der ganzen Erde wärmer wird.

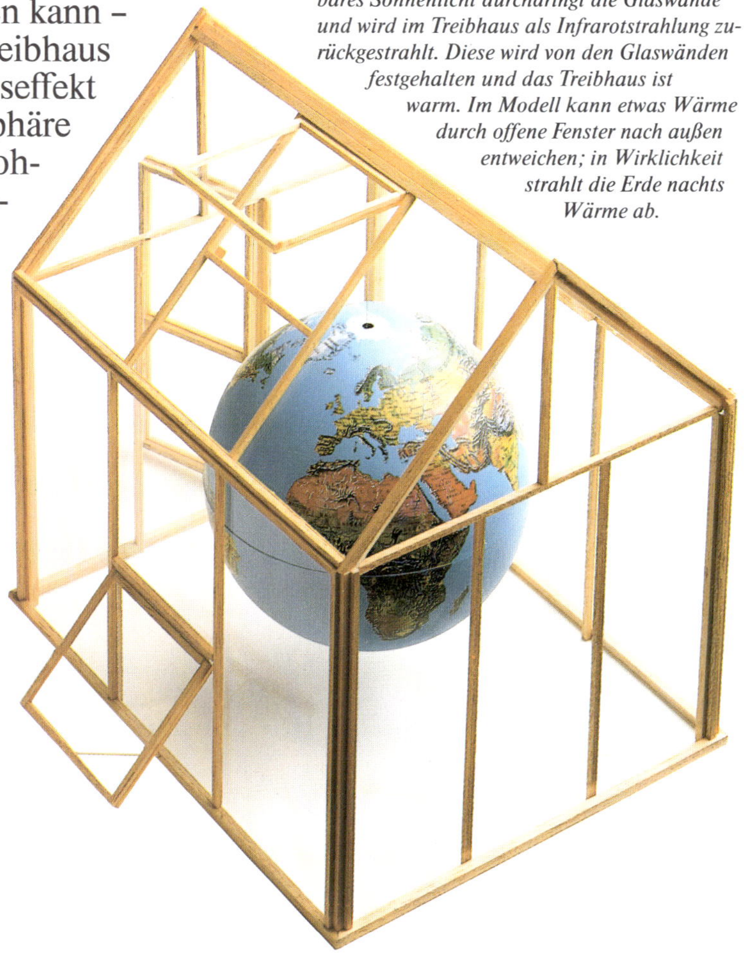

Das luftige Treibhaus
Normalerweise hält die Atmosphäre der Erde die angemessene Wärmemenge fest – wie das Glas bei einem Treibhaus. Ultraviolettes und sichtbares Sonnenlicht durchdringt die Glaswände und wird im Treibhaus als Infrarotstrahlung zurückgestrahlt. Diese wird von den Glaswänden festgehalten und das Treibhaus ist warm. Im Modell kann etwas Wärme durch offene Fenster nach außen entweichen; in Wirklichkeit strahlt die Erde nachts Wärme ab.

Die Ozonschicht

Auch der Abbau der Ozonschicht gibt zu Sorgen um den künftigen Zustand der Erdatmosphäre Anlaß. Ozon (O_3) ist eine Form des Sauerstoffs (O_2): ein blaßblaues Gas, das in geringen Mengen hoch oben in der Atmosphäre natürlich vorkommt. Es schützt uns vor der schädlichen ultravioletten Sonnenstrahlung, die Hautkrebs hervorrufen und das Wachstum der Pflanzen stoppen kann. Seit einiger Zeit schon sind Wissenschaftler über die Abnahme dieser Schicht beunruhigt. Seit etwa 1985 zeigen Satellitenfotos im Frühjahr ein riesiges Loch in der Ozonschicht über der Antarktis; neuerdings aber auch über der Nordhalbkugel. An dieser Zerstörung sind vor allem künstlich hergestellte FCKW- (Fluorchlorkohlenwasserstoff-) Gase schuld, die als Treibgas in Spraydosen, zur Reinigung elektronischer Schaltungen und in Kühlschränken verwendet werden. Sie lassen sich chemisch nur schwer abbauen, während sie in der Atmosphäre unter der Einwirkung von Sonnenlicht Chlorgas freisetzen, das sich mit einem Sauerstoffatom des Ozonmoleküls verbindet und so die Ozonschicht abbaut.

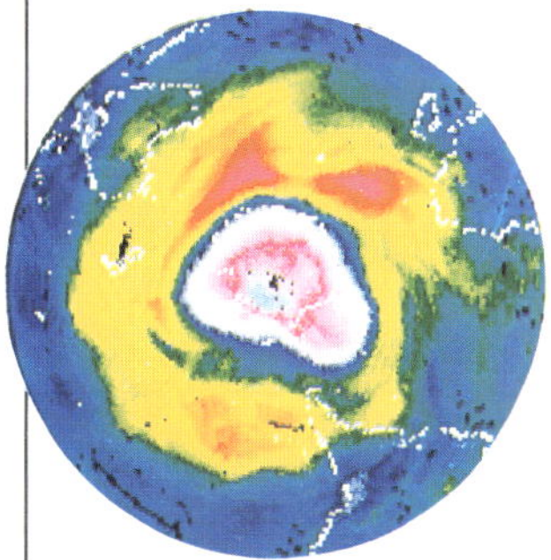

Das Ozonloch
Das alljährlich über der Antarktis auftauchende Loch der Ozonschicht auf einer Satellitenkarte.

Die Erwärmung der Erde

Die Wissenschaftler sind überzeugt, daß sich die Erde aufgrund der Zunahme der Treibhausgase erwärmt – sie sind sich nur nicht einig, um wieviel. Man rechnet etwa mit einer Erwärmung um 2–4° im Jahr 2030, wenn nicht entschiedene Gegenmaßnahmen getroffen werden. Manche befürchten eine noch stärkere Erwärmung.
Hohe Temperaturen sind nicht gleichbedeutend mit besserem Wetter. An manchen Orten kommt es zu Dürrekatastrophen, an anderen zu schrecklichen Unwettern (S. 124). Insbesondere kann durch die zusätzliche Wärme der Meeresspiegel steigen, was zu Überschwemmungen wie in Bangladesch führen kann. Beträgt die Erwärmung mehr als 5°, können sogar die Polkappen schmelzen, und Küstenstädte wie Hamburg oder New York lägen dann unter Wasser.

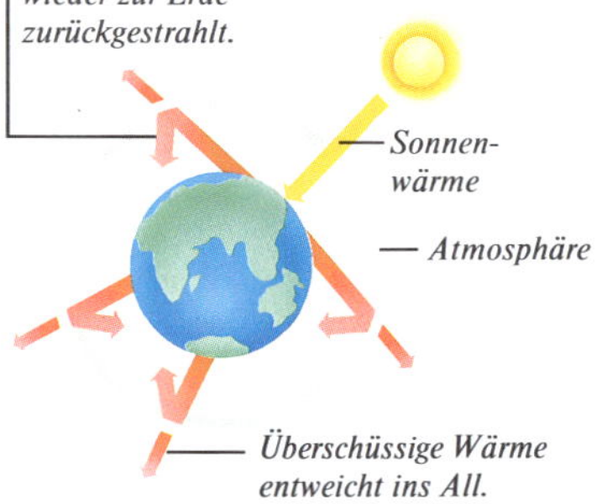

Warme Erde
Die Sonnenstrahlen erwärmen die Erdoberfläche, die Wärme in die Atmosphäre abstrahlt. Die Treibhausgase in der Atmosphäre strahlen einen Teil dieser Wärme wieder zur Erde zurück.

Das stickige Treibhaus
In der Atmosphäre nehmen die Treibhausgase zu – als ob man die Fenster des Treibhauses Erde schließen würde. Dadurch enthält es mehr Wärme, so daß die Erdtemperatur steigt.

Die Ursachen
Das wichtigste Treibhausgas ist Kohlendioxid, und die Zunahme des Treibhauseffekts ist vor allem auf die Verbrennung fossiler Brennstoffe wie Kohle und Öl zurückzuführen. Industrie und Autoverkehr sind die Hauptschuldigen. Besonders katastrophal wirkt sich das Abholzen und Verbrennen riesiger tropischer Waldflächen aus, die durch Viehweiden ersetzt werden. Bäume absorbieren Kohlendioxid aus der Luft – verbrennt man sie, entsteht mehr Kohlendioxid. Aber es gibt noch andere Treibhausgase, Methan zum Beispiel, das über Reisfeldern und Müllabladeplätzen entsteht, sowie FCKWs, die die Ozonschicht zerstören.

Was kann getan werden?

Die Zunahme des Treibhauseffekts ist ein weltweites Problem, das entsprechend behandelt werden muß. Daher müssen Politiker auf der ganzen Welt ein Programm beschließen, das die Verbrennung von fossilen Brennstoffen einschränkt und auf Energieerhaltung sowie auf die Umstellung auf sauberere Energiequellen wie Sonne, Wind und Gezeiten setzt. Auch die Verwendung von FCKW muß gestoppt werden. Tropische Länder benötigen Wirtschaftshilfe, damit diese den dortigen Wald erhalten können.

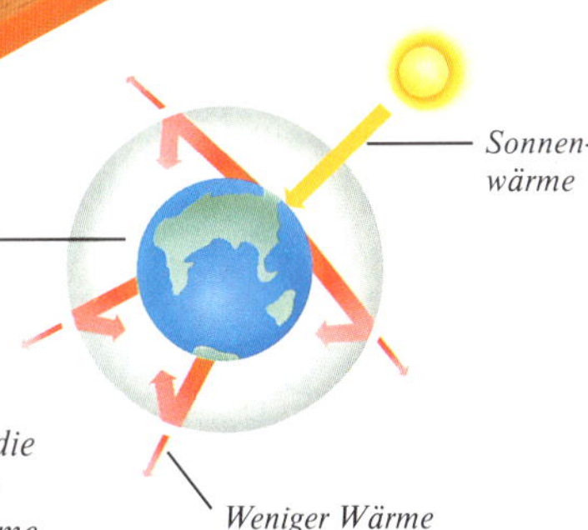

Überheizte Erde
Nach wie vor erhält die Erde die gleiche Wärmemenge von der Sonne, aber durch die Zunahme der Treibhausgase hält die Atmosphäre nun zuviel Wärme zurück.

Luftdruck

Wenn man unter Wasser schwimmt, kann man den Druck des Wassers auf den Körper spüren, und je tiefer man taucht, desto stärker wird er. Auch die Luft übt Druck aus, auch wenn man ihn nicht fühlt. Am Boden ist der Druck der Atmosphäre sogar gewaltig – er würde uns glatt erdrücken, wenn die Flüssigkeiten in unserem Körper nicht genausoviel Gegendruck ausüben würden. Früher glaubte man, der Druck der Atmosphäre sei einfach das Gewicht von Hunderten von Kilometern Luft, das auf der Erde laste. Tatsächlich aber richtet sich der Luftdruck nach allen Seiten – oben, unten und seitlich – und stellt ein ständiges Bombardement von sich bewegenden Luftmolekülen dar (S. 24). Außerdem nimmt er mit zunehmender Höhe ab, und zwar so gleichmäßig, daß Höhenmesser nichts weiter als Luftdruckmesser sind. Düsenjets haben Kabinen mit Druckausgleich, weil man sonst in größeren Höhen wegen des Druckabfalls nicht atmen könnte – der größere Druck im Körper verhindert nämlich, daß Luft hineingelangt.

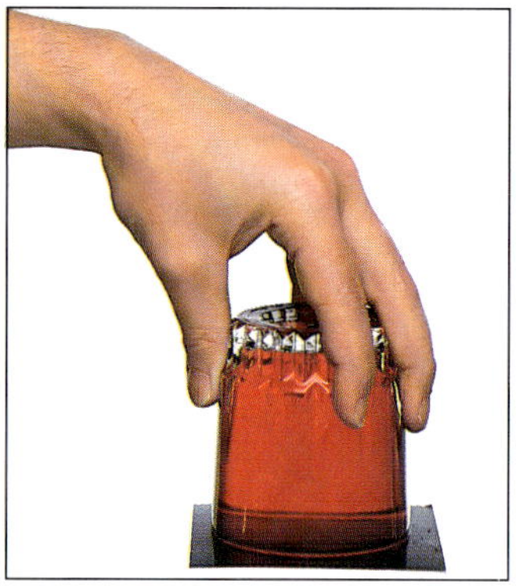

Druckkraft
So könnt ihr nachweisen, daß der Luftdruck nach oben wie nach unten gerichtet ist: Füllt ein Glas randvoll mit Wasser und legt vorsichtig eine Postkarte darauf. Während ihr mit der Hand auf die Karte drückt, dreht ihr das Glas um. Nehmt eure Hand weg – die Karte bleibt, wo sie ist, weil der Luftdruck sie hält!

EXPERIMENT

Saugkraft

Saugnäpfe arbeiten mit Luftdruck. Wenn man sie auf eine glatte Fläche drückt, entweicht die Luft nach außen und der Druck im Innern nimmt ab. Der äußere Druck ist jetzt so viel größer, daß ein Hocker angehoben werden kann.

IHR BRAUCHT

• Hocker mit glatter Fläche • Saugnapf mit Haken

1 Bindet eine Schnur an den Saugnapf und drückt ihn auf die Sitzfläche des Hockers.

2 Hebt den Hocker vorsichtig hoch.

GROSSE ENTDECKUNGEN

Die Magdeburger Halbkugeln

Beim Reichstag von Regensburg führte der Magdeburger Bürgermeister Otto von Guericke 1654 zum ersten Mal sein berühmtes Experiment vor, mit dem er die Stärke des Luftdrucks demonstrierte. Mit einer Vakuumpumpe pumpte er zwei luftdicht miteinander verbundene Halbkugeln luftleer – und erst 16 Pferde schafften es, sie wieder auseinanderzuziehen. Dieser Stich zeigt einen späteren Schauversuch am Hofe des Großen Kurfürsten Friedrich Wilhelm.

EXPERIMENT

Die zerknautschte Dose

Wenn die Luft aus einer Blechdose entfernt wird, passiert etwas Spektakuläres.

IHR BRAUCHT

• dünne Blechdose mit luftdichtem Verschluß • eine halbe Tasse Wasser • Gaskocher mit Aufsatz zum Abstellen

1 Säubert die Dose innen und außen gründlich. Gebt ein bißchen Wasser hinein und erwärmt es langsam über der Gasflamme. VERSCHLUSS WEGLASSEN!

2 Wenn das Wasser kocht und Dampf aufsteigt, nehmt die Dose beiseite. Stellt sie auf eine Arbeitsplatte.

3 Schraubt den Verschluß fest auf. Nehmt ein Tuch, damit ihr euch nicht die Finger verbrennt. Paßt auf, was passiert.

Wie es funktioniert *Unter normalen Bedingungen behält die Dose ihre Form: Der Luftdruck ist innen und außen genau gleich groß.*

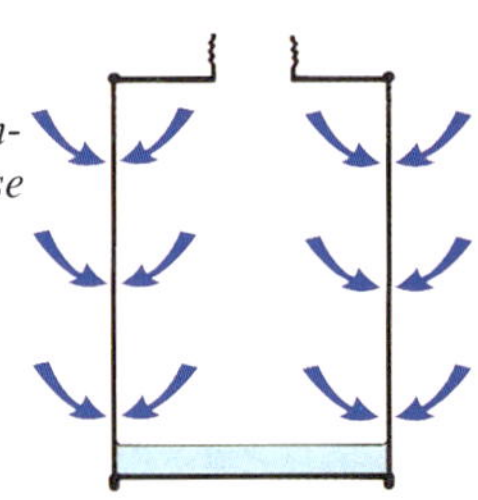

Wenn das Wasser kocht, *entsteht Dampf, der viel Luft aus der Dose stößt. Aber der Dampfdruck gleicht den Luftdruck außerhalb der Dose aus.*

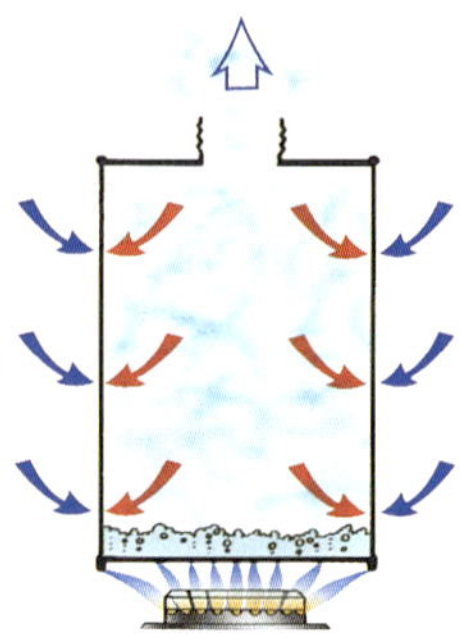

In die verschlossene Dose *kann keine Luft mehr hineingelangen. Der Dampf kühlt ab, kondensiert und es entsteht ein Vakuum. Der äußere Druck ist nun viel größer und quetscht die Dose zusammen.*

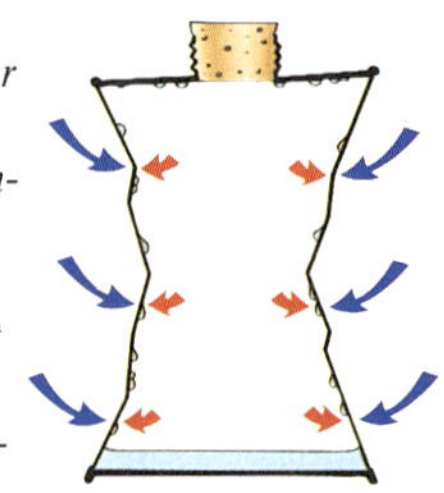

EXPERIMENT

Wir bauen ein Barometer

Der Luftdruck ändert sich mit den atmosphärischen Bedingungen, und darauf kann man eine Wetterprognose aufbauen. Dieser selbstgebastelte Luftdruckmesser oder »Barometer« zeigt die Änderungen des Luftdrucks grob an – allerdings nur bei gleichbleibender Temperatur.

IHR BRAUCHT

• Glas • Luftballon • Gummiband • doppelseitiges Klebeband • Trinkhalm • Brett • Pappe

1 Streift den Ballon übers Glas und befestigt ihn mit dem Gummiband.

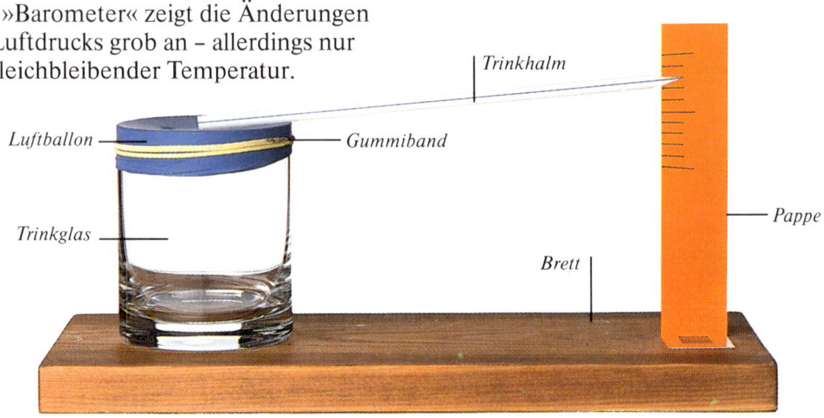

2 Klebt den am andern Ende spitz zugeschnittenen Trinkhalm oben am Ballon fest.

3 Fixiert das Glas auf dem Brett mit doppelseitigem Klebeband.

4 Faltet die Pappe am unteren Ende rechtwinklig und klebt sie damit aufs Brett, wie es die Abbildung zeigt.

5 Markiert den Punkt, auf den der Trinkhalm zeigt, jeden Tag, um Veränderungen des Luftdrucks festzuhalten.

Wie es funktioniert

Bei fallendem Luftdruck drückt die Luft im Glas den Ballon nach oben, während sich der Trinkhalm senkt. Steigt der Luftdruck, passiert das Gegenteil. Fallender Luftdruck deutet auf schlechtes, steigender auf gutes Wetter hin. Dieses Barometer arbeitet nicht sehr genau, da es auch auf Veränderungen der Lufttemperatur reagiert.

Wetter

Die niedrigste Schicht der Erdatmosphäre, die Troposphäre, in der wir leben, ist ständig in Bewegung. Die Sonne erwärmt die Erdoberfläche und diese die Luft, so daß sie in Bewegung gerät. An einigen Stellen erwärmt sich die Luft stärker als an anderen; dort steigt sie nach oben, wobei unter ihr kalte Luft nachströmt. An den weniger erwärmten Stellen sinkt sie ab und stößt Luft nach außen. Daher zirkuliert die Luft ständig zwischen warmen und kalten Gebieten, wobei sie Feuchtigkeit mit sich führt und damit für alle möglichen Wettererscheinungen sorgt: Wind, Regen, Nebel, Schnee, Hagel und Gewitter.

Unruhige Luft
Die ständige Bewegung der Luft – Ursache für unser Wetter – zeigt sich deutlich in den Wolkenwirbeln auf diesem Satellitenfoto.

Wettervorhersage

Heutzutage beruht die Wettervorhersage auf einer Vielzahl von Beobachtungen auf dem ganzen Globus. Wetterstationen, Bojen und Ballons, Schiffe und Flugzeuge geben ständig Daten über Temperatur, Luftdruck, Wind, Regen usw. an meteorologische Zentralen durch. Diese werden in Großcomputer eingespeist und ergeben ein »synoptisches« Bild, eine Zusammenschau des Wetters in der Gesamtatmosphäre. Dies wird ergänzt durch Satellitenbilder, die Temperatur- und Windverhältnisse anzeigen durch die Richtung, in der sich Wolken bewegen. Die Computervorhersagen können bis zu einer Woche im voraus aufgestellt werden.

Regen
Wolken enthalten winzige, leichte Eiskörnchen und Wassertröpfchen, die in der Luft schweben. Vereinigen sich genügend Tröpfchen, fallen sie als Regentropfen zur Erde.

Schnee
In den Wolken ist die Luft sehr kalt, und Eiskristalle verbinden sich zu größeren Kristallen oder Schneeflocken. Regen ist anfangs meist Schnee, der schmilzt, ehe er die Erde erreicht.

Hagel
Hagelkörner entstehen in einer Gewitterwolke, wenn Eiskristalle senkrecht hin und her bewegt werden. Um sie bilden sich viele Eisschichten und schließlich fallen sie herab.

Die Beaufort-Skala

Der britische Admiral Sir Francis Beaufort (1774–1857) dachte sich 1805 eine Skala zur Beschreibung der Windstärke auf See aus, die auf Erscheinungen wie der Wellenhöhe beruhte. Später hat man sie auch auf die Verhältnisse an Land übertragen und sich dabei an Rauchfahnen oder Bäumen orientiert. Seit 1906 beruht die Skala auch auf bestimmten Windgeschwindigkeiten. Die Beaufort-Skala beginnt bei Stärke 0, also bei Windstille: Rauch steigt gerade empor, die See ist spiegelglatt; Stärke 12 entspricht einem Orkan.

Stärke 1
Stille. Bäume bewegen sich nicht. Windgeschwindigkeit 0 – 1 km/h.

Stärke 4
Mäßige Brise. Kleine Äste bewegen sich. Windgeschwindigkeit 20 – 29 km/h.

Wasser in der Luft
In der Troposphäre gibt es so viel Wasserdampf, daß die Erde einen Meter hoch überflutet werden könnte. Sichtbar ist er nur, wenn sich die Luft genügend abkühlt, der Dampf zu Wassertröpfchen kondensiert und Wolken entstehen. Sie bilden sich überall, wo Luft aufsteigt, denn die Troposphäre wird mit zunehmender Höhe kälter. Da Luft auf verschiedene Weise aufsteigen kann, gibt es viele Arten von Wolken. Flockige Kumulus- oder Schäfchenwolken entstehen an sonnigen Tagen, wenn manche Stellen stärker erwärmt werden als andere und sich hier Aufwinde bilden, die Thermik. Steigt die Luft hoch genug, wird aus dem Wasser Eis, das Zirrus- oder Federwolken bildet. Das geschieht oft entlang einer Warmfront, wo warme auf kalte Luft trifft: Zirruswolken sind Schlechtwetterboten.

Frost
Fällt die Temperatur unter den Gefrierpunkt, »überzukkert« Wasserdampf in der Luft den Boden mit Eiskristallen. Man nennt das Rauhreif oder Rauhfrost.

Nebel und Dunst
Kühlt sich die Luft schnell ab oder bläst ein warmer, feuchter Wind über kaltes Wasser, kondensiert Wasserdampf in der Luft zu Wassertröpfchen dicht über dem Boden, so daß sich Nebel oder Dunst bildet.

EXPERIMENT

Wir basteln ein Thermometer

Die meisten Thermometer enthalten eine Flüssigkeit (gewöhnlich Quecksilber oder Alkohol), die sich je nach der Temperatur ausdehnt oder zusammenzieht. Wir verwenden gefärbtes Wasser, das wegen der Verdunstung allerdings nur ungenaue Messungen ergibt.

IHR BRAUCHT

- Flasche mit Stopfen • Glasröhrchen • Becherglas • Tinte • Wasser • Eis

1 Füllt die Flasche mit Wasser, das etwas Tinte enthält. Bohrt in den Stopfen ein Loch für das Röhrchen. Schiebt es vorsichtig durchs Loch. NICHT ZU FEST – macht das Loch notfalls breiter. Schmiert das Röhrchen mit Vaseline ein, damit es besser gleitet.

2 Stellt die Flasche ins Becherglas, das kaltes Wasser und Eis enthält, öffnet sie und füllt sie bis zum Rand mit kaltem Wasser. Schneidet ein Stück Pappe von der Länge des Röhrchens über dem Stopfen und verklebt es mit dem Röhrchen. Markiert darauf den Pegel des Wassers im Röhrchen.

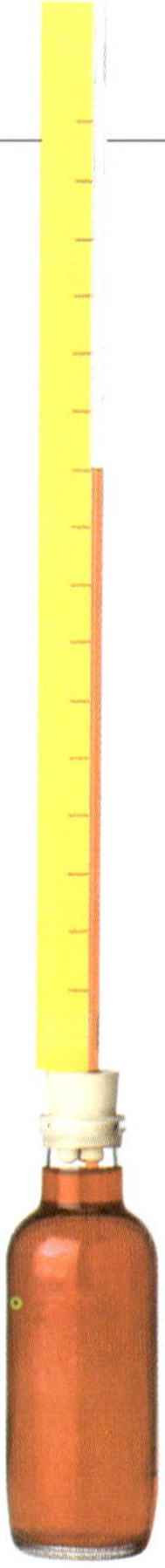

3 Legt euch eine Skala an, indem ihr den Wasserpegel mit den Temperaturen auf einem Außenthermometer vergleicht. Oder benutzt es einfach, um Temperaturänderungen festzustellen.

Stärke 6
Starker Wind. Starke Äste in Bewegung. Windgeschwindigkeit 40 – 50 km/h.

Stärke 7
Steifer Wind. Ganze Bäume in Bewegung. Windgeschwindigkeit 51 – 61 km/h.

Stärke 9
Sturm. Äste brechen ab. Windgeschwindigkeit 75 – 87 km/h.

Windmessung

Seht ihr Bäume schwanken oder Wäsche auf der Leine flattern, könnt ihr nur grob schätzen, wie stark der Wind weht. Mit diesem einfachen Windmesser bekommt ihr ziemlich genaue Angaben über Windstärke und -richtung, die ihr das ganze Jahr über aufzeichnen könnt. Eine Wetterfahne zeigt die Richtung an, ein Schwenkarm mit einem Becher die Stärke und ein Kreuz die Himmelsrichtung.

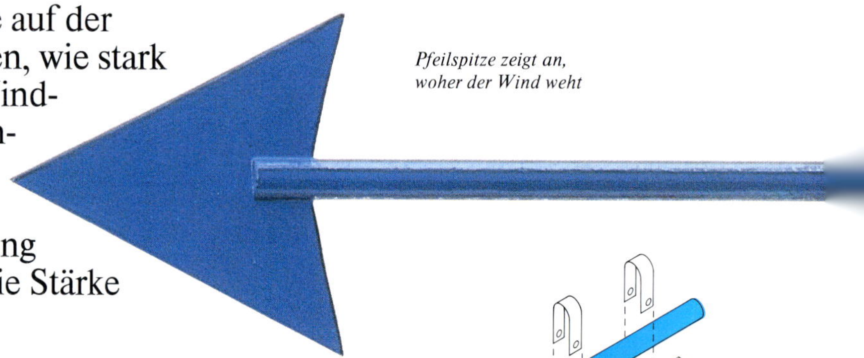

Pfeilspitze zeigt an, woher der Wind weht

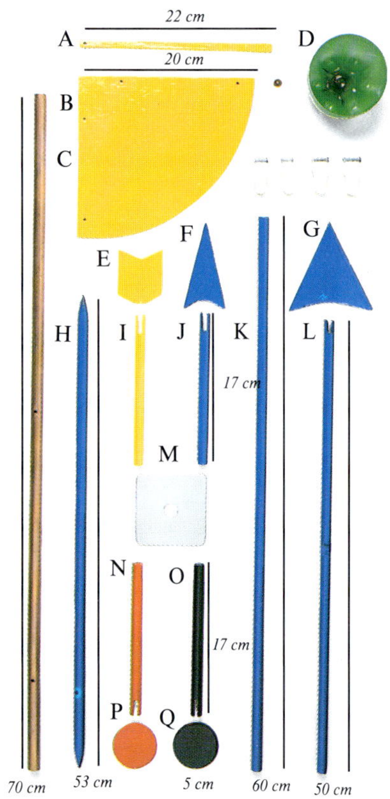

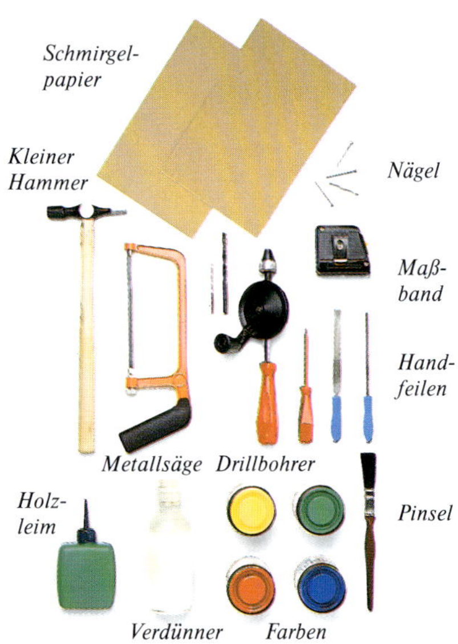

EXPERIMENT

Wir bauen einen Windmesser

IHR BRAUCHT

• Sperrholz, 30 x 30 cm • Rundholz, ⌀ 12 mm, 235 cm lang • Kupferrohr, ⌀ 15 mm, 70 cm lang • 4 U-förmige Laschen mit Löchern • Schrauben mit Muttern • Nägel • Holzleim • Werkzeug (s.u.) • Farben • Plastikbecher oder Boden einer Plastikflasche

1 Schneidet die Sperrholz- (C, E, F, G, M, P, Q) und die Rundholzteile (H, I, J, K, L, N, O) zurecht mit den angegebenen Maßen. Schneidet in ein Ende der Rundholzabschnitte I, J, L, N, O einen Schlitz sowie eine Rille in die Mitte von L.

2 Steckt G in den Schlitz von L und verleimt es. Nagelt K senkrecht in die Rille von L und sichert mit Leim.

3 Bohrt je zwei Löcher in die geraden Seiten von C. Verschraubt C im rechten Winkel, den K und L bilden, mit den vier Laschen.

4 Bohrt ein Loch in L dicht hinter dem Anschluß von K und eins in A. Befestigt A an L lose mit Schraube und Mutter, daß A frei schwingen kann. Nagelt den Plastikbecher (oder Flaschenboden) D an A – fertig ist der Windmesser.

5 Spitzt beide Enden von H zu und steckt eins in Rohr B. Durchbohrt H und B und sichert mit Schraube und Mutter.

6 Für die Wetterfahne steckt ihr E in I, F in J, P in N und Q in O und verleimt alles. Dann verbindet ihr die freien Enden von I, J, N und O mit M. Schiebt diesen Richtungsanzeiger auf B.

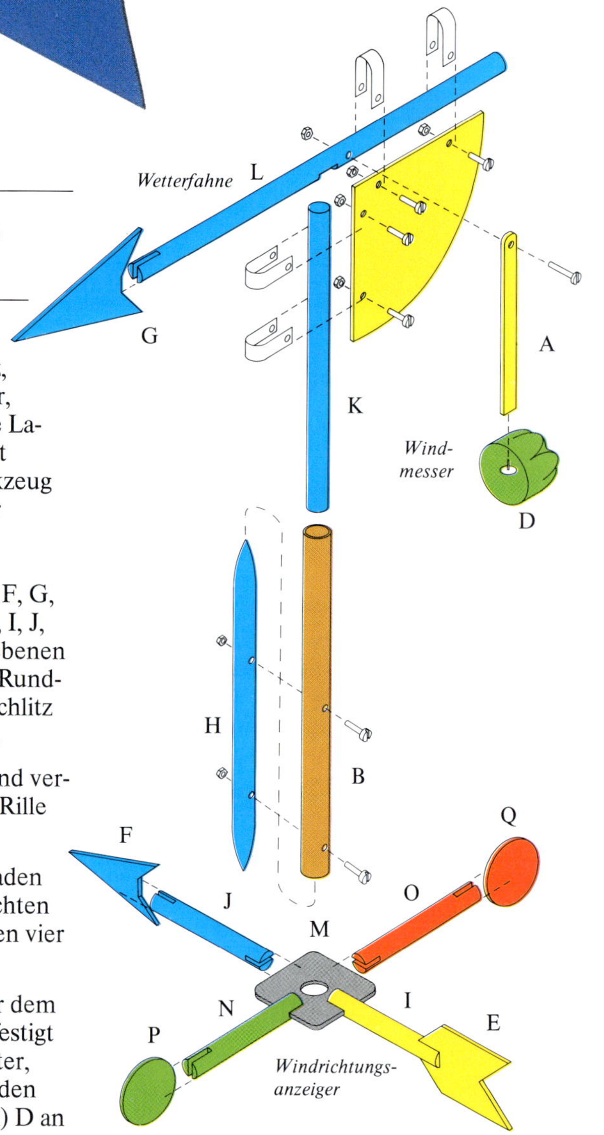

Wie ihr den Windmesser aufbaut
Sucht euch einen Platz aus, an dem der Wind freien Zugang hat, und rammt das Rundholz H in den Boden – die Pfeilspitze F muß nach Norden zeigen, das Rohr B absolut senkrecht sein. Nun steckt ihr den Aufsatz mit dem Windmesser ins Rohr – er muß sich frei drehen können.

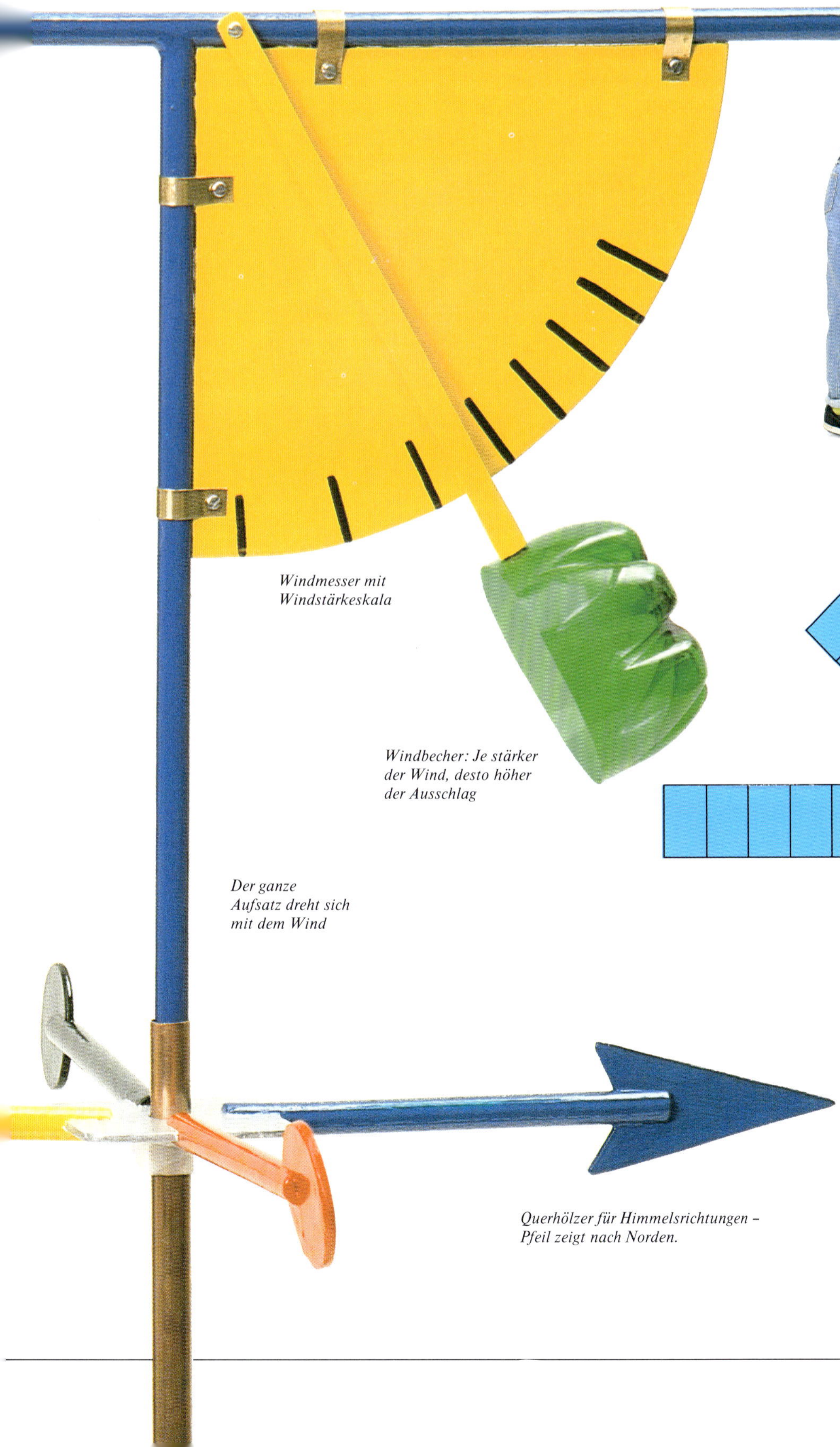

Windmesser mit Windstärkeskala

Windbecher: Je stärker der Wind, desto höher der Ausschlag

Der ganze Aufsatz dreht sich mit dem Wind

Querhölzer für Himmelsrichtungen – Pfeil zeigt nach Norden.

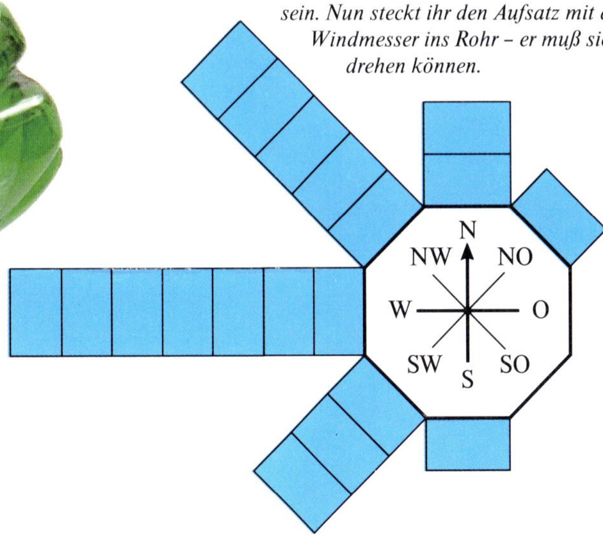

Windrose

Notiert jeden Tag zur gleichen Zeit Windstärke und -richtung sowie das jeweilige Wetter. Wenn es regnet oder schneit, kommt der Wind oft aus der gleichen Richtung. Um zu sehen, wohin der Wind am meisten weht, könnt ihr euch eine Windrose basteln. Zeichnet auf Rechenpapier ein Achteck und markiert die Himmelsrichtungen. Jeden Tag hängt ihr nun ein Kästchen für die jeweilige Himmelsrichtung an das Achteck.

Der Luftstrom

Haltet ein Blatt Seidenpapier zwischen beiden Händen und blast fest darüber. Etwas Überraschendes passiert: Statt schlaff herunterzuhängen, hebt sich das Ende des Papiers in die Luft, und je stärker man bläst, desto höher geht es. Das beruht auf dem Bernoulli-Gesetz, benannt nach dem Schweizer Mathematiker Daniel Bernoulli, der es 1738 beschrieb. Er beobachtete, daß der Druck der Luft sinkt, wenn sie sich bewegt – je schneller sich Luft (oder eine Flüssigkeit) bewegt, desto stärker sinkt der Druck. Das geschieht auch bei dem Papier, wenn ihr darüber schnell blast: Es wird nach oben gedrückt. Aus diesem Grund können auch Vögel und Flugzeuge fliegen und Segelboote gegen den Wind kreuzen.

EXPERIMENT

Das Bernoulli-Gesetz

Die Tatsache, daß der Luftdruck fällt, wenn sich Luft bewegt, mag auf den ersten Blick seltsam erscheinen. Schließlich muß man mehr Energie aufwenden, um bewegte Dinge aufzuhalten. Aber in einem Luftstrom bewegt sich jedes Luftteilchen nur deshalb, weil es von der Luft hinter ihm angestoßen wird. Bewegt sich Luft also immer schneller, muß die Luft dahinter stärker drücken – d.h., deren Druck ist höher. Folglich ist der Druck von Luft, die sich schnell bewegt, niedriger als der von langsamer oder unbewegter Luft. Das gleiche gilt auch für Flüssigkeiten, die in Kanälen oder Rohren fließen.

IHR BRAUCHT

• 2 Tischtennisbälle • Zwirn • Klebeband oder Kleber • Trinkhalm

1 Klebt an die Tischtennisbälle zwei gleichlange Zwirnsfäden und hängt sie etwa 2 cm voneinander entfernt auf. Nun versucht, die Bälle dadurch auseinanderzubringen, daß ihr durch den Halm so fest wie möglich blast.

2 Je stärker ihr blast, desto näher kommen sich die Bälle. Strömt die Luft zwischen den Bällen schneller, sinkt der Druck hier ab – die Bälle werden durch den größeren Luftdruck an den Außenseiten aneinandergedrückt.

Wie ein Flugzeug fliegt

Da der Druck der Luft sinkt, wenn sie schneller strömt, können Flügel Dinge in die Luft tragen – ganz gleich, ob es ein Papierflieger ist oder ein Jumbojet von 350 Tonnen. Flügel sorgen für Auftrieb, weil sie in einem leichten Winkel durch die Luft schneiden oder nach oben gewölbt sind. Die Luft strömt also an der Oberseite des Flügels weiter und darum schneller, an der Unterseite langsamer. Daher hat die Luft oberhalb des Flügels einen geringeren Druck als unterhalb, und die Differenz ergibt den Auftrieb.

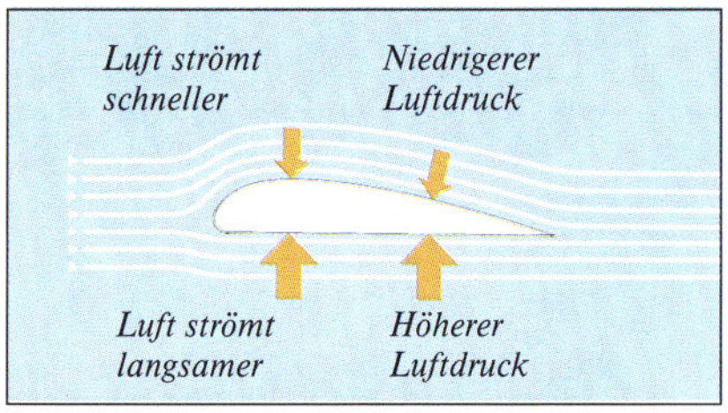

Tragflächen haben Auftrieb, weil die Luft wegen ihrer gekrümmten Form oben schneller als unten strömt.

An Tragflächen kann nur dann Auftrieb entstehen, wenn sie schnell durch die Luft schneiden. Bewegen sie sich zu langsam, »überzieht« das Flugzeug und stürzt ab. Segelflugzeuge bleiben in Bewegung, indem sie abwärts fliegen und die Thermik nutzen, um wieder zu steigen. Motorflugzeuge werden durch Düsentriebwerke oder Propeller angetrieben. Beim Aufsteigen erfordert das mehr Kraft als im Flug; beim Start benötigen Flugzeugmotoren die meiste Kraft.

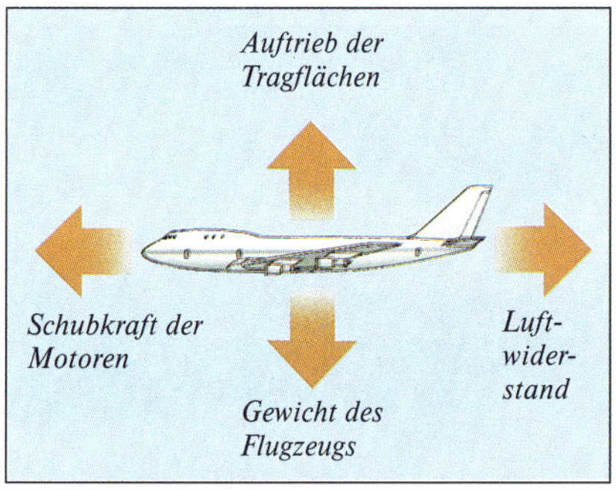

Um zu fliegen, muß ein Flugzeug von den Motoren so schnell angetrieben werden, daß an den Tragflächen ein Auftrieb entsteht, der stärker ist als Eigengewicht und Luftwiderstand. Daher sind Flugzeuge leicht und stromlinienförmig gebaut.

EXPERIMENT

Stromlinienform und Luftwiderstand

Um den Luftwiderstand (Reibung mit der Luft) möglichst gering zu halten, sind Flugzeuge, schnelle Autos und sogar Vögel stromlinienförmig. Die Luft soll um sie möglichst ruhig herumströmen, denn je turbulenter sie ist, desto größer der Widerstand. Am besten ist die Tropfenform wie bei Fischen. Dadurch wird die Luft nicht nur vorn sauber geteilt, sondern sie kann auch an dem sich verjüngenden Ende wieder ohne große Wirbel zusammenfließen. Das könnt ihr bei diesem Experiment an einer Kerzenflamme demonstrieren.

IHR BRAUCHT

• Kerze • Untertasse • Modelliermasse • Pappe • Büroklammern

1 Haltet die Pappe flach vor die Kerze und blast dagegen: Die Kerze flackert in Richtung der Pappe, weil der Luftstrom um die Pappe herum wirbelt. Bei einer Form, die die Luft so stark aufwühlt, tritt erheblicher Luftwiderstand auf.

2 Biegt die Pappe tropfenförmig zurecht, fixiert sie mit Büroklammern und stellt sie vor der Kerze auf. Wenn ihr diesmal darüber blast, biegt sich die Flamme sacht nach hinten: Die stromlinienförmige Pappe hat den Luftstrom kaum durcheinandergebracht.

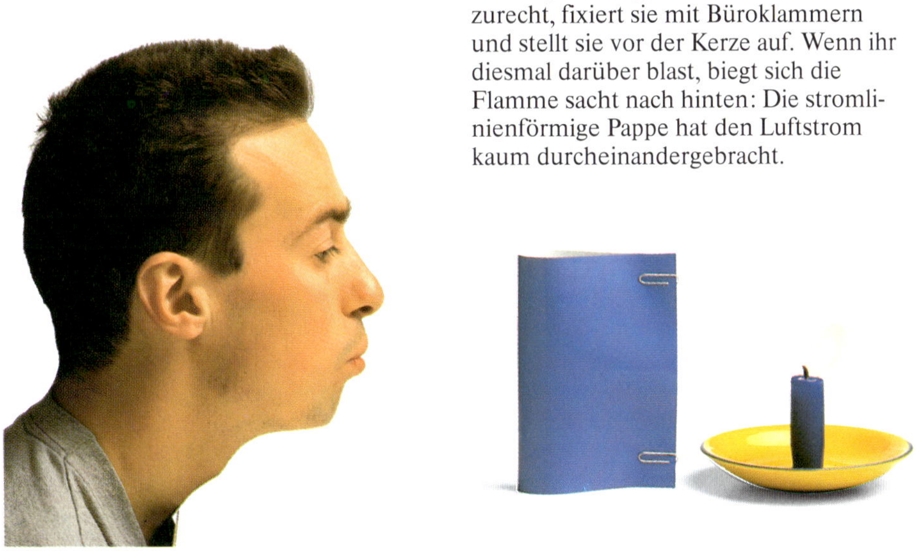

EXPERIMENT

Steter Strom

Noch eine Demonstration des Bernoulli-Gesetzes: Über einem Fön tanzt ein Tischtennisball und bleibt dabei stets in der Mitte.

IHR BRAUCHT

• Fön • Tischtennisball

Wie es funktioniert
Am schnellsten bewegt sich die Luft in der Mitte des Luftstroms, daher ist der Druck hier am niedrigsten. Treibt der Ball nach einer Seite ab, wird er gleich wieder von dem höheren Druck am Rand des Luftstroms in die Mitte zurückgestoßen.

WASSER

Wasser ist ein bemerkenswerter Stoff. Es ist die am häufigsten vorkommende Verbindung auf der Erde - vom Tautröpfchen bis zu riesigen Ozeanen. Und es ist der Grund allen Lebens: Der Ursprung des Lebens ist das Wasser, und Wasser spielt die Hauptrolle bei allen Lebensvorgängen. Dank seiner besonderen Natur wirkt es bei zahllosen chemischen Reaktionen mit - vom Rosten bis zur Erzeugung von Kernkraft.

Weniger als 3 % des Wassers auf der Erde ist Süßwasser. Es befindet sich in Flüssen, Teichen und Seen, ist als Eis gefroren oder versickert im Boden. Aber auch Süßwasser ist nicht rein, sondern enthält viele gelöste Stoffe.

Der Wasserdruck erhöht sich drastisch mit zunehmender Tiefe (S. 134). Um sich vor den gefährlichen Folgen zu schützen, müssen Tiefseetaucher besondere Vorsichtsmaßnahmen treffen.

Wasser ist nicht zuletzt deshalb so ungewöhnlich, weil es gleichzeitig in allen drei Aggregatzuständen vorkommt: als fester, flüssiger und gasförmiger Stoff.

Etwa 2 % des Wassers auf der Erde ist fest: für kurze Zeit gefroren als Schnee und Reif oder mehr oder weniger beständig in Gletschern und in den polaren Eispanzern. Der Rest ist zumeist flüssig und füllt Ozeane, Meere und Seen, fließt in Flüssen und Bächen oder sickert durch den Boden (Grundwasser). Fast drei Viertel der Erdoberfläche sind mit Wasser bedeckt.

Wasserdampf

Nur knapp ein Tausendstel Prozent des Wasservorrats der Erde ist Wasserdampf, also gasförmig. Doch in der Atmosphäre spielt Wasserdampf eine wichtige Rolle für unser Wetter. Dadurch unterscheidet sich die »Troposphäre«, die unterste Schicht der Atmosphäre, von allen darüberliegenden Schichten. In der Troposphäre entsteht das Wetter, und in dieser Schicht atmen und leben wir. Den Wasserdampf in der Atmosphäre nennt man Luftfeuchtigkeit. Bei einer bestimmten Temperatur kann die Luft nur eine gewisse Menge Wasserdampf enthalten. Da aber Wasser ständig über Meeren, Seen und der Oberfläche der Pflanzen verdunstet, erhöht sich der Dampfgehalt der Luft. Kann die Luft keinen Dampf mehr aufnehmen, sagt man, sie sei gesättigt. Dann kondensieren Wassertröpfchen aus der Luft, bilden Wolken oder Tau und fallen schließlich als Regen oder Schnee zu Boden (S. 124 - 125).

Aräometer (S. 141) messen das spezifische Gewicht.

Relative Luftfeuchtigkeit

Unter absoluter Luftfeuchtigkeit verstehen die Meteorologen die Gesamtmenge von Dampf in der Luft. Die Dampfmenge, die ein bestimmtes Luftvolumen bis zum Sättigungspunkt enthalten kann, schwankt mit der Temperatur: Je wärmer die Luft ist, desto mehr Dampf kann sie enthalten. Die relative Luftfeuchtigkeit ist daher der Wasserdampfgehalt der Luft in Prozent des bei der betreffenden Temperatur maximal möglichen Wasserdampfgehalts.

Einige Stoffe können Wasserdampf aus der Luft hervorragend absorbieren. Man nennt sie hygroskopisch. Silikagel nimmt Feuchtigkeit so gut auf, daß man elektronischen Geräten oft Silikagelkörnchen beigibt, um sie absolut trocken zu lagern. Wenn hygroskopische Stoffe wie Silikagel Wasserdampf absorbieren, werden sie feucht, lösen sich aber nicht auf. Andere Stoffe, die sich im Wasserdampf, den sie absorbieren, auflösen, wie zum Beispiel Kalziumchlorid, nennt man zerfließend.

Verschiedene Flüssigkeiten haben unterschiedliche Dichten und schwimmen aufeinander (S. 140).

Was ist Wasser?

Jahrtausendelang hielt man, wie der griechische Philosoph Aristoteles, Wasser für ein Element. Dann führte im Jahre 1784 der englische Chemiker Henry Cavendish (1731 - 1810) einen Versuch durch, bei dem er ein Gemisch aus Wasserstoff und Luft mit einem elektrischen Funken entzündete. Nach der Reaktion hatte sich das Gewicht nicht geändert, aber dafür war so etwas wie reines Wasser entstanden. Demnach mußte Wasser eine Verbindung sein, die Wasserstoff enthielt.

Ein paar Jahre später wies der französische Chemiker Antoine de Lavoisier (1743 - 1794) nach, daß Wasser eine einfache Verbindung aus Wasserstoff und Sauerstoff ist und entsprechend leicht kann man Wasser mit Hilfe der Elektrolyse (S. 156) in diese beiden Stoffe zerlegen.

Es gibt eine besondere Form von Wasser, das schwere Wasser, bei dem sich Sauerstoff mit Deuterium verbindet. Deuterium ist eine besondere Form von Wasserstoff, weil es ein zusätzliches Neutron in jedem Atomkern hat (S. 27). Schweres Wasser spielt eine wichtige Rolle in Kernreaktoren, weil damit das Energieniveau geregelt werden kann. In gewöhnlichem Wasser kommt es in sehr geringen Mengen vor und kann durch Destillation (S. 33) oder Elektrolyse gewonnen werden.

Chemische Eigenschaften

In jedem Wassermolekül gibt es zwei Wasserstoffatome und ein Sauerstoffatom. Sie sind »kovalent« aneinander gebunden (S. 28), das heißt daß Wasserstoff- und Sauerstoffatome sich Elektronen teilen. Wasserstoffatome besitzen nur ein Elektron, so daß jedes Wasserstoffatom sein Elektron an das Sauerstoffatom abgibt und dafür wieder ein Elektron vom Sauerstoff erhält.

Die Oberflächenspannung infolge der Anziehung zwischen Wassermolekülen hält eine Büroklammer (S. 142).

Dieses Arrangement wirkt sich entscheidend auf die chemischen Eigenschaften von Wasser aus. Die gemeinsamen Elektronen sind nicht gleichmäßig auf das Molekül verteilt, sondern ballen sich an dem vom Mittelpunkt des Wasserstoffatoms entfernten Ende. Da Elektronen negativ geladen sind (S. 148), ist ein Ende des Moleküls stärker negativ geladen als das andere. Diesen Unterschied in der Ladung nennt man Polarität; Wasser ist daher ein polares Molekül.
Diese Polarität wirkt sich unter anderem darin aus, daß das negative Ende eines Wassermoleküls oft vom positiv geladenen Kern eines benachbarten Wasserstoffatoms angezogen wird – denn ungleiche Ladungen ziehen einander an (S. 148). Das nennt man eine Wasserstoffbrücke: Wassermoleküle hängen oft eng zusammen.

Schiffe schwimmen auf Meerwasser, weil sie weniger dicht sind. Da Süßwasser weniger dicht ist als Meerwasser, liegen sie hier tiefer (S. 139).

Merkwürdiges Verhalten

Diese Klumpenbildung der Moleküle erklärt einige der merkwürdigen Eigenschaften von Wasser. Bei Zimmertemperatur sollte Wasser eigentlich wie andere ähnliche Verbindungen ein Gas sein, was es ganz offenkundig nicht ist – allerdings verdunstet ein wenig Wasser bei jeder Temperatur über dem Gefrierpunkt. Sein Siedepunkt (100 °) liegt weit höher als der von ähnlichen Verbindungen.
Wasser bleibt nämlich flüssig, weil seine Moleküle so stark aneinander hängen, daß nur ein paar Moleküle entweichen können, um gasförmig zu werden. Wenn es zu Eis gefriert, ordnen sich die Moleküle zu regelmäßigen Kristallgittern mit großen Zwischenräumen. Aber wenn das Eis schmilzt, bricht dieses Gitter zusammen, und Wasserstoffbrücken ziehen die Wassermoleküle viel enger zusammen. Daher ist Wasser einzigartigerweise im flüssigen Zustand dichter als im festen und dehnt sich aus, statt sich zusammenzuziehen, wenn es gefriert (S. 21).

Dieser Springbrunnen (S. 136) funktioniert durch die Kombination von Wasser und Luftdruck.

Wasser als Lösungsmittel

Eine weitere wichtige Folge der Polarität des Wassermoleküls: Wasser löst bestimmte Stoffe hervorragend. Genaugenommen sind es so viele Stoffe, daß reines Wasser kaum in der Natur vorkommt. Meerwasser z. B. enthält etwa 3,5 % Salze, hauptsächlich Natriumchlorid, also gewöhnliches Kochsalz.
Diese Salze gelangen durch die Flüsse ins Meer, denn selbst Süßwasser ist alles andere als rein. Normalerweise enthält es eine ganze Reihe von gelösten Stoffen, darunter Chloride, Karbonate und Sulfate von Metallen wie Natrium, Magnesium, Kalzium und Eisen.
Wasser ist hart (S. 39) wegen der darin gelösten Magnesium- und Kalziumverbindungen. Regenwasser ist im Grunde ziemlich rein, enthält inzwischen aber immer mehr gelöste Gase wie Kohlendioxid und Schwefeldioxid, wodurch saurer Regen entsteht (S. 36).
Die Bedeutung des Wassers für das Leben beruht darauf, daß viele Substanzen wasserlöslich sind. Alle lebenden Organismen vollziehen nämlich mit Hilfe von aquatischen (wäßrigen) Lösungen, wie zum Beispiel Blut oder Verdauungssäften, biologische Prozesse. Daher kann sich auch die Verschmutzung des Wassers so verheerend auswirken. Pestizide zum Beispiel können sich leicht in Wasser lösen und von lebenden Organismen – von Pflanzen bis zum Menschen – aufgenommen werden.

Wellen werden durch Windwirbel über dem Wasser erzeugt. Ihre Höhe hängt von der Windstärke und vom »Fetch« ab – d. h. von der Fläche, über die der Wind ungehindert wehen kann. Auf dem riesigen Pazifik können Surfwellen sehr groß werden.

Flüssigkeiten wie Wasser kann man nicht komprimieren (zusammendrücken). In Rohren und Zylindern können sie daher gewaltige Kräfte übertragen – wie bei dieser hydraulischen (mit Wasser arbeitenden) Lkw-Hebebühne.

Wasserversorgung

Moderne Großstädte verbrauchen riesige Wassermengen - New York zum Beispiel täglich fast 7 Milliarden Liter. Wollte man die 21 gewaltigen Speicher der Stadt auffüllen, würde das 17 Tage dauern, selbst wenn man die Niagarafälle, durch die über eine Million Liter in der Sekunde fließen, dazu hernähme. Dieses Wasser stammt aus Flüssen, Seen und Quellen und wird durch ein ausgedehntes Netzwerk von Leitungen zu den einzelnen Wasserhähnen gepumpt. Woher das Wasser auch kommt, es muß vor dem Gebrauch gründlich gereinigt werden. Gewöhnlich gelangt es zuerst in Speicher, wo sich Feststoffe am Boden absetzen, und von dort in Wasseraufbereitungsanlagen. Hier werden Algen abgesiebt und feinere Unreinheiten herausgefiltert, indem das Wasser durch Kies und Schotter sickert. Dann wird das Wasser in die Hauptleitung oder kurzfristig in Hochbehälter gepumpt, nachdem es vorher - wenn nötig - gechlort wurde.

Wasseraufbereitung
Nach dem Sieben gelangt das Wasser in Filterbecken: Tanks mit Schotter- und Kiesschichten, die täglich gereinigt werden. Natürlich sind diese Filter viel dicker als unsere selbstgemachten (siehe unten) und erzeugen auch viel saubereres Wasser.

EXPERIMENT

Wir reinigen Wasser

Selbst mit diesem einfachen selbstgemachten Filter kann man noch Schmutz und Abfallstoffe aus dem Wasser entfernen. Wenn sich Wasser aus einem Teich oder Bachbett in einem Eimer absetzt, zeigt sich, wie schmutzig nicht aufbereitetes Wasser ist. Stoffe wie Steine, Erde, Blätter und Sand sind deutlich sichtbar, aber es gibt auch Verunreinigungen, die nicht sichtbar sind: Bakterien und Verwesungsstoffe.

IHR BRAUCHT
- je eine Tasse grob zerkrümelte Holzkohle, durchgespülten Sand und groben Kies
- 15 cm hohen Tonblumentopf
- Kaffeefiltertüte
- Becher mit Teichwasser
- feines Sieb
- große Schale

1 Wascht den Blumentopf gut aus und laßt ihn trocknen. Dann legt ihr eine Filtertüte hinein, stellt ihn in die Schale und füllt ihn zu einem Drittel mit Holzkohle. Spült den Sand in einem Sieb unter laufendem Wasser und gebt ihn feucht als nächste Lage in den Topf; dann den gewaschenen Kies.

Der Wasserkreislauf

Wir können noch so viel Wasser verbrauchen - die absolute Wassermenge auf der Erde wird sich nie ändern. Denn praktisch ist alles Wasser in den Ozeanen enthalten, im Polareis eingeschlossen oder in dem ständigen Kreislauf, der das Wasser zwischen Meer und Himmel zirkulieren läßt. Unser Wasser stammt aus diesem Kreislauf. Wenn euer Badewasser durch den Abfluß läuft, gelangt es schließlich in Flüsse, Seen und ins Meer. Hier verdampft es in der Sonnenwärme und füllt die unteren Schichten der Atmosphäre mit unsichtbarem Wasserdampf. Ein wenig davon wird durch aufsteigende Luftströme nach oben getragen, genügend abgekühlt und zu Wolken von Wassertröpfchen und Eis kondensiert. Sobald diese groß genug sind, regnet oder schneit es wieder auf die Erde, wo ein Teil durch Flüsse und Seen zum Meer abfließt, ein anderer Speicherseen und Wasserleitungen füllt. Damit beginnt der Kreislauf von neuem.

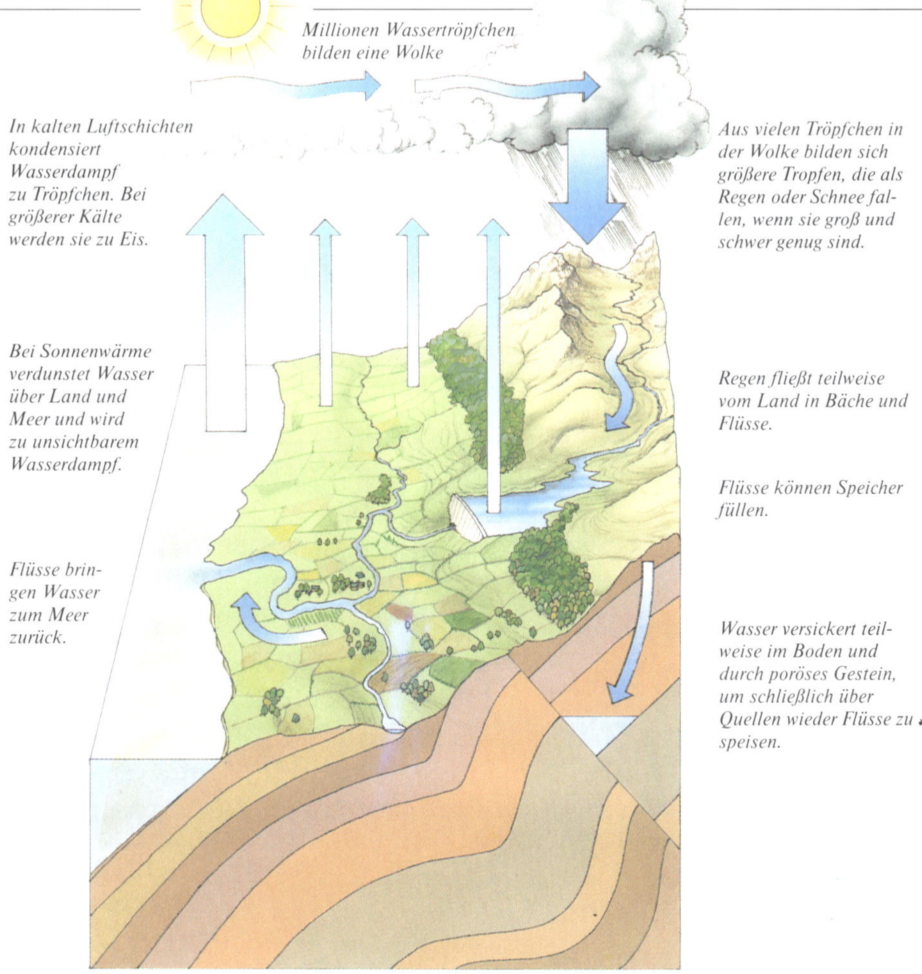

2 Haltet das Sieb über den Topf und gießt das Teichwasser langsam und stetig hindurch, so daß die Holzkohle-, Sand- und Kiesschichten nicht durcheinandergewirbelt werden.

3 Stoffe, die das Sieb nicht zurückhält, bleiben im Kies, die kleineren Schmutzteilchen im Sand hängen, während Holzkohle und Papier die feinsten Partikel herausfiltern. Vergleicht einmal das Wasser in der Schale mit dem aus dem Teich: Es ist wesentlich sauberer - aber keineswegs zum Trinken geeignet, da es unsichtbare Keime enthält.

Wasserkraft

Wenn euch schon mal eine große Welle im Meer umgeworfen hat oder ihr auch nur versucht habt, mit dem Finger eine aufgedrehte Wasserleitung zuzuhalten, wißt ihr, daß sich Wasser mit gewaltiger Kraft bewegen kann. Manchmal beruht diese Kraft nur auf dem Trägheitsmoment des Wassers (S. 58): Sobald eine große Wassermasse in Bewegung gerät, kann man sie nur schwer aufhalten. Wellen werden durch den Wind in Bewegung gesetzt und verbrauchen ihre Energie erst, wenn sie sich am Strand brechen. Zuweilen beruht diese Kraft auch auf der Schwerkraft, wenn beispielsweise Wasser in Bächen und Flüssen bergab fließt. Schließlich kann sie auch ganz einfach von der Tiefe des Wassers herrühren, denn genau wie bei der Atmosphäre nimmt auch der Druck des Wassers mit der Tiefe zu, wie das Experiment unten zeigt. Seit Jahrtausenden macht man sich die Wasserkraft zunutze - die Römer mahlten Mehl mit horizontalen Schöpfrädern, die von Bächen angetrieben wurden. Heute, da wir wissen, wie problematisch die Verwendung fossiler Brennstoffe ist (S. 121), werden neue Wege beschritten, die Kraft bewegten Wassers zu nutzen.

EXPERIMENT

Wasserdruck

Der Druck von Wasser oder anderen Flüssigkeiten nimmt mit der Tiefe zu.

IHR BRAUCHT
- große Plastikflasche • große Schale
- Nagel • Wasser • Schere

1 Schneidet den Flaschenhals mit der Schere ab und bohrt mit dem Nagel vier verschieden hohe Löcher in die Flasche.

2 Stellt sie in die Schüssel und deckt die Löcher mit den Fingern ab. Bittet jemanden, die Flasche mit Wasser zu füllen. Sobald sie voll ist, nehmt ihr die Finger weg: Die unteren Löcher spritzen die Wasserstrahlen wegen des größeren Wasserdrucks weiter.

Wasser fließt schwach aus dem obersten Loch.

Aus den mittleren Löchern spritzt es weiter, da hier der Druck größer ist.

Der längste Strahl kommt aus dem untersten Loch – hier ist der Druck am größten.

Wasserkraftwerke

Staudamm
Stauseen speichern Wasser für Kraftwerke und als Trinkwasser. Da der Wasserdruck mit der Tiefe zunimmt, sind Dämme unten dicker oder gekrümmt, um die Last zu verteilen.

Wasserkraftwerke treiben mit bewegtem Wasser Turbinen an und erzeugen 20% der Elektrizität der Welt. Sie werden oft am Fuß großer Stauseen gebaut, weil diese einen tiefen Wasserspeicher darstellen und der Druck und das Gefälle des Wassers an dieser Stelle des Damms die Turbinen sehr kräftig antreiben.

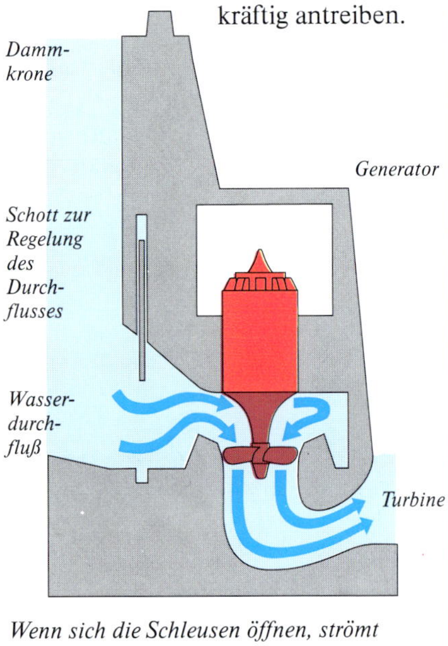

Wenn sich die Schleusen öffnen, strömt Wasser mit großer Kraft aus und treibt die Turbinen zur Elektrizitätserzeugung an.

Wellenkraft

Um Alternativen für fossile Brennstoffe zu finden, erschließt man die verschiedensten Energiequellen – auch das bewegte Wasser. Hydroelektrische Energie ist sauber, doch der Bau großer Staudämme ist auch immer ein gewaltiger Eingriff in die Landschaft. Darum interessiert man sich seit einiger Zeit für das Meer als Energiequelle. Das Auf und Ab von Ebbe und Flut wird bereits von Kraftwerken genutzt. Noch mehr Kraftpotential liegt aber offenbar in der Bewegung der Wellen.

So wurden auch bereits verschiedene Systeme zur Nutzung der Wellenkraft ausprobiert, und wahrscheinlich sind sie nicht nur sicher und sauber, sondern auch relativ billig. Die Technik steht freilich erst am Anfang, und es gibt erhebliche Probleme, so zum Beispiel, wie man Systeme bauen kann, die schon auf kleine Wellen reagieren, aber auch mit Stürmen fertig werden. Einige Wellenkraftgeneratoren stehen an Land, doch man bemüht sich, die Möglichkeiten des Ozeans auf hoher See zu erschließen; beispielsweise mit Stephen Salters Kraftwerk »Ente«, das wegen seiner entenfußförmigen Paddel so genannt wird, welche auf den Wellen auf und ab tanzen. Dabei treiben sie eine Achse an, die Strom erzeugt. Oder Flöße, die aneinandergehängt sind und beim Schaukeln auf den Wellen Wasser durch Pumpen drängen. Jetzt gibt es sogar Versuche mit riesigen, luftgefüllten Plastiksäcken, bei denen die Wellen die Luft zusammenpressen, wodurch wiederum eine Turbine angetrieben wird.

Neue Welle
Prototyp eines Wellengenerators in einer natürlichen Felsrinne auf der Insel Islay vor der schottischen Westküste.

EXPERIMENT

Hydraulik

Da man Flüssigkeiten nicht zusammendrücken kann, nutzt man ihre Kräfte, indem man sie durch Rohre weiterleitet. Hier seht ihr, wie hydraulische Systeme arbeiten (z.B. Autobremsen).

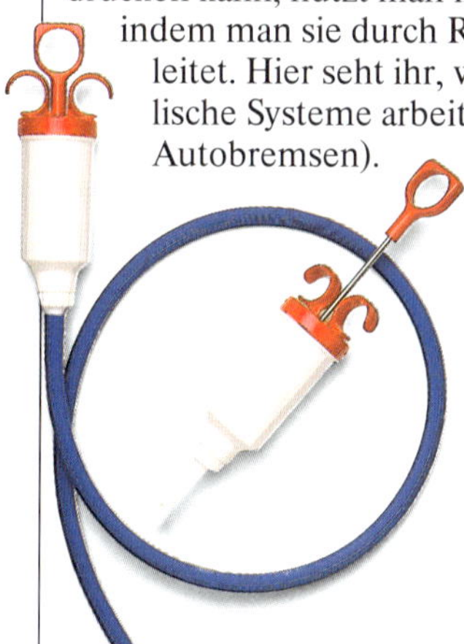

IHR BRAUCHT
- 2 Tortengußspritzen
- Plastikschlauch
- Wasser

1 Füllt eine Spritze mit Wasser und steckt die Tülle in den Plastikschlauch. Drückt auf die Spritze und füllt den Schlauch mit Wasser.

2 Füllt die zweite Spritze zur Hälfte mit Wasser und steckt sie aufs andere Ende des Schlauchs. Im Schlauch und in den Spritzen dürfen keine Luftblasen sein!

3 Drückt einen Kolben hinein: Sofort geht der andere hinaus – die Kraft wurde übertragen.

4 Probiert das mal mit verschieden großen Spritzen, sofern vorhanden. Es ist wie bei einem Getriebe (S. 72): Ein kleinerer Kolben am anderen Ende bewegt sich weiter als ein größerer, aber weniger kräftig – und umgekehrt.

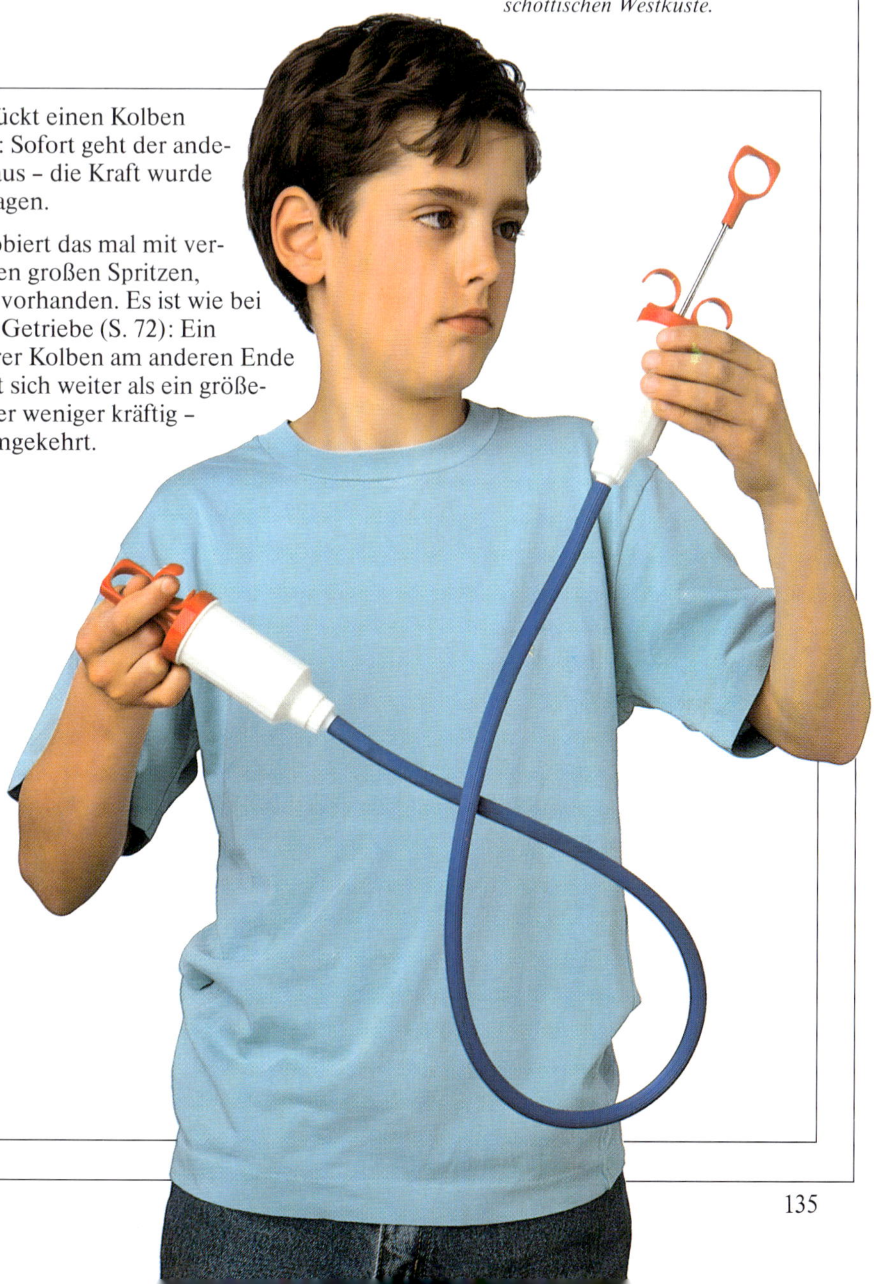

Aufsteigendes Wasser

Solange Wasser bergab fließt, kann man es durch Röhren und Kanäle dorthin lenken, wo es gebraucht wird. Deshalb liegen Wasserspeicher oft in der Höhe. Aber wenn Wasser gehoben werden oder schneller fließen soll - damit es nicht etwa Stunden dauert, bis die Badewanne voll ist -, braucht man dazu Siphons, Pumpen und andere Hilfsmittel. Siphons heben Wasser durch dessen eigenen Druck (S. 134). Bei Pumpen wird Kraft von außen ausgeübt, sei es durch einen Motor oder Muskelkraft, so daß man die Fließkraft (den Wasserdruck) verstärken und Wasser auf große Höhen anheben kann.

Handpumpen

Seit etwa 300 v. Chr. werden Handpumpen verwendet. Am einfachsten sind die altmodischen Saugpumpen, mit denen man früher auf dem Land Wasser aus dem Boden gepumpt hat. Sie saugen jeweils etwas Wasser mit einem Kolben an, der an einem Hebel auf und ab bewegt wird. Da der Luftdruck das Wasser hinter dem Kolben herdrückt, können sie nur Wasser aus einer Tiefe von maximal 9 m heben. Die meisten Motorpumpen arbeiten mit Zahnrädern oder Schiebern statt mit Kolben und können Wasser sehr schnell aus großen Tiefen heraufholen.

EXPERIMENT

Druckfontäne

Ein einfacher Springbrunnen, der nach dem Wasserheberprinzip arbeitet.

IHR BRAUCHT

- 3 Gläser, eins mit einem Korkstopfen
- 2 Trinkhalme
- Modelliermasse
- mit Lebensmittelfarbe gefärbtes Wasser

1 Bohrt zwei Löcher in den Stopfen und steckt die Halme durch. Füllt ein Glas etwa 5 cm hoch mit farbigem Wasser und steckt den Stopfen darauf. Richtet die Halme so aus, daß einer gerade durch den Deckel hineinragt, der andere zur Hälfte. Versiegelt die Löcher im Stopfen mit Modelliermasse.

2 Füllt das zweite Glas mit farbigem Wasser. Haltet die Enden der Halme mit den Fingern zu und stürzt das erste Glas um. Stellt es über das zweite Glas, so daß der Halm, der zur Hälfte ins erste Glas hineinragt, ins Wasser taucht. Stellt das dritte Glas unter den anderen Halm.

3 Das Wasser steigt vom zweiten Glas nach oben und bildet im ersten eine Fontäne: Sobald sich das Wasser aus dem ersten ins dritte Glas entleert, sinkt der Luftdruck im ersten Glas, und damit wird Wasser aus dem zweiten Glas hochgesaugt.

EXPERIMENT

Einen Wasserheber bauen

Wasserheber werden häufig in der Wissenschaft und in der Industrie verwendet. Zu Hause entleert man damit oft Aquarien: Das sanfte Absaugen entfernt das Wasser, ohne Sand, Schnecken und Wasserpflanzen aufzuwühlen.

IHR BRAUCHT

- 2 große Flaschen
- ein Stück Plastikschlauch

1 Stellt die Flaschen auf eine gerade Fläche. Füllt die eine zu drei Vierteln mit Wasser. Steckt den Plastikschlauch hinein und saugt Wasser in den Schlauch, bis er voll ist.

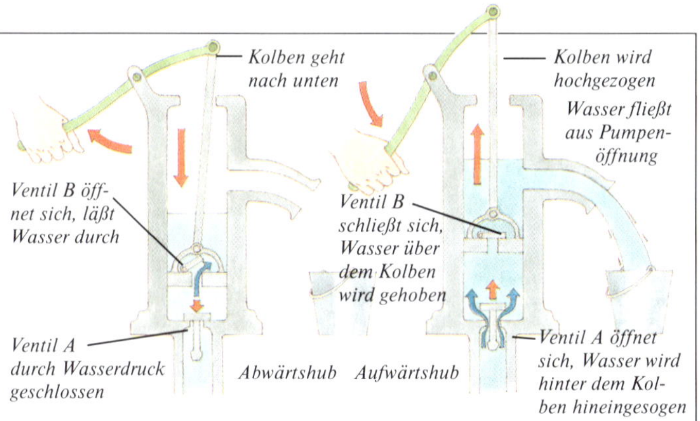

Wenn sich der Kolben hebt, wird Wasser dahinter hineingezogen. Wenn er sich wieder senkt, schließt der Wasserdruck ein Ventil (A) am Boden und öffnet ein anderes (B), durch das das Wasser über den Kolben gelangt. Hebt sich der Kolben wieder, schließt der Wasserdruck Ventil B, so daß Wasser aus der Pumpenöffnung fließt.

GROSSE ENTDECKUNGEN

Archimedische Schraube

Vor etwa 2200 Jahren erfand der griechische Mathematiker Archimedes ein Gerät, mit dem man Wasser zur Bewässerung des Landes aus Flüssen heben konnte. Diese Maschine, die man auch ägyptische Schraube nennt, besteht aus einem Zylinder mit einer riesigen Schraube. Dreht man die Schraube am Handgriff, befördert sie Wasser nach oben.

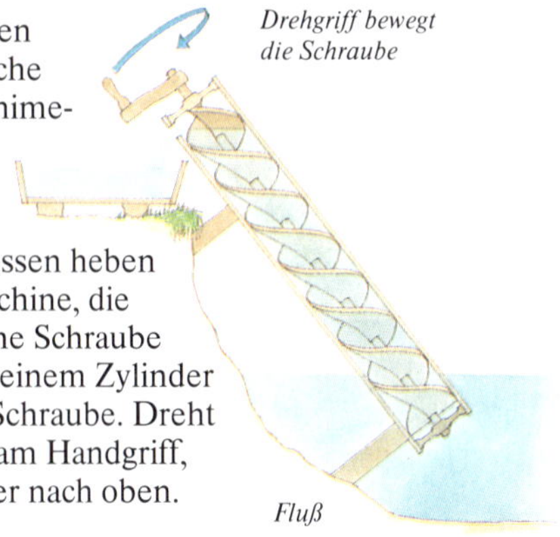

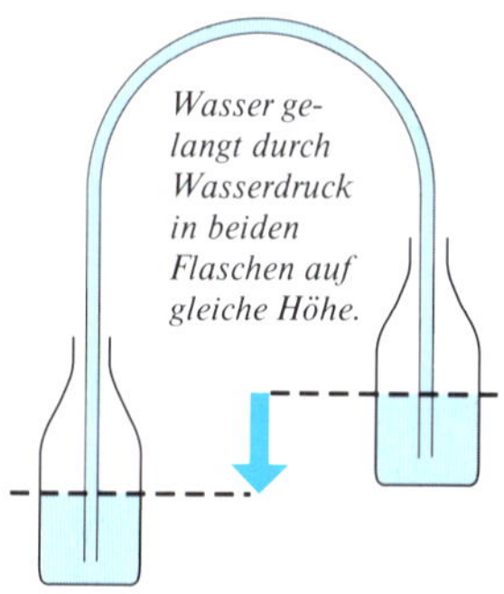

2 Hebt die Flasche in Augenhöhe, hört zu saugen auf und drückt sofort das Schlauchende mit dem Daumen fest zu, damit kein Wasser herausfließt. Steckt nun das Schlauchende in die leere Flasche.

3 Sobald ihr den Daumen wegnehmt, fließt Wasser den Schlauch hinauf – von der höheren in die niedrigere Flasche. Der Wasserdruck treibt das Wasser auf die gleiche Weise durch den Schlauch wie die Strahlen durch die Löcher bei dem Druck-Experiment (S. 134).

Schwimmen und Sinken

Warum schwimmen manche Dinge auf dem Wasser, während andere untergehen? Das hat mit der Dichte zu tun: Dinge, die schwimmen, sind leichter oder weniger dicht als Wasser - Dinge, die untergehen, sind schwerer oder dichter. Taucht man einen Gegenstand unter, drückt sein Gewicht nach unten. Doch das Wasser drückt nach oben zurück - mit einer Kraft oder einem Auftrieb, der dem Gewicht des durch den Gegenstand verdrängten Wassers entspricht. Ist der Gegenstand weniger dicht als Wasser, genügt der Auftrieb, um ihn an der Oberfläche schwimmen zu lassen. Ist er dichter, sinkt er. Holz schwimmt, weil es weniger dicht als Wasser ist. Auch Schiffe schwimmen - dank der im Rumpf eingeschlossenen Luft.

Obenauf schwimmen
Man kann auf jedem Wasser schwimmen, besonders aber auf dem dichten, sehr salzhaltigen Wasser des Toten Meeres in Israel.

EXPERIMENT

Den Auftrieb nutzen

Alles, was dichter ist als Wasser, geht unter. Steine, Metalle und Modelliermasse sinken, weil ihr Gewicht stärker nach unten drückt als der Auftrieb des Wassers nach oben. Doch man kann derart dichte Stoffe durchaus zum Schwimmen bringen, indem man sie so formt, daß sie das Volumen des verdrängten Wassers und damit den Auftrieb vergrößern. Bei diesem Experiment sinkt die Modelliermasse als Kugel - umgeformt in ein Boot schwimmt sie.

IHR BRAUCHT

• große Plastikschüssel oder Aquarium mit Wasser gefüllt • Modelliermasse

1 Füllt den Behälter zu drei Vierteln mit Wasser. Formt die Modelliermasse zu einer kompakten Kugel und laßt sie sacht ins Wasser gleiten.

2 Da die Kugel dichter als Wasser ist, geht sie unter. Dabei steigt der Wasserspiegel: Die Kugel verdrängt eine Wassermenge von ihrem eigenen Volumen.

3 Formt jetzt aus der Kugel ein Boot mit hohen Seitenwänden. Mit dem Volumen des Objekts vergrößert ihr auch den Auftrieb des Wassers.

4 Das Boot schwimmt, wobei der Wasserspiegel noch höher ist: Das Boot und die Luft darin verdrängen ein größeres Wasservolumen.

EXPERIMENT

Den Auftrieb messen

Archimedes – dem griechischen Mathematiker, der auf Sizilien lebte (S. 137) – gelangen weitere großartige Entdeckungen: Er fand auch heraus, daß etwas, das in eine Flüssigkeit getaucht wird, darin weniger wiegt als an der Luft. Darum könnt ihr im Schwimmbad jemanden heben, der sonst für euch zu schwer ist. Archimedes erklärte diese »Schwimmfähigkeit« mit dem Auftrieb des Wassers. Wenn etwas auf dem Wasser schwimmen soll, muß sein Gewicht durch den Auftrieb der Flüssigkeit ausgeglichen werden. Ein schwimmender Gegenstand verdrängt einen Teil der Flüssigkeit. Archimedes wies nach, daß das Gewicht der von dem schwimmenden Gegenstand verdrängten Flüssigkeit gleich ihrem Auftrieb ist. Bei diesem Experiment könnt ihr den Auftrieb messen und beweisen, daß er mit dem Gewicht des schwimmenden Objekts übereinstimmt.

IHR BRAUCHT

• Küchenwaage • Becherglas • Meßbecher • kleinen Schwimmkörper, z.B. halbvolles Glas • große Kuchenform • Wasser

1 Nehmt die Waagschale von der Waage und stellt den Zeiger auf Null. Stellt die Waage in die Kuchenform und das Becherglas auf die Waage. Nun füllt ihr das Glas mit dem Meßbecher bis zum Rand mit Wasser. Notiert das Gewicht.

2 Laßt den Schwimmkörper sacht ins Wasser gleiten. Dabei läuft etwas in die Kuchenform über.

3 Beachtet das Gewicht von Becherglas plus Schwimmkörper: Es hat sich nichts verändert.

4 Hebt das Becherglas von der Waage und diese aus der Kuchenform. Legt die Waagschale wieder auf und stellt auf Null. Gießt das Wasser in die Waagschale.

5 Notiert das Gewicht des verdrängten Wassers aus der Form. Nehmt die Waagschale wieder herunter und stellt den Zeiger auf Null.

6 Wiegt den Schwimmkörper: Er wiegt genauso viel wie das verdrängte Wasser – der Auftrieb des Wassers entspricht dem Gewicht des Objekts.

Flüssigkeitsdichte

Genauso wie feste Gegenstände, die weniger dicht sind als Wasser, schwimmen auch weniger dichte Flüssigkeiten - vorausgesetzt, sie vermischen sich nicht. Eine leichte schwimmt auf einer schweren Flüssigkeit. Auf Pfützen auf verkehrsreichen Straßen schwimmt oft ein dünner Ölfilm, denn das Öl, das aus den Autos getropft ist, ist weniger dicht als Regenwasser. Die meisten Öle sind leichter als Wasser. Wenn man die Dichte einer Flüssigkeit verändert, indem man die Temperatur ändert oder Dinge darin auflöst, wirkt sich das darauf aus, wie gut feste Objekte darauf schwimmen: Boote ragen höher aus salzhaltigem Meerwasser heraus als aus Süßwasser, das weniger dicht ist.

Ölteppiche schwimmen auf dem Wasser und verschmutzen das Gefieder von Schwimmvögeln.

EXPERIMENT

Schwimmende Flüssigkeiten

Hier könnt ihr auf attraktive Weise demonstrieren, wie Flüssigkeiten verschiedener Dichte in Schichten aufeinander schwimmen. Das funktioniert natürlich nur mit Flüssigkeiten, die sich nicht vermischen, wie die meisten Öle und Wasser.

IHR BRAUCHT

• hohes Glas • Sirup • Glyzerin • Wasser, mit roter Lebensmittelfarbe gefärbt • Oliven- oder sonstiges Salatöl • medizinischen Alkohol mit blauer Lebensmittelfarbe gefärbt

Zuerst gießt ihr die schwerste Flüssigkeit, den Sirup, ins Glas. Dann träufelt ihr die nächstschwerste, Glyzerin, langsam am Glasrand hinein, so daß der Sirup nicht aufgewühlt wird. Sobald sich diese Schicht gesetzt hat, gebt ihr vorsichtig Wasser und dann das Öl hinzu. Schließlich träufelt ihr die leichteste Flüssigkeit hinein, den Alkohol. So bekommt ihr ein hübsch gestreiftes Glas.

Freibordmarke
Diese Marke an einem (Stahl-)Schiff zeigt an, wie hoch das Schiff in Süßwasser (F), links, und in verschiedenem Salzwasser, rechts, schwimmen soll: in den Tropen (T), im Sommer (S), im Winter (W) und im Winter im Nordatlantik (WNA). Die Marke ist bei Holzschiffen anders.

GROSSE ERFINDUNGEN

Die Freibordmarke

Da Wasser unterschiedlich dicht sein kann, ragen Schiffe darin auch unterschiedlich hoch auf – selbst wenn sie gleich schwere Ladungen transportieren. Sie ragen höher aus Salz- als aus Süßwasser heraus, da Salzwasser dichter ist, außerdem liegen sie in kalten Meeren im Winter höher als in warmen Tropengewässern, da das kalte Wasser dichter ist. Wenn der Kapitän bestimmen soll, wieviel Ladung an Bord paßt, muß er wissen, wie gut das Schiff in den verschiedenen Gewässern schwimmt, durch die es fahren wird. Wenn es bis an die Obergrenze für kalte Wintergewässer beladen ist, könnte es gefährlich tief absinken, wenn es warme, weniger dichte Tropenmeere befährt. Daher sind Schiffe mit einer Skala am Rumpf versehen, der sogenannten Freibordmarke, die seit 1966 nahezu weltweit gilt. Diese Marke zeigt an, wie tief das Schiff maximal beladen werden darf, damit es auf jedem Gewässer sicher fahren kann.

Herausragend
Das Passagierschiff Queen Elizabeth II. ragt so hoch aus dem Wasser, daß die Wasserlinienmarke deutlich zu sehen ist – das Schiff ist unbeladen und befindet sich in ziemlich kaltem, dichtem Meerwasser.

EXPERIMENT

Ein Aräometer herstellen

Die Dichte einer Flüssigkeit kann man ganz einfach mit einem Röhrchen messen, das an einem Ende ein Gewicht trägt und damit aufrecht schwimmen kann; einem Aräometer. In einer leichten Flüssigkeit sinkt es tiefer als in einer schweren. Die Schwimmhöhe eines Aräometers wird normalerweise mit der in reinem Wasser verglichen, so daß man ein Maß bekommt: die relative Dichte oder das spezifische Gewicht.

IHR BRAUCHT • 3 Bechergläser • Trinkhalm • Modelliermasse • Wasser • Salz • Salatöl

Stammwürze
Bierbrauer messen das spezifische Gewicht des Biers mit einem Aräometer: Es zeigt den Zuckergehalt (und damit die Stärke) des Biers an.

Wasser

Salzlösung

Salatöl

1 Gebt etwas Wasser in ein Glas. Steckt ein Klümpchen Modelliermasse auf den Halm und laßt ihn im Glas schwimmen. Markiert auf dem Halm die Wasserhöhe.

2 Füllt das zweite Glas mit Salzlösung und laßt euer Aräometer darin schwimmen: Es sinkt weniger tief als in Wasser.

3 In das dritte Glas gebt ihr dann das Salatöl. Der Halm sinkt tiefer als bis zur Wassermarke, da Öl weniger dicht als Wasser ist.

Oberflächenspannung

Schaut mal genau die Kondensation an einer wirklich kalten Getränkedose oder an einem eisgekühlten Getränk an: Bis auf die größten sind alle Tropfen absolut rund. Auch Tautropfen an einem Spinnennetz sind es oder Tropfen aus einem langsam tropfenden Wasserhahn – um das zu sehen, braucht man allerdings schon Hochgeschwindigkeitsfotografie. Kleine Wassertropfen sind stets rund, und zwar wegen eines Phänomens, das man Oberflächenspannung nennt. Dazu kommt es, weil die Wassermoleküle sich anziehen. In der Mitte eines Tropfens ziehen sie sich nach allen Richtungen gleich an. An der Oberfläche aber werden die Moleküle nur ins Wasser gezogen, da es hier keine Moleküle gibt, die in die entgegengesetzte Richtung ziehen. Daher zieht das Wasser seine Oberfläche fest zusammen – wie eine elastische Haut. Die Oberflächenspannung reicht aus, um kleine Tröpfchen zu Kugeln zusammenzuziehen, aber auch, um die Borsten eines Pinsels zusammenzuhalten, wenn man ihn aus dem Wasser zieht. Und deshalb auch wölbt sich die Wasseroberfläche über den Rand auf, wenn man ein Glas vorsichtig ganz voll füllt.

Wasserläufer
Die durch die Oberflächenspannung gebildete Haut trägt winzige Insekten wie den Wasserläufer, der schnell übers Wasser flitzt.

EXPERIMENT

Wasserdichtes Gewebe

Die Oberflächenspannung verhindert, daß Wasser durch die kleinen Löcher zwischen den Fäden in gewebten Stoffen wie Baumwolle oder Gaze dringt. Daher halten Zelte auch den Regen ab – solange man den Stoff nicht berührt und damit die Spannung unterbricht. Mit diesem Experiment kann man zeigen, wie gut die Oberflächenspannung abdichtet.

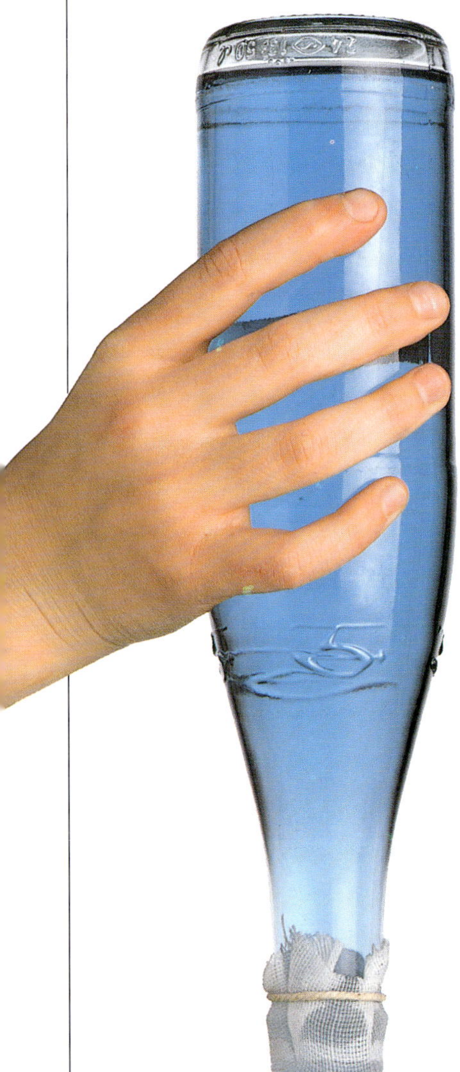

IHR BRAUCHT
- Milchflasche
- Stück Gazebinde
- Gummiring

Füllt die Flasche mit Wasser und befestigt die Gaze über der Öffnung mit Gummiband. Dreht die Flasche um. Das Wasser fließt nicht heraus, da die Oberflächenspannung wie eine Haut verhindert, daß das Wasser durch das Gewebe austritt.

EXPERIMENT

Metall schwimmt

Dank der Oberflächenspannung schwimmt sogar eine Büroklammer!

IHR BRAUCHT
- Glas Wasser • Büroklammer

Füllt ein Trinkglas mit Wasser und legt eine Büroklammer darauf. Sie schwimmt, weil die »Haut« der Wasseroberfläche sie trägt. Seht genau hin: Die Haut dehnt sich sogar unter dem Gewicht der Büroklammer.

Nasser als naß?

Manchmal wünschen wir uns, Wasser würde sich »nasser« verhalten. Es ist doch einfach lästig, wenn Wasser von fettigem Schmutz auf dem Boden oder am Auto abperlt, statt ihn wegzuwaschen, oder sich beim Gießen im Garten auf den Blättern nur in Tropfen sammelt, statt sie ganz zu bedecken. Daran ist die Oberflächenspannung schuld. Wassermoleküle ziehen sich stärker an als andere Dinge und machen diese nicht naß – außer wenn die Spannung gebrochen wird. Fett ist besonders wasserabweisend, so daß Wasser von fettigen Oberflächen abperlt oder sich zu Tropfen zusammenzieht. Seife ist ein Mittel, das die Oberflächenspannung bricht, so daß auch Fett richtig benetzt werden kann. Auch Fotografen benutzen solche Netzmittel, damit das Wasser auf entwickelten Filmen beim Trocknen keine Blasen hinterläßt.

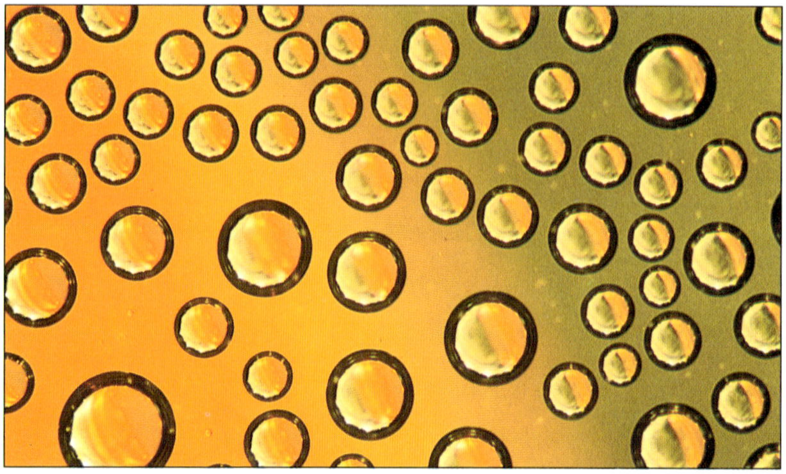

Vergrößertes Foto von Wasser auf Plexiglas. Infolge der Oberflächenspannung breitet sich das Wasser nicht aus, sondern zieht sich zu Tröpfchen zusammen.

EXPERIMENT

Die Spannung aufbrechen

Dieses Experiment zeigt, wie wirksam Waschmittel die Oberflächenspannung aufheben. Schwimmende Zündhölzer, die von der Spannung in Position gehalten werden, treiben sofort auseinander, wenn man einen Tropfen Spülmittel zugibt.

IHR BRAUCHT

• 4 Zündhölzer • flache Wasserschale • Geschirrspülmittel • Pipette

1 Füllt die Schale mit sauberem Wasser und laßt es stehen, bis die Oberfläche völlig glatt ist. Setzt die Zündhölzer vorsichtig darauf, indem ihr wie hier einen Stern bildet.

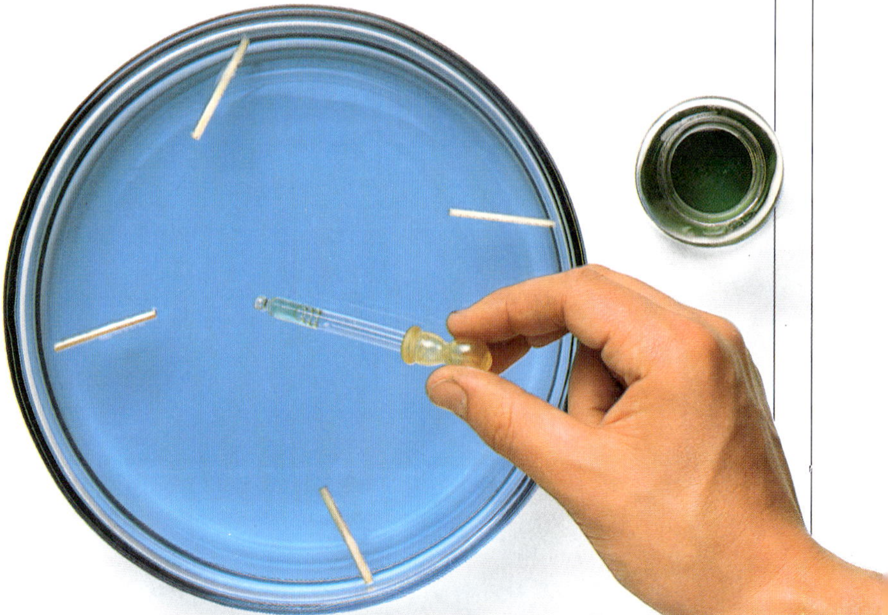

2 Fügt mit dem Tropfer einen Tropfen Spülmittel in der Mitte der Schale hinzu. Damit wird an dieser Stelle die Oberflächenspannung gebrochen, und die Hölzchen werden sofort von der stärkeren Spannung am Rand der Schale nach außen gezogen.

ELEKTRIZITÄT UND MAGNETISMUS

Elektrizität ist nicht bloß die Energie, mit der alle möglichen Geräte, von Toastern bis zu Fernsehern, funktionieren. Und Magnetismus ist nicht nur der unsichtbare Impuls, durch den sich Kompaßnadeln drehen. Zusammengenommen sind Elektrizität und Magnetismus Grundkräfte des Universums.

Blitze zeigen besonders eindrucksvoll die elektrische Energie – hier statische Elektrizität, die von Gewitterwolken mit einer derart gewaltigen Kraft zur Erde oder zur anderen Wolke springt, daß sich die Luft ringsum heftig erwärmt. Diese heiße Luft dehnt sich dann explosionsartig aus und es donnert.

ELEKTRIZITÄT

Die Elektrizität ist eine der Grundkräfte, die alle Materie zusammenhält. Vor allem ist sie die vielseitigste Energieform. Sie ist die Kraft, die Glühbirnen leuchten und Elektroheizlüfter Wärme abgeben läßt. Sie erzeugt die Töne im Radio und die Bilder im Fernsehen. Und sie versorgt alles mit Kraft - von den winzigen Mikroschaltern in einem Computer bis zu den riesigen Motoren eines Hochgeschwindigkeitszuges.

Der amerikanische Wissenschaftler und Staatsmann Benjamin Franklin nahm als erster die Existenz von positiver und negativer elektrischer Ladung an. Er wies auch die statische Elektrizität von Blitzen nach, indem er einen Drachen bei einem Gewitter steigen ließ - und diesen Versuch zu seinem Glück überlebte.

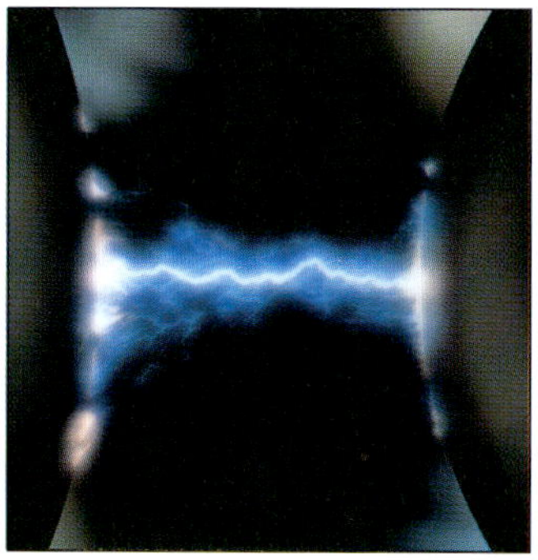

In den 30er Jahren entwickelte der amerikanische Physiker Robert van de Graaff den Bandgenerator, mit dem man riesige Funken von statischer Elektrizität erzeugen kann.

Bis zum 18. Jahrhundert interessierten sich die Forscher kaum für die Elektrizität. Den alten Griechen waren allerdings einige elektrische Phänomene aufgefallen. So beobachtete der Philosoph Thales bereits um 600 v. Chr., daß ein Stück Bernstein Federn, Fäden und Staubteilchen anzog, wenn man es mit einem Tuch rieb. Daher leitet sich Elektrizität von dem griechischen Wort für Bernstein her: *elektron*. Aber für die meisten Menschen war dies nichts weiter als eine unwichtige Kuriosität. Einer der ersten Gelehrten, der elektrische Phänomene erforschte, war William Gilbert (1544 - 1603), Leibarzt von Königin Elizabeth I. von England. Er zeigte, daß nicht nur Bernstein, sondern auch Glas und Schwefel die seltsame Fähigkeit gewannen, leichte Dinge anzuziehen, wenn man sie rieb. Gilbert beschloß, diese unbekannte Anziehungskraft Elektrizität zu nennen.

Fließende Elektrizität

Es dauerte noch etwa eineinhalb Jahrhunderte, bis der französische Chemiker Charles Dufay (1698 - 1738) herausfand, daß es nicht nur Dinge gab, die einander durch Reiben anzogen, sondern auch solche, die sich abstießen. Elektrisierte man zum Beispiel zwei Bernsteinstücke, indem man sie rieb, schienen sie einander abzustoßen.

Leiter

Etwa um die gleiche Zeit zeigte der englische Physiker Stephen Gray (1666 - 1736), daß einige Stoffe Elektrizität leiteten, andere nicht. Er fand sogar heraus, daß er Elektrizität, die er durch Reiben eines Glasrohrs erzeugt hatte, entlang eines Seidenfadens über 100 m weit übertragen konnte. Metalle und andere Stoffe, durch die Elektrizität leicht fließt, wurden Leiter genannt - Glas, Bernstein, Holz und andere Stoffe, die den Fluß der Elektrizität behinderten, Isolatoren. In einem berühmten Versuch führte Gray vor, wie gut der menschliche Körper Elektrizität leitet:
Er hängte einen Jungen aus dem Armenhaus an Seidenschnüren auf und verband ihn mit einer statischen elektrischen Ladung. Die Ladung floß durch den Körper des Jungen, so daß er Papierschnitzel vom Boden heben konnte, ohne sie zu berühren.

Elektroskope weisen eine statische elektrische Ladung nach und zeigen, ob sie positiv oder negativ ist.

Gegensätzliche Ladungen

Doch erst der amerikanische Staatsmann und Erfinder Benjamin Franklin (1706 - 1790) bewies, daß elektrische Phänomene mehr als einfache Tricks sind. Wie Dufay hielt auch Franklin die Elektrizität für etwas Fließendes, doch er war überzeugt, daß es sich dabei nur um ein Phänomen, nicht um zwei, handle: Wenn man Glas rieb, floß Elektrizität hinein, und dadurch war es positiv geladen - rieb man aber Bernstein, floß Elektrizität heraus, und damit war er negativ geladen. Sobald beide Stoffe miteinander in Kontakt kämen, glaubte Franklin, würde diese Flüssigkeit vom Positiven zum Negativen fließen, bis sie sich im Gleichgewicht befänden. Das kommt dem, was wir heute wissen, bereits erstaunlich nahe, außer daß es sich dabei um winzige subatomare Teilchen, die Elektronen (S. 27), handelt und daß sich statische Elektrizität vom Bernstein zum Glas entlädt, nicht umgekehrt. Wenn man Bernstein mit einem Tuch reibt oder sich mit dem Kamm durchs Haar fährt, werden Elektronen vom Tuch auf den Bernstein oder vom Kamm ins Haar abgerieben. Elektronen sind negativ geladen, und damit auch der Bernstein. Da das Tuch Elektronen verliert, ist es positiv geladen.
Mitte des 18. Jahrhunderts gab es bereits Maschinen, die ziemlich große elektrische Ladungen erzeugen konnten, wenn man an einer Kurbel drehte und Glas oder Schwefel rieb. Forscher konnten sogar eine elektrische Ladung speichern, indem sie sie in einem speziellen Glaszylinder isolierten, einer sogenannten Leidener Flasche. Über eine Messingkette im

Stopfen der Flasche konnte man auch Elektrizität entnehmen. Die Ladung konnte so groß sein, daß die Wissenschaftler leuchtende Funken von der Kette auf ihre Hand überspringen lassen konnten, wobei viele einen unangenehmen Schlag bekamen.

Blitze

Beim Anblick dieser Funken kam Franklin der Gedanke, daß auch Blitze nichts anderes sein könnten. Um seine Idee zu überprüfen, ließ er während eines Gewitters einen Drachen steigen und knüpfte an die Schnur einen Schlüssel mit einem Seidenfaden. Die Elektrizität floß aus den Wolken entlang der nassen Schnur über den Seidenfaden in den Schlüssel. Als Franklin seine Hand dem Schlüssel näherte, bekam er einen Schlag und sah Funken, genau wie die aus der Leidener Flasche. Da hatte er seinen Beweis – und zugleich unglaubliches Glück, daß er noch lebte. Andere, die dieses Experiment wiederholten, wurden durch den Stromschlag getötet.

Daraufhin entwickelte Franklin einen Blitzableiter: einen Eisenstab, den er am höchsten Punkt eines Gebäudes befestigte und über Drähte mit dem Boden verband. Traf der Blitz das Gebäude, entlud er sich durch den Stab in den Boden, ohne Schaden anzurichten.

Nach Franklins Entdeckung entzündete sich das Interesse an elektrischen Phänomenen erst so richtig, und Demonstrationen elektrischer Effekte kamen sehr in Mode. 1786 hängte der italienische Anatom Luigi Galvani (1737 – 1798) die Beine eines toten Frosches während eines Gewitters an ein Geländer, um zu sehen, ob die Blitze sie genauso zucken ließen wie die Funken aus einer Leidener Flasche. Zu seiner Überraschung zuckten sie sogar schon vor dem Gewitter, und darum meinte Galvani, er habe eine neue Art von Elektrizität entdeckt, die durch die Nerven des Frosches erzeugt werde. Er nannte sie tierische Elektrizität, und viele Menschen glaubten, dies sei das Geheimnis des Lebens. Schon bald versuchten viele Forscher, Leichname ins Leben zurückzuholen, indem sie sie elektrisierten – wie der wahnsinnige Doktor Frankenstein in Mary Shelleys berühmter Geschichte.

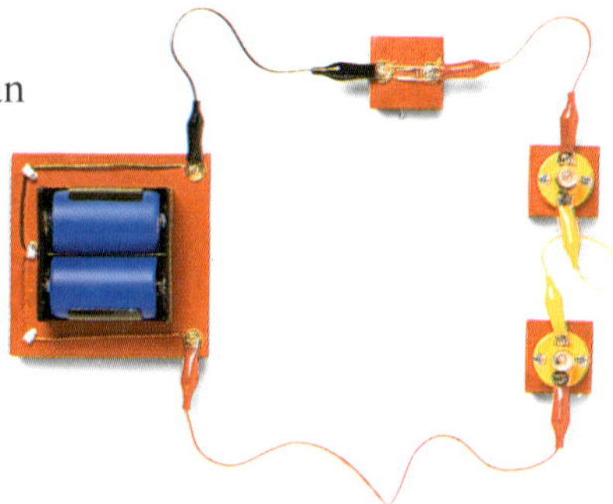

Durch elektrische Stromkreise (S. 154 – 155) kann man alle möglichen Geräte mit elektrischer Energie versorgen.

Diese einfache Batterie funktioniert mit Hilfe einer chemischen Reaktion (S. 151).

Die erste Batterie

Der italienische Physiker Alessandro Volta (1745 – 1827) glaubte jedoch nicht an diese tierische Elektrizität, und er fand die wahre Ursache heraus, warum die Beine des Frosches unter Strom zuckten. Die Elektrizität entstand durch die chemische Reaktion zwischen dem Metall des Geländers und dem Metallhaken, an dem die Beine hingen. Mit diesem Wissen konnte Volta im Jahre 1800 die erste Batterie bauen: Er schichtete abwechselnd Kupfer und Zink in einem Glas mit Salzwasser aufeinander. Diese chemische Reaktion erzeugte erstmals einen gleichmäßigen Fluß von Elektrizität.

In Trockenzellenbatterien entsteht Strom; vergleiche S. 150, 151.

Eine der wichtigsten Entdeckungen danach war die des elektrischen Stromkreises. Bildet ein leitendes Material eine Schleife, fließt eine elektrische Ladung von einem Pol (einem der beiden Metalle) der Batterie zum anderen. Man verglich dies mit dem Fließen des Wassers in einem Bach und nannte es Strom. Genaugenommen ist dieser Vergleich falsch, denn im Unterschied zum Wasser bewegen sich die Elektronen, die die Ladung tragen, kaum – sie geben die Ladung in Etappen weiter. Immerhin bedeutete die Entdeckung der Stromkreise, daß Elektrizität durch Drähte dorthin, wo sie benötigt wurde, geschickt werden und schließlich die verschiedensten Arbeiten erledigen konnte. In den 20er Jahren des vorigen Jahrhunderts machte der französische Physiker André Ampère (1775 – 1836) weitere Entdeckungen über das Wesen der Elektrizität, und der deutsche Physiker Georg Ohm (1789 – 1854) wies nach, daß der Fluß eines elektrischen Stroms durch einen Draht von dessen Widerstand abhängt. Die Elektrizität wirkte sich allerdings erst dann auf das tägliche Leben aus, als man die Beziehungen zwischen Elektrizität und Magnetismus erkannte und Elektrizität nach Belieben erzeugen konnte (S. 158 – 159). Was Elektrizität wirklich ist und ihre Bedeutung für den Aufbau der Materie, wurde jedoch erst seit der Entdeckung des Elektrons (S. 15) verstanden.

Im Jahre 1800 – wenige Monate nachdem Volta die erste Batterie gebaut hatte – wies der englische Chemiker William Nicholson (1753 – 1815) nach, daß Blasen von Sauerstoff und Wasserstoff entstehen, wenn die Drähte von einer Batterie in Wasser tauchen (S. 156 – 157). Auf dieser Reaktion, der Elektrolyse, beruhen viele wichtige chemische Prozesse.

Seit langem spielt Elektrizität eine wichtige Rolle im Auto – vom Zündfunken bis zu den Scheinwerfern. Inzwischen ist die Elektronik fast unentbehrlich geworden, und eines Tages werden viele Autos vielleicht durch Elektromotoren angetrieben.

Statische Elektrizität

Wenn man sich kämmt oder einen Pulli aus Kunstfaser auszieht, knistert es: Das ist statische Elektrizität. Auch Blitze bei einem Gewitter sind statische Elektrizität, ebenso die Kraft, die bei einem Fotokopierer Druckerfarbe aufs Papier bringt. Bei all diesen Vorgängen reiben sich zwei Dinge aneinander: der Kamm und das Haar, oder Eiskristalle in einer Gewitterwolke. Das Ergebnis ist stets das gleiche – Reiben erzeugt eine Kraft, die man Ladung nennt und die entweder anzieht oder abstößt. Dabei werden Elektronen aus den Atomen des einen Stoffs herausgelöst und den Atomen des andern hinzugefügt. Stoffe, die Elektronen verlieren, nennt man positiv geladen, und die sie gewinnen, sind negativ geladen. Ungleiche Ladungen ziehen einander an, gleiche stoßen sich ab.

Zauberkamm
Kämmt euch, und dann könnt ihr mit dem Kamm Papierschnitzel aufheben: Der Kamm ist mit negativ geladenen Elektronen überzogen, die das Papier anziehen.

Klebrige Luftballons
Reibt Ballons an einem T-Shirt oder Pulli, um sie aufzuladen. Infolge ihrer negativen Ladung bleiben sie am positiv geladenen Pulli kleben.

EXPERIMENT

Schlangenbeschwörung

Mit Hilfe von statischer Elektrizität könnt ihr eine Papierschlange beschwören.

IHR BRAUCHT

• Seidenpapier • Seidentuch • Plastikschreiber • Metallplatte oder -schale

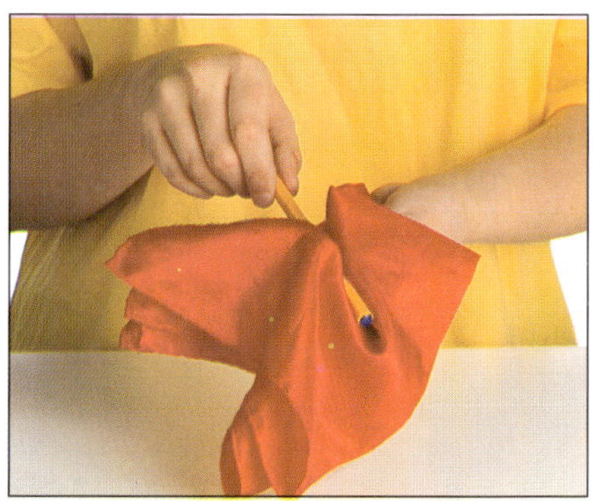

So wird der Schreiber aufgeladen
Reibt den Schreiber heftig am Seidentuch. Daraus entnimmt er Elektronen und wird negativ geladen.

1 Schneidet aus einem Seidenpapierkreis eine Spirale aus.

2 Legt sie auf die Metallplatte.

3 Zieht mit dem geladenen Schreiber die Mitte der Spirale sacht in die Luft.

Blitzschlag

Ein Blitz enthält so viel Energie, daß davon eine kleine Stadt ein ganzes Jahr versorgt werden könnte. Er entsteht in einer Gewitterwolke, wenn Luftströme Eiskristalle und Wassertropfen so heftig gegeneinander werfen, daß sie geladen werden. Oben auf der Wolke sammeln sich positiv geladene Teilchen, unten die negativ geladenen. Schließlich springt ein Blitz - ein Elektronenstrom - zwischen beiden über, um die Ladung aufzuheben. Dies nennt man einen Wolkenblitz. Spektakuläre Verästelungen bilden sich, wenn Blitze nicht unsichtbar in der Wolke, sondern zu Boden zucken. Dort entladen sie sich, weil auch der Boden geringfügig geladen ist. Sie nehmen dazu den kürzesten Weg - und darum sind Bäume und hohe Gebäude so blitzschlaggefährdet.

EXPERIMENT

Wir bauen ein Elektroskop

Mit diesem einfachen Gerät kann man die Stärke einer statischen Ladung messen.

IHR BRAUCHT

• kleines Glas • festen Draht • Alufolie
• dünnes Bonbonpapier • Pappscheibe
• Plastikschreiber • Pappe • Isolierband

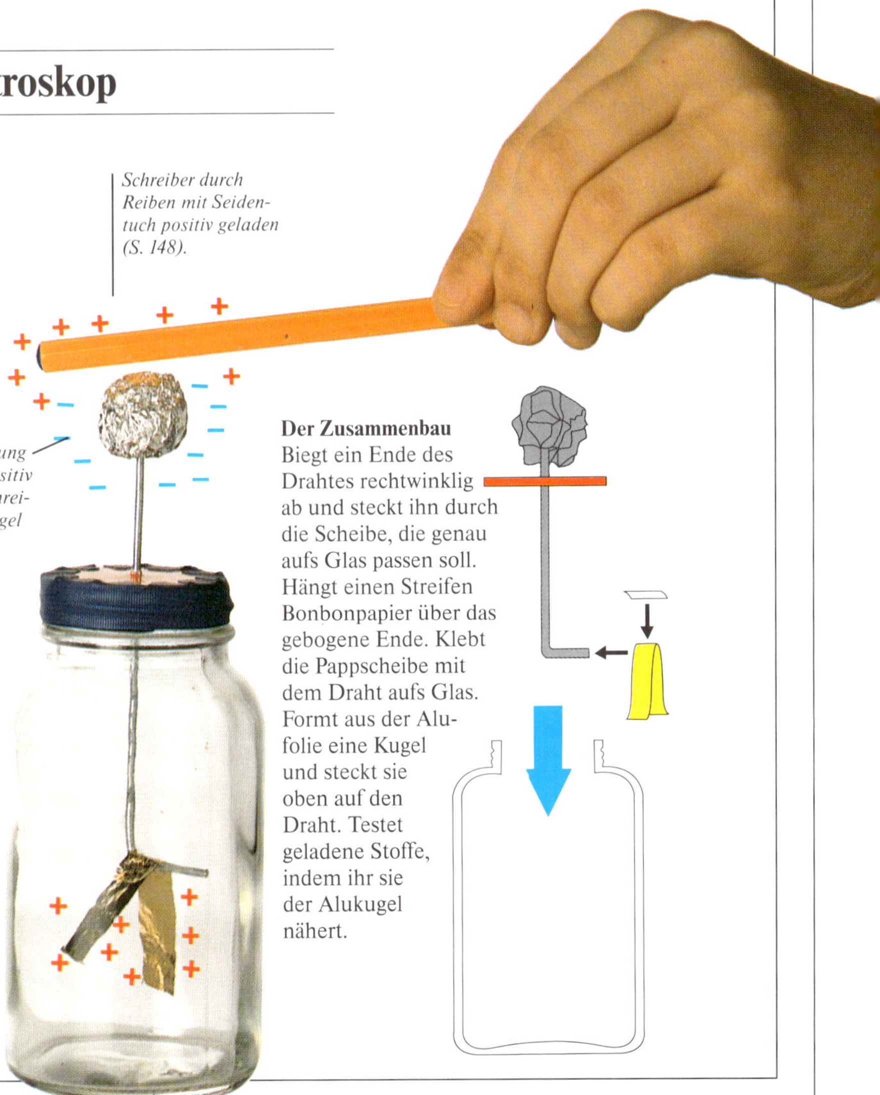

Schreiber durch Reiben mit Seidentuch positiv geladen (S. 148).

Negative Ladung wird durch positiv geladenen Schreiber zur Alukugel gezogen.

Wie es funktioniert
Wenn der positiv geladene Schreiber sich der Folie nähert, werden durch den Draht negativ geladene Teilchen zur Kugel hochgezogen, so daß auf dem Bonbonpapier nur positiv geladene Teilchen zurückbleiben. Beide Blättchen sind nun gleich geladen und fliegen auseinander.

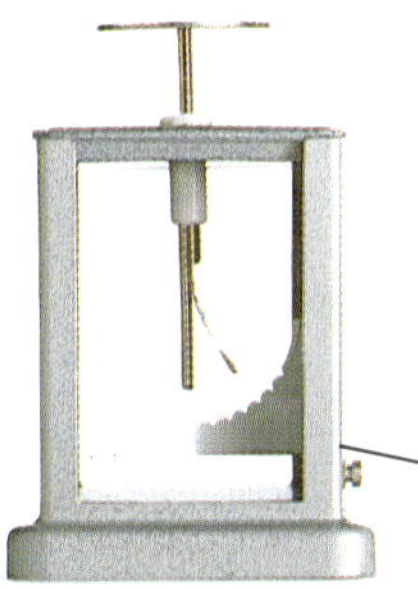

Bei einem professionellen Elektroskop wird die Stärke der Ladung auf einer Skala angezeigt.

Der Zusammenbau
Biegt ein Ende des Drahtes rechtwinklig ab und steckt ihn durch die Scheibe, die genau aufs Glas passen soll. Hängt einen Streifen Bonbonpapier über das gebogene Ende. Klebt die Pappscheibe mit dem Draht aufs Glas. Formt aus der Alufolie eine Kugel und steckt sie oben auf den Draht. Testet geladene Stoffe, indem ihr sie der Alukugel nähert.

Elektrischer Strom

Man spricht von statischer Elektrizität, wenn die Ladung statisch ist – sie bewegt sich nicht oder macht bestenfalls einen einzigen Sprung. Statische Effekte wie der Blitz sind zwar spektakulär, aber man kann sie kaum nutzen. Viel nützlicher ist eine elektrische Ladung, die sich ständig in Bewegung befindet, also elektrischer Strom. Strom verdanken wir alles – vom elektrischen Licht bis zu den Supercomputern.

Damit ein elektrischer Strom fließen kann, braucht es zweierlei. Zunächst muß es einen kontinuierlichen Weg oder Stromkreis geben, durch den der Strom fließen kann. Normalerweise ist dies eine Schleife aus Kupferdraht, weil Kupfer wie viele Metalle ein guter Leiter ist, also Strom sehr leicht weiterleitet. Und dann bedarf es einer Antriebskraft (der Spannungsquelle), die die Elektronen um den Stromkreis schickt. Die einfachste Art und Weise, diese Kraft zur Verfügung zu haben, ist eine Batterie.

Weihnachtslichter
Wie alle elektrischen Leuchten beruht auch diese festliche Weihnachtsbeleuchtung darauf, daß Elektronen sich in einem Stromkreis bewegen.

EXPERIMENT

Eine Batterie bauen

Batterien erzeugen Strom auf chemische Weise. Bei dieser Batterie sind zwei Elektroden (Kupfer und Zink) durch Draht verbunden und in eine Säure (den Elektrolyten) getaucht. Eine chemische Reaktion in der Säure ergibt einen Überschuß von Elektronen am Zink, so daß ein schwacher Strom durch den Draht zum Kupfer fließt. Bei Trockenzellen sind die beiden Elektroden die Zinkhülle und ein Graphitstift. Der Elektrolyt ist eine Paste.

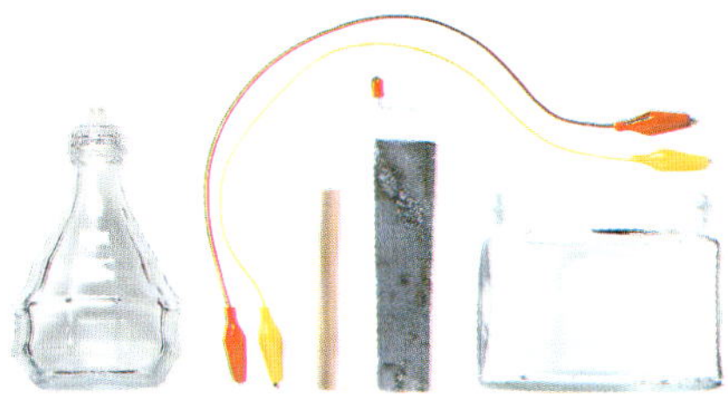

IHR BRAUCHT
- breites Glas • Zinkstreifen • Kupferröhrchen • Leuchtdiode oder Glühbirne • zwei Kabel mit Steckern • Essig

GROSSE ENTDECKUNGEN

Die erste Batterie

Elektrischer Strom wurde fast durch Zufall entdeckt. Ende des 18. Jahrhunderts konnte man statische Ladungen durch Reiben erzeugen, und Luigi Galvani ließ so tote Froschschenkel zucken. Eines Tages geschah das ohne jede Ladung, und Alessandro Volta fand den Grund: Die Messinghaken, an denen die Froschbeine hingen, reagierten chemisch mit dem Eisenständer und dabei entstand ein elektrischer Strom.

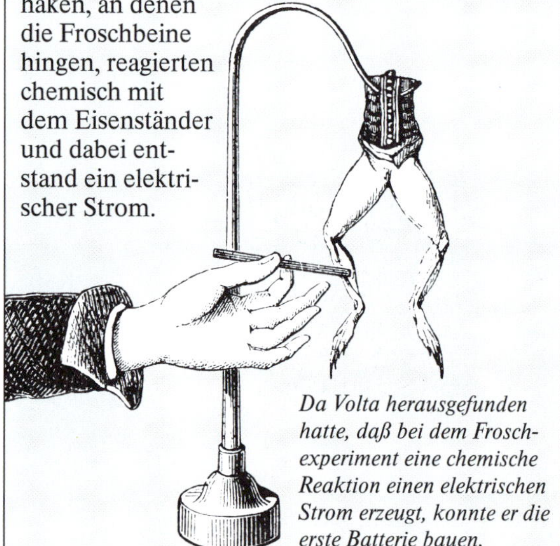

Da Volta herausgefunden hatte, daß bei dem Froschexperiment eine chemische Reaktion einen elektrischen Strom erzeugt, konnte er die erste Batterie bauen.

Was ist Strom?

Einst glaubte man, die Elektrizität fließe wie Wasser, und darum sprach man vom elektrischen Strom. In Wirklichkeit verhält es sich eher wie bei einer Reihe von Murmeln: Wenn man die erste fest anschnipst, rollt die letzte los. In jedem Material, das Elektrizität gut leitet, hat jedes Atom mindestens ein freies Elektron, das sich normalerweise nach Belieben von Atom zu Atom bewegt. Befinden sich aber an einem Ende des Kreises mehr Elektronen als am andern, stoßen sie alle freien Elektronen in die gleiche Richtung, da sich gleiche Ladungen ja abstoßen. Genau das passiert, wenn man einen elektrischen Stromkreis anschaltet. Dabei kommt kein Elektron sehr weit – jedes stößt einfach seinen Nachbarn an, und damit wird der Strom durch den Kreis weitergegeben.

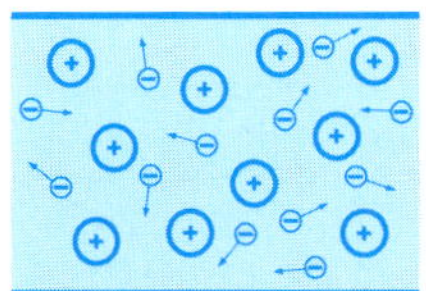

Freie Elektronen (Minuszeichen) springen beliebig von Atom zu Atom.

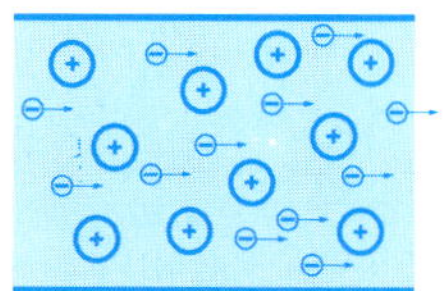

Wird der Strom angeschaltet, bewegen sie sich alle in gleicher Richtung.

Strom fließt stets von negativ nach positiv. Bei einer Batterie fließt er ständig in einer Richtung (Gleichstrom). Bei bestimmten Generatoren (S. 166) werden die Pole dauernd umgeschaltet, so daß ein Wechselstrom entsteht.

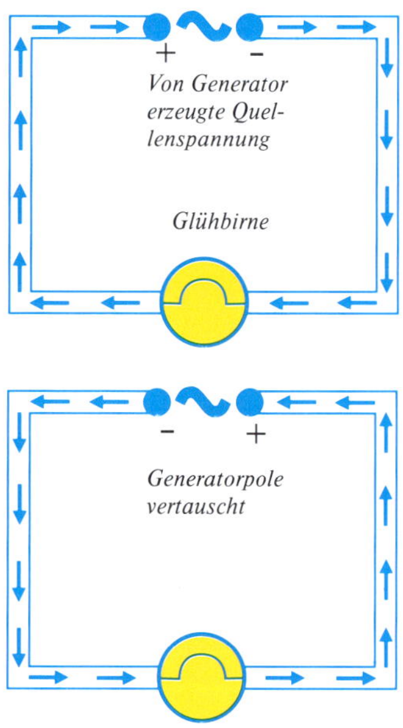

1 Füllt das Glas mit Essig. Essig ist verdünnte Essigsäure und bildet den Elektrolyten der Batterie.

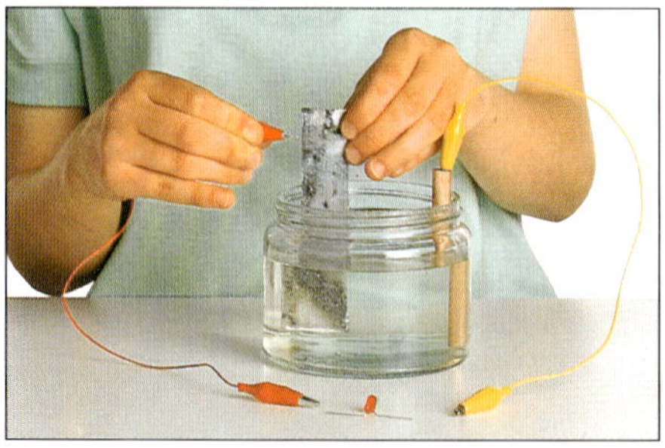

2 Klemmt je ein Ende der Leitungen an das Kupfer und das Zink und das andere an jeden Pol der Leuchtdiode (Glühbirne).

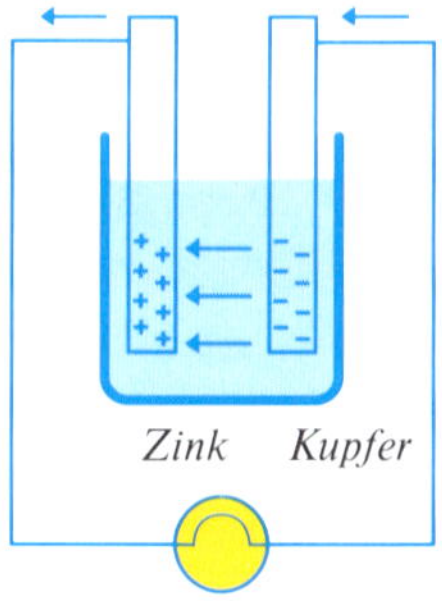

Positiv und negativ
Die chemische Reaktion entzieht dem Zinkstreifen positiv geladene Zinkionen (S. 156), so daß ein Überschuß von negativ geladenen Elektronen bleibt. Jetzt fließt ein elektrischer Strom durch den Draht zum Kupferröhrchen, welches nämlich positive Ionen aus der Säure an sich zieht und deshalb positiv geladen ist.

Das Kupferröhrchen ist die positive Elektrode.

Der Zinkstreifen ist die negative Elektrode.

Taucht die Elektroden in den Essig. Sobald die chemische Reaktion beginnt, leuchtet die Birne. Löst die Elektroden und sie geht wieder aus.

Verbindet die Leitung vom Zink mit dem flachen Pol der Leuchtdiode.

EXPERIMENT

Leitfähigkeit

Elektrizität fließt durch einige Materialien leicht (Leiter) und durch andere nur mühsam (Isolatoren). Im Gegensatz zu Isolatoren haben Leiter viele freie Elektronen. Testet verschiedene Materialien auf ihre Leitfähigkeit.

Wie man die Leitfähigkeit testet
Verbindet Batterie und Birne wie auf dem Bild. Dann verbindet die Lampe mit dem Testobjekt und dieses mit dem freien Pol der Batterie. Leuchtet die Birne auf, ist das Objekt ein Leiter, sonst ein Isolator.

IHR BRAUCHT
- Flachbatterie, 4,5 Volt • 3 Kabel
- Birne • Auswahl von Haushaltsgegenständen für den Test

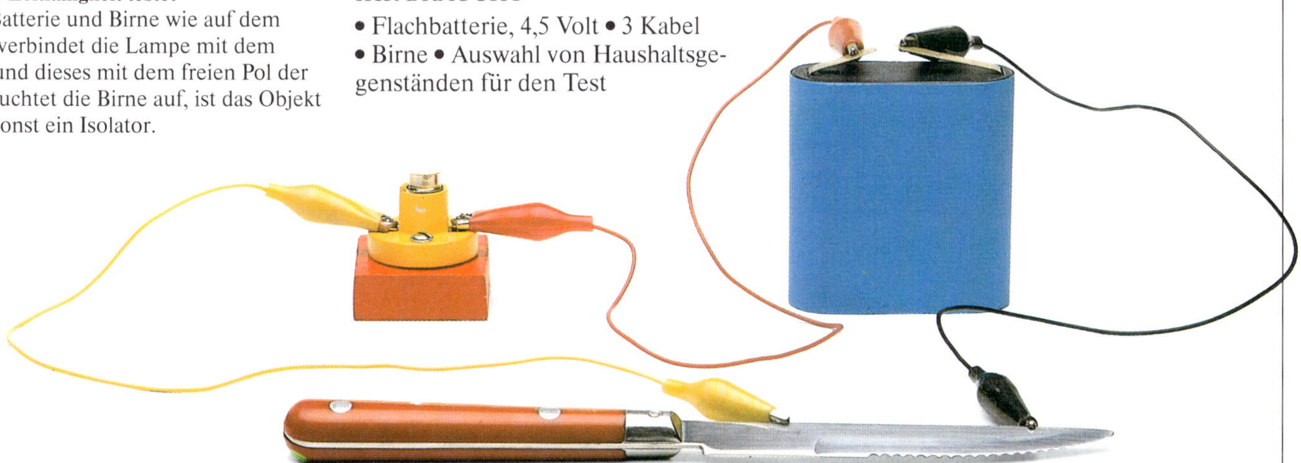

Verbindungen herstellen

Um einen elektrischen Strom aufzuhalten, muß man den Stromkreis unterbrechen. Und umgekehrt: Um einen elektrischen Strom in Gang zu setzen, muß man den Kreis schließen. Darum hat fast jeder Stromkreis einen Schalter – eine einfache Vorrichtung, mit der man den Kreis unterbrechen oder schließen und damit den Strom unterbrechen oder in Gang setzen kann.

Da Elektrizität nur dann fließt, wenn der Stromkreis nicht unterbrochen ist, muß jedes elektrische Gerät – von der einfachen Glühbirne bis zur komplizierten Hi-Fi-Anlage – mit dem Stromkreis verbunden und ein Teil von ihm sein. Wenn ihr irgendeinen elektrischen Schalter betätigt, stellt ihr einfach die letzte Verbindung im Stromkreis her. Funktioniert das Gerät nicht, ist der Kreis wahrscheinlich unterbrochen. Stromkreise bestehen nicht immer aus langen Verdrahtungen. In einer Taschenlampe etwa ist der ganze Stromkreis nur ein Messingstreifen, in Geräten wie Radios nur eine dünne Kupferlinie, die auf ein Brett gedruckt ist. In vielen elektronischen Geräten bestehen die Stromkreise aus mikroskopisch kleinen Spuren auf einem Siliziumchip.

Zündkerze
Bei einer Zündkerze gibt es eine Lücke im Stromkreis. Aber der elektrische Strom hat eine so große Spannung (Druck), daß er die Lücke überspringt.

EXPERIMENT

Wer hat die ruhigste Hand?

Strom fließt nur, wenn der Stromkreis geschlossen ist. Dieses Spiel zeigt, wie das funktioniert. Die Öse in der Hand ist ein Schalter: Auf der Karotte leuchten die Birnen auf, wenn die Öse den Hasen berührt und so die letzte Verbindung im Stromkreis herstellt.

IHR BRAUCHT
• Spanplatte • Balsaholz • Rundholz • Batterie • 2 Glühbirnen • Kleiderbügeldraht • Metallstreifen • Stecker • isolierten Draht • Isolierband • Haken • Säge • Handbohrmaschine

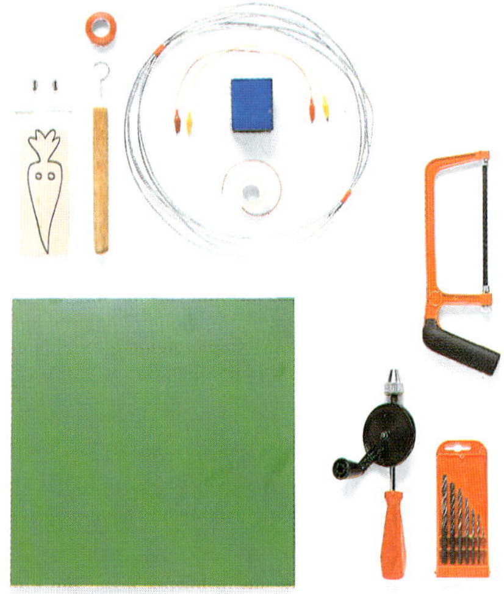

EXPERIMENT

Verbindungen

Mit alltäglichen Mitteln kann man einen einfachen Stromkreis basteln. Ein Büroklammer-Schalter steuert die Glühbirne im Kreis. Berührt die Klammer beide Ösen des Schalters, ist der Kreis geschlossen, und die Birne leuchtet auf. Zum Ausschalten schiebt man das Ende der Klammer von der Öse.

IHR BRAUCHT
• Batterien • Kabel • Balsaholz
• Birne mit Fassung • Schrauben • Ösen
• Büroklammer

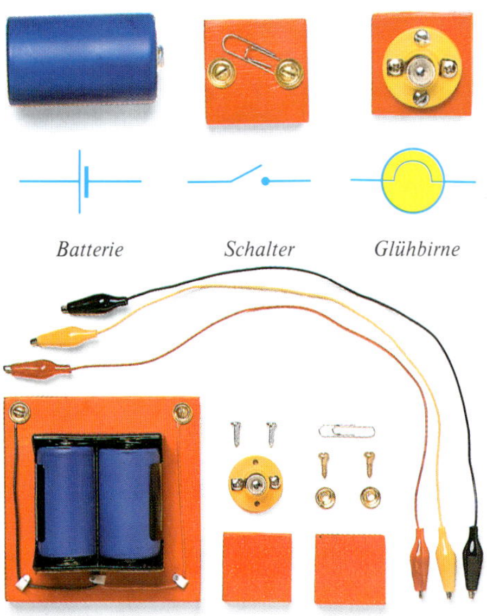

1 Schneidet einen Klotz für die Batterien zurecht und verbindet die Kabel mit den Plus- und Minuspolen. Schraubt die Birne in die Fassung und schraubt diese auf einen Balsaklotz.

Das Spiel
Haltet eure Hand ruhig, um die Schleife rund um den Hasen zu führen – ohne dabei den Draht zu berühren und die Karotte leuchten zu lassen!

Der Aufbau
Biegt den Hasen aus Kleiderbügeldraht und verbindet ihn mit einem Pol der Batterie. Schneidet die Karotte aus Balsa und bohrt Löcher für die Birnen hinein. Biegt den Metallstreifen so um die Karotte, daß er beide Birnen berührt, und verbindet ihn mit dem anderen Batteriepol. Für den Handgriff schraubt ihr den Haken in ein Ende des Rundholzes und verbindet ihn mit Draht, den ihr mit Isolierband ans Holz klebt. Verbindet das andere Ende dieses Drahtes mit beiden Birnen. Schließlich biegt ihr den Haken noch um den Draht des Hasen zu.

2 Für den Schalter schraubt ihr eine Öse durch ein Ende der Büroklammer auf einen Balsaklotz. Bringt eine zweite Öse so an, daß das andere Ende der Klammer sie berühren kann.

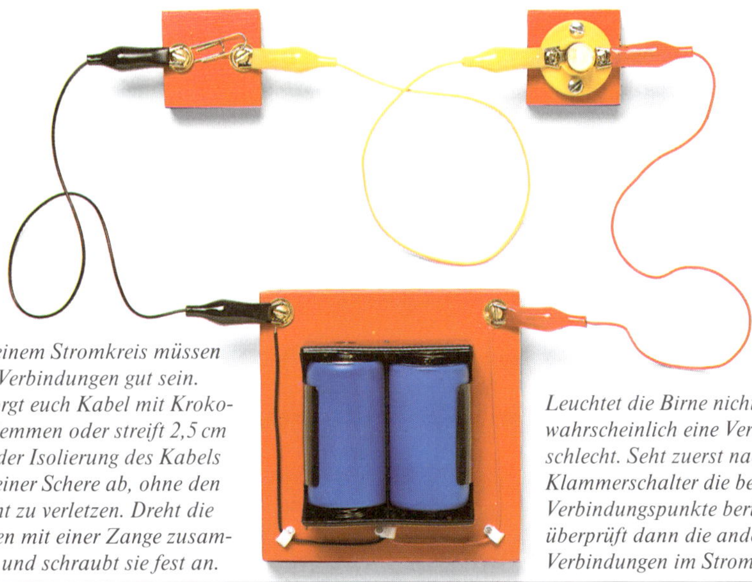

Bei einem Stromkreis müssen alle Verbindungen gut sein. Besorgt euch Kabel mit Krokodilklemmen oder streift 2,5 cm von der Isolierung des Kabels mit einer Schere ab, ohne den Draht zu verletzen. Dreht die Enden mit einer Zange zusammen und schraubt sie fest an.

Leuchtet die Birne nicht auf, ist wahrscheinlich eine Verbindung schlecht. Seht zuerst nach, ob der Klammerschalter die beiden Verbindungspunkte berührt, und überprüft dann die anderen Verbindungen im Stromkreis.

Einfache Stromkreise

Stromkreise sind auf verschiedene Weise geschaltet, doch alle haben drei Elemente gemeinsam: einen Leiter, durch den der Strom fließt, einen Verbraucher - also das elektrisch betriebene Gerät - und eine Energiequelle, etwa eine Batterie. Stromkreise benötigen Energie, um den Strom anzutreiben. Diese Energie ist im Prinzip der Unterschied in der Anzahl der Elektronen am Minus- und Pluspol der Batterie. Diesen Unterschied nennt man Potentialdifferenz, die man in »Volt« mißt. Je mehr Energie eine Batterie abgeben kann, desto größer die Spannung. Taschenlampen benötigen 1,5-Volt-Batterien, während die Elektrizität im Haushalt (S. 166) je nach Land mindestens 110 Volt hat. Die Geschwindigkeit, in der der Strom fließt - die »Stromstärke« -, hängt nicht nur von der Spannung ab, sondern auch von der Eigenschaft des jeweiligen Leiters, dem Strom einen Widerstand entgegenzusetzen, den man in »Ohm« mißt - benannt nach dem Forscher Georg Ohm (1789 - 1854), der die Beziehungen zwischen Spannung und Strom herausfand.

GROSSE ERFINDUNGEN

Edisons Glühbirne

Die Glühbirne, die Thomas Edison 1879 erfand, war an sich eine einfache Sache, änderte aber den Alltag grundlegend. Sie beruht auf einer Anwendung des elektrischen Widerstands. Edison tat einen leitfähigen Baumwollfaden in einen Glaskolben und pumpte die Luft heraus. Der Faden oder »Glühwendel« war so fein, daß der Strom nur mühsam durchdrang, wobei sich der Faden erwärmte und hell glühte. Auch sonst war Edison einer der erfolgreichsten Erfinder. Außer der Glühbirne erfand er das Grammophon und die Grundlagen eines Telefons. Er wurde sehr reich, hat sich dabei aber mehr für seine Arbeit als fürs Geld interessiert und nächtelang an seinen Erfindungen gearbeitet.

Die erste Glühbirne
Edison pumpte die Luft aus dem Glaskolben, damit der Glühfaden nicht verbrannte. Heutzutage besteht dieser meist aus Wolfram, das viel heißer und heller glüht, und die Glühbirne ist mit Edelgas (S. 28) gefüllt.

EXPERIMENT

Den Widerstand ändern

Wenn Elektronen im Leiter auf Atome treffen, wird der Strom verlangsamt. Das ist der Widerstand. Dieses Experiment mit einer Bleistiftmine zeigt, daß der Widerstand um so größer ist, je länger und dünner der Leiter ist.

IHR BRAUCHT

• Batterie • 3 Kabel • Birne • weichen Bleistift

Weicht den Stift in Wasser ein und schneidet die Mine aus dem Holz. Verbindet die Birne und die Batterie miteinander an einem Pol und berührt die Bleistiftmine mit den freien Enden in kurzem Abstand. Die Birne sollte aufleuchten. Wenn man die freien Enden auf der Mine auseinanderbewegt, befindet sich im Stromkreis mehr Graphit aus der Bleistiftmine, so daß der Widerstand erhöht wird und die Birne schwächer leuchtet.

EXPERIMENT

Verschiedene Stromkreise

Stromkreise müssen immer geschlossen sein, doch die Verbindungen darin können auf zwei grundverschiedene Arten geschaltet sein. Befinden sich alle Komponenten in einer einzigen Schleife, spricht man von einer Reihenschaltung, verzweigt sich der Stromkreis, nennt man das Parallelschaltung. Kann die Elektrizität einen leichteren Weg nehmen – also mit geringerem Widerstand –, kommt es zu einem Kurzschluß.

IHR BRAUCHT

• Batterie • Kabel • Schalter • Glühbirnen • Dreifachstecker

Reihenschaltung
Verbindet alle Komponenten – Batterie, Schalter und Glühbirnen – in einer einzigen Schleife. An jeder Stelle des Kreises sollte der Strom gleich stark sein.

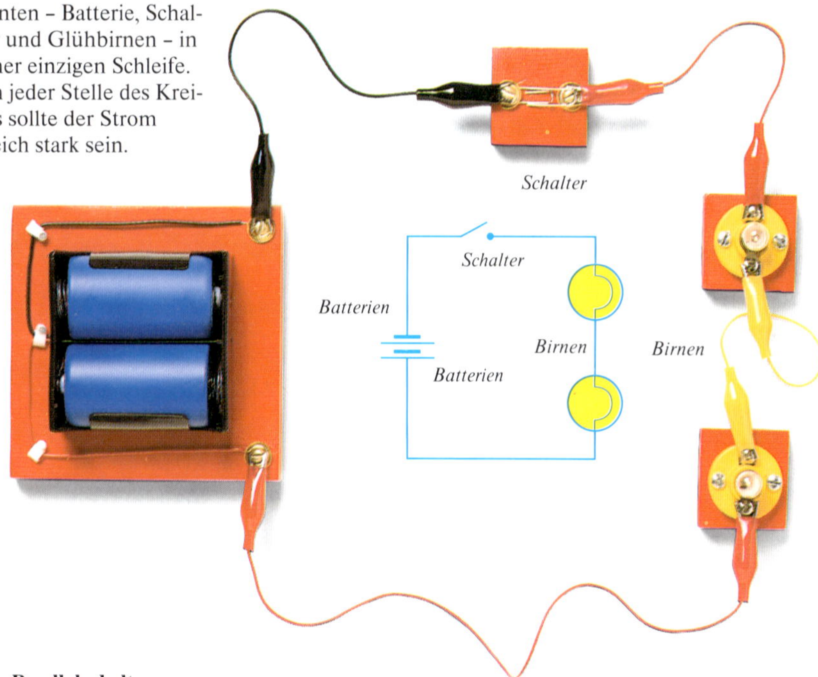

Parallelschaltung
Hier braucht ihr dreipolige Verbindungsstücke, um den Kreis in zwei oder mehr Zweige aufzuteilen, in denen jeweils eine Birne ist. Bei der hier gezeigten Parallelschaltung verbraucht jeder Zweig genau die Hälfte des Stroms. Hat aber ein Zweig einen größeren Widerstand – z. B. durch eine zweite Birne –, fließt weniger Strom durch.

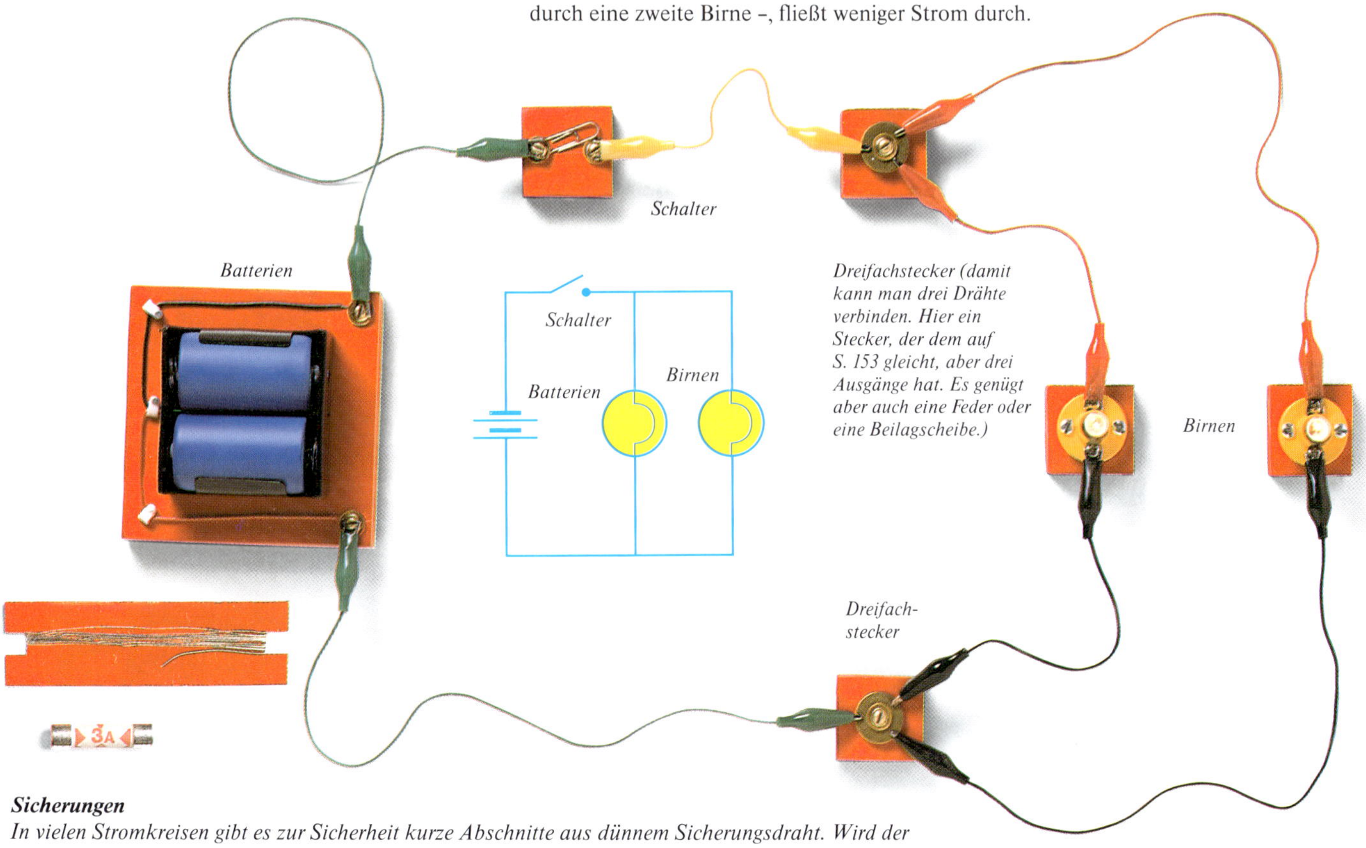

Sicherungen
In vielen Stromkreisen gibt es zur Sicherheit kurze Abschnitte aus dünnem Sicherungsdraht. Wird der Strom zu stark, werden sie so heiß, daß sie durchbrennen und damit den Stromfluß unterbrechen.

Elektrochemie

In jeder Batterie entsteht elektrischer Strom durch eine chemische Reaktion. Das funktioniert auch umgekehrt: Ein elektrischer Strom kann eine chemische Reaktion auslösen. Genaugenommen löst Strom eine Reaktion in jedem Elektrolyten aus – also in jeder Flüssigkeit, die Elektrizität leitet. Die meisten Elektrolyte sind Lösungen aus Säuren, Basen und Salzen, die Ionen (geladene Atome) bilden, wenn sie in Wasser gelöst werden. Und selbst Leitungswasser reagiert, wenn ihr zwei Elektroden hineintaucht und den Strom anschaltet. Geht ein Strom durch einen Elektrolyten, spaltet sich dieser chemisch auf: entweder an der Anode (der positiven Elektrode) oder der Kathode (der negativen) oder an beiden. Diesen Prozeß – genannt Elektrolyse – setzt die Industrie ein, um zum Beispiel Aluminium aus Aluminiumerzen herauszuziehen, und beim Galvanisieren, etwa um Metalle mit Chrom oder Silber zu beschichten.

Schnellverzinkung
Autokarosserien werden heute auf verschiedene Weise behandelt, um sie vor Rost zu schützen, wie etwa im Zinktauchbad. Die Karosserie wird unter Strom gesetzt, und das Zink wird durch Elektrolyse aus dem Bad aufs Blech gezogen, so daß rasch ein vollständiger und gleichmäßiger Überzug entsteht, der das Blech am Rosten hindert.

EXPERIMENT

Verkupfern

*Bei diesem Experiment sollte ein Erwachsener dabeisein – **Kupfersulfat ist giftig!***

Galvanisieren kann ein einfacher und wirkungsvoller Vorgang sein, wenn ihr wie hier einen Messingschlüssel mit Kupfer überzieht. Stellt eine Kupfersulfatlösung her, indem ihr zwei (Plastik-) Löffel Kupfersulfat (in den meisten Apotheken erhältlich) in destilliertem Wasser auflöst. Verbindet den Minuspol der Batterie mit dem Schlüssel. Entfernt etwa 8 cm Isolierung vom Kupferdraht, dreht ihn zu einer Spirale zusammen, verbindet sie mit dem Pluspol der Batterie und steckt sie und den Schlüssel in die Lösung.

IHR BRAUCHT

- Behälter • Batterie • 2 Kabel
- kurzes Stück Kupferdraht
- einen alten Messingschlüssel (oder 10 Pf.-Stück)

Was geschieht?
Nach wenigen Minuten beginnt sich der Schlüssel mit Kupfer zu überziehen. Der elektrische Strom hat das Kupfersulfat in seine Komponenten zerlegt, und das freie Kupfer wurde zur negativen Ladung auf dem Schlüssel gezogen.

Das Kupfer aus der Spirale hält den Prozeß in Gang.

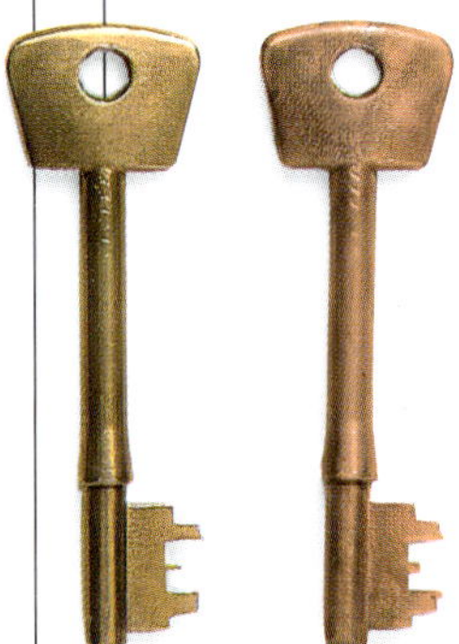

Vorher *Nachher*

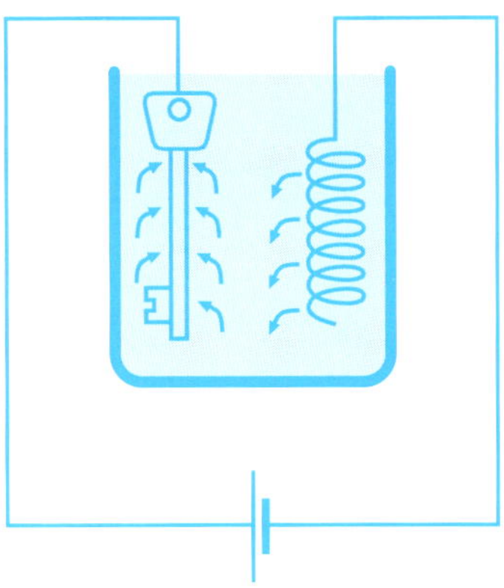

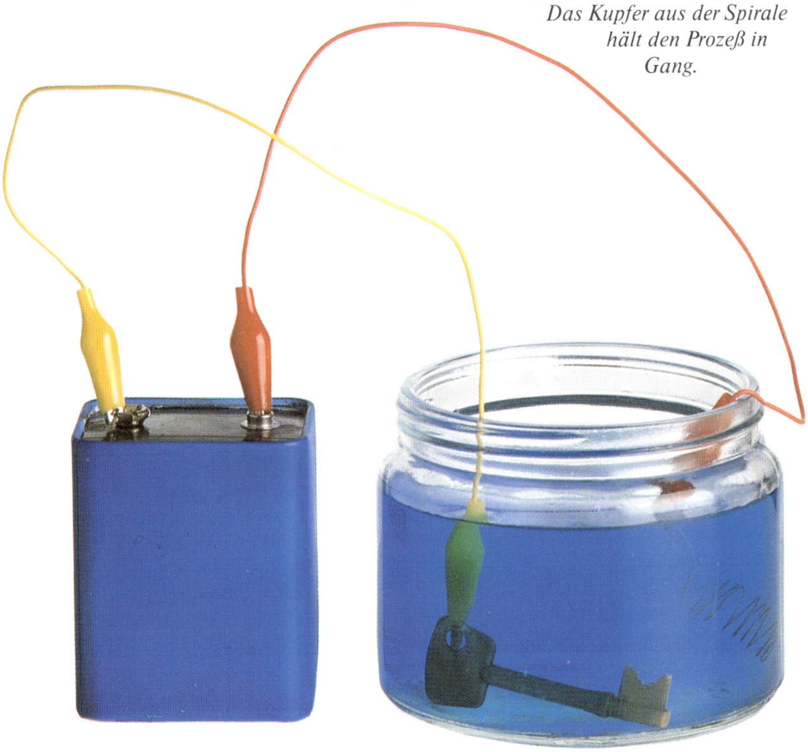

EXPERIMENT

Elektrolyse

Bei diesem Experiment sollte ein Erwachsener dabeisein

Elektrolyse zerlegt Wasser in seine beiden Komponenten: Wasserstoff und Sauerstoff. Schickt man einen Strom durch Wasser, bilden sich Gasblasen um die beiden Elektroden. Das Gas an der Anode entzündet einen glimmenden Span – es ist Sauerstoff. Das Gas an der Kathode entzündet sich mit einem Knall – es ist Wasserstoff.

IHR BRAUCHT
- großen Behälter oder Aquarium
- 2 Joghurtbecher • 2 Reagenzgläser (hier nur zur Demonstration breite Gläser)
- 2 Graphitbleistifte oder die Kohlestifte aus zwei alten Batterien • 2 Kabel
- 9-Volt-Batterie (2 Flachbatterien)

1 Macht ein Loch in den Boden der Joghurtbecher für die Bleistifte (oder Kohlestifte).

2 Verbindet in den Bechern die Bleistifte mit einem Kabel. Kerbt jeweils den Becherrand ein, so daß die Becher flach auf dem Boden des Behälters stehen.

3 Stellt die Becher verkehrtherum in den Behälter und laßt die Kabel nach außen hängen. Füllt den Behälter ganz vorsichtig mit lauwarmem Wasser, so daß die Becher nicht umfallen.

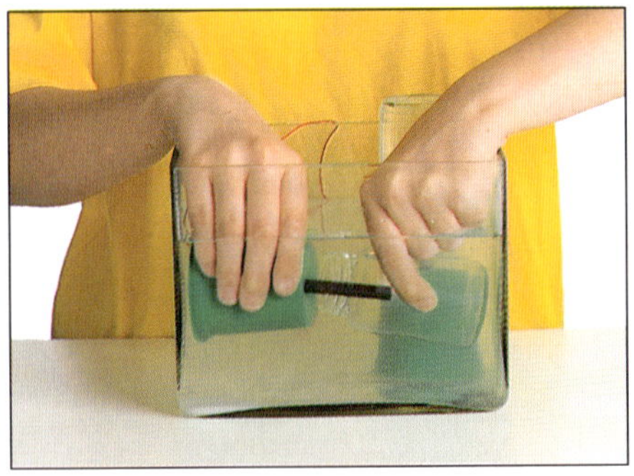

4 Füllt die Reagenzgläser mit Wasser und steckt sie auf die Stifte. Sie sollen aufrecht stehen, wobei die Öffnung der Gläser stets unter Wasser sein soll.

Die Elektrolyse beginnt

Verbindet die Kabel mit den Batteriepolen. Bald beginnen von den Stiften Gasbläschen aufzusteigen, und der Wasserspiegel sinkt.

Sauerstoff sammelt sich im Glas mit dem Stift, der mit dem Pluspol verbunden ist (Anode).

Wasserstoff sammelt sich im Glas mit dem Stift, der mit dem Minuspol verbunden ist (Kathode).

Da Wasser zwei Wasserstoffatome auf jedes Sauerstoffatom enthält, bildet sich bei der Elektrolyse doppelt so viel Wasserstoff.

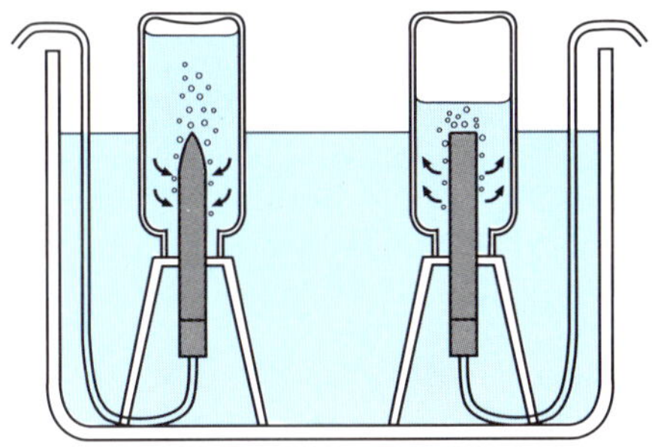

Zum Testen der Gase hebt ihr die Gläser aus dem Wasser. Haltet sie nach unten und von euch fort. Unter das Kathodenglas haltet ihr einen brennenden Span, unter das Anodenglas einen glimmenden.

MAGNETISMUS

Magnetismus wird oft nur für die Kraft gehalten, die Kompaßnadeln nach Norden zeigen und Magnete einander anziehen oder abstoßen läßt. Aber diese Kraft hängt auch mit der Elektrizität zusammen. Dieser Zusammenhang, genannt Elektromagnetismus, spielt eine ganz wichtige Rolle in der Physik. Jede Strahlung - von Radiowellen bis zum sichtbaren Licht - ist elektromagnetisch, fast die gesamte Elektrizität der Welt wird elektromagnetisch erzeugt, und alle möglichen Geräte - von der Klingel bis zum Fernseher - arbeiten elektromagnetisch.

Nordlichter, die man oft am Nachthimmel über den Polen sieht, sind nichts weiter als Ionen (S. 156), die von der Sonne stammen und vom Magnetfeld der Erde zu den Polen gezogen werden.

Magnetische Effekte wurden schon vor langer Zeit im Magneteisenerz entdeckt, das es überall gibt. Schon vor mehr als einem Jahrtausend wurden Magnetsteine von Seeleuten als Kompaß benutzt.

Vermutlich wissen die Menschen schon seit Urzeiten, daß Stücke von einem bestimmten Gestein einander anziehen oder abstoßen können, je nachdem, wie man sie dreht. Dieses Gestein heißt Magneteisenerz und es hat wegen seines Gehalts an Eisenoxid natürliche magnetische Eigenschaften.

Der Überlieferung nach hat der griechische Philosoph Thales von Milet (624 - 546 v. Chr.) als erster den Magnetismus etwa um 550 v. Chr. beschrieben.

Die alten Chinesen kannten Magnete lange vor den Griechen. Sie wußten auch, daß sie nach Norden zeigen, wenn sie frei schwingen können. Schon um 2500 v. Chr. soll ein chinesischer Kaiser seine Truppen mit einem Magnetstein durch Nebel geführt haben. Die Chinesen sollen auch entdeckt haben, daß eine Eisennadel magnetisiert werden kann, indem man sie erhitzt und wieder abkühlen läßt, während sie von Süden nach Norden ausgerichtet ist.

Niemand weiß, wer zuerst auf die Idee kam, eine magnetisierte Nadel auf einen Dorn zu setzen und in eine Schachtel zu tun. Angeblich haben die Chinesen diese Urform eines Kompasses an die Araber und die wiederum an die Europäer weitergegeben. Vermutlich haben sich Seeleute schon vorher nach dem Kompaß orientiert, den der französische Gelehrte Peter Peregrinus (um 1240 - ?) zum erstenmal 1269 beschrieb.

Getrennte Pole

Peregrinus nannte das nach Norden zeigende Ende eines Magneten Nordpol, das andere Südpol und zeigte, daß gleiche Pole einander abstoßen und ungleiche sich anziehen. Er beschrieb auch einen inzwischen berühmten Versuch: Wenn man Eisenfeilspäne auf ein Papier über einem Magneten streut, werden die Bereiche der Anziehung und der Abstoßung sichtbar.

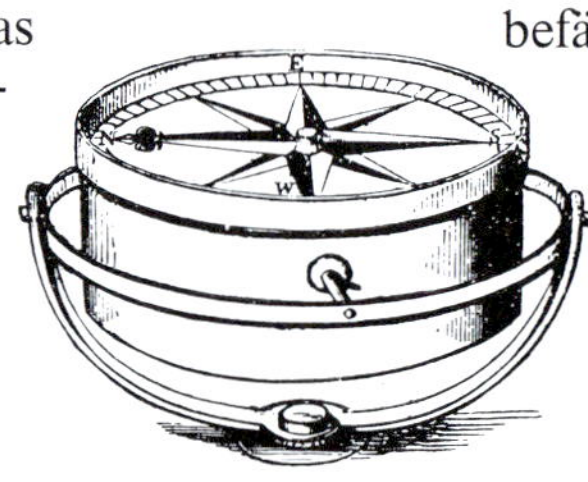

Magnetische Kompasse zeigen nicht zum richtigen Nordpol, sondern (ein bißchen daneben) zum Magnetpol der Erde.

Peregrinus und seine Zeitgenossen wußten zwar, daß Magnete nach Norden zeigen, aber nicht warum. Manche glaubten, es gäbe im hohen Norden einen riesigen Magnetsteinberg, von dem die Kompaßnadel angezogen würde. Im Jahre 1600 veröffentlichte William Gilbert, Leibarzt von Königin Elizabeth I. von England, die Lösung in seinem Buch »De Magnete«. Er zeigte, daß die Erde selbst ein gigantischer Magnet ist, daran, daß eine magnetisierte Nadel, die sich frei nach allen Richtungen drehen konnte, - nach oben wie nach unten und seitwärts - stets nach unten zeigt. Gilbert stellte eine solche Nadel in die Nähe eines kugelförmigen Magnetsteins, und wieder zeigte sie nach unten.

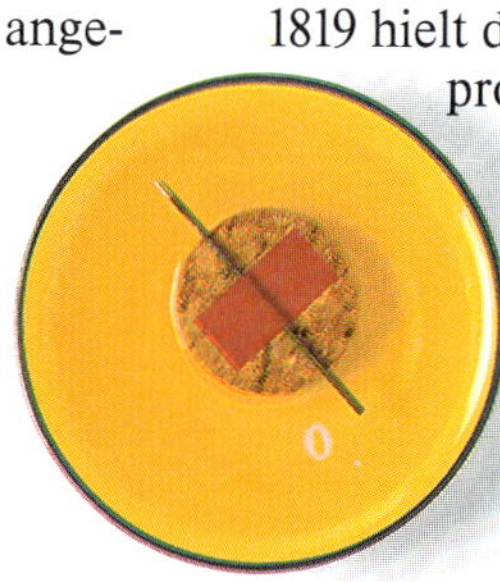

Die ersten Kompasse waren einfach magnetisierte Nadeln, die in einer Schale schwammen (S. 162).

Daher glaubten die Wissenschaftler dann, im Erdinnern befände sich ein riesengroßer Magnet. Der Erdkern besteht zwar aus Eisen, ist aber kein Magnet. Man weiß nämlich inzwischen, daß Eisen seine magnetischen Eigenschaften über 760 °C verliert (der sogenannten »Curie-Temperatur«, benannt nach dem Franzosen Pierre Curie, der sie 1895 entdeckte) - der Erdkern ist jedoch mindestens 1000 °C heiß. Die Erklärung der magnetischen Eigenschaften der Erde liegt vielmehr in der Verbindung zwischen Magnetismus und Elektrizität, und die wurde zu Beginn des 19. Jahrhunderts entdeckt. 1819 hielt der dänische Physikprofessor Hans Christian Ørsted (1777 - 1851) eine Vorlesung über Elektrizität. Um zu zeigen, wie ein elektrischer Strom einen Draht erwärmt, verband er den Draht mit den Polen einer großen Batterie. Zu seiner Überraschung schwang die Nadel eines Kompasses, der in der Nähe des Drahtes lag, herum – und wieder in ihre normale Ausgangsposition zurück, sobald der Draht abgeklemmt war. Schon lange hatte man eine Verbindung zwischen Elektrizität und Magnetismus vermutet, und Ørsted erkannte, daß elektrischer Strom genau wie ein Magnetstein oder ein Stahlmagnet magnetische Eigenschaften besitzt.

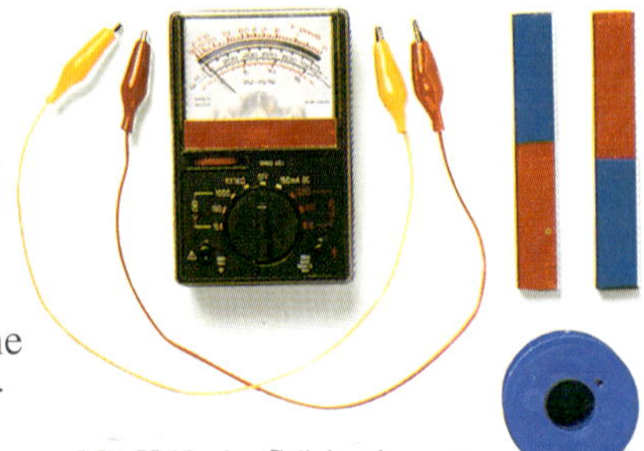

Mit Hilfe der Stärke der magnetischen Bewegung kann man Ströme messen.

Elektromagnetismus

Schon bald befaßten sich Dutzende von Forschern mit diesem aufregenden Problem. Wenige Monate nachdem Ørsted seine Entdeckung verkündet hatte, wies der französische Physiker André Ampère (1775 - 1836) nach, daß zwei parallele Drähte, die Strom in der gleichen Richtung führen, sich anziehen wie ungleiche Pole eines Stabmagneten, während Drähte, in denen Ströme in entgegengesetzter Richtung fließen, einander abstoßen. Ampère zeigte auch, daß sich ein zylindrisch gewickelter Draht (heute Zylinderspule genannt) genau wie ein Stabmagnet verhält.

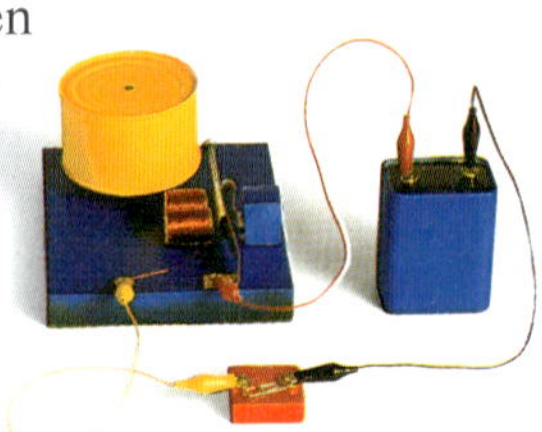

Bei einer Türklingel zieht eine elektromagnetische Spule ein Hämmerchen an eine Glocke (S. 165).

Um 1825 fand der englische Physiker William Sturgeon heraus, daß man die Stärke eines Elektromagneten erheblich steigern kann, indem man einen Stab aus Weicheisen in die Drahtspule steckt. Der amerikanische Physiker Joseph Henry (1797 - 1878) verbesserte diese Konstruktion, indem er die Drähte in der Spule isolierte. 1831 ließ Henry einen Elektromagneten herstellen, der mehr als eine Tonne heben konnte. Den bedeutendsten Beitrag zur noch jungen Wissenschaft vom Elektromagnetismus aber lieferte der englische Wissenschaftler Michael Faraday (1791 - 1867). Der Sohn eines armen Schmieds wurde einer der berühmtesten Experimentatoren aller Zeiten.

Zuerst wiederholte er Peregrinus' Experiment mit den Eisenfeilspänen, und zwar mit Stabmagneten sowie mit Elektrospulen. Dabei vermutete er, daß die Linien der Späne wirkliche Linien der elektromagnetischen Kraft wiedergäben. Er nannte den Bereich um einen Magneten, in dem sich diese Kraftlinien abzeichneten, sein Feld; diese Idee ist für die Physik von ungeheurer Bedeutung geworden.

Induktion

In den 30er Jahren des vorigen Jahrhunderts begann Faraday tiefer in die Beziehung zwischen Elektrizität und Magnetismus einzudringen. Wenn ein Strom ein magnetisches Feld erzeugen konnte, fragte er, konnte dann ein Magnet Strom erzeugen? Er stellte zwei Drahtspulen dicht nebeneinander auf, von denen eine einen Eisenstab enthielt, damit eine starke Magnetwirkung entstand. Als Faraday einen Strom durch die Spule mit dem Eisenkern schickte, glaubte er, deren Magnetfeld würde einen Strom in der zweiten Spule erzeugen, solange der Magnet angeschaltet war. Statt dessen lief nur ein kurzer Stromstoß durch die zweite Spule – das war alles. Faraday kam schnell dahinter, daß nicht ein magnetisches Feld einen Strom in einem Draht erzeugt, sondern die Bewegung magnetischer Kraftfelder über dem Draht. Er bewies dies, indem er den Eisenstab in der Spule und eine Drahtschlinge über einem Magnetfeld hin und her bewegte. Jedesmal wurde ein Strom im Draht induziert. Faradays Entdeckung der elektromagnetischen Induktion – die von Joseph Henry übrigens fast gleichzeitig gemacht wurde – hat unsere Welt vielleicht mehr beeinflußt als jede andere wissenschaftliche Entdeckung. Mit Hilfe dieses Prinzips konnten Maschinen gebaut werden, die riesige Mengen Elektrizität erzeugten und damit alle Arten von elektrischen Geräten erst möglich machten.

Bei der Magnetschwebebahn trägt die Kraft der elektromagnetischen Abstoßung das gesamte Gewicht eines Zuges unsichtbar ein paar Zentimeter über dem Boden. So fährt sie sanft, fast reibungslos. Die gleiche Kraft in den linearen Asynchronmotoren treibt den Zug mit hohen Geschwindigkeiten an.

Wellen

Zwei Jahre bevor Faraday starb, gelangte der schottische Physiker James Clerk Maxwell (1831 - 1879) zu einer wichtigen Erkenntnis auf dem Gebiet des Elektromagnetismus. Faraday war ein großer Praktiker, Maxwell hingegen ein Theoretiker. Er entwickelte Faradays Lehre von den Feldern weiter und führte alles, was bis dahin über Elektrizität und Magnetismus bekannt war, auf vier grundlegende mathematische Gleichungen zurück – die alle nur aufgingen, sofern sich elektromagnetische Felder durchs All wie Wellen fortpflanzten. Und da sich diese Wellen nach seinen Berechnungen mit einer Geschwindigkeit bewegten, die der Lichtgeschwindigkeit sehr nahe kam, erklärte er zutreffend, daß Licht nur eine von vielen Formen elektromagnetischer Wellen sei (S. 78 - 79).

Seit langem orientieren sich Seeleute mit Hilfe von magnetischen Kompassen. Moderne Schiffe bedienen sich vieler anderer elektromagnetischer Effekte, darunter auch des Radars. Dabei werden die Echomuster sichtbar gemacht, die elektromagnetische Radiowellenimpulse hervorrufen.

Pole und Felder

Magnetismus kann man zwar nicht sehen, aber seine Wirkungen verspüren. Diese unsichtbare Kraft tritt bei Eisen und ein paar anderen Metallen auf und zieht diese entweder zusammen oder stößt sie ab. Versucht man zwei starke Stabmagneten mit den gleichen Enden zusammenzudrücken, so wehren sie sich mit aller Kraft dagegen. Dreht man einen aber um, schnappen sie von selbst zusammen, sobald sie einander nahe genug sind.
Um jeden Magnet gibt es einen bestimmten Bereich, in dem die magnetische Kraft wirksam ist – das magnetische Feld. Mit zunehmender Entfernung vom Magneten wird es schwächer. Aber an zwei Stellen ist es besonders stark: den magnetischen Polen. Man nennt sie Pole, weil auch die Erde selbst ein Riesenmagnet ist und alle Magnete von ihrem Feld beeinflußt werden. Hängt man einen Magneten an einem Faden auf, so daß er sich frei drehen kann, zeigt er schließlich immer in die gleiche Richtung: mit einem Ende zum Nordpol, dem anderen nach Süden. Daher nennt man die beiden Enden eines Magneten auch Nord- und Südpol. Alle Magnete haben immer zwei Pole, ganz gleich, ob es Stabmagnete oder hufeisenförmige sind.

Zusammenhang
Zwischen Objekten, die von Magneten angezogen werden, wird der Magnetismus übertragen. Daher kann ein Magnet Kugeln wie an einer Kette anziehen.

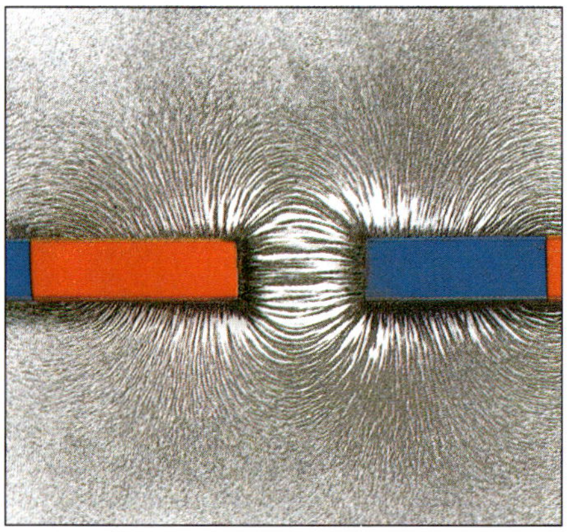

Ungleiche Pole ziehen sich an
Bringt man zwei Magnete an ungleichen Polen zusammen, wird das Feld zwischen den beiden gegenüberliegenden Polen verstärkt. Die Kraftlinien laufen zwischen ihnen und den Feldkurven kerzengerade.

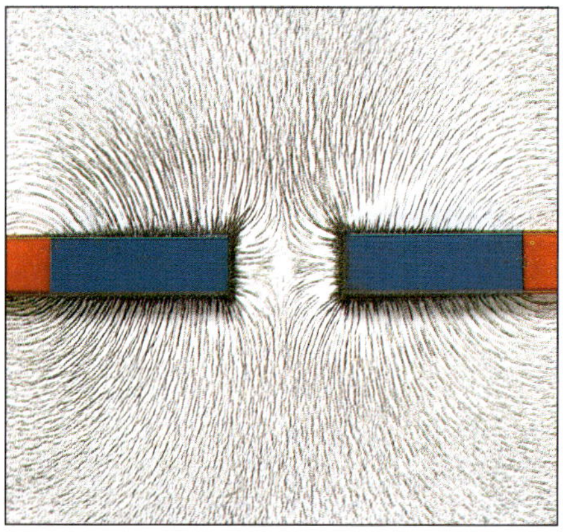

Gleiche Pole stoßen sich ab
Bringt man zwei Magnete an gleichen Polen zusammen, wird das Feld zwischen den beiden gegenüberliegenden Polen soweit abgeschwächt, daß zwischen ihnen eine neutrale Stelle erscheint, von der alle Kraftlinien abschwenken.

Anziehung und Abstoßung

Bringt zwei Magnete zusammen, und sie werden entweder zusammenschnappen oder auseinanderspringen. Trifft der Nordpol eines Magneten auf den Südpol des anderen, schnappen sie zusammen. Doch trifft Nord auf Nord oder Süd auf Süd, springen sie auseinander. Gleiche Pole also stoßen einander immer ab, ungleiche ziehen sich stets an. Mit Eisenfeilspänen kann man sichtbar machen, was mit dem Magnetfeld geschieht, wenn man zwei Magnete zusammenbringt. Beachtet, daß sich die von den Spänen sichtbar gemachten Kraftlinien nie kreuzen oder schneiden – sie zeigen nur die Richtung an, in die ein Magnet an jeder Stelle wirkt.

Magnetfeld

Man kann die Kraftlinien des Magnetfelds ganz deutlich mit Eisenfeilspänen und kleinen Kompassen sichtbar machen. Immer wenn ein nicht magnetisiertes magnetisches Material wie Eisen einem Magneten nahe kommt, wird es vorübergehend magnetisch - es bekommt also Nord- und Südpole, die von den entgegengesetzten Polen des Magneten angezogen werden. Sobald man Eisenspäne um einen Magneten verstreut, drehen sie sich sofort ins Magnetfeld. Sie ballen sich um die Pole, wo das Feld am stärksten ist, und nur die Reibung hindert die weiter von den Polen entfernten daran, auf den Magneten zuzurutschen. Die Nadeln in Kompassen sind bereits Magnete und zeigen das Feld genauso an.

Kraftfeld
Eisenfeilspäne und Navigationskompasse machen auf verblüffende Weise die magnetischen Kraftlinien sichtbar. Am stärksten ballen sie sich um die Pole. Hier wird das Feld nur in einer Ebene gezeigt, aber es erstreckt sich natürlich in einem ähnlichen Muster rund um den ganzen Magneten.

Magnet Erde

Die Erde ist ein riesiger Magnet - und darum zeigen Magnete auch immer in die gleiche Richtung, wenn sie sich frei drehen können. Ihr Feld erstreckt sich etwa 80000 km weit ins All, und so merkwürdige Phänomene wie das Nordlicht, Lichteffekte, die zuweilen am Nachthimmel über den Polen sichbar sind, beruhen darauf. Man weiß aber nicht, warum die Erde ein Magnet ist. Ihr Kern ist schließlich nicht festes, sondern flüssiges Eisen. Vielleicht kreisen elektrische Ströme im Kern und machen ihn zu einer Riesenspule (S. 164). Immerhin wissen wir, daß der magnetische Nord- und Südpol der Erde mindestens zweimal seit der Entstehung der Erde gewechselt haben.

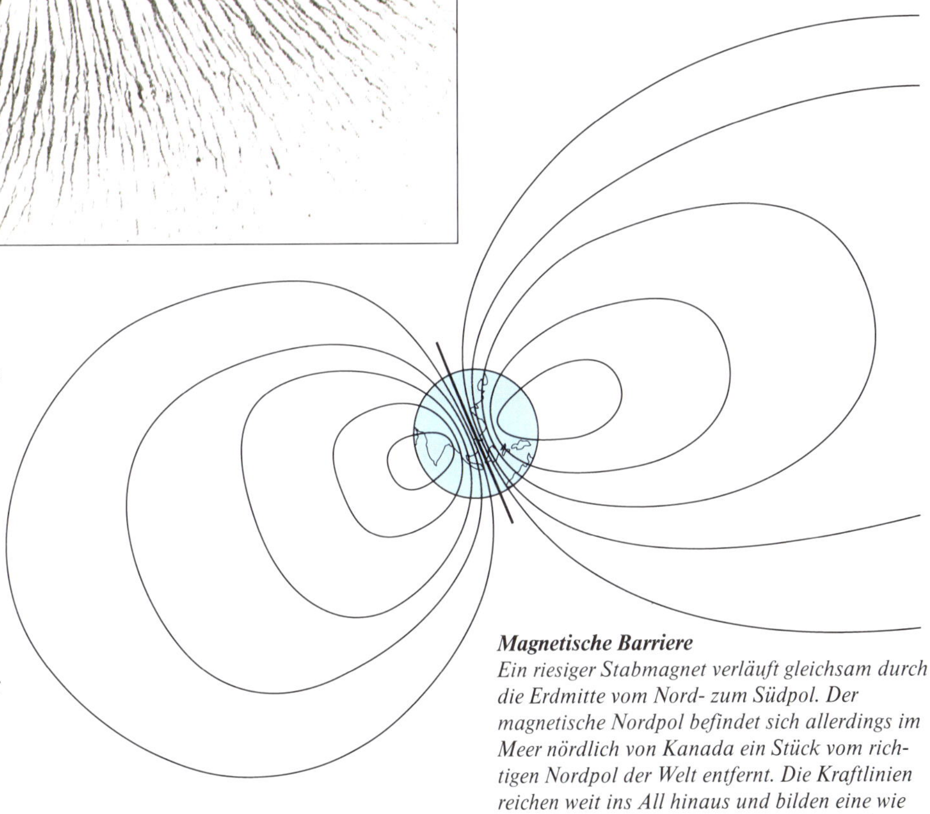

Magnetische Barriere
Ein riesiger Stabmagnet verläuft gleichsam durch die Erdmitte vom Nord- zum Südpol. Der magnetische Nordpol befindet sich allerdings im Meer nördlich von Kanada ein Stück vom richtigen Nordpol der Welt entfernt. Die Kraftlinien reichen weit ins All hinaus und bilden eine wie ein Hamburger geformte Barriere um die Erde - die Magnetosphäre.

Magnete

Halbiert man einen Magneten, bekommt man zwei neue Magnete, jeden mit einem Nord- und einem Südpol. Halbiert man diese noch einmal, bekommt man wieder je zwei Magnete. Niemand weiß, warum man immer wieder – bis zu einem gewissen Punkt – neue Magnete bekommt, doch man vermutet, daß alle magnetischen Stoffe aus winzigen Atomgruppen bestehen, die man Domänen nennt – lauter Minimagnete mit Nord- und Südpolen. In jedem Eisen- oder Stahlstab gibt es viele solcher Domänen. Ist er nicht magnetisiert, zeigen die Pole in beliebige Richtungen. Kommt er in die Nähe eines Magneten, zeigen sie alle in die gleiche Richtung. Wenn sie in Stahl einmal ausgerichtet worden sind, bleiben sie so, und der Stahl wird zu einem Dauermagneten. Er verliert diese Kraft nur dann, wenn die Domänen wieder durcheinandergeraten – vielleicht durch einen Hammerschlag oder bei starker Erwärmung. Eisen dagegen verliert seinen Magnetismus fast sofort.

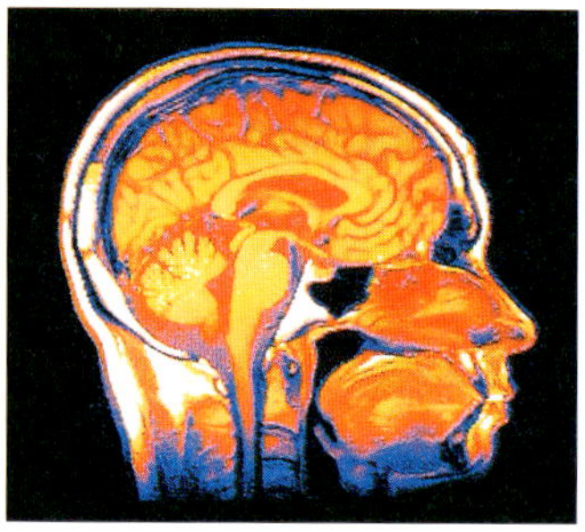

Hirnraster
Mit Kernspinresonanz-Scannern, die mit starken Magnetfeldern arbeiten, können Ärzte in den Körper hineinsehen.

Ein Feld ringsum
An Magneten, die so aufgehängt sind, daß sie sich nach allen Richtungen drehen können, erkennt man, daß sich das Feld ringsum erstreckt.

EXPERIMENT

Einen Kompaß basteln

Aus einer Stahlnadel läßt sich ganz einfach ein Magnet machen, indem man mit einem anderen Magneten in der gleichen Richtung darüberstreicht. Einmal magnetisiert, kann die Nadel als einfacher Kompaß verwendet werden, der immer anzeigt, wo Nord und Süd sind.

IHR BRAUCHT

• Schale • Korkscheibe • Nadel oder Metallstab • Klebeband

1 Um die Nadel zu magnetisieren, zieht ihr rund 15 Sekunden einen Magneten daran entlang.

2 Klebt die Nadel auf die Korkscheibe und laßt sie in der Schale auf Wasser schwimmen. Der Nordpol der Nadel zeigt stets nach Norden.

EXPERIMENT

Magnetboote

Magnetismus durchdringt viele Materialien – zum Beispiel Glas wie bei diesem Spiel.

IHR BRAUCHT

• dünnes Rundholz • farbiges Papier • Papier- und Holzleim • Balsaholz • Korken • Nägel • Schüssel • Schrauben • Stabmagnete • Messer • Schere

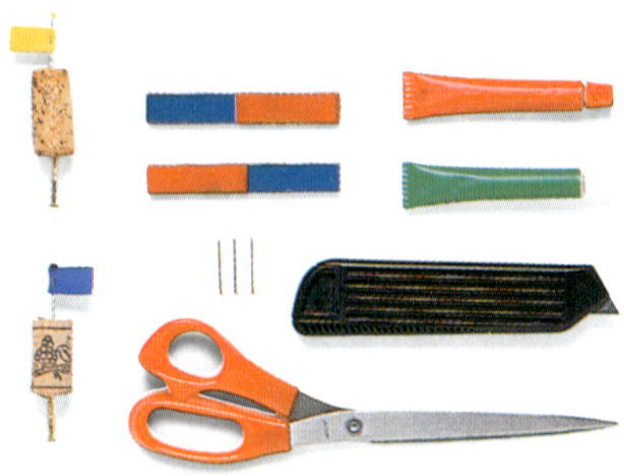

1 Werden mehrere Boote gebaut, fertigt man eine Papierschablone mit dem Umriß eines einfachen Bootes und überträgt diesen auf Balsaholz. Dann mit einem scharfen Messer ausschneiden. Ein Loch für den Rundholzmast bohren und ihn fest hineinstecken. Die Segel aus buntem Papier an den Mast kleben.

2 Vorsichtig drei (Stahl-)Nägel in den Balsaholzkiel schlagen und ihn unter den Rumpf kleben.

3 Eine große Schüssel oder ein Aquarium mit soviel Wasser füllen, daß der Kiel fast bis zum Boden reicht.

4 Bastelt Bojen aus Korken, die mit Messingschrauben beschwert werden.

5 Haltet jetzt einen Magneten unter das Becken und fahrt damit zwischen den Bojen hin und her. Zieht er das Boot unter Wasser, haltet ihn etwas weiter weg.

Bootsrennen
Wir zeigen hier nur ein großes Boot und zwei Bojen in einem kleinen Becken. Das Spiel ist natürlich viel lustiger, wenn mehrere kleine Boote und ein größeres Becken benutzt werden. Man kann einen richtigen Zickzackkurs mit vielen Bojen zusammenstellen und Rennen mit Freunden veranstalten – alle gleichzeitig oder jeder gegen die Uhr.

Der Elektromagnet

Bringt man einen kleinen Kompaß in die Nähe eines stromführenden Drahtes, passiert etwas Überraschendes: Die Kompaßnadel dreht sich, als ob sie sich in der Nähe eines starken Magneten befände. Tatsächlich ist dies auch der Fall. Ein elektrischer Strom erzeugt sein eigenes Magnetfeld, das sich kaum von dem um einen Stahlmagneten unterscheidet. So kann man auch mit Hilfe der Elektrizität starke Magnete herstellen, sogenannte Elektromagnete, die man so leicht wie Strom an- und abschalten kann. Bildet der Draht eine Schleife, ist die magnetische Wirkung viel stärker, bei mehreren Windungen sogar noch stärker. Daher bestehen die meisten Elektromagneten aus Drahtwindungen, sogenannten Spulen, und einem Eisenstab in der Mitte, der die Kraft des Elektromagneten noch mehr verstärkt.

Zugkraft
Dieser elektromagnetische Kran auf einem Autoschrottplatz demonstriert überzeugend die Kraft des Elektromagnetismus.

EXPERIMENT

Einen Elektromagneten basteln

Ihr könnt euch euren eigenen Elektromagneten ganz leicht aus lackiertem Kupferdraht (in den meisten Elektroläden erhältlich) und einem Eisenstab basteln – es genügt sogar ein Eisennagel.

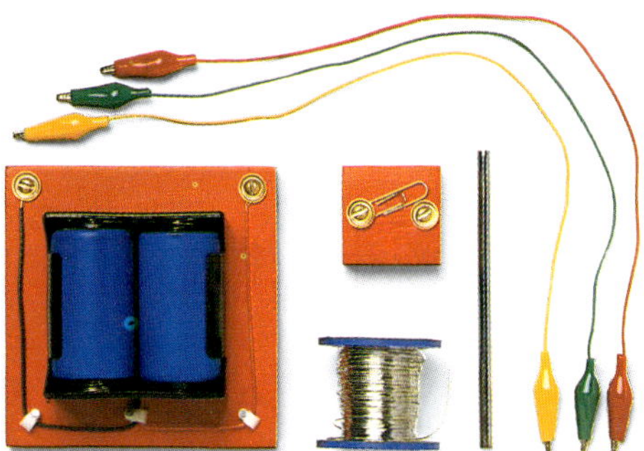

IHR BRAUCHT
• Batterie • Schalter (S. 153) • 3 Kabel
• Eisenstab • lackisolierten Kupferdraht

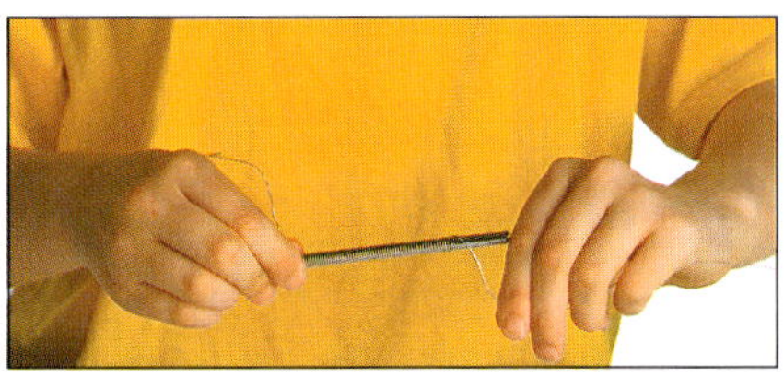

Die Spule
Windet den Draht fest um den Stab in möglichst engen Windungen. Fixiert sie mit Klebeband. Dann verbindet ihr die Enden des Drahts über einen einfachen Schalter mit der Batterie.

Hebekraft
Schaltet den Strom an – die Spule wird sofort magnetisch. Testet es, indem ihr Büroklammern oder Nägel aufhebt. Schaltet ihn ab, und der Magnetismus verschwindet rasch wieder.

EXPERIMENT

Wir basteln einen Summer

Bei diesem Experiment sollte ein Erwachsener helfen

Elektromagnetische Spulen ziehen die Feder an, die den Hammer schlägt. Doch wenn sich die Feder bewegt, wird der Stromkreis unterbrochen, die Magnete abgeschaltet – und alles beginnt neu.

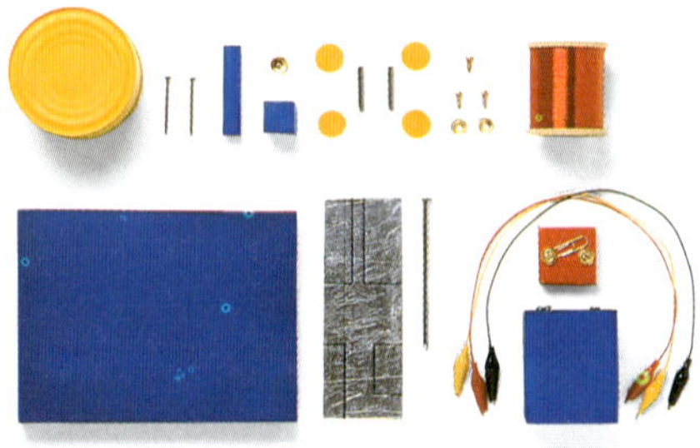

IHR BRAUCHT

• Holzplatte • 2 saubere Dosen • Rundholz • Balsaklotz • Pappkreise • lackisolierten Kupferdraht • 3 Kabel • Schalter • Batterie • Kleinteile

1 Klebt das Rundholz senkrecht auf die Holzplatte. Nagelt die Blechdose (Achtung: keine scharfen Kanten!) in der Mitte auf das Rundholz.

2 Schneidet einen Streifen Blech aus einer Getränkedose und biegt daraus die Feder wie unten gezeigt. Verletzt euch nicht dabei!

3 Biegt die Feder wie in der Zeichnung zurecht und steckt einen 10 cm langen Nagel als Hammer hinein. Schraubt die Feder auf die Holzplatte (siehe unten).

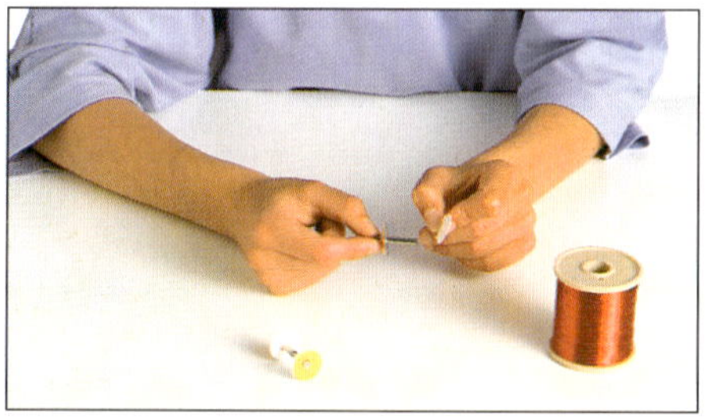

4 Sägt zwei etwa 2,5 cm lange Stücke von einem langen Nagel ab. Klebt Pappkreise an die Enden und wickelt den Draht fest auf.

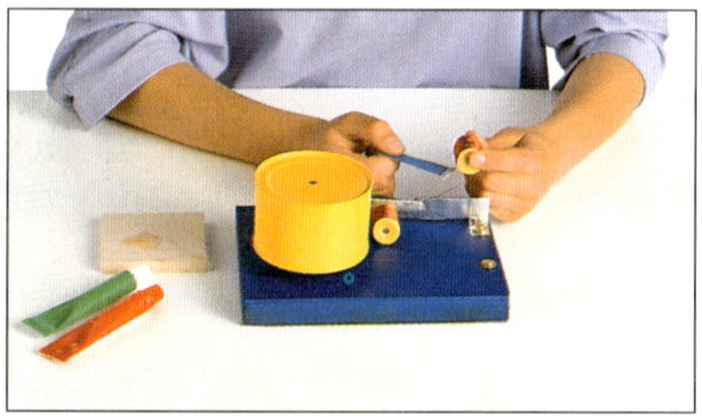

5 Wickelt den Draht für die Spulen auf *beide* Nägel in einem Stück. Klebt sie so auf die Platte, daß die Nägel fast die Feder berühren.

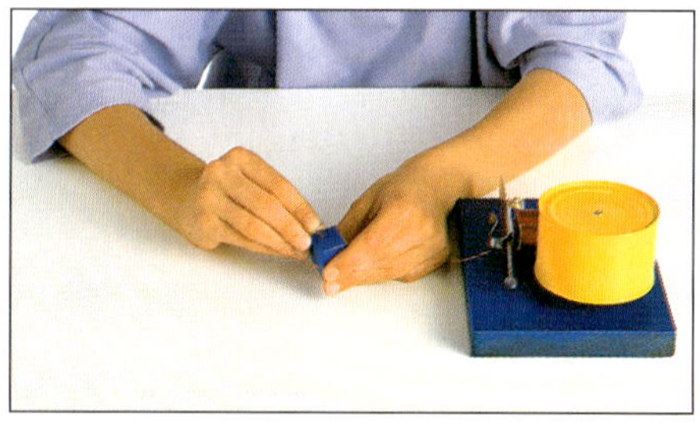

6 Wickelt ein Drahtende um den Reißnagel und steckt ihn in den Balsaklotz. Klebt diesen so auf die Platte, daß der Nagel die Feder gerade berührt.

So wird der Draht für die Spulen auf die Nägel gewunden.

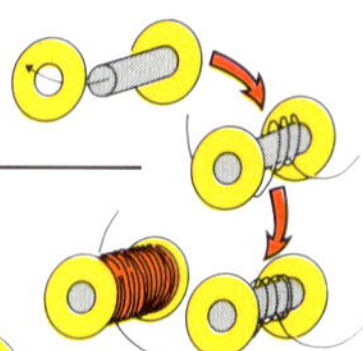

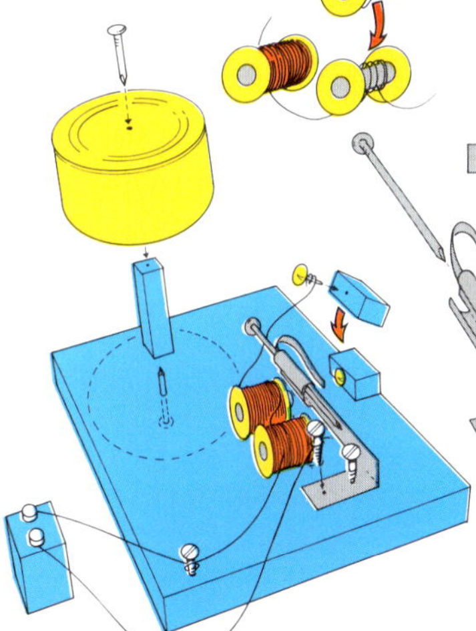

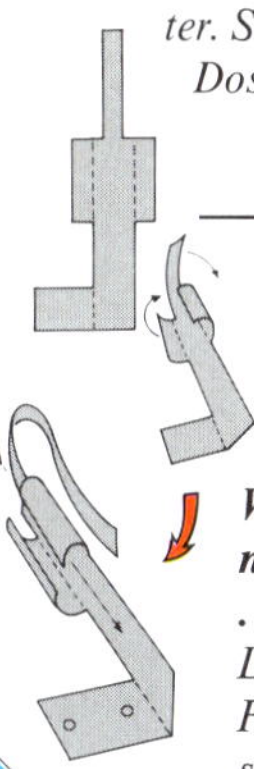

Feder und Hammer (grau)

So wird alles zusammengebaut

Schraubt das freie Drahtende der Spulen auf die Platte. Verbindet dann wie hier Batterie und Schalter. Sobald ihr einschaltet, sollte die Feder hin und her schwirren und mit dem Nagel auf die Dose schlagen.

Wenn der Summer nicht funktioniert

... müßt ihr die Lücken zwischen Feder und Spulen sowie zwischen Feder und Reißnagel verändern.

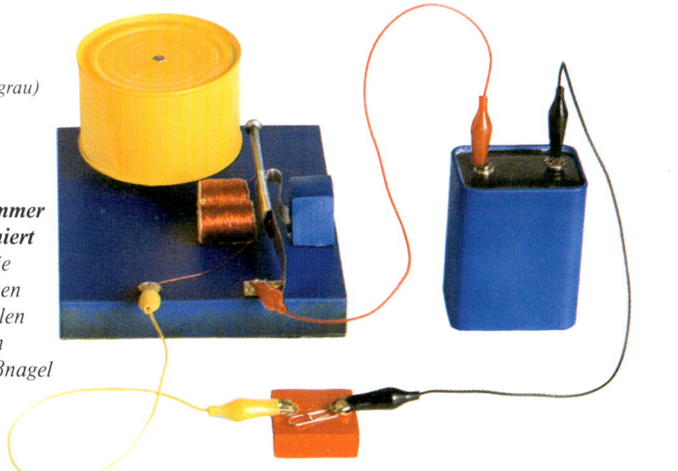

Strom erzeugen

Genauso wie elektrische Ströme ein Magnetfeld erzeugen, können auch Magnete elektrische Ströme erzeugen. Nähert ihr einen Magneten einer Drahtspule, so wird darin ein Strom erzeugt. Nähert ihr den Draht dem Magneten, passiert das gleiche. Die Bewegung des Drahtes in bezug auf das Magnetfeld erzeugt den Strom. Man sagt, das Feld induziert einen Strom im Draht und nennt diese Wirkung elektromagnetische Induktion.

Generatoren nutzen diese Wirkung und erzeugen so 99 Prozent unseres Stroms. Dabei drehen sich meistens Magneten zwischen Drahtspulen. Je stärker der Magnet, desto schneller dreht er sich, und je mehr Drahtwicklungen es gibt, desto größer ist die Spannung. Dynamos erzeugen einen Gleichstrom, der stets in die gleiche Richtung fließt. Bei Drehstromgeneratoren entsteht Wechselstrom, der ständig seine Richtung ändert: Wenn sich die Magnete drehen, bewegen sie sich auf einer Seite aufwärts am Draht vorbei und auf der anderen abwärts. Aber das Prinzip ist das gleiche.

Kraftquelle
Im Innern der Generatoren in den meisten Kraftwerken befinden sich große Magnete, die in einem Ring elektrischer Spulen rotieren. In Kohle-, Öl-, Gas- und Kernkraftwerken erzeugt der Brennstoff Dampf, der die Turbinen dreht und die Magnete antreibt. In Wasserkraftwerken (S. 134) treibt Wasser die Turbinen an.

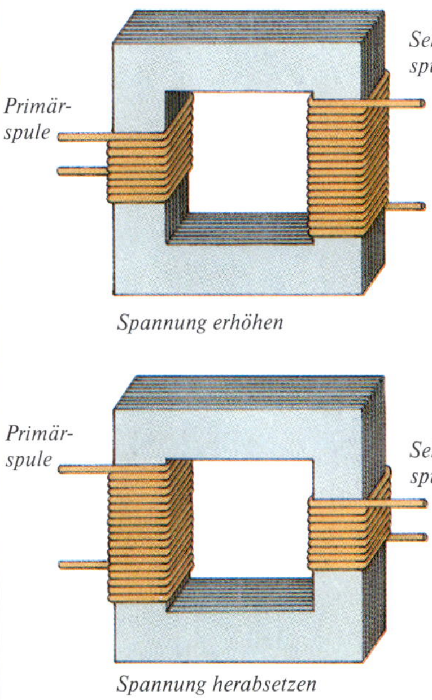

Strom umwandeln

Kraftwerksgeneratoren geben Strom von 25000 oder mehr Volt ab. Das ist natürlich viel zu stark für den Haushalt. Aber Spannung kann man mit Transformatoren herabsetzen (oder erhöhen). Um deren Weicheisenkern sind zwei Drahtspulen gewickelt. Wird ein Wechselstrom durch eine Spule (die Primärspule) geleitet, entsteht im Kern ein Magnetfeld, das seine Richtung ständig mit dem Strom wechselt. Dabei induziert es eine neue Spannung in der anderen Spule, der Sekundärspule. Die Höhe der Spannung hängt von der Zahl der Wicklungen in jeder Spule ab. Zur Erhöhung müssen in der Sekundärspule mehr Wicklungen sein, zur Herabsetzung weniger.

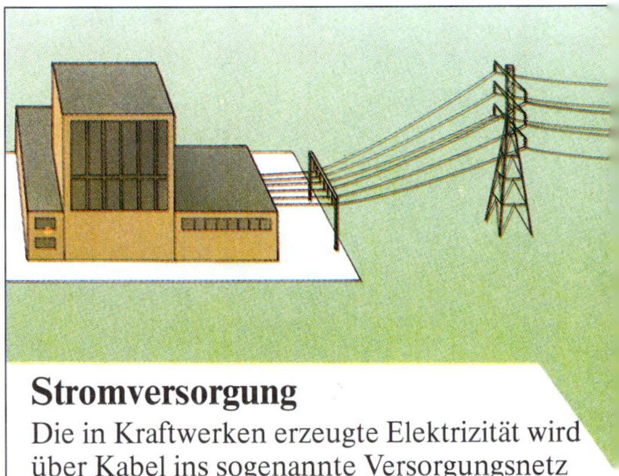

Stromversorgung

Die in Kraftwerken erzeugte Elektrizität wird über Kabel ins sogenannte Versorgungsnetz eingespeist. Transformatoren erhöhen die Spannung aus den Generatoren auf 400000 Volt, denn bei Hochspannung geht weniger Energie durch den Widerstand in den Kabeln verloren. Unterwegs wird sie wieder auf die passende Spannung für die Schwerindustrie, für kleinere Fabriken und schließlich für Haushalte herabgesetzt – dort beträgt sie zwischen 110 und 240 Volt, je nach Land.

EXPERIMENT

Strom erzeugen

Hier seht ihr, wie man ganz einfach Strom erzeugen kann, indem ein Draht durch ein Magnetfeld bewegt wird. Denkt daran, daß Strom nur in einem geschlossenen Stromkreis fließt, zu dem auch der Draht gehört. Verbindet ihn mit einem empfindlichen Strommeßgerät (Amperemeter oder Universalmeßgerät) und der erzeugte Strom kann nachgewiesen werden.

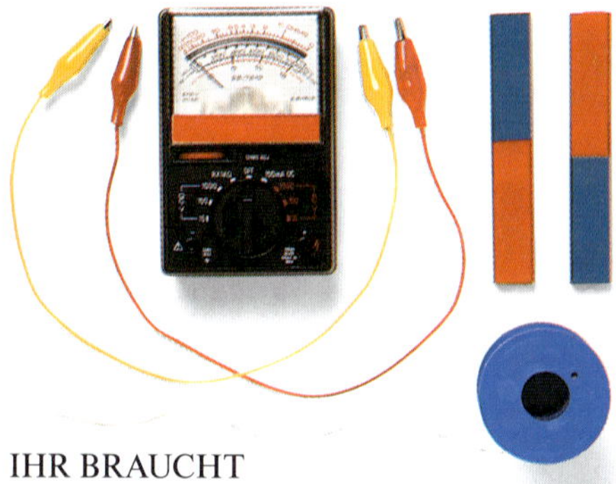

IHR BRAUCHT

- 2 Stabmagnete • Stück Kupferdraht
- 2 Kabel • Universalstrommeßgerät

Rechte-Hand-Regel

Bewegt ihr einen Draht durch ein Magnetfeld, fließt der dabei erzeugte Strom stets in die gleiche Richtung, und zwar im rechten Winkel zu den Kraftlinien im Feld und zur Bewegung. Mit Hilfe der »Rechten-Hand-Regel« weiß man, in welche Richtung der Strom fließt.

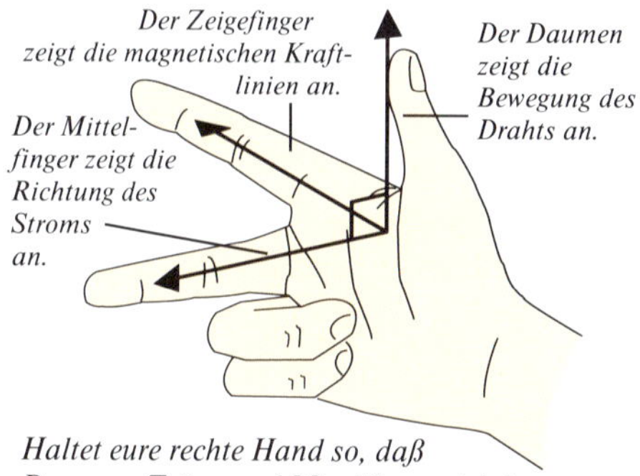

Haltet eure rechte Hand so, daß Daumen, Zeige- und Mittelfinger sich im rechten Winkel zueinander befinden.

Durchs Feld schneiden
Plaziert die Magnete mit entgegengesetzten Polen einander gegenüber. Zieht den Draht schnell nach unten oder oben durch die Lücke. Die Nadel des Meßgeräts sollte ein bißchen ausschlagen – je schneller ihr den Draht bewegt, desto stärker der Ausschlag (und auch der Strom).

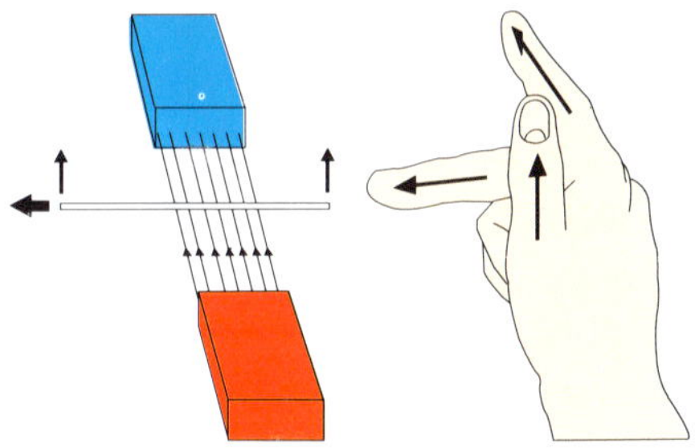

Zeigt mit dem Zeigefinger in Richtung des Magnetfelds und mit dem Daumen in Richtung der Bewegung des Drahtes. Der Zeigefinger zeigt den induzierten Strom an.

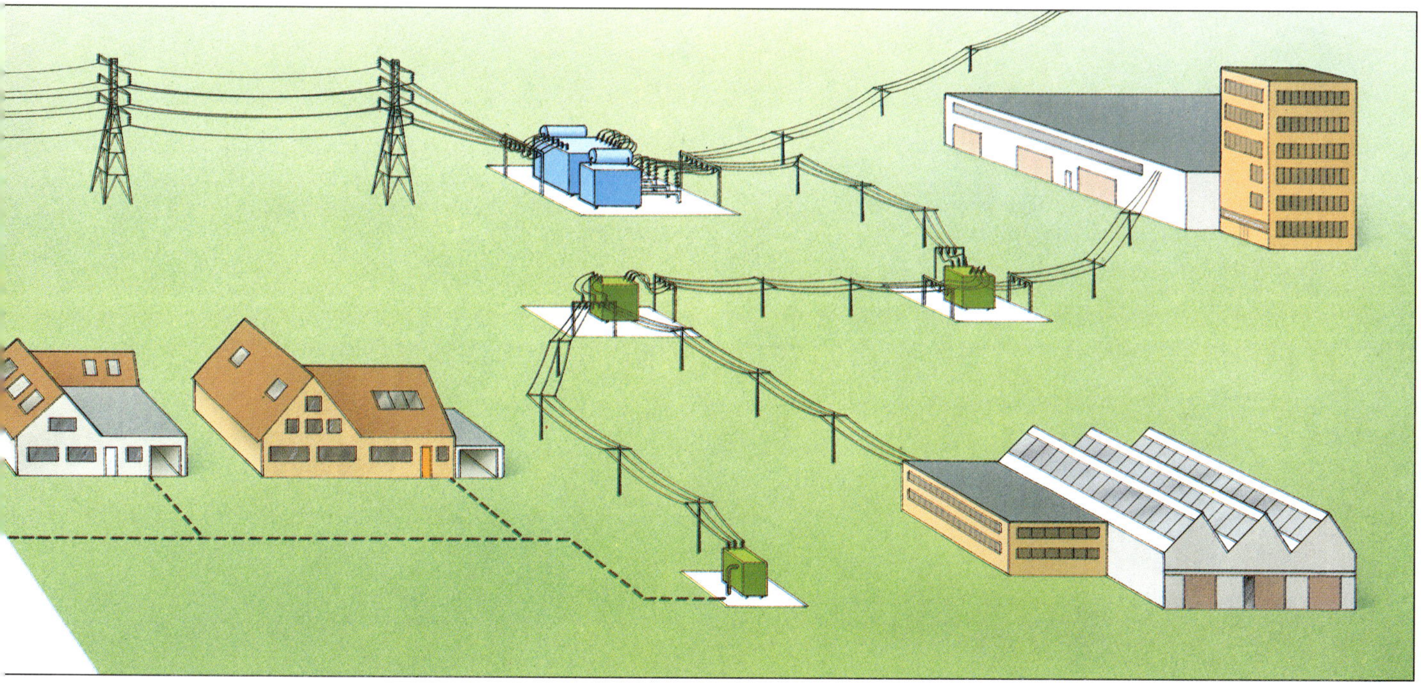

Telekommunikation

Heute gibt es über 500 Millionen Telefone auf der Welt, die blitzschnell nicht nur Stimmen, sondern Worte, Bilder, Computerdaten und sogar Videos übermitteln. Manchmal legt die Mitteilung nur ein paar Meter über ein Kabel zurück, dann wieder wird sie via Satellit um den ganzen Erdball geleitet. Alle Telefonanrufe funktionieren auf die gleiche Weise. Zuerst wird die Mitteilung - eine Stimme oder ein Bild - in einen sich verändernden elektrischen Strom auf elektromagnetischem Weg umgewandelt. Am anderen Ende der Leitung wird er wieder in eine Stimme oder in die Details des Bildes zurückverwandelt. In den meisten Telefonen befindet sich im Mikrophonteil eine dünne Scheibe, die Membran. Beim Sprechen vibriert sie, womit sie ein Magnetfeld stört und einen elektrischen Strom verändert. Am anderen Ende schalten die Stromänderungen einen Elektromagneten ein und aus, wodurch eine andere Membran vibriert und den Ton wieder erzeugt. Genauso arbeitet unser selbstgebasteltes Telefon.

Mit Licht telefonieren
Glasfasern ersetzen heute die herkömmlichen Kupfertelefonkabel. Sie übertragen Signale sehr schnell durch Lichtblitze, die entlang dünner Glasfasern reflektiert werden, und können viel mehr Mitteilungen übertragen als Kupferkabel

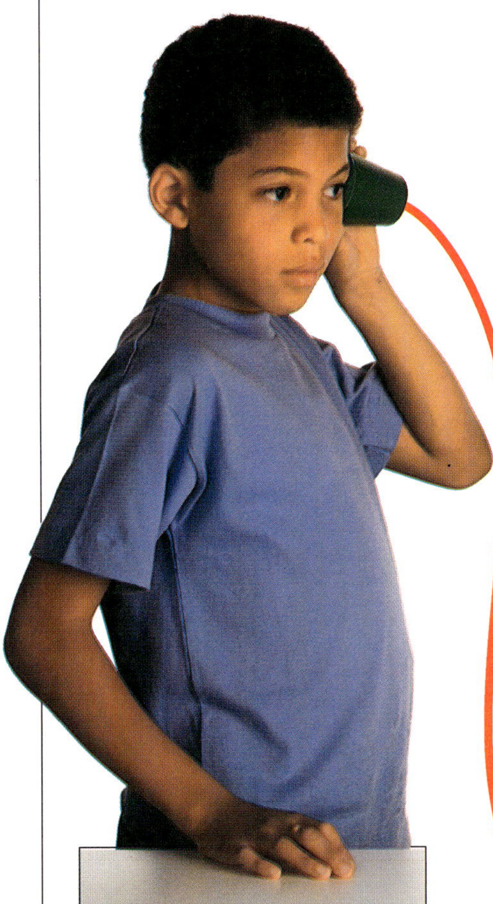

EXPERIMENT

Ein Telefon bauen

Dieses einfache Telefon erzeugt mit dem Klang eurer Stimme einen schwachen elektrischen Strom, um das Gesprochene zu übertragen.

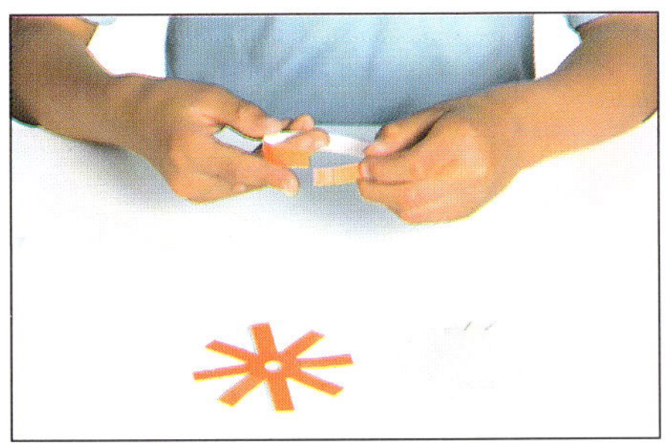

1 Schneidet aus dünner Pappe zwei Streifen und einen Stern (orange). Biegt einen Streifen zu einem Ring, so groß wie die Joghurtbecheröffnung. Schneidet einen Papierkreis zurecht (weiß).

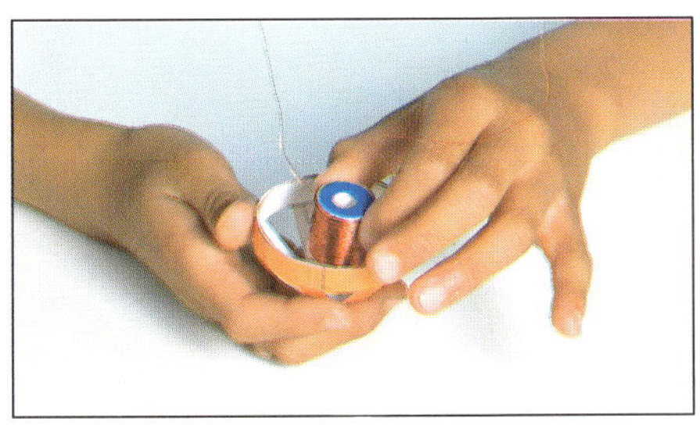

4 Wickelt lackisolierten Kupferdraht eng ums Röhrchen und laßt die Enden lose. Dies ist die Spule. Klebt ein Ende der Spule in die Mitte des Membrankegels.

GROSSE ERFINDUNGEN

Das erste Telefon

Bells zweites Telefon funktionierte fast genauso wie das hier gezeigte Eigenbautelefon. Der Anrufer schrie in eine Tüte, dadurch vibrierte ein Magnet und erzeugte Strom. Dadurch geriet eine Membran im Empfänger ins Schwingen.

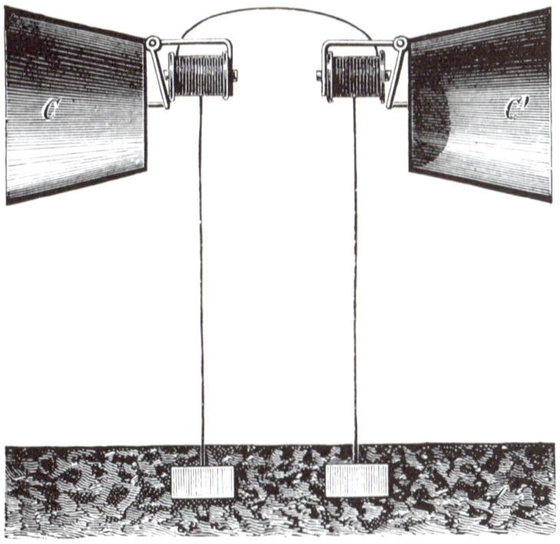

Die Erfindung des Telefons im Jahre 1876 wird Alexander Graham Bell (1847–1922) zugeschrieben, obwohl andere zur selben Zeit an ähnlichen Apparaten gearbeitet haben. Damals konnte man bereits mit elektrischen Telegrafen Mitteilungen über ein Kabel senden, indem man den Strom an- und abschaltete. Bell fand heraus, wie man die Schwingungen der Stimme über ein ähnliches elektrisches Signal weiterleiten konnte. Er legte eine Eisenscheibe vor eine Spule; wenn jemand sprach, vibrierte die Scheibe, induzierte in der Spule einen Strom und sandte elektrische Impulse durch den Stromkreis. Eines Tages hörte Bells Assistent plötzlich dessen Stimme über einen Empfänger im Erdgeschoß: »Kommen Sie rauf, Mr. Watson, ich brauche sie.«

Ihr müßt laut schreien, um einen ausreichenden Strom zu erzeugen!

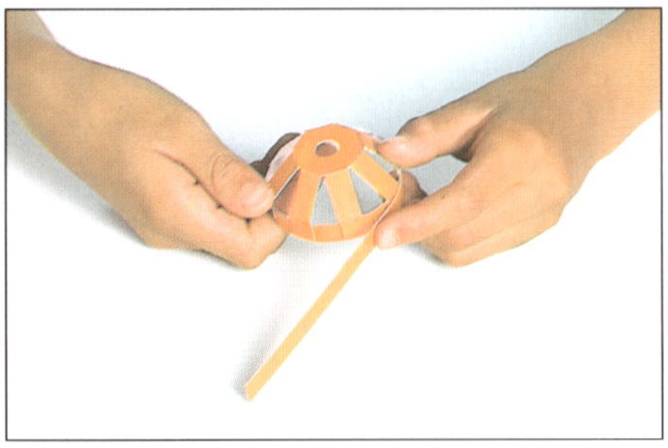

2 Falzt die Sterne entlang der Linie und biegt die Strahlen zu einem flachen Kegel zurecht. Klebt die Enden der Strahlen außen an den Ring und darum den zweiten Streifen.

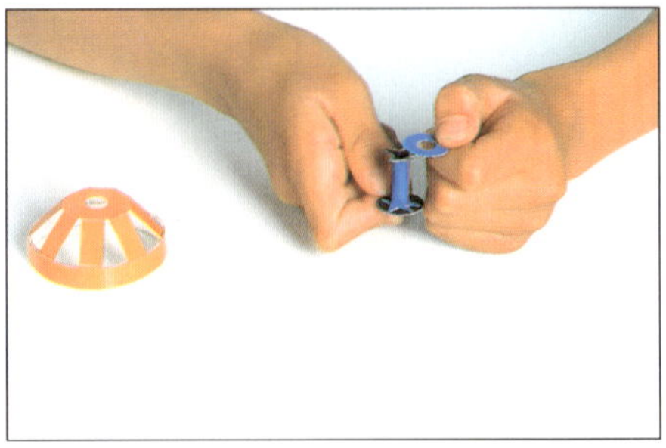

3 Klebt den gleichen Kegel in den ersten. Schneidet das blaue Ziehharmonikateil aus (links). Biegt es um einen Stift zu einem Röhrchen, legt zwei Pappringe auf die Enden und verklebt alles.

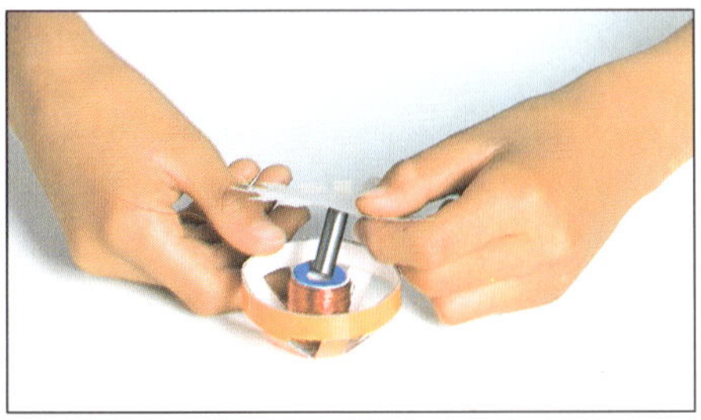

5 Klebt einen kurzen Stabmagneten (20 x 5 mm) senkrecht in die Mitte der weißen Scheibe. Steckt ihn in die Spule, ohne daß er die Seiten berührt, und klebt die Scheibe an den Kegel.

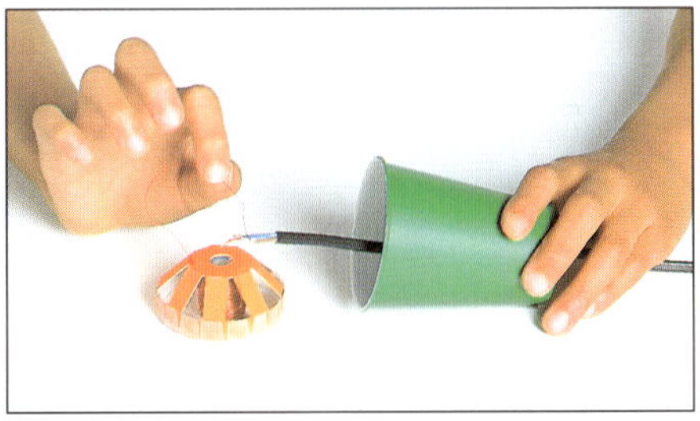

6 Schiebt ein zweiadriges Kabel in den Becher und verbindet es mit den Enden der Spule. Steckt die Membran in den Becher. Wiederholt das Ganze für den zweiten Telefonapparat.

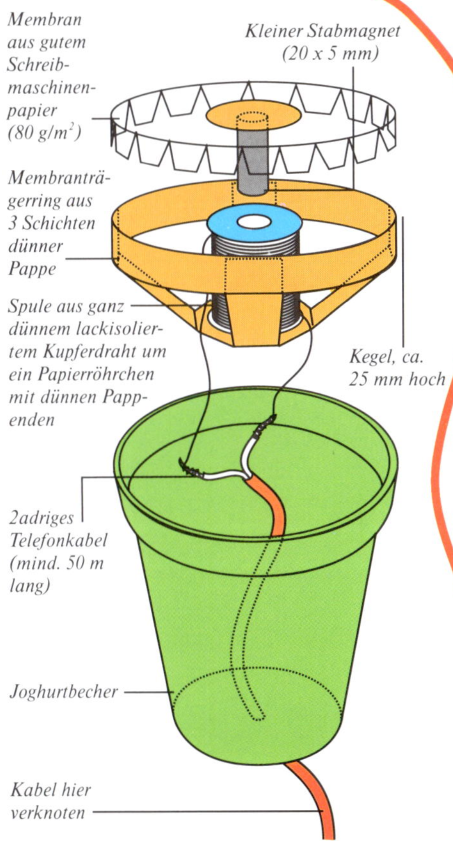

Elektromotoren

Generatoren wandeln mit Hilfe von Magneten Bewegung in Strom um - Elektromotoren nutzen Magnete, um Strom in Bewegung umzuwandeln. Fließt ein Strom über ein Magnetfeld, weicht der Draht zurück. Hat er die Form einer Schleife, fließt der Strom an einer Seite hinaus und an der anderen zurück - die Reaktion zwischen Strom und Feld drückt die Schleife also an einer Seite nach unten und an der anderen nach oben, so daß sie sich dreht. Damit sich die Schleife in der gleichen Richtung weiterdreht, brauchen einfache Motoren einen Wechselstrom, der den Strom ständig umkehrt, da erst eine, dann die andere Seite der Schleife jeden Magnetpol passiert. Bei Gleichstrommotoren dreht ein sogenannter Kommutator die Stromrichtung ständig um.

Schnellzug
Der TGV, einer der schnellsten Züge der Welt, wird von Elektromotoren angetrieben. Sie sind nicht nur sauber und leise, sondern können auch sehr schnell beschleunigen, weil die beweglichen Teile im Vergleich zu Dieselmotoren leicht sind und kein Treibstoff mitgeführt wird. Der Strom wird aus den Oberleitungen durch flexible Stromabnehmer geholt.

EXPERIMENT

Bau eines Strommeßgeräts

Die durch die Reaktion zwischen Magneten und Strom erzeugte Bewegung nennt man elektromotorische Kraft. Mit ihrer Hilfe kann man einen einfachen Strommesser bauen. Bei den meisten Motoren stehen die Magnete, und die Drähte bewegen sich. Doch bei diesem Meßgerät bewegt sich der Magnet - eine Kompaßnadel -, und die Drähte stehen still. Je weiter sich die Nadel bewegt, desto stärker der Strom.

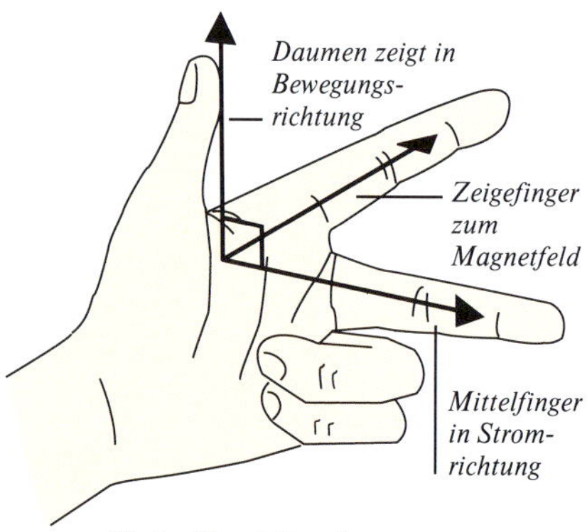

Linke-Hand-Regel
Wie die Rechte-Hand-Regel bei Generatoren, zeigt diese Regel die Bewegungsrichtung von Elektromotoren an.

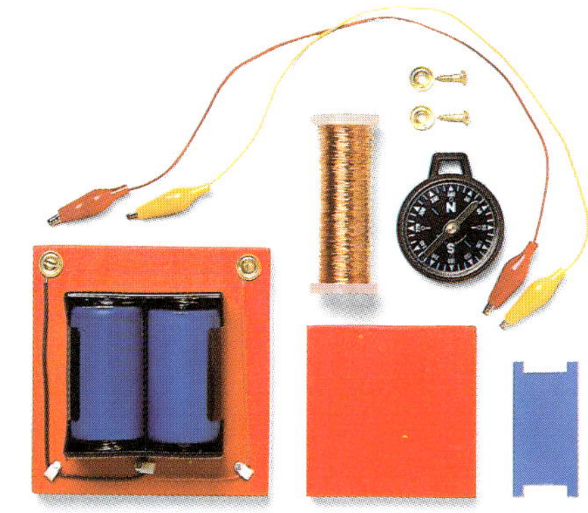

IHR BRAUCHT
- Batterien • quadratisches Balsabrett
- Taschenkompaß • blanker Kupferdraht
- Pappstreifen • 2 Messingschrauben und -ösen • 2 Kabel

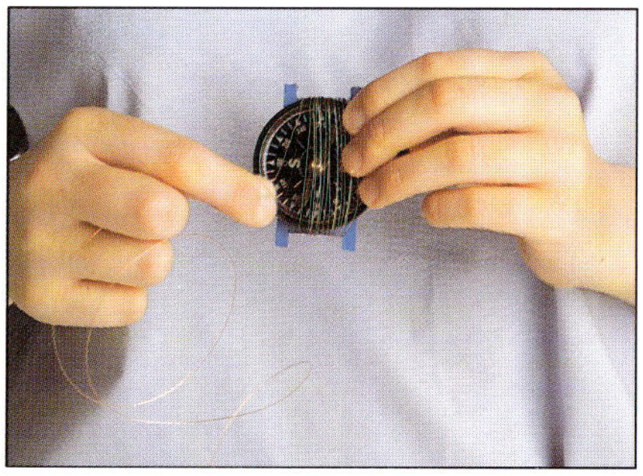

Klebt die feste Pappe (blau) hinten auf den Kompaß und wickelt den Kupferdraht etwa 20mal darum. Legt es auf einen Balsaklotz und verbindet die Drahtenden mit der Batterie wie in der unteren Abbildung. Die Bewegung der Nadel zeigt den Strom an.

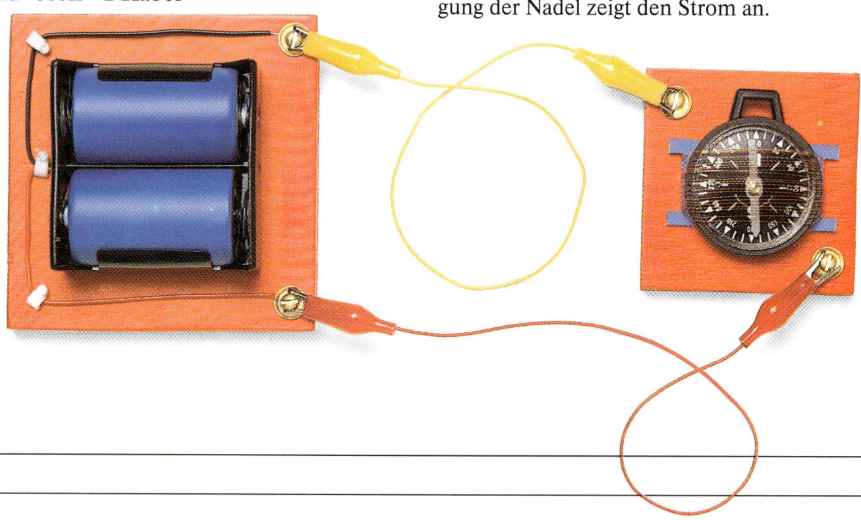

EXPERIMENT

Einen Motor bauen

Zugmotoren sind riesengroß und haben Spulen aus Spezialkupferdraht mit Tausenden von Wicklungen. Man kann auch einen einfachen Motor aus Kupferdraht und einfachen Teilen bauen. Benötigt wird mindestens eine 4,5-Volt-Batterie. Dieser Motor kann immerhin einen Ventilator aus Papier antreiben.

IHR BRAUCHT

• Holzplatte • 3 Stifte mit Ösen • 2 Winkelbleche mit Schrauben • 2 starke Magnete • dünnes Kupferrohr • Eisenstab • Balsaklotz • lackisolierten Kupferdraht • Isolierband • einadriges Kabel • 4 Schrauben • 2 Messingschrauben und -ösen • 3 Kabel • Schalter • Batterie

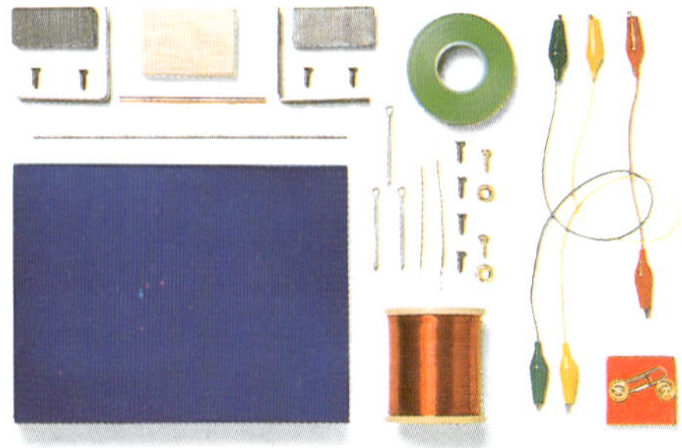

1 Bohrt ein Loch mitten durch den Balsaklotz und schiebt das Kupferrohr durch. Kerbt den Block auf beiden Seiten halbrund ein und wickelt Kupferdraht ganz fest darum.

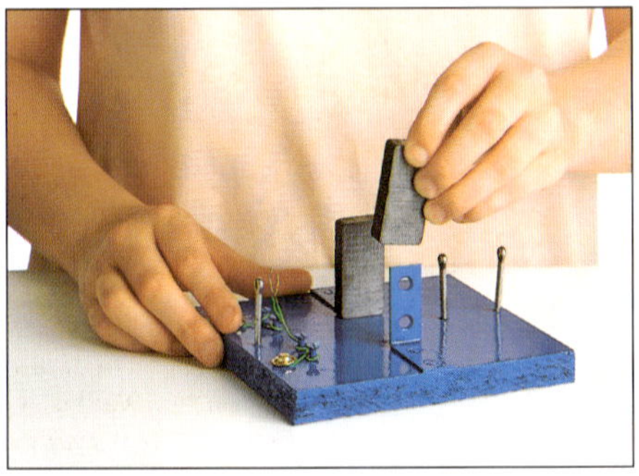

2 Schraubt die Winkelbleche auf die Platte und klebt die Magnete daran. Bohrt in einer Reihe zwischen ihnen Löcher für die Ösen. Verdrahtet die Schraubenkontakte und biegt die freien Enden zurecht wie unten gezeigt.

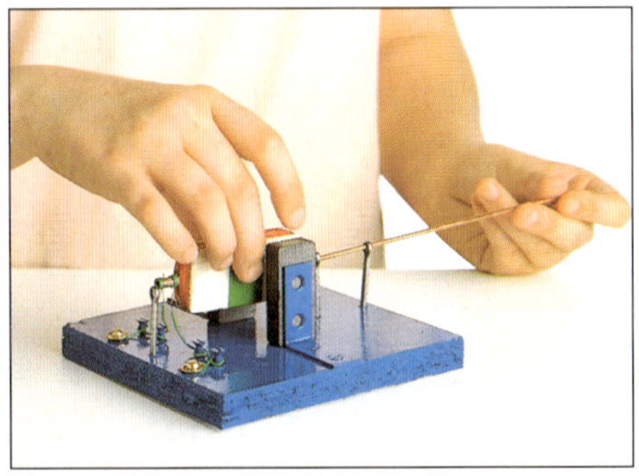

3 Baut den Kommutator wie unten beschrieben, steckt den Eisenstab als Achse durch die Ösen und die Spule und verbindet die Kontakte mit der Batterie und dem Schalter. Damit sich die Spule zu drehen beginnt, müßt ihr sie leicht anstoßen.

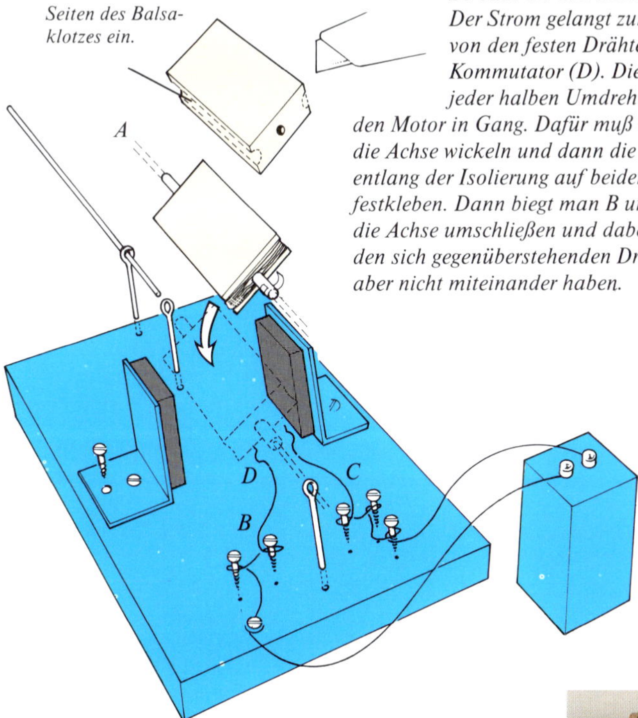

So baut ihr den Kommutator zusammen
Der Strom gelangt zur Achse (A) der Drehspule von den festen Drähten (B und C) über den Kommutator (D). Dieser kehrt den Strom nach jeder halben Umdrehung um und hält den Motor in Gang. Dafür muß man Isolierband um die Achse wickeln und dann die Drähte der Spule entlang der Isolierung auf beiden Seiten der Achse festkleben. Dann biegt man B und C so, daß sie die Achse umschließen und dabei jeweils Kontakt mit den sich gegenüberstehenden Drähten der Achse, aber nicht miteinander haben.

ELEKTRONIK UND COMPUTER

Die Elektronik ist eines der neuesten wissenschaftlichen Gebiete, kaum ein halbes Jahrhundert alt. Und doch können wir uns schon jetzt eine Welt ohne elektronische Geräte wie Radios, Fernseher und Computer schwer vorstellen. Die elektronische Technik läßt uns schnell und sicher fliegen oder mit Menschen auf der anderen Seite der Erde unterhalten.

In Düsenjets spielt die elektronische Technik eine immer größere Rolle, wie die elektronischen Anzeigen in diesem Cockpit zeigen. Der Zustand des Flugzeugs wird bereits elektronisch überwacht, außerdem werden Navigation und Landung elektronisch unterstützt. In Zukunft werden viele Flugzeuge nicht mehr mechanisch, sondern elektronisch gesteuert werden.

ELEKTRONIK

Nur wenige Wissenschaftsgebiete haben unser Leben so stark beeinflußt wie die Elektronik. Mit elektronischen Systemen, in denen schwache elektrische Stöße Stromkreise an- und ausschalten, können sehr komplizierte Prozesse automatisch gesteuert werden. Dank der neuesten Entwicklungen ist es nun möglich, sehr leistungsfähige Computer und überaus komplizierte Steuerungssysteme auf kleinstem Raum zu bauen, und inzwischen werden immer mehr Aufgaben von der Elektronik übernommen - von der automatischen Belichtung und Brennweitenregulierung in einer Kamera bis zur Navigation eines Flugzeugs.

Mit der Erfindung des Mikrochips hat sich die Computertechnik stürmisch entwickelt. Selbst mit billigen PCs kann man komplizierte Graphiken erstellen. Hier ein Bildschirm in einem Konstruktionsbüro.

Die Ursprünge der Elektronik reichen bis in die zweite Hälfte des 19. Jahrhunderts zurück, als die Wissenschaftler die Natur der elektromagnetischen Strahlung zu verstehen begannen. Damals untersuchte der deutsche Physiker Heinrich Hertz (1857 - 1894) gerade das Phänomen großer elektrischer Funken in der Luft.
1888 erzeugte er mit einem Stromkreis regelmäßige Hochspannungsfunken, die in der Lücke zwischen zwei Metallkugeln übersprangen. Wenn Maxwell recht hatte (S. 159), dann würden davon elektromagnetische Wellen ausgehen. Diese versuchte Hertz mit einem anderen Stromkreis nachzuweisen.

Radiowellen

Erwartungsgemäß lösten die Wellen kleine Stromimpulse im Empfangskreis aus, die Hertz als winzige Funken in einer Lücke in diesem überspringen ließ. Indem er den Empfänger im Raum herumbewegte, konnte er die genaue Größe dieser Wellen bestimmen. Sie erwiesen sich als viel länger als Lichtwellen (S. 78 - 79) - es waren Radiowellen.
In den 90er Jahren des vorigen Jahrhunderts kam man auf die Idee, Nachrichten von einem Ort zum andern mit Hilfe dieser Wellen zu übermitteln. Aber dazu brauchte man einen Empfangsstromkreis, der empfindlich genug war, die Wellen über eine Entfernung von mehr als ein paar Meter aufnehmen zu können. 1890 erfand der französische Physiker Edouard Branly den sogenannten Kohärer - eine Glasröhre voller Eisenfeilspäne zwischen zwei Elektroden -, der noch auf über 150 m ansprach.

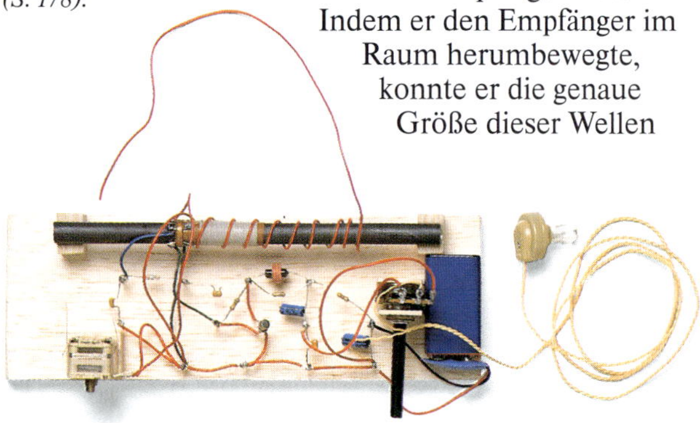

Ein einfacher Radioempfänger kann mit einem Transistor und ein paar anderen elektronischen Bauteilen gebaut werden (S. 178).

Marconi

Fünf Jahre später gelang es dem jungen italienischen Erfinder Guglielmo Marconi (1874 - 1937), Signale über eine Entfernung von 1,6 km zu übertragen. Berühmt wurde er schließlich 1901, als er ein Signal von Cornwall in England über den Nordatlantik zu einer Antenne an einem über Neufundland schwebenden Drachen sendete. Das war die Geburtsstunde des Radios.
Damals konnte man Empfangskreise so abstimmen, daß man damit nur bestimmte Wellenlängen aufnahm und somit Signale aussondern konnte, die von einem Sender mit bestimmter Wellenlänge ausgestrahlt waren. Dann erfand der Physiker Reginald Fessenden eine Methode, Radiowellen so zu modulieren (verändern), daß man Schallwellen nachahmen und damit Sprache und Musik, nicht nur Morsezeichen, senden konnte. Schon bald konnten Tausende von Menschen Radio hören. In ihren Empfängern befanden sich Kristalle, die einen Strom nur in einer Richtung durchließen, denn für die Modulation mußte das Radiosignal im Empfänger durch Wechselstrom und nicht durch einen Funken erzeugt werden.

Widerstände schützen in elektronischen Schaltkreisen den Transistor und steuern den Strom.

Röhren

Leider war das Signal so schwach, daß man mit Kopfhörern in diese Kristalle hineinlauschen mußte. Für eine vernünftige Lautstärke mußte das Signal verstärkt werden. Die Lösung brachte ein Phänomen, das der amerikanische Erfinder Thomas Edison (1847 - 1931) 1883 beim Bau seiner Glühlampen (S. 150) festgestellt hatte. Als er einmal im Glaskolben einen Metalldraht zusammen mit dem Glühfaden versiegelte, floß zu seiner Überraschung ein schwacher Strom vom Glühfaden zum Draht - aber nicht umgekehrt.
Das machte sich Ambrose Fleming (1849 - 1945) 1904 beim Bau des ersten echten Elektro-

Der Mikrochip war ursprünglich für die Weltraumtechnologie entwickelt worden. In der amerikanischen Space Shuttle wird alles von komplizierten elektronischen Schaltungen gesteuert – von der Navigation bis zur Luftversorgung.

nikbauteils zunutze, der Glühkathodenröhre oder Diode – einer Glasröhre mit zwei Elektroden: einem Glühfaden und einer Metallplatte. Da die Röhre den Strom nur in einer Richtung durchließ, wandelte sie den Wechselstrom des Radiosignals in einen Gleichstrom um (Gleichrichter).
Zwei Jahre später entwickelte der amerikanische Forscher Lee de Forest (1873 - 1961) die Verstärkerröhre. Er fand nämlich heraus, daß er den Strom zwischen den beiden Elektroden erheblich verstärken konnte, indem er eine dritte Elektrode (ein Metallgitter) zwischen Glühfaden und Platte plazierte. Darüberhinaus konnte er diese Verstärkung beliebig ändern, indem er den schwachen Strom im Gitter veränderte.

Trioden

De Forests Dreier-Elektrodenröhre oder Triode war das Grundelement nicht nur für die Entwicklung des Radios, sondern aller elektronischer Geräte. Ohne die Triode würde es zum Beispiel das Fernsehen nicht geben. Es überträgt wie das Radio das Signal mit elektromagnetischen Wellen, und die Triode verstärkt dieses Signal. Dank dem fotoelektrischen Effekt (S. 79) können Fernsehkameras Bilder in elektrische Signale umwandeln.
Im Empfänger wird mit dem Signal in einer Kathodenstrahlröhre wieder das Bild erzeugt.
Bis zu den 40er Jahren arbeiteten alle elektronischen Geräte mit Triodenröhren. Sie wurden sogar bei den ersten Computern verwendet. Ein einfacher Computer konnte bis zu 20 000 Röhren enthalten und war so groß wie ein Zimmer. Dabei entwikkelten die Röhren so viel Wärme, daß die verzweifelten Ingenieure Tag und Nacht arbeiten mußten, um die überhitzten Röhren zu ersetzen.

Große Fortschritte macht die Entwicklung interaktiver Video-Computer-Systeme. Hier eine Bildplatte.

Der eigentliche Durchbruch in der Elektronik kam mit der Entwicklung der Transistoren in den 40er Jahren. Transistoren beruhen auf speziellen Materialien, sogenannten Halbleitern wie Germanium und Silizium, die Elektrizität nur teilweise leiten. Amerikanische Forscher fanden heraus, daß man durch das Einpflanzen von Elektroden in kleinsten Stückchen dieser Materialien winzige Bauteile herstellen konnte, die genau wie eine Diodenröhre funktionierten.

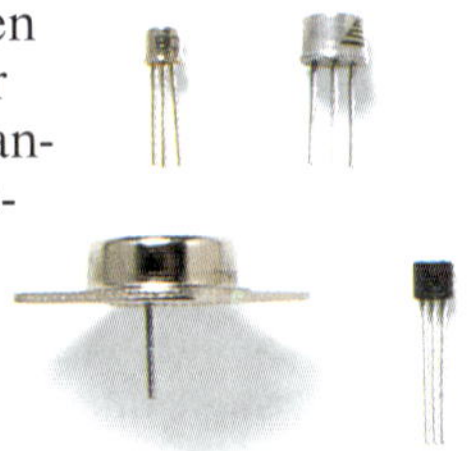

Transistoren gibt es in allen möglichen Formen – aber immer als Trioden mit drei Anschlüssen.

Der Siegeszug des Transistors

1948 entwickelten Forscher in den Laboratorien der amerikanischen Firma Bell einen Halbleiter, der wie eine Gleichrichterröhre arbeitete. Dieses Bauelement nannte man Transistor, und damit begann eine Revolution in der Elektronik. Winzige Transistoren ersetzten rasch die Röhren in Radios, Fernsehern und Computern, wodurch diese Geräte viel kleiner, zuverlässiger und robuster wurden. In den 60er Jahren gehörten Röhren weithin der Vergangenheit an, und Radios waren im Prinzip Transistorradios.
Mit Hilfe des Transistors kam es auch zu einer stürmischen Entwicklung der Computer in den 50er Jahren, aber diese waren noch klein und sehr teuer. 1958 kam es dann zu einem neuen Durchbruch in der Elektronik: Der Amerikaner Jack Kilby erfand den Mikrochip, indem er die Anschlüsse von zwei Transistoren in einen einzigen, nur 10 mm langen Siliziumkristall verlegte. Das war die erste »integrierte Schaltung«, denn in diesem neuen Kristall befand sich ein kompletter Stromkreis.

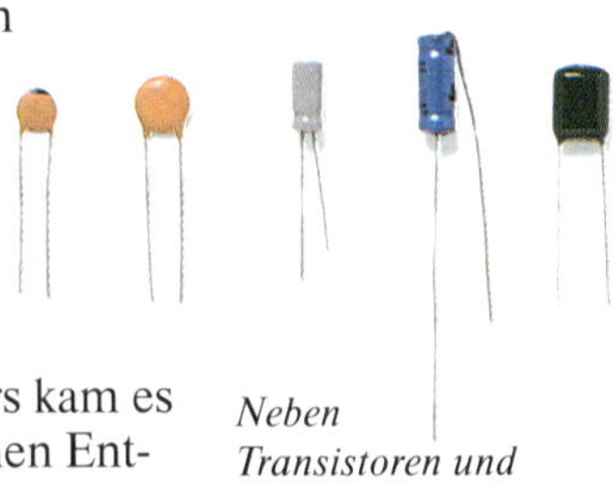

Neben Transistoren und Widerständen gibt es in den meisten elektronischen Schaltkreisen auch Kondensatoren. Das sind in gewisser Hinsicht Batterien. Sie können eine kleine Ladung speichern und wieder freigeben, wenn ein Strom kurzzeitig fließen soll. Wenn eine Diode einen Wechselstrom gleichrichtet, wird der Strom ständig unterbrochen, da Strom in einer Diode nur in einer Richtung fließt. Diese Lücken kann ein Kondensator mit seiner Ladung füllen.

Mikrochiptechnik

Schon bald wurden die Chips kleiner und die Schaltkreise komplizierter, und die Forscher erarbeiteten verschiedene Methoden, immer mehr Bauteile in einen einzigen Chip zu stecken.
Heute gibt es Siliziumchips als einfache Schaltungen in elektrischen Wasserkesseln bis hin zu Mikroprozessoren, die eine Million oder mehr Transistoren enthalten.
Dank der Erfindung des Mikrochips können elektronische Schaltungen auf kleinstem Raum untergebracht und sehr preiswert hergestellt werden. Heute befinden sie sich in allen möglichen Geräten wie Taschenrechnern, Kameras, Uhren, Stereoanlagen und Mikrowellenherden. Auf diesem Gebiet verläuft die Entwicklung so stürmisch, daß niemand sagen kann, was es in Zukunft noch alles geben wird.

In Autos wird es immer mehr Elektronik geben. Längst wird in vielen Autos die Zündung und die Kraftstoffversorgung durch Mikrochips gesteuert. Elektronische Anzeigen werden das vertraute Armaturenbrett ersetzen, und ein Computer, der ständig die neuesten Verkehrsdaten erhält, wird den Fahrer durch die Städte leiten.

Elektronische Schaltkreise

Die Elektrizität ist eine saubere und praktische Energiequelle. Sie kann aber auch dazu benutzt werden, Signale zu senden, die Information übermitteln - wie in Fernsehern, Radios, Computern und allen anderen elektronischen Geräten. Darin werden Schaltkreise, die winzige elektrische Ströme transportieren, ständig an- und ausgeschaltet oder in ihrer Stärke verändert, damit Signale den Geräten sagen, was sie zu tun haben. In einem Computer beispielsweise werden winzige Ströme an- und ausgeschaltet, um Zahlen darzustellen. Bei einer Hi-Fi-Anlage steuern die Ströme die Bewegung der Lautsprechermembran, damit sie den richtigen Ton erzeugt.

In elektronischen Systemen werden diese Schaltkreise durch eine ganze Reihe kleiner Bauteile gesteuert, wie Widerstände und Kondensatoren, vor allem aber durch Transistoren. Sie steuern Strom auf verschiedene Weise, hauptsächlich indem sie ihn verstärken oder an- und ausschalten. Die Materialien, aus denen sie bestehen, etwa Silizium und Germanium, haben die bemerkenswerte Eigenschaft, Elektrizität nur unter bestimmten Bedingungen zu leiten – daher ihr Name Halbleiter.

Röhren
Die ersten elektronischen Bauteile waren die 1904 erfundenen Glühkathodenröhren. Solche Röhren wurden bei den ersten Computern verwendet.

EXPERIMENT

Widerstände

Widerstände verringern den Stromfluß in unterschiedlicher Stärke (gemessen in Ohm, S. 154). Testet verschiedene Widerstände in Reihen- und in Parallelschaltungen.

In Reihe geschaltete Widerstände lassen die Birne schwächer leuchten.

IHR BRAUCHT

- Batterien
- Birne mit Fassung
- Kabel
- verschiedene Widerstände

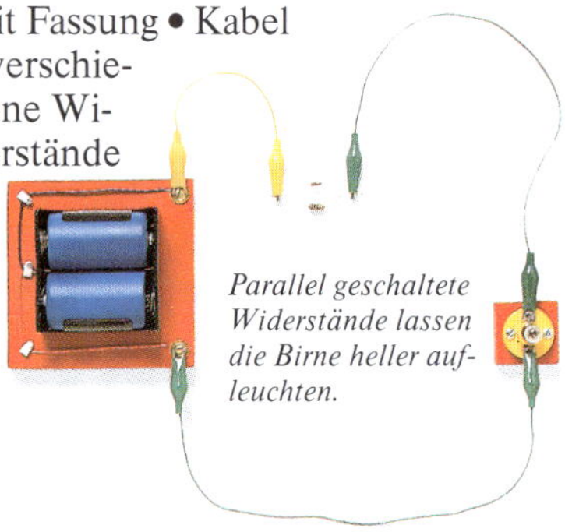

Parallel geschaltete Widerstände lassen die Birne heller aufleuchten.

Löten

Für elektronische Schaltkreise müßt ihr verschiedene Bauteile miteinander verlöten. Lot ist ein weiches Metall, das man gewöhnlich in Spulenform bekommt. Ein elektrisch erhitzter Stab, der sogenannte Lötkolben, läßt das Lot auf jedes Bauteil tropfen. Wenn es abkühlt und aushärtet, ist die Verbindung perfekt.

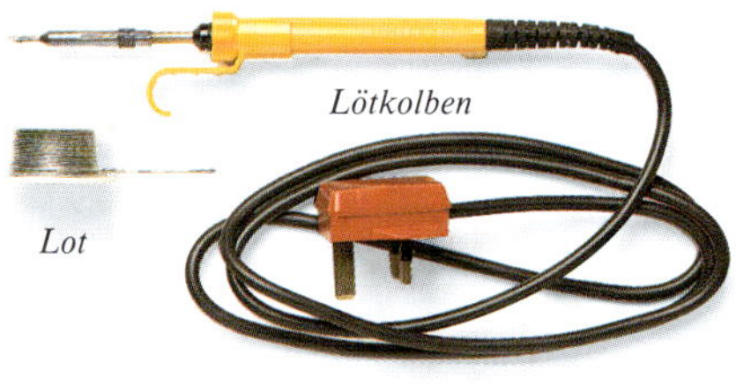

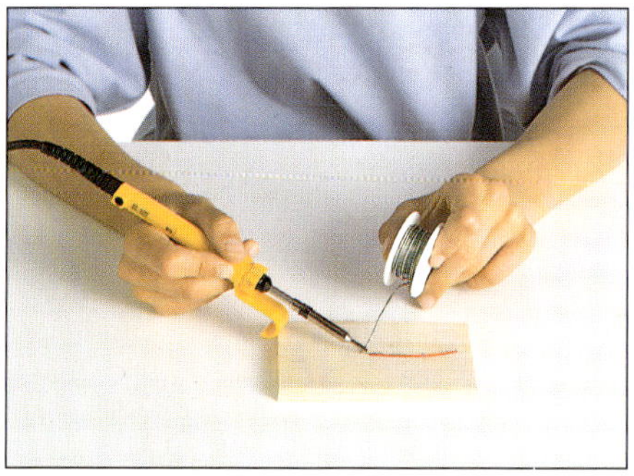

1 Schaltet den Lötkolben ein und laßt ihn auf einer sicheren Unterlage warm werden. Ehe jedes Bauteil verbunden wird, muß ein bißchen Lot darauf geschmolzen werden. Erwärmt den Kontakt des Bauteils mit dem Kolben, haltet das Lot daran und berührt es mit der Kolbenspitze. Das Lot schmilzt auf dem Draht.

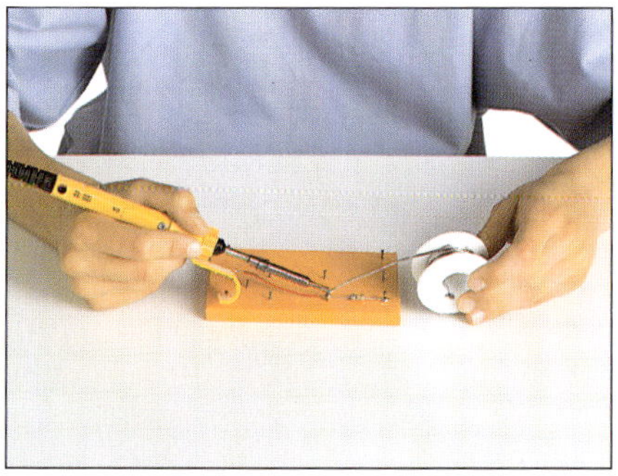

2 Ordnet nun die Bauteile so an, daß sich die zu verbindenden Drähte berühren. Haltet das Lot an die Verbindungsstelle und erhitzt es mit dem Kolben. Das Lot sollte etwa innerhalb einer Sekunde schmelzen und zu einer glänzenden Verbindung abkühlen. Ist sie grau, schmelzt das Lot noch einmal.

Transistoren

Es gibt zwei verschiedene Typen von Halbleitern. In n-Leitern wird der Strom von Elektronen transportiert, in p-Leitern von positiv geladenen Löchern (Bereichen ohne Elektronen). In Transistoren werden Halbleiter in der Folge p-n-p oder n-p-n schichtweise verbunden. Jeder Transistor hat drei Anschlüsse: Basis, Kollektor und Emitter. Werden sie falsch verbunden, wird der Transistor zerstört. Zuweilen ist der Emitter mit einem Punkt markiert, oder er wird auf dem Gehäuse mit einem Etikett gekennzeichnet.

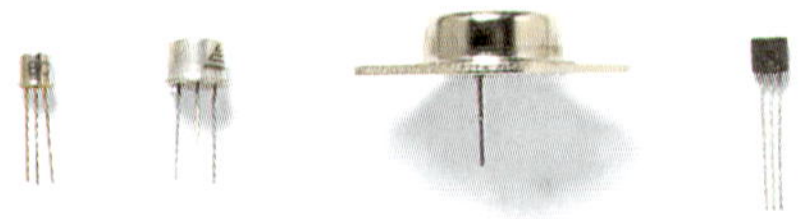

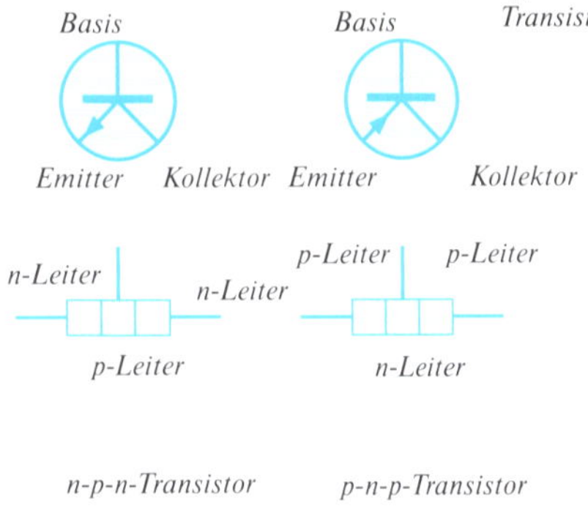

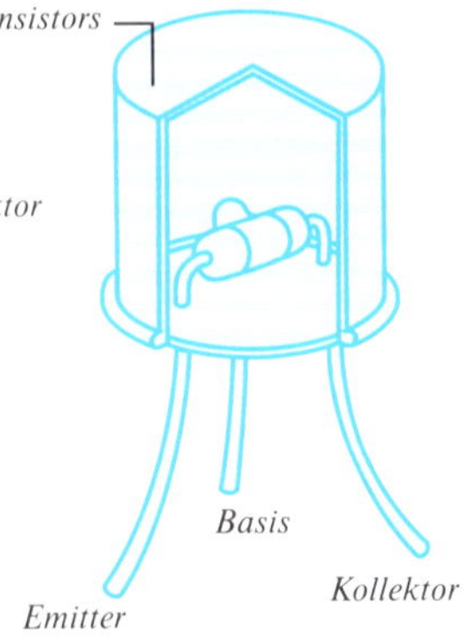

EXPERIMENT

Transistorschalter

Mit einem Transistor als Schalter könnt ihr eine Leuchtdiode (LED) an- und ausschalten. Werden Kollektor und Basis mit dem Pluspol der Batterie verbunden, schaltet der Transistor die Diode an. Wenn ihr die Basis nun mit dem Minuspol verbindet, bleibt die LED ausgeschaltet.

IHR BRAUCHT

• n-p-n-Transistor (BC108) • LED • Widerstände, 220 und 10000 Ohm • Verbindungskabel mit Krokodilklemmen • Holzplatte • kleine Nägel • Drahtabschnitte • Batterie • Lötausrüstung

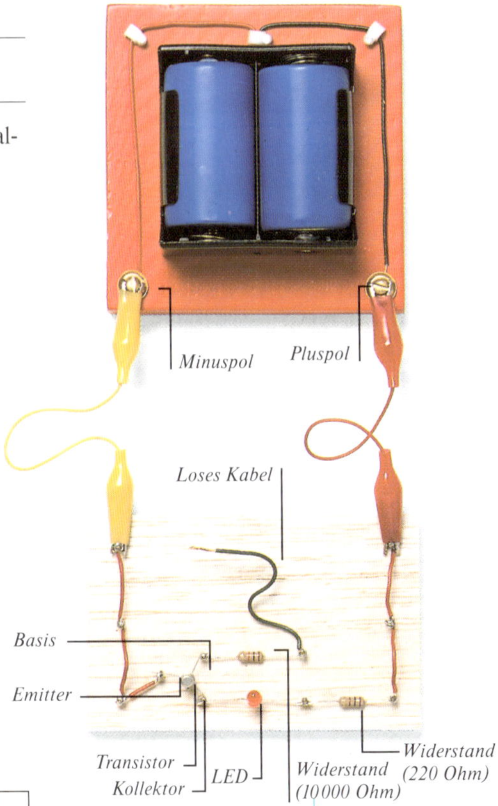

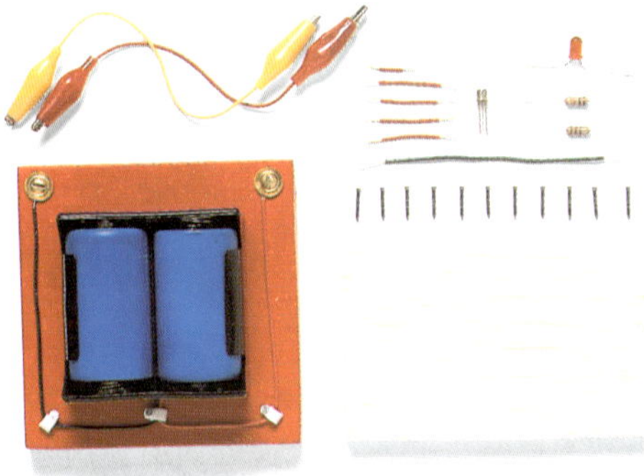

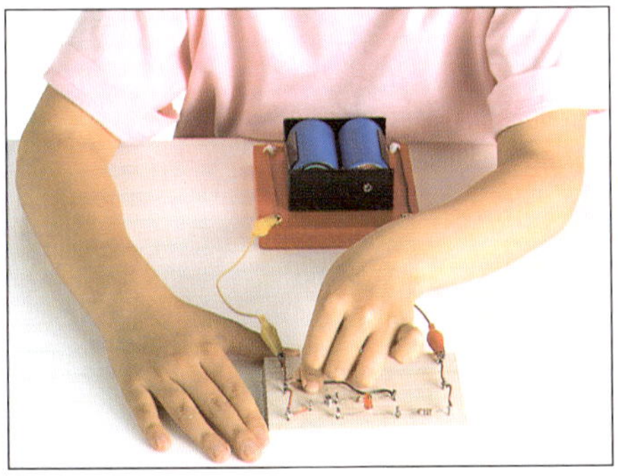

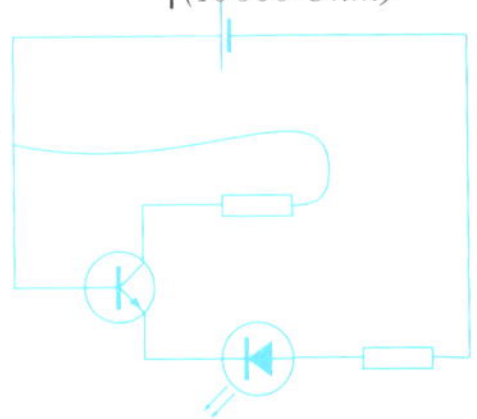

Kollektor und Basis mit Pluspol verbunden: Transistor angeschaltet, LED leuchtet.

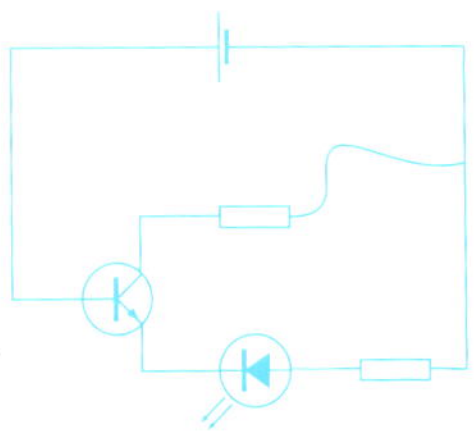

Kollektor und Basis mit Minuspol verbunden: Transistor ausgeschaltet, LED leuchtet nicht. (LED-Anschlüsse, siehe S. 151).

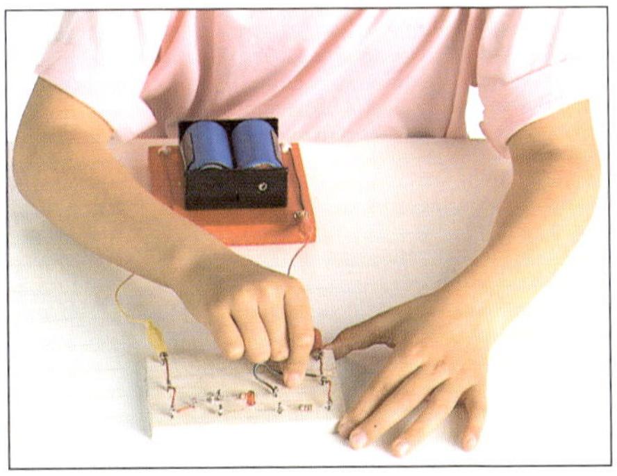

So baut ihr den Schaltkreis zusammen

Schlagt die Nägel – wie oben abgebildet – in die Platte. Stellt die Verbindungen wie auf der Abbildung her, indem ihr die Anschlüsse jedes Bauteils und die Drähte um die Nägel wickelt und dann festlötet. Verbindet das lose Kabel mit dem Pluspol der Batterie – die LED leuchtet auf. Verbindet ihr es aber mit dem Minuspol, bleibt die LED ausgeschaltet.

Ein Radio bauen

Habt ihr euch schon mal beim Radiohören gefragt, wie ein Ton entsteht? Wie Licht sind auch Radiowellen elektromagnetische Strahlung (S. 78). Bei einer Radiosendung werden Töne mit Mikrophonen in elektrische Signale umgewandelt (S. 168). Mit diesem Signal wird die Frequenz der von einem Rundfunksender ausgestrahlten Radiowellen verändert (moduliert). Die modulierten Wellen erzeugen im Empfänger wieder das elektrische Signal, das dann verstärkt wird und den ursprünglichen Ton wiedergibt.

EXPERIMENT

Das selbstgebastelte Radio

Im Radioempfänger wandeln Transistoren den Wechselstrom (S. 166) der Radiowellen in einen Gleichstrom um und verstärken das Signal. Mit einem einzigen Transistor könnt ihr euch ein einfaches Radio bauen (vgl. aber auch Glossar S. 186).

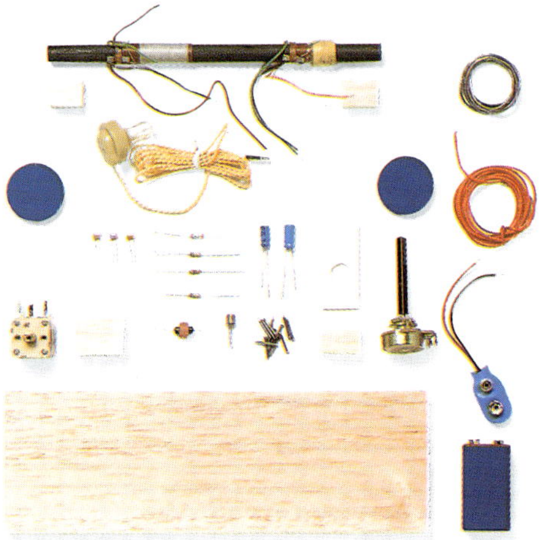

IHR BRAUCHT

• MW-Antenne • HF-Drossel • Ohrhörer • Diode OA79 • Transistor AF124 • 4 Widerstände (R_1–$_4$, s.u.) • 6 Kondensatoren (C_1–$_6$, s.u.) • Blockbatterie mit Klipsen • Stifte • Balsaholzplatte • Lötausrüstung

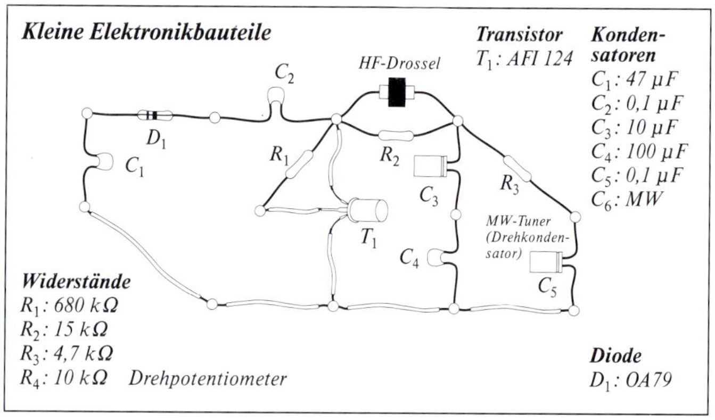

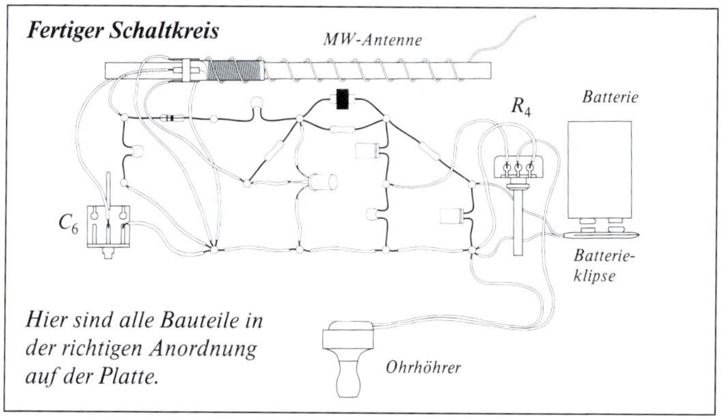

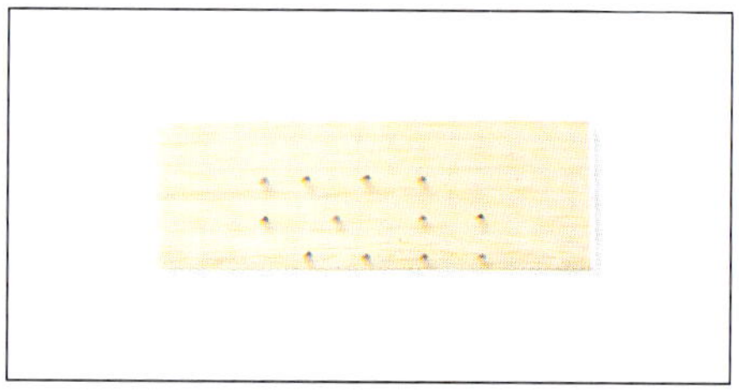

1 Drückt die Stifte in die Balsaholzplatte und ordnet sie dabei wie in der Abbildung an. Sichert sie eventuell mit Kleber.

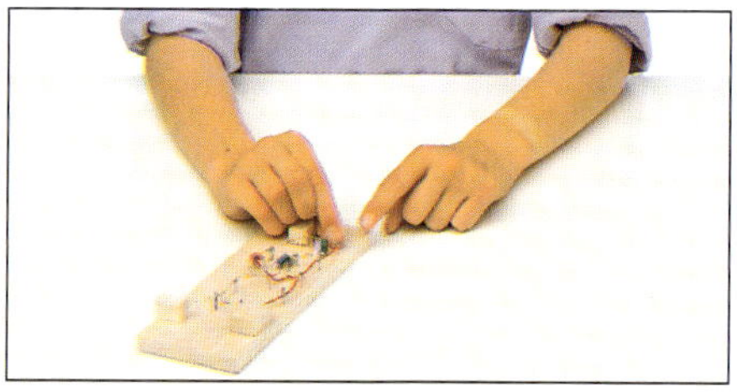

2 Bringt alle elektronischen Bauteile auf der Platte an und verbindet sie – wenn nötig mit kurzen Drahtabschnitten – wie in der Zeichnung oben links.

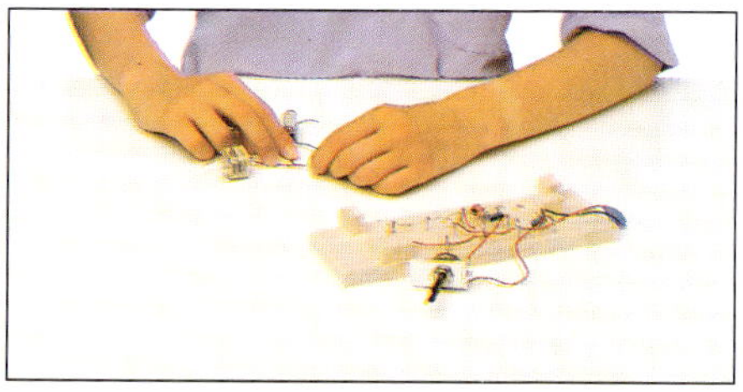

3 Verbindet die Teile, indem ihr die Drähte behutsam um die Stifte wickelt. Sobald sie guten Kontakt haben, klebt ihr sie fest.

4 Ihr könnt euch eure eigene Mittelwellen (MW)-Antenne bauen, doch es gibt sie in jedem Elektroladen. Wickelt den Antennendraht spiralförmig um den Stab.

5 Verbindet die größeren Bauteile wie in der Zeichnung oben rechts. Beim Verlöten der Kabel darauf achten, daß das Holz nicht anbrennt.

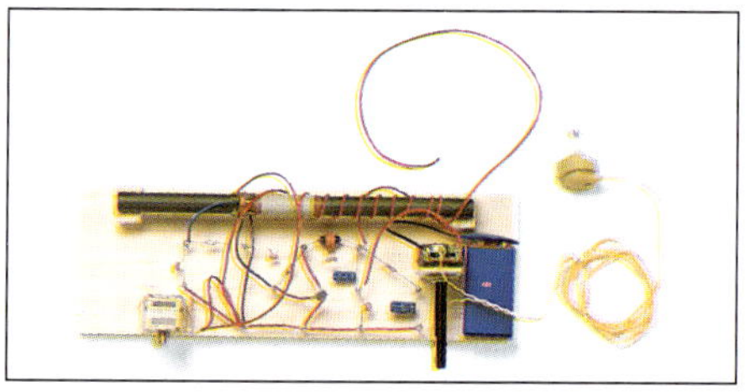

6 Wenn die Bauteile montiert sind, schließt ihr die Batterie an (Minuspol an den Stift zwischen R_3 und C_5). Das Radio sollte nun gehen.

Ein Gehäuse bauen

Das Radio funktioniert zwar auch ohne Gehäuse, sieht aber damit besser aus und wird außerdem vor Staub geschützt. Ihr könnt es natürlich nach euren eigenen Ideen anders gestalten.

IHR BRAUCHT

• bunte Pappe, nach obigem Muster zurechtgeschnitten • Kleber • Schere • von großem Korken zwei dünne Scheiben

1 Die Dreiecke falzen und die Rückwand mit dem langen Pappstreifen verkleben, der die Seitenwand des Gehäuses bildet.

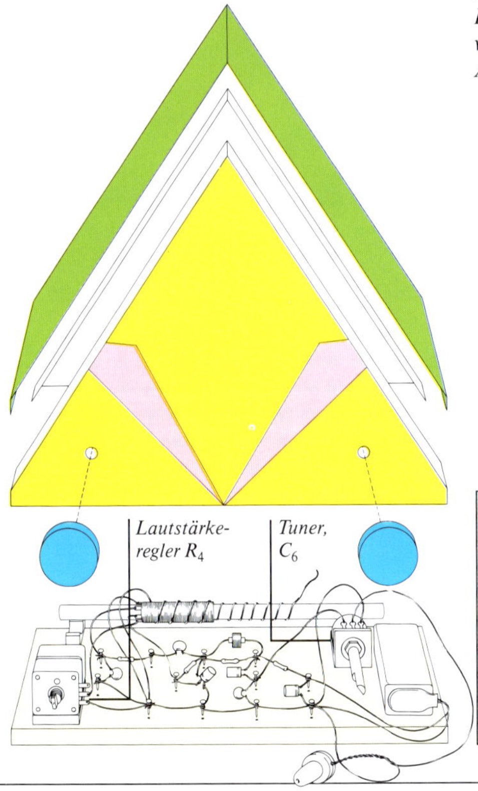

2 Schneidet eure Motive aus und klebt sie auf die Vorderwand. Schneidet Löcher für den Tuner- (C_6) und den Lautstärkeknopf (R_4).

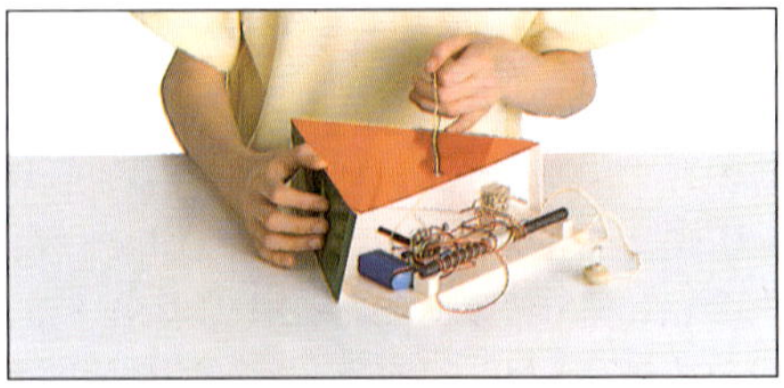

3 Führt das Kabel für den Ohrhörer durch das Loch in der Rückwand und verbindet es. Ist es bereits verbunden, schneidet einen Schlitz in die Rückwand.

4 Überprüft alle Anschlüsse. Das Radio muß gehen, notfalls die Antenne ausrichten. Schiebt die Seitenteile des Gehäuses auf die Balsaplatte.

5 Streicht Kleber auf die Falze der Vorderwand und schiebt sie über die Drehregler. Klebt die Korkscheiben auf die Regler.

Abstimmen

Zum Radiohören schließt ihr die Batterie an und steckt den Hörer ins Ohr. Dreht den Lautstärkeregler (Korken auf C_6) voll auf und stimmt den Tuner (Korken auf R_4) ab, bis ihr den gewünschten Sender hört. Das Radio ist ziemlich schwach, so daß ihr sehr gut hinhören müßt, wenn ihr etwas hören wollt. Die Lautstärke läßt sich eventuell verbessern, wenn ihr die Antenne bewegt.

Elektronische Intelligenz

In Science-Fiction-Filmen und -Büchern treten immer wieder Roboter auf, die so aussehen und sogar denken wie Menschen. Manche Leute glauben, solche Maschinen werde es schon bald wirklich geben. Mittlerweile gibt es schon »intelligente« elektronische Maschinen, aber die sehen nicht gerade wie Menschen aus. Sie können auch noch nicht wie ein Mensch denken – vielleicht werden sie das auch nie können. Aber sie können Entscheidungen treffen und Probleme lösen. Ein Autopilot etwa kann ein Flugzeug steuern, sogar bei Start und Landung, in dem er ständig auf neue elektronische Daten reagiert und die Steuermechanismen entsprechend anpaßt. Computer sind die »Gehirne«, die elektronischen Maschinen »Intelligenz« verleihen. Jedes ist mit Millionen Anweisungen programmiert, die sie steuern. Einige Programme sind inzwischen so raffiniert, daß die Maschine bestimmte Aufgaben »lernen« kann und sich entsprechend selbst programmieren kann.

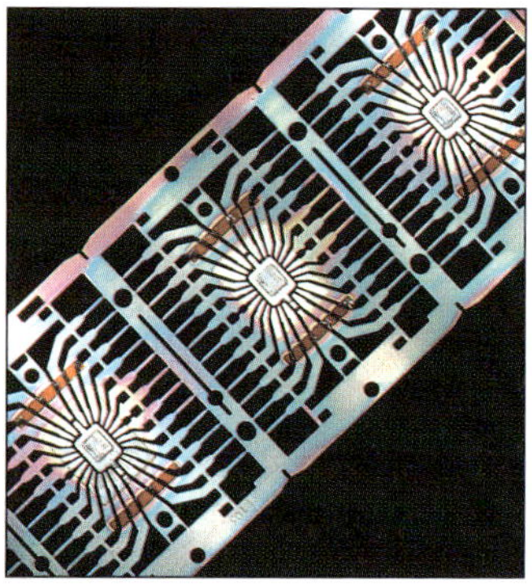

Mikrochips
Diese winzigen elektronischen Schaltkreise sind das Herzstück jedes Computers. Sie speichern und verarbeiten Informationen blitzschnell.

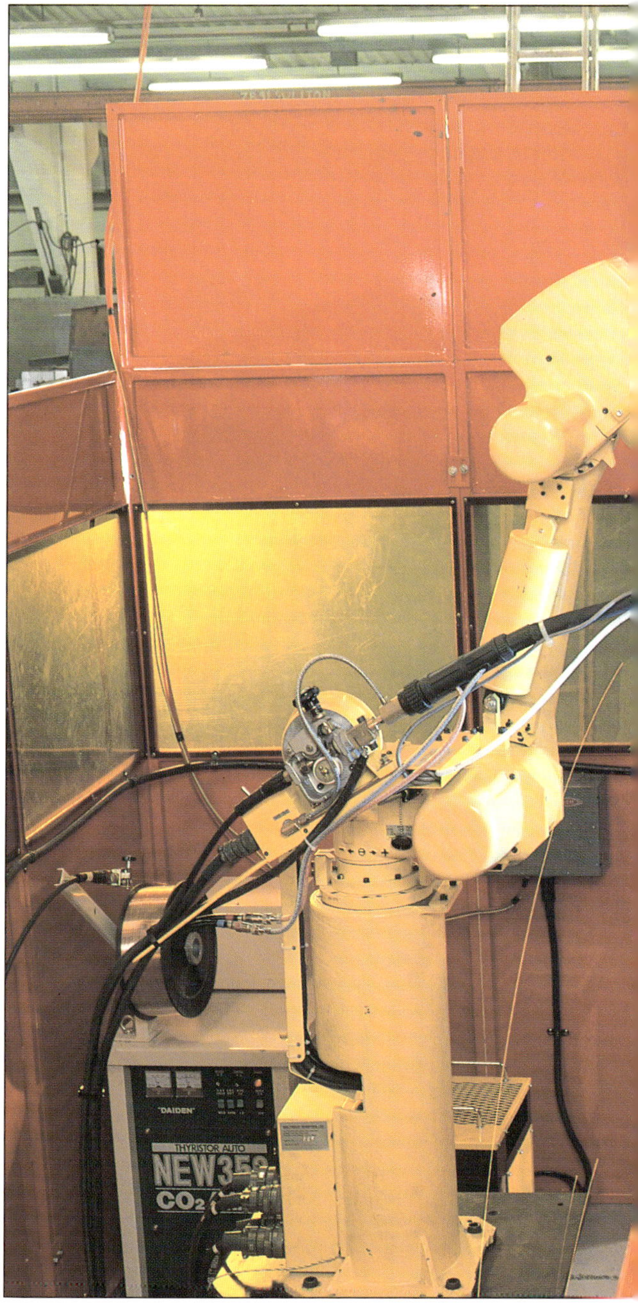

GROSSE ERFINDUNGEN

Babbages Computer

Die Geschichte des Computers beginnt im 17. Jahrhundert, lange vor dem Zeitalter der Elektronik. 1642 erfand der französische Mathematiker Blaise Pascal die erste mechanische Rechenmaschine, die mit Hilfe von Zahnrädern Zahlen addieren und subtrahieren konnte. Fast 200 Jahre später (1834) wurde der Computer erfunden: die »Analytische Maschine« des englischen Mathematikers Charles Babbage – eine Maschine, die auf mehr als eine Aufgabe programmiert werden konnte. Sie war zwar rein mechanisch, besaß aber alle Grundelemente eines heutigen Computers: Man konnte ihr Daten und Anweisungen eingeben, sie hatte einen Prozessor zum Rechnen und konnte Antworten ausdrucken.

Babbage arbeitete jahrelang an der Konstruktion seines Computers (oben), der aus Tausenden von Zahnrädern bestand – und so kompliziert war, daß Babbage das fertige Exemplar nicht mehr erlebte.

Mit dem Computer lernen
Mit Hilfe komplizierter und intelligenter Computer kann man auch lernen. Diese Platte enthält unglaublich viele Informationen in Form von Filmen, Fotos und Texten. Ein Computer verarbeitet Daten auf der Platte für einen Unterricht in Dialogform – das heißt, der Computer stellt einer Person Fragen und gibt, je nach den Antworten, die er bekommt, unterschiedliche Informationen auf dem Bildschirm aus.

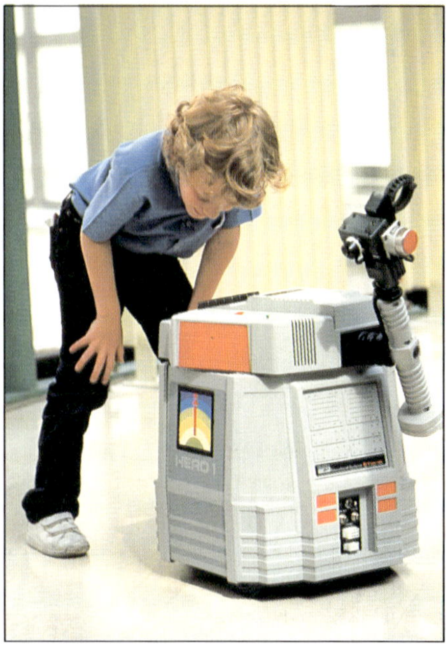

Roboter

In vielen Fabriken gibt es bereits Roboter, die schweißen, lackieren und Bauteile automatisch hin und her transportieren. Sie schlafen auch bei langweiligen, monotonen Arbeiten nicht ein und erledigen viele Aufgaben schneller und präziser als der Mensch. Viele Roboter bestehen aus einem einzigen Arm mit einem Werkzeug, etwa einer Spritzpistole. Ein erfahrener Techniker programmiert den Roboter sorgfältig für seine Aufgabe, indem die entsprechenden Bewegungen in dessen Computergedächtnis gespeichert werden. Die einfachsten Roboter folgen einer Reihe von Anweisungen und wiederholen die gleichen Bewegungen immer wieder. Kompliziertere Versionen nehmen mit Hilfe von Sensoren Informationen über ihre Umgebung auf. Der Schweißautomat (links) steuert sich mit einem Laser und Miniaturfernsehkameras in die exakte Position, um präzise zu schweißen. Andere Roboter können mit Hilfe ihrer Sensoren zerbrechliche Dinge halten, ohne sie zu zerquetschen. Einige der kompliziertesten Roboter wurden von Raumsonden transportiert. So hatten die beiden Viking-Sonden, die zum Mars flogen, Automaten dabei, die auf der Marsoberfläche landeten. Mit ihren Fernsehkameras, automatischen Armen und chemischen Laboratorien analysierten sie Bodenproben, fotografierten die Oberfläche und suchten nach Zeichen von Leben.

Rechnergestütztes Konstruieren (CAD)

Manche technischen Probleme sind so kompliziert, daß sie sich ohne Computerhilfe praktisch nicht lösen lassen. Sogenannte CAD-Systeme helfen den Ingenieuren beim Bau von Wolkenkratzern wie von Mikrochips. Wenn man beispielsweise eine Brücke konstruieren will, muß man nur wenige Informationen wie Länge und Breite der Brücke eingeben. Der Computer analysiert die Kräfte, denen das Bauwerk ausgesetzt sein wird, und stellt die fertige Konstruktion her.

Ingenieure der NASA, des Weltraumprogramms der USA, haben die Space Shuttle mit CAD-Systemen entworfen.

Glossar der Fachausdrücke

Absoluter Nullpunkt Tiefste Temperatur: Null Kelvin = - 273 °C.

Absorption Das Gegenteil von Strahlung: Das Verschlucken von Licht, Wärme, Schall und anderen Energieformen durch einen Stoff. Chemische Absorption: Aufnahme einer Flüssigkeit durch einen Feststoff oder eines Gases durch einen flüssigen oder festen Stoff.

Additive Grundfarben Aus diesen drei Grundfarben des Lichts (Rot, Grün und Blau) lassen sich alle Farben des Regenbogens zusammenmischen. Man nennt sie »additiv«, da die anderen Farben durch Zufügen verschiedener Mengen von rotem, grünem und blauem Licht entstehen. (Siehe auch Subtraktive Grundfarben.)

Aerodynamik Die Lehre von den Luftströmungen über bewegten Objekten - insbesondere die stromlinienförmige Gestaltung von Flugzeugen und Autos zur Verminderung des Luftwiderstands.

Akustik Die Lehre vom Schall. Auch die Art und Weise, wie sich Schall in Gebäuden, Schallsystemen und Musikinstrumenten ausbreitet.

Alchimie Universalwissenschaft aus Chemie, Philosophie und Mystik, in Europa und im Orient seit dem 2./3. Jahrhundert v. Chr. bis ins 17. Jahrhundert n. Chr. verbreitet. Viele Alchimisten suchten den Stein der Weisen, mit dem sie einfache Metalle in Gold verwandeln wollten, andere ein magisches Elixier zur Erlangung des ewigen Lebens.

Alkalien Metall- oder Ammoniumsalze, die wasserlöslich sind und Säuren neutralisieren.

Ampere Einheit der elektrischen Stromstärke.

Amplitude Schwingungsweite jeder Schall-, Wasser- oder elektromagnetischen Welle. Bei Rundfunksendungen mit Amplitudenmodulation (AM; Mittelwelle, Langwelle, Kurzwelle) werden die verschiedenen Töne von der Radiowelle durch geringe Veränderungen in deren Amplitude transportiert. Bei der Frequenzmodulation (FM; Ultrakurzwelle) wird die Frequenz verändert.

Anion Negativ geladenes Ion, das bei der Elektrolyse zum positiven Pol (Anode) gezogen wird.

Anode Die positive Elektrode einer Batterie oder bei der Elektrolyse.

Antimaterie Antiteilchen subatomarer Teilchen. Das Antiteilchen eines Elektrons ist ein Positron. Beide sind identisch, außer daß das Positron positiv und das Elektron negativ geladen ist.

Aräometer Instrument zur Messung der Dichte einer Flüssigkeit, entsprechend der Höhe, in der es darauf schwimmt.

Arbeit Durch eine Kraft herbeigeführte Bewegung oder Veränderung.

Archimedisches Prinzip Ein schwimmendes Objekt verdrängt genau so viel Flüssigkeit, wie es wiegt.

Äther (1) Einst glaubten die Philosophen, dieser geheimnisvolle Stoff erfülle den Himmel. (Siehe Lichtäther.)

Äther (2) Flüchtige, entzündliche organische Chemikalien.

Atom Kleinstes Teilchen eines chemischen Elements. Kleinere Teilchen haben keine chemische Identität.

Atomgewicht Die Gewichte von Atomen verschiedener Elemente werden im Verhältnis zur Atommasse des Kohlenstoffisotops C_{12} als relative Atommasse ($^1/_{12}$ von C_{12}) angegeben.

Ausdehnung Vergrößerung eines Objekts bei der Erwärmung (Expansion).

Barometer Gerät zur Luftdruckmessung.

Basen Chemische Verbindungen, die mit Säuren reagieren und Salze bilden.

Basis Beim Transistor der mittlere Teil des Halbleiters. Steuert den Stromfluß vom Kollektor zum Emitter.

Batterie Eine Reihe miteinander verbundener Zellen.

Beaufort-Skala Gibt die Windstärke von 1 bis 12 an; 1806 von Admiral Francis Beaufort eingeführt.

Bernoullis Gesetz Strömt Luft oder Wasser an einem Objekt vorbei, kehren sich Druck und Geschwindigkeit des Stroms um: Behindert das Objekt den Strom, fällt der Druck, aber der Strom beschleunigt sich. Breitet sich der Strom aus, steigt der Druck, aber die Geschwindigkeit sinkt. (Vergleiche auch Abbildung S. 128).

Beschleunigung Der Betrag der Geschwindigkeitsänderung. Ein Körper beschleunigt, indem er sein Tempo oder seine Richtung ändert.

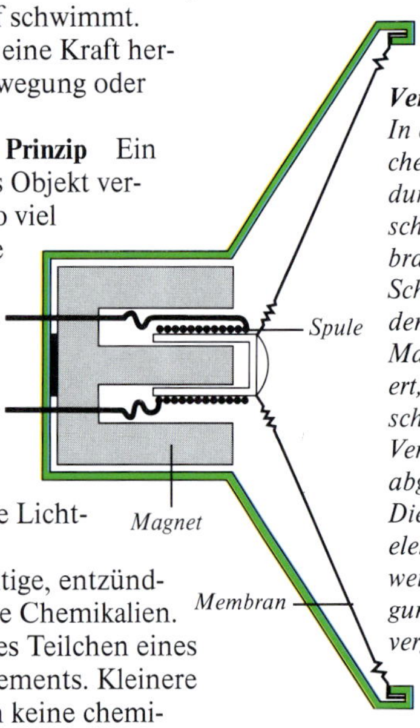

Verstärkung
In einem Lautsprecher wird der Ton durch die hin und her schwingende Membran erzeugt. Die Schwingungen werden durch die Magnetspule gesteuert, die von elektrischen Impulsen eines Verstärkers an- und abgeschaltet wird. Dieser verstärkt das elektrische Signal so weit, daß die Schwingungen der Membran vergrößert werden.

Beugung Ablenkung von Wellen (Schall, Licht, Wasser, usw.) beim Passieren eines Objekts.

Blasenkammer Gerät zur Beobachtung subatomarer Teilchen, bei dem eine Flüssigkeit unter Druck kurz vor dem Siedepunkt gehalten wird. Nach einem plötzlichen Druckabfall siedet die Flüssigkeit, und Dampfbläschen machen die Bahnen der Energieteilchen sichtbar.

Blende Öffnungsdurchmesser einer Kameralinse; steuert die Bildhelligkeit.

Boyle-Mariottesches Gesetz Bei gleichen Massen eines Gases ändert sich bei gleicher Temperatur der Druck im umgekehrten Verhältnis zum Volumen.

Brechung Richtungsänderung von Lichtstrahlen beim Eintreten von einem Material in ein anderes.

Brennpunkt Darin kommen die Lichtstrahlen aus einer oder mehreren Linsen zusammen.

Brownsche Molekularbewegung Die schnelle, unregelmäßige Bewegung von Molekülen in einer Flüssigkeit, zum erstenmal 1827 von Robert Brown beobachtet. Siehe auch Kinetische Gastheorie.

Calcit oder Kalkspat (chem. Kalziumkarbonat), Hauptbestandteil von Kalkstein, Marmor und Kreide.

Chemische Bindung Die Art und Weise, wie sich Atome zusammenschließen und Moleküle bilden. Es gibt die kovalente, ionische und metallische Bindung.

Chemische Reaktion Prozeß, bei dem ein oder mehrere chemische Elemente oder Verbindungen neue Verbindungen eingehen.

Chemische Verbindung Kombination von zwei oder mehreren Elementen.

Chromatographie Technik zur Trennung gasförmiger oder flüssiger Gemische. Dabei bewegen sich die verschiedenen Teile des Gemischs unterschiedlich schnell durch ein adsorbierendes Material.

Curie-Punkt Temperatur, bei der magnetische Stoffe ihre magnetischen Eigenschaften verlieren (Eisen: 760 °).

Daguerreotypie Ältestes fotografisches Verfahren, 1837 von Jacques Louis Daguerre erfunden, der eine Metallplatte mit lichtempfindlichen Silbersalzen beschichtete.

Dehnung Längenänderung eines Objekts, das gedehnt wird, bezogen auf dessen Anfangslänge.

Destillation Trennen von Flüssigkeiten durch Kochen und Auffangen des kondisierenden Dampfes. Vielseitig anwendbar, zum Beispiel beim Raffinieren von Rohöl oder beim Schnapsbrennen.

Destilliertes Wasser Leitungswasser ist unrein, weil es viele

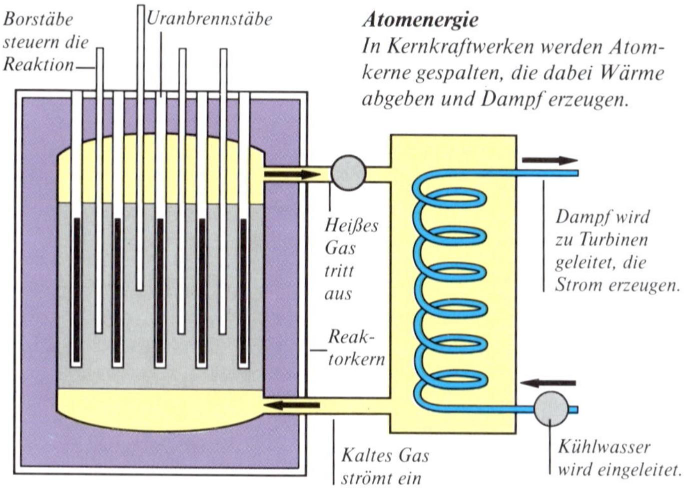

Atomenergie
In Kernkraftwerken werden Atomkerne gespalten, die dabei Wärme abgeben und Dampf erzeugen.

gelöste Salze enthält. Wird durch Destillation gereinigt.
Dezibel Einheit zur Messung von Schall oder sonstigen Kräften. Die Dezibelskala ist logarithmisch: Eine Verdoppelung der Lautstärke bedeutet eine Erhöhung um 3 Dezibel.
Dichte Masse eines Stoffes bei einem bestimmten Volumen.
Diffusion Allmähliches Vermischen von Molekülen verschiedener Stoffe beim Aufeinandertreffen infolge der Molekularbewegung. Gase mit schnell bewegten Molekülen diffundieren schnell. Erwärmung beschleunigt die Diffusion.
Diode Elektronisches Gerät mit zwei Elektroden, dient als Gleichrichter. Die ersten Dioden waren Glasröhren. Heute verwendet man feste Halbleiter.
Doppler-Effekt Veränderung der Länge einer Welle (Schall, Licht, u. a.), wenn sich ihre Quelle auf einen Empfänger zu oder von ihm weg bewegt. Beispiel: ein vorbeifahrendes Auto – Motorenlärm klingt erst höher, dann tiefer. Tritt auch bei Lichtwellen ferner Sterne auf, wobei das Licht mehr Rot enthält (»Rotverschiebung«). Dadurch können Astronomen die Geschwindigkeit und Richtung von Sternen bestimmen, die sich im Verhältnis zur Sonne (Erde) bewegen.
Drall Der Drehimpuls jedes sich drehenden Objekts.
Drehpunkt Um diesen bewegt sich ein Hebel.
Druck Kraft, die auf einen bestimmten Bereich wirkt.
Dynamo Elektrischer Generator, erzeugt Gleichstrom.

Echo Reflexion von Schall (oder Radiosignalen).
Einfallender Strahl Lichtstrahl vor der Reflexion oder Brechung durch einen Spiegel oder eine Linse.
Eklipse Sonnen- oder Mondfinsternis.
Elastizität Fähigkeit einiger Stoffe, nach dem Stauchen oder Dehnen wieder die ursprüngliche Form einzunehmen.
Elastizitätsgrenze Jenseits davon kehrt ein gedehnter oder gestauchter Körper nicht mehr zu seiner ursprünglichen Form zurück.
Elektrizität Erscheinung im Zusammenhang mit bewegten (dynamische E.) oder ruhenden (statische E.) geladenen Teilchen, meist Elektronen. Eine der vielseitigsten Energieformen.
Elektroden Die beiden Metallstücke auf jeder Seite einer Lücke in einem Stromkreis, bei welcher der Strom kurz durch Gas oder Flüssigkeit verläuft. (Siehe Anode und Kathode.)
Elektrolyse Chemische Reaktion beim Leiten eines elektrischen Stroms durch eine Flüssigkeit, wobei deren Moleküle gespalten werden. Elektrolyse von Wasser setzt Wasserstoff und Sauerstoff frei.
Elektrolyt Die Flüssigkeit der Elektrolyse.
Elektromagnetische Induktion Erzeugung eines elektrischen Stroms in einer Spule, die durch ein Magnetfeld bewegt wird.
Elektromagnetische Strahlung Energie, die von sich verändernden elektrischen und magnetischen Feldern durchs All gesendet wird. Im 19. Jahrhundert hielt man sie für wellenförmig. Heute glaubt man, daß sie sich einmal wie eine Welle, ein andermal wie ein Teilchen verhält. (Siehe Licht.) Im Vakuum erreicht sie die höchstmögliche Geschwindigkeit: 299.792,5 km/s. Licht, Radiowellen, Mikrowellen, Fernsehsignale, Röntgenstrahlen und kosmische Strahlen sind Formen elektromagnetischer Strahlung.
Elektron Neben Proton und Neutron eines der drei stabilen Teilchen im Atom. Sie sind sehr klein (etwa $1/1800$ eines Wasserstoffatoms) und negativ geladen. Kreisen normalerweise um den Atomkern, wo sie von der entgegengesetzten Ladung der Protonen festgehalten werden.
Elektroskop Gerät zum Nachweis statischer elektrischer Ladung.
Element Chemischer Grundstoff, der aus einer bestimmten Art von Atomen besteht. Es sind bislang 107 Elemente bekannt, aber nur 90 kommen in der Natur vor.
Endfallgeschwindigkeit Größte Geschwindigkeit, die ein fallendes Objekt erreicht.
Energie Fähigkeit, Arbeit zu verrichten. Es gibt viele Arten von Energie: elektrische, chemische, Wärme- und Kernenergie. Während in der Umgangssprache man damit meistens Brennstoffe meint, ist Energie für den Physiker eine der Grundeigenschaften der Materie und steht mit der Masse im Verhältnis ($E = m \cdot c^2$).
Energieerhaltung Prinzip, demzufolge Energie nie geschaffen noch zerstört, sondern nur umgewandelt werden kann.

Feld Fläche, auf die sich Kräfte auswirken, zum Beispiel Magnetfelder, elektrische und Schwerkraftfelder. Grundanschauung der modernen Physik: Alle Materie, vom kleinsten subatomaren Teilchen bis zum gesamten Universum, wird von vier Grundtypen von Feldern zusammengehalten und bewegt.
Formel Buchstaben mit Zahlen, die ein bestimmtes Element oder eine chemische Verbindung bezeichnen. Die Buchstaben stehen für die Art des Atoms: zum Beispiel H für das Wasserstoff-, O für das Sauerstoffatom, die Indexzahlen für die Anzahl der im Molkül vorhandenen Atome: H_2O, die Formel für Wasser, zeigt also an, daß sich darin zwei Wasserstoffatome und ein Sauerstoffatom befinden.
Fossile Brennstoffe Kohle, Öl, Erdgas und Torf sind vor langer Zeit (im Karbon, vor rund 300 Millionen Jahren) aus den

Kathodenstrahlröhre
Der Elektronenstrom der Kathode rastert den Bildschirm in Linien auf und bringt die fluoreszierende Schicht hinter dem Bildschirm zum Glühen.

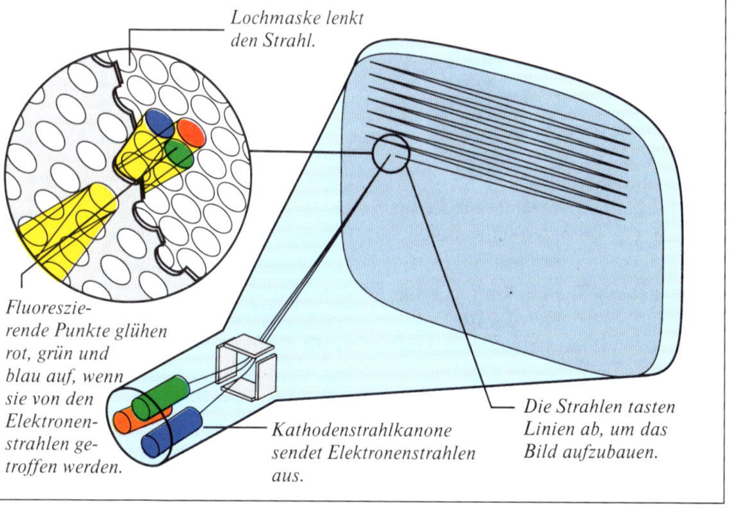

Resten von Bäumen und anderer organischer Materie gebildet worden und liegen gewöhnlich tief im Boden.
Fotoeffekt Herauslösen von Elektronen, wenn eine Oberfläche von elektromagnetischer Strahlung, besonders Licht, getroffen wird.
Frequenz Anzahl von Wellen (Schall, Radiowellen usw.) pro Sekunde, gewöhnlich in Zyklen pro Sekunde oder Hertz (Hz) gemessen. Die Höhe eines Tones entspricht seiner Frequenz.

Galvanisieren Ein Metall mit einer dünnen Schicht eines anderen Metalls durch Elektrolyse überziehen.
Galvanometer Gerät zur Messung schwacher elektrischer Ströme.
Gefrierpunkt Temperatur, bei der eine Flüssigkeit fest wird. Wasser gefriert normalerweise bei 0 °C; Salzwasser bei tieferen Temperaturen.
Generator Maschine, die mit mechanischer Kraft Elektrizität erzeugt. Arbeitet mit elektromagnetischer Induktion, indem ein Stromkreis durch ein Magnetfeld bewegt wird (oder umgekehrt). Bei den einfachsten Generatoren dreht sich eine Spule zwischen Magneten, bei größeren rotieren Elektromagnete zwischen Reihen von Spulen. (Siehe auch Abbildung unten rechts und Dynamo.)
Geschwindigkeit Schnelligkeit in einer bestimmten Richtung.
Gewicht Siehe Masse.
Gips Calciumsulfat, auch in Form von Alabaster vorkommend, das für Statuen verwendet wird.
Gleichrichtung Umwandlung von Wechselstrom in Gleichstrom.
Gleichstrom Strom, der nur in einer Richtung fließt. (Siehe Wechselstrom.)
Glühkathodenröhre Altes elektronisches Bauteil, vom Transistor abgelöst, diente zur Gleichrichtung oder Verstärkung eines elektrischen Signals. Im Prinzip eine Glasröhre, die eine Metallkathode und einen Glühfaden in einem Gas bei sehr niedrigem Druck enthielt.
Gyroskop Schwere Scheibe,

Nebelkammer
Die von einer radioaktiven Quelle in einer Nebelkammer ausgehende Strahlung subatomarer Teilchen kann in Alkoholdampf sichtbar gemacht werden. Festes Kohlenstoffdioxid – CO_2 – am Boden sorgt für große Kälte.

die sich in jeder Richtung frei drehen kann und sich wegen des Drehmoments stets auf der gleichen Ebene dreht. Zeigt zum Beispiel in Flugzeugen an, ob sie in gleicher Höhe fliegen.

Halbleiter Kristall, der Elektrizität nur in einer Richtung leitet. Für Transistoren verwendet.
Hebel Einfache Maschine mit starrer Vorrichtung, die sich um einen Drehpunkt bewegt und Lasten leichter bewegt.
Hookesches Gesetz Wenn ein Körper elastisch verformt wird, ist die Veränderung der Größe proportional zur Spannung.
Hydraulik Lehre von der Strömung in flüssigen Stoffen.
Hygrometer Instrument zur Messung der Luftfeuchtigkeit.
Hygroskopische Stoffe Stoffe, die Feuchtigkeit aufnehmen, zum Beispiel Gips.

Impulserhaltung Prinzip, demzufolge ein Impuls nie verlorengeht, sondern in eine andere Energieform umgewandelt wird. Bremst zum Beispiel ein Auto, werden die Bremsen warm.
Infrarot Wärmestrahlung. Teil des Spektrums elektromagnetischer Strahlung, wird von heißen Objekten ausgesandt.
Infraschall Tiefer Schall, von Menschen nicht zu hören.
Inklination Neigungswinkel des Nordpols eines frei beweglichen Magneten zum Boden.
Integrierte Schaltung Kleiner elektronischer Schaltkreis in einem einzelnen Halbleiterkristall – meist ein Siliziumchip.
Interferenz Wechselwirkung zweier oder mehrerer Wellen (Schall, Licht, usw.). Fallen die Berge und Täler zweier Wellen zusammen, verstärken sie sich (positive I.). Treffen die Berge einer Welle auf Täler einer anderen, heben sie sich auf (negative I.).
Ion Durch den Verlust oder den Gewinn von Elektronen positiv bzw. negativ geladenes Atom.
Isolation *1. Elektrizität:* Verringerung des Fließens eines elektrischen Stroms durch gewisse Materialien (Isolatoren). Auch die Umhüllung von stromführenden Drähten.
2. Wärme: Verringerung der Ausbreitung von Wärme von warmen zu kalten Bereichen.
Isotope Verschiedene Formen eines Elements mit unterschiedlich vielen Neutronen im Atomkern.

Kalzium (auch: Calcium) Häufig vorkommendes, weiches, silbriges Metall, Bestandteil von Calcit, Gips und Kreide.
Kapillarwirkung Eine Kapillare ist ein dünnes Röhrchen. Von Kapillarität spricht man, wenn eine Flüssigkeit gegen die Schwerkraft in einem Röhrchen infolge der Anziehung der Flüssigkeits- und der Röhrchenmoleküle aufsteigt.
Kathode Die negativ geladene Elektrode in einer Batterie, Röhre oder bei der Elektrolyse.
Kathodenstrahlen Von der Kathode in einer fast luftleeren Glasröhre ausgesandter Elektronenstrom.
Kathodenstrahlröhre Die Röhre hinter dem Bildschirm des Fernsehers und der meisten Computer ist im Prinzip eine versiegelte Glasröhre mit einem Vakuum. Der von der Kathode an einem Ende der Röhre ausgehende Elektronenstrom läßt die fluoreszierende Schicht am anderen Ende aufglühen (siehe auch Abbildung S. 183 unten).
Kation Positiv geladenes Ion, wird bei der Elektrolyse von der Kathode angezogen.
Kelvin Wissenschaftliche Temperaturskala, entspricht der Celsiusskala, beginnt aber bei – 273,15 °C (= 0 K).
Kern Der dichte Kern eines Atoms, besteht aus Protonen und Neutronen.
Kernfusion Verschmelzung der Kerne von zwei oder mehr kleinen Atomen wie Deuterium, setzt große Energiemengen frei. Kernfusionen finden auf der Sonne und bei der Explosion von Wasserstoffbomben statt und sollen später zur Energiegewinnung genutzt werden.
Kernspaltung Spaltung des Kerns großer Atome (z. B. Uran) in zwei oder mehr kleinere Kerne, setzt große Energiemengen frei (siehe auch Abbildung S. 183 oben).
Kinetik Lehre vom Verhalten fester, flüssiger und gasförmiger Stoffe in bezug auf die Bewegung der Teilchen (Atome und Moleküle), aus denen sie bestehen. Ein Feststoff schmilzt, weil die Erwärmung Teilchen immer schneller schwingen läßt und die Bindungen zwischen ihnen zerbricht. Eine Flüssig-

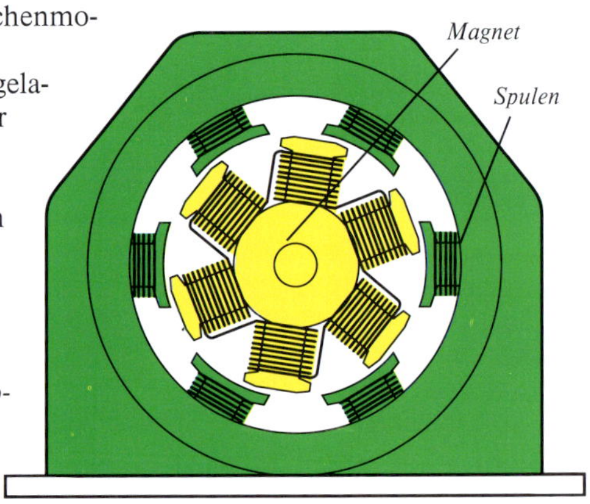

Generator
Riesige Elektromagnete, die in stationären Elektrospulen rotieren, erzeugen in Kraftwerken Strom.

keit verdunstet, weil zunehmende Erwärmung die Teilchen so stark schwingen läßt, daß sie sich von der Oberfläche verflüchtigen.
Kinetische Energie Energie, die ein sich bewegendes Objekt besitzt.
Kohärer Frühes Gerät zum Empfangen von Radiosignalen, bestand aus einer Glasröhre, die Eisenfeilspäne zwischen zwei Elektroden enthielt.
Kohlenstoff Element, das in verschiedenen Formen, zum Beispiel Graphit und Diamant vorkommt. Aufgrund seiner Atomstruktur kann es Millionen von Verbindungen eingehen. Kohlenstoffverbindungen stellen die Grundlage des Lebens dar und werden von der Organischen Chemie untersucht.
Kohlenwasserstoffe Organische Verbindungen aus Wasserstoff und Kohlenstoff, zum Beispiel Petroleum und Erdgas.
Kondensation Wechsel von Gas zu Flüssigkeitströpfchen.
Konkave Linse Nach innen gewölbte Linse.
Konvektion Ensteht, wenn Wärme durch einen gasförmigen oder flüssigen Stoff bewegt wird, weil sich erwärmte Teile des Stoffs bewegen. Warme Luft steigt zum Beispiel über einer Heizung auf.
Konvexe Linse Nach außen gewölbte Linse.
Korpuskel Wort für Teilchen, von Newton für seine Teilchentheorie des Lichts verwendet.
Kraft Das Maß, nach dem Arbeit verrichtet wird.
Kraft Verändert die Form oder die Bewegung durch Drücken oder Ziehen, Dehnen oder Quetschen.
Kraftgewinn Entsteht, wenn mit Hilfe einer Maschine weniger Kraft als ohne sie aufgewendet werden muß, um eine Last zu bewegen. Speziell das Verhältnis von Last und Kraft.
Kunststoff Material, das in verschiedenste Formen gegossen werden kann. Meist künstlich hergestellte Polymere.

Ladung Kraft zwischen Atomen und subatomaren Teilchen. Ungleiche Ladungen ziehen sich an, gleiche stoßen sich ab.
LED Leuchtdiode, besteht aus winzigen Kristallen, die wie Halbleiterdioden funktionieren, aber glühen, wenn ein Strom durch sie geleitet wird.
Leitfähigkeit *1. Elektrizität:* Übertragung elektrischer Ladung im Stromkreis durch Anstoßen freier Elektronen.
2. Wärme: Übertragung von Wärmeenergie in einem Stoff durch Anstoßen schwingender Moleküle.

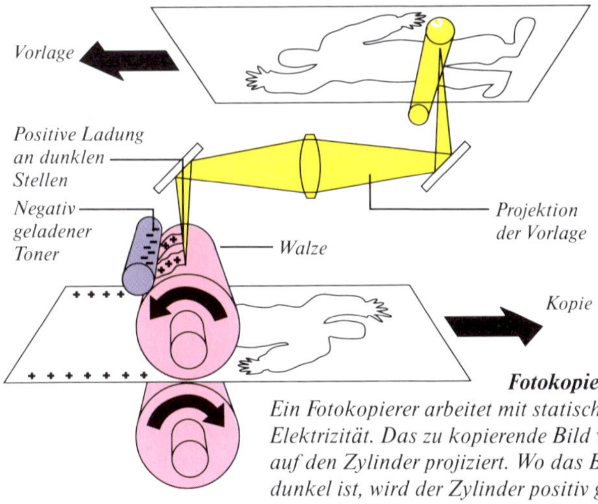

Fotokopieren
Ein Fotokopierer arbeitet mit statischer Elektrizität. Das zu kopierende Bild wird auf den Zylinder projiziert. Wo das Bild dunkel ist, wird der Zylinder positiv geladen und zieht negativ geladene Toner an.

Lepton Gilt – neben den Quarks – als eine der beiden Grundformen subatomarer Teilchen. Elektronen sind Leptonen.
Licht Sichtbarer Anteil des Spektrums der elektromagnetischen Strahlung. Für Newton bestand es aus Strömen von Teilchen oder Korpuskeln. Thomas Young wies 1801 nach, daß Licht Interferenzmuster erzeugt und sich also wellenförmig fortpflanzt. Heute nimmt man an, daß sich Licht in Form von Photonen bewegt: Energiebündeln, die sich wie Teilchen und wie Wellen verhalten können.
Lichtäther Im 19. Jahrhundert glaubte man, Licht pflanze sich wellenförmig fort. Damit die Wellen auch durch das Vakuum des Weltraums gelangen konnten, müsse es eine unbekannte, Licht tragende Substanz geben, den sogenannten Lichtäther.
Lösung Flüssigkeit, die einen gelösten festen, flüssigen oder gasförmigen Stoff enthält.
Luftdruck Der durch die Bewegung der Moleküle in der Atmosphäre verursachte Druck.
Luftfeuchtigkeit Menge des Wasserdampfs in der Luft.

Magnetfeld Bereich um den Magneten, in dem er wirksam ist.
Magnetismus Unsichtbare Kraft, die magnetische Stoffe anzieht oder abstößt und elektromagnetische Wirkungen auslöst.
Masse Maß für die Trägheit eines Objekts – so schwer ist es. *Gewicht* ist das Maß der Schwerkraft, der das Objekt ausgesetzt ist.
Meniskus Wegen der Oberflächenspannung konkav oder konvex gekrümmte Oberfläche einer Flüssigkeit.
Molekül Kleinstes natürlich vorkommendes Teilchen eines Stoffs, aus ein oder mehr Atomen bestehend.

Nebelkammer Gerät zur Beobachtung subatomarer Teilchen, das gesättigten Dampf und etwas Flüssigkeit enthält. Wird die Kammer plötzlich vergrößert, sinkt die Temperatur jäh ab, und Kondensstreifen machen die Bahn der Teilchen sichtbar. (Siehe auch Abbildung S. 184 oben und Blasenkammer.)
Neutronen Elektrisch neutrale Teilchen im Atomkern (siehe auch Protonen).

Oberflächenspannung Molekularkraft, die die Oberfläche einer Flüssigkeit zur kleinstmöglichen Fläche zusammenzieht. Darum sind Regentropfen rund, und in einem Glas Wasser bildet sich ein *Meniskus.*
Ohm Maß für den elektrischen Widerstand.
Ordnungszahl Anzahl der Protonen im Atomkern; siehe auch Periodensystem.
Organische Chemie Zweig der Chemie, der sich auf Kohlenstoffverbindungen beschränkt.
Oxidation Große Gruppe chemischer Reaktionen, u. a. Verbrennung und Korrosion (Rosten). Wurde früher als Vereinigung eines Elements oder einer Verbindung mit Sauerstoff (vorwiegend aus der Luft) angesehen. Damit bezeichnet man heute ganz allgemein eine Reaktion, bei der ein Stoff Elektronen abgibt.

Periodensystem Nach der Ordnungszahl der Atome geordnete Tabelle der chemischen Elemente (siehe auch Abbildung S. 186 oben).
Phlogistontheorie Unzutreffende Theorie, derzufolge jeder brennende Stoff eine Substanz enthielt, die Phlogiston genannt und bei der Verbrennung verzehrt wurde (vgl. Sauerstoff).
Polarisiertes Licht Licht, dessen Wellen nur in einer Richtung schwingen.
Polymer Substanz aus sehr großen Molekülen, oft Kohlenwasserstoffe.
Potentialdifferenz Unterschied der elektrischen Ladung an zwei Orten, sorgt für die Energie, einen elektrischen Strom durch einen Stromkreis zu schicken.
Präzession Kippneigung eines sich drehenden Körpers (zum Beispiel Gyroskop, Erde), wenn er nach einer Seite abgelenkt wird. Beruht auf der Erhaltung des Drehmoments.
Profil Tragflächenform, die den Auftrieb begünstigt.
Protonen Große positiv geladene Teilchen im Atomkern.

Quantenmechanik Seit den 30er Jahren entwickelte Theorie, erklärt die Bewegung subatomarer Teilchen.

Quantentheorie Anfang des 20. Jahrhunderts entwickelte Theorie zur Erklärung der Muster elektromagnetischer Strahlung. Danach besteht die Strahlung aus winzigen Energiebündeln, die man Quanten nennt.

Quark Neben den Leptonen eine der beiden Grundformen subatomarer Teilchen. Protonen und Neutronen bestehen aus Quarks.

Quellenspannung Kraft, die einen elektrischen Strom erzeugt. (Siehe Potentialdifferenz.)

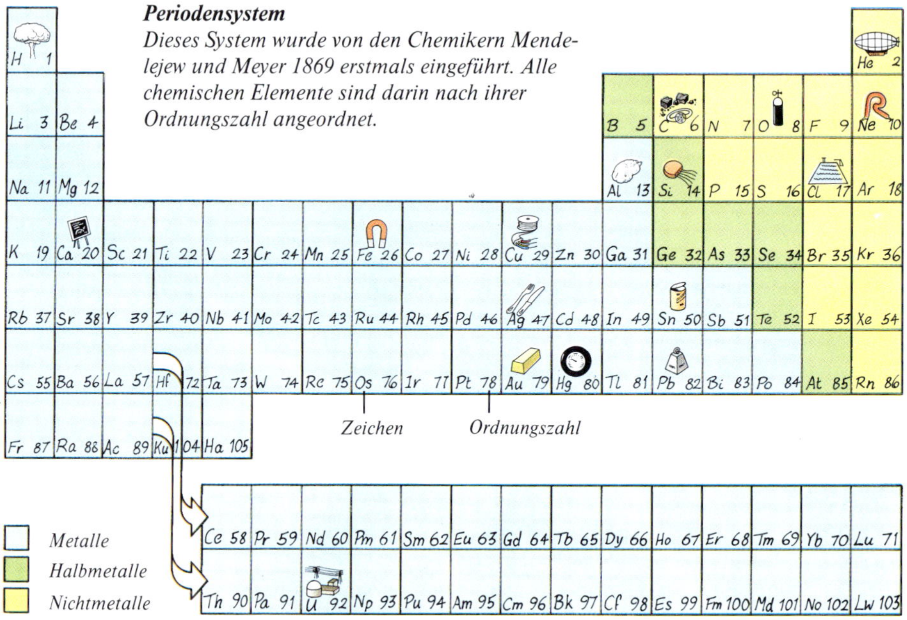

Periodensystem
Dieses System wurde von den Chemikern Mendelejew und Meyer 1869 erstmals eingeführt. Alle chemischen Elemente sind darin nach ihrer Ordnungszahl angeordnet.

Radio Wir fanden statt des Schaltplans auf S. 178 den nachfolgenden zweckmäßiger bezüglich des Zusammenbaus und auch der Bedienung.
Die Teile laut Stückliste im Elektronikladen kaufen; dort kann man sich auch beraten lassen. Zusammenbau auf einer Holzplatte möglich, auch Verlöten der Teile »freitragend« ist möglich. Wir empfehlen den Kauf einer Rasterplatte mit den übrigen Teilen, da sich auf dieser das Verlöten aller Teile gut vornehmen läßt.

Stückliste:
T_1: Transistor
AF 124, AF 125, AF 126, AF 127 (gleichwertig)
L_1: Ferritkernspule: ca. 55 Windungen Kupfer-Lack-Draht 0,4 mm Durchmesser isoliert auf Ferritstab mit ca. 10 mm Durchmesser gewickelt
C_1: Keramikkondensator 27 pF
C_2: Drehkondensator ca. 20 ... 350 pF (Luft- oder PVC-Isolierung) – Senderwahl.
C_3: Keramikkondensator 470 pF
C_4: Keramikkondensator 10 nF
C_5: Elektrolytkondensator 100 µF/16 Volt
C_6: Keramikkondensator 1 nF
C_7: Kondensator 0,1 µF/16 Volt
C_k: Keramik-Trimmkondensator ca. 4 ... 20 pF
R_1: Widerstand 33 kOhm
R_2: Widerstand 8,2 kOhm
R_3: Widerstand 470 Ohm
R_k: Potentiometer 2,5 kOhm
H_1: Ohrhörer oder Kopfhöhrer 4 ... 30 Ohm (hohe Empfindlichkeit)
9 V-Blockbatterie mit Clip
Rasterplatte (zum Schaltungsaufbau)

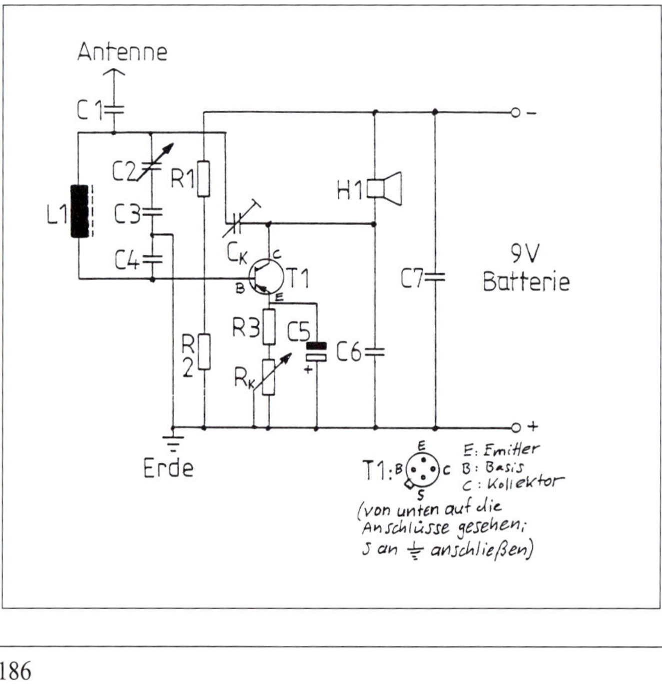

Bedienung:
Mit C_k und R_k die Schaltung kurz vor den Schwingungseinsatz bringen, der an Pfeifen bzw. »Blubbern« leicht zu erkennen ist. Danach mit C_2 auf Sendersuche gehen. Da die Rückkopplung abhängig von C_2 ist, muß an C_k/R_k dabei ständig abwechselnd korrigiert werden. Ist ein Sender mit C_2 lokalisiert, kann durch Nachziehen an C_k/R_k die Empfindlichkeit der Schaltung und damit die Lautstärke am Ohrhörer optimiert werden. Dabei ist allerdings die Einstellung von C_2 nicht unabhängig von C_k, muß also auch wechselseitig auf maximale Lautstärke abgeglichen werden. Die erzielbare Empfindlichkeit hängt zum einen von der Plazierung der Antenne ab; große Drahtlänge und hohe wie auch freie Aufhängung sind wesentlich. Zudem läßt sich der Empfang durch Erdung verbessern. Der Anschluß des Punktes »Erde« an ein Wasser- oder Heizungsrohr kann von Bedeutung sein.
Das Schaltungsprinzip wurde in den ersten 20 Jahren der Rundfunktechnik unter der Bezeichnung »Rückkopplungs-Audion« millionenfach verwendet. [Die deutsche Redaktion]

Radioaktivität Spontaner Zerfall bestimmter Atomkerne, führt zur Aussendung von Alphastrahlen (Heliumkerne), Betastrahlen (Elektronenströme) und Gammastrahlen (sehr kurzwelliger elektromagnetischer Strahlung).

Raster-Tunnelmikroskop In den 80er Jahren entwickeltes Spezialmikroskop, mit dem zum erstenmal einzelne Atome fotografiert wurden.

Reibung Widerstandskraft, die beim Gleiten einer Fläche auf einer anderen auftritt.

Röntgenstrahlen Kurzwellige elektromagnetische Strahlung, mit der man durch Haut sehen kann.

Sättigung In einer gesättigten Lösung enthält das Lösemittel so viel von dem gelösten Stoff, wie es überhaupt enthalten kann. Erreicht die Luft den Sättigungspunkt, kann sie nicht mehr Wasserdampf halten, und Wasser beginnt zu kondensieren.

Sauerstoff Die Atmosphäre besteht zu 21% aus diesem farb- und geruchlosen Gas. Wichtig für Verbrennung und Atmung.
Säure Chemische Verbindung, die Wasserstoff enthält. Säuren reagieren sehr stark, da die Wasserstoffatome in Wasser ihr einzelnes Elektron verlieren und Ionen werden. Starke Säuren (zum Beispiel Schwefel- oder Salpetersäure) sind hochaggressiv. Es gibt auch organische Säuren wie Zitronensaft und Essig.
Schmelzpunkt Temperatur, bei der ein Feststoff flüssig wird.
Schub Kraft, die ein Flugzeug oder eine Rakete antreibt.
Schwerkraft Anziehungskraft, proportional zur Masse der Materie. Hält uns auf der Erde fest und läßt sie und die anderen Planeten um die Sonne kreisen. Da jede Materie Schwerkraft besitzt, zieht ihr die Erde genauso an wie sie euch, aber da die Masse der Erde so viel größer ist, ist eure Anziehungskraft gleich Null.
Schwerpunkt Punkt, auf den die gesamte Masse eines Objekts ausgerichtet erscheint.
Siedepunkt Die höchste Temperatur, die eine Flüssigkeit erreicht.
Skalargröße Größe, bei der die Richtung keine Rolle spielt, zum Beispiel Temperatur und Schnelligkeit (siehe auch Vektor).
Spannung Kraft, die ein Objekt dehnt oder staucht, bezogen auf dessen Querschnitt.
Spezifische Wärme Erforderliche Wärmemenge, um die Temperatur eines Stoffs von 1 kg Gewicht um 1 K zu erhöhen.
Spezifisches Gewicht Verhältnis der Dichte eines Stoffes zur Dichte von Wasser.
Stickstoff Die Atmosphäre besteht zu 78% aus diesem farblosen Gas.
Strahlung Ausbreitung elektromagnetischer Strahlung und subatomarer Teilchen.
Strom Fließen von elektrischer Ladung durch einen Leiter.
Stromkreis Eine oder mehrere Schleifen von elektrischen Leitern, durch die Strom ununterbrochen von der Kraftquelle wieder zu ihr zurückfließen kann.
Strömungswiderstand Luftwiderstand (Reibung der Luft), der ein bewegtes Objekt verlangsamt. Tritt auch in Flüssigkeiten auf.
Subatomare Teilchen Winzige Teilchen, kleiner als ein Atom. Heute kennt man Hunderte davon, die meisten außer Elektronen, Protonen und Neutronen existieren allerdings nur für Sekundenbruchteile.
Subtraktive Grundfarben Die Grundfarben, aus denen alle anderen Farben gemischt werden können: Gelb, Magenta (Purpurrot) und Zyan (Blaugrün). Man nennt sie subtraktiv, weil sie alle anderen Farben des weißen Lichts absorbieren (subtrahieren). (Siehe auch Additive Grundfarben.)

Tierische Elektrizität Im späten 18. Jahrhundert glaubten viele Forscher im Anschluß an Luigi Galvani (vergleiche sein Experiment mit den Froschschenkeln auf S. 150), die Elektrizität sei die Lebenskraft schlechthin – jene seltsame Kraft, die Fleisch und Knochen Leben einhauche.
Trägheit Widerstand eines Objekts, seine Bewegung zu ändern, hängt von seiner Masse ab.
Transistor Triode aus aufeinandergeschichteten Halbleitern.
Treibhauseffekt Die Erdatmosphäre verhindert, daß zuviel Sonnenwärme wieder ins All entweicht – sonst wäre die Erde sehr kalt. Allerdings befürchten die Wissenschaftler, daß die Zunahme von Gasen in der Luft, die zum Treibhauseffekt beitragen – zum Beispiel Kohlendioxid aus fossilen Brennstoffen –, zuviel Wärme zurückhält, so daß sich die Erde erwärmt, was katastrophale Folgen hätte.
Triode Elektronisches Bauteil zur Verstärkung, mit drei Elektroden, wobei eine, die Basis, die Stärke des Signals steuert, das zwischen den beiden anderen (Emitter und Kollektor) weitergegeben wird. (siehe auch Basis).

Ultraschall Hochfrequenter Schall, den Menschen nicht hören können.
Ultraviolett (UV) Elektromagnetische Strahlung, die gerade so kurzwellig ist, daß wir sie nicht sehen können; macht 5% der Sonnenstrahlung aus. Die Ozonschicht der Atmosphäre schützt uns und die Pflanzen vor den schlimmsten Folgen der UV-Strahlung.

Vektorgröße Größe mit einer Richtung, zum Beispiel Geschwindigkeit (siehe auch Skalar).
Verbrennung Rasche Oxidation von Brennstoffen.
Verdunstung Übergang einer Flüssigkeit in den gasförmigen Zustand durch Entweichen von Molekülen an der Oberfläche. Findet bei jeder Temperatur statt, beschleunigt sich bei höheren Temperaturen und niedrigerem Druck oder wenn die Oberfläche der Flüssigkeit vergrößert wird, verlangsamt sich, wenn die Luft über der Flüssigkeit sich dem Sättigungspunkt nähert.
Verstärker Elektronisches Gerät zur Verstärkung eines elektrischen Signals durch Energieentnahme aus einem getrennten Stromkreis (siehe auch Abbildung S. 182).
Volt Maßeinheit der elektrischen Spannung.

Wärmeenergie Energieform schwingender Atome und Moleküle.
Wasserstoff Farb- und geruchloses, aber leicht entzündliches Gas, das einfachste und leichteste Element; besteht aus je einem Proton und Elektron.
Watt Maßeinheit von (meist elektrischer) Kraft.
Wechselstrom Elektrischer Strom, der seine Richtung in einem Stromkreis in regelmäßigen Abständen ständig ändert. Dieser Strom wird von einem einfachen Drehstromgenerator erzeugt und steht in den meisten Haushalten zur Verfügung.
Widerstand Ausmaß, in dem ein Leiter den Fluß eines elektrischen Stroms behindert, wird in Ohm gemessen.

Zelle Gerät zur chemischen Erzeugung von Elektrizität, bei dem zwei Elektroden in einen Elektrolyten eintauchen. (Siehe Batterie.)
Zentrifugalkraft Siehe Zentripetalkraft.
Zentripetalkraft Die Kraft, die ein rotierendes Objekt in kreisender Bewegung hält. Bei einer Kugel, die an einer Schnur im Kreis herumgewirbelt wird, stellt die Spannung in der Schnur die Zentripetalkraft dar. Laßt ihr die Schnur los, geht die Kraft verloren, und die Kugel fliegt nach außen. Das nennt man die Zentrifugalkraft, die genaugenommen ein Mangel an Kraft ist.

Register

A

B

C

D

E

F

T

U

V

W

X

Y

Z

Bildnachweis und Danksagung

SPEZIALFOTOGRAFIEN

Mike Dunning: Seite 1, 2, 6, 16, 34, 81, 82, 83, 92, 93, 94, 95, 104, 105, 106, 108, 109, 110, 111, 112, 113, 118, 120, 121, 123, 148, 149, 150, 151, 152, 153, 155, 156, 157, 162, 163, 164, 166, 167, 168, 169, 170, 171, 176, 177
David Purdy: Seite 82, 86, 87
Jerry Young: Seite 80 - 81, 98, 99

ILLUSTRATIONEN

David Hallcock: Seite 110
Nicholas Hewetson: Seite 80, 84, 88, 104, 107, 108, 110, 136
Richard Lewis: Seite 17, 27, 64, 65, 67, 78, 79, 118, 124, 125, 128, 133, 166, 167, 186
Meridian: Seite 95, 120, 121, 123
Rob Shone: Seite 92, 93, 96
Richard Ward: Seite 100, 101, 102, 103

3-D-ZEICHNUNGEN

David Hallcock: Seite 93, 163
Trevor Lawrence: Seite 153, 165, 171
Janos Marffy: Seite 49, 50, 68, 178, 179

COMPUTERZEICHNUNGEN

Martyn Foote, Dawn Ryddner, Bryn Walls

MODELLBAU

David Donkin: Seite 27, 28, 29, 30, 48, 51, 72, 73, 74, 75, 178, 179
David Hallcock: Seite 92, 93, 162, 165, 168, 169
James Neville: Seite 126, 127
Paul Smith: Seite 120, 121
Alle anderen Modelle wurden von Martyn Foote unter Mithilfe von Liza Bruml und John Farndon gebaut.

BILDNACHWEIS

o = oben, M = Mitte, u = unten, r = rechts, l = links

All Action: 71Ml/Duncan Raban
Allsport: 40or/Bob Martin
Ron Boardman: 176Ml, 180ul
British Museum, Geologisches Museum: 158ul
Cavendish Laboratory, Cambridge: 26Ml
Bruce Coleman Pictures: 140or/ Gerald Cubitt
Brian Cosgrove: 116or, 116ul, 124or
Zoe Dominic Pictures: 97ol/ Catherine Ashmore
Mary Evans Picture Library: 78or, 79uM, 81oM, 85ur, 88ur, 89Mr, 89ur, 102uM, 103Ml, 122ul, 146ol, 150ul
Martyn Foote: 50ol
Ford Motor Company: 58o, 147Mr
Französische Eisenbahn: 170or
Leslie Garland: 68ol
Robert Harding Picture Library: 132ol, 138or, 141or
Image Bank: 44Ml, 44uM, 45o, 66Ml, 79ul, 103Ml, 131Mr, 131ur
Industrial Diamond Review: 17Mr
Frank Lane Pictures: 124M
Mansell Collection: 25or, 44Mr, 56ol, 66ur, 130Ml, 131oM
Diana Morris: 57ur
Museum of the Moving Image: 88ol, 92Ml
National Gallery, London: 99ul
National Maritime Museum: 79or
Ann Ronan Picture Library: 154or
Rover Group: 156or
Science Photo Library: 13, 15or, 18or, 24oM, 26uM, 32or, 35ur, 36or, 44ol, 45Mr, 46or, 50or, 52or, 58ul, 60or, 62or, 66ol, 66 - 67o, 67o, 67or, 74Ml, 76 - 77, 78ol, 78ul, 79ur, 80ul, 100ul, 100 - 101, 101ur, 102Ml, 103Mr, 114 - 115, 118Ml, 120ul, 121or, 124ol, 124M, 124Mr, 125Ml, 125Mr, 130ol, 134or, 142or, 143or, 144 - 145, 149or, 152Ml, 159or, 162Ml, 164or, 166or, 168or, 175ol, 175Ml, 178ol, 180Ml, 180 - 181o, 181or, 181uM
Tony Stone Picture Library: 42 - 43
US Navy: 159ur
Woodmansterne: 110ol
Zefa: 172 - 173

MEIN BESONDERER DANK GILT

Für technische Beratung: David Williams, Technischer Leiter der Acton High School, London
Für zusätzlichen technischen Rat: Ralph Hancock
Redaktionelle Hilfe: Nirmala Patel
Redaktionelle und grafische Hilfe sowie Computer-Unterstützung: Joanna Figg-Latham
Ergänzende Bildbeschaffung: Emma Johnson
Entwurf für das Radio: Lionel Wolovitz
Roller: Stuart Benstead
Fahrräder: Sean Thomas, Evans Cycles, The Cut, London SE1
Pigmente: Jo Kirby, Wissenschaftliche Abteilung der National Gallery, London
Modellagentur: Little Boats, 166 Ifield Road, London SW10